Metropole: Reflexionen
Metropolis: Reflections

T0338926

IBA_HAMBURG

1

METROPOLE: REFLEXIONEN

METROPOLIS: REFLECTIONS

JOVIS

OLE VON BEUST

Vorwort

des Ersten Bürgermeisters der Freien und Hansestadt Hamburg

Mit der Umsetzung des Leitbildes „Metropole Hamburg – Wachsende Stadt" will unsere Freie und Hansestadt Hamburg mehr Lebensqualität schaffen und den wirtschaftlichen Fortschritt beschleunigen. Gelingt dies – und da bin ich sehr optimistisch –, so wird auch die internationale Attraktivität Hamburgs weiter steigen. Uns muss klar sein, dass dies nur gelingen kann, wenn neben Wirtschaft und Handel auch Faktoren wie Lebensqualität und Kultur gleichermaßen Berücksichtigung finden. Das ganze Vorhaben muss ökologisch und sozial ausgewogen sein. Es ist folgerichtig, die erste in Hamburg stattfindende Internationale Bauausstellung (IBA) an diesem Leitbild zu orientieren. „Entwürfe für die Zukunft der Metropole" – so lautet das Motto der IBA Hamburg. Ihr Ziel besteht in der Entwicklung nachhaltiger und übertragbarer Lösungsansätze für die drängenden Probleme der Metropolen im 21. Jahrhundert. Ihr Ort – die Elbinsel Wilhelmsburg – steht dabei mit seinen Chancen und Problemen beispielhaft für die Zukunftsfragen der Metropolen. Die Mannigfaltigkeit von Menschen unterschiedlicher ethnischer, kultureller, räumlicher und sozialer Herkunft macht eine Metropole zu einem Ort der Chancen. Diese Chancen müssen beherzt ergriffen werden.
Die drei Schwerpunktthemen der IBA – Kosmopolis, Metrozonen, Stadt im Klimawandel – fügen sich in hervorragender Weise in das Leitbild „Wachsende Stadt" ein. In Hamburg sind auf rund 755 Quadratkilometern Menschen aus über 100 Nationen beheimatet. Dies ist Chance und Herausforderung zugleich. Das Leitthema „Kosmopolis" sucht nach Lösungen, wie wir das Zusammenleben in einer immer internationaleren Gesellschaft organisieren können. Hamburg liegt am Wasser, hat viele Grünflächen, ist Ort der Ruhe und Erholung. Hamburg ist aber auch Stadt des Handels und der Wirtschaft. An vielen Orten in der Stadt stoßen diese Gegensätze aufeinander, führen zu Spannungen und Blockaden. Mit dem zweiten Leitthema „Metrozonen" werden Wege gesucht, wie an diesen Schnittstellen ganz neue und interessante Stadträume entstehen können. Wachsende Stadt, das bedeutet auch mehr Bevölkerung, mehr Wohnungsbau, mehr Wirtschaftswachstum. Es sind die Metropolen, die entscheidend zum Klimawandel beitragen. Der dritte Themenschwerpunkt „Stadt im Klimawandel" stellt sich der Frage nach dem Miteinander von Wachstum und Klimaschutz. Die Zusammenschau der Schwerpunktthemen verspricht ein ganzheitliches Konzept.
Es ist gut, dass die Internationale Bauausstellung Hamburg nun durch eine Schriftenreihe wissenschaftlich begleitet wird. So können fachkundige Autoren einzelne Aspekte der Metropolentwicklung näher behandeln. Je ein Band pro Jahr soll bis zum Ende der Ausstellung 2013 veröffentlicht werden. Der erste Band handelt allgemein von Metropolen und heißt „Metropole: Reflexionen". Ansatzpunkte für Reflexionen bietet die Metropole Hamburg genug. Sie ist wie ein riesiges Laboratorium und hat auf Grund ihrer hervorragenden materiellen und geistigen Substanz sehr viel zu bieten und steht in der Vorreiterrolle.
Ich bin mir sicher, die IBA wird der „Wachsenden Stadt" einen zusätzlichen Schub geben.

Erster Bürgermeister
Ole von Beust

OLE VON BEUST

Foreword

by the First Mayor of the Free and Hanseatic City of Hamburg

The Free and Hanseatic City of Hamburg wants to improve the quality of life and accelerate economic progress with the implementation of the principle "Metropolis Hamburg – the Growing City". If this succeeds – and I have to say I have every expectation it will – then Hamburg's international appeal will continue to increase. And it must be clear that it can only succeed if factors such as quality of life and culture are given as much consideration as industry and trade. The whole project has to be balanced ecologically and socially. Therefore it is appropriate that the first International Building Exhibition (IBA) in Hamburg should be based on this principle.

The motto of the IBA Hamburg is "Designs for the future of the metropolis". It aims to develop sustainable and transferable approaches to solutions for the urgent problems of metropolises in the 21st century. The venue – the Elbe island of Wilhelmsburg – with all its opportunities and problems is typical of the questions of the future of metropolises. The variety of people with different ethnic, cultural, geographic and social origins turns a metropolis into a place of opportunity. These opportunities need to be seized without hesitation.

The three core topics of the IBA – Cosmopolis, Metrozones and City under Climate Change – blend perfectly with the principle of "Growing City". Hamburg is home to people from more than 100 nations on its 755 square kilometres. This is both an opportunity and a challenge. The topic of "cosmopolitan cities" seeks solutions as to how we can organize living together in what is an increasingly international society. Hamburg is located near the water, has plenty of green areas, and is a place of peace and re-

cuperation. Hamburg is also a city of trade and industry. These contrasts clash in many areas of the city, causing tension and blockages. In the second topic "metrozones", we search for ways of creating brand new, interesting urban areas at these interfaces. Growing City – that means more people, more homes, more economic growth. The metropolises make a significant contribution towards climate change. The third topic "city and climate change" addresses the question of harmony between growth and climate protection. A collective look at the core themes promises a comprehensive concept.

It is good that the Internationale Bauausstellung Hamburg is now being accompanied by a scientific series of publications. Specialist writers are able to treat individual aspects of the development of the metropolis in greater depth. One volume will be published annually until the end of the exhibition in 2013. The first volume looks at metropolises in general, and is entitled "Metropolis: Reflections". The metropolis Hamburg offers plenty of possibilities for reflections. It is like a vast laboratory, and thanks to its excellent material and spiritual substance, has a tremendous amount to offer and is very much a trailblazer.

I am sure that the IBA will give the "Growing City" an additional boost.

Ole v. Beust

First Mayor
Ole von Beust

INTERNATIONALE BAUAUSSTELLUNG HAMBURG

INTERNATIONAL BUILDING EXHIBITION HAMBURG

Satellitenbild der Metropolregion Hamburg
Satellite image of the metropolitan region of Hamburg

JÖRN WALTER

Perspektiven der Metropole

Die Internationale Bauausstellung im Kontext der Hamburger Stadtentwicklung

In den letzten beiden Jahrzehnten hat sich der Fokus der deutschen Raumordnungs- und Stadtentwicklungspolitik auf die Folgen der Wiedervereinigung und den Ausgleich zwischen Ost und West, auf den Umgang mit den Hinterlassenschaften des altindustriellen Erbes, auf schrumpfende Bevölkerungszahlen, Überalterung und die sozialen Problemgebiete der Städte und des ländlichen Raumes gerichtet. Dagegen thematisiert Hamburg die Zukunft der Metropolen, die auf den ersten Blick nicht gerade zu den Sorgenkindern der Republik gehören. Und man kann sich fragen, warum vor dem Hintergrund vielerorts gravierender Leerstandsprobleme, stagnierender bis rückläufiger Wirtschaftsentwicklung und vielem anderen mehr auf einmal ausgerechnet eine vergleichsweise prosperierende Stadt sich so wichtig nimmt, die Zukunft der Metropolen stärker in das Zentrum der stadtentwicklungspolitischen Diskussion rücken zu wollen. Nun, es gibt dafür eine ganze Reihe von guten Gründen.

Probleme der Städte

Zunächst einmal sind mit der Globalisierung erhebliche Strukturveränderungen auch in den großen Städten verbunden. Viele Unternehmen organisieren sich auf europäischer oder internationaler Ebene neu, wodurch fast überall lange ansässige Firmen ihre Unabhängigkeit verloren haben und wichtige Unternehmensteile ganz oder vollständig an andere Orte verlagert wurden. Sicher sind gerade in den großen Städten auch neue hinzugekommen, aber die Abhängigkeit von den internationalen Märkten hat deutlich zugenommen und die Einflussmöglichkeiten der lokalen Ebene auf die ökonomischen Prozesse sind demgegenüber merklich gesunken.

Vor dem Hintergrund der insgesamt rückläufigen Bevölkerungszahlen sind die nach wie vor anhaltenden Bevölkerungsverluste der Städte an ihr Umland zu einem drängenderen Problem geworden. Immer noch kehren viele Menschen der Stadt den Rücken, weil ihre Erwartungen und Hoffnungen nicht oder nicht zu bezahlbaren Konditionen erfüllt werden. Neben den Folgen für die Infrastruktur und die Umwelt zieht dies vor allem in den Stadtstaaten auch fiskalische Probleme auf der Einnahmenseite nach sich. Schließlich stehen die Städte vor dem Hintergrund der Alterung der Gesellschaft und der Ausdifferenzierung ihrer Haushalts- und Familienstrukturen vor erheblichen Herausforderungen: Nicht nur die entsprechende Anpassung ihrer Infrastruktur ist notwendig, sondern in Anbetracht des auslaufenden Wohlfahrtsstaatsmodells gilt es auch den sozialen Zusammenhalt in ihren Hoheitsgebieten zu wahren. Daneben sind die Städte wegen ihrer räumlichen Konzentration und Dichte in einem besonderen Maße vom notwendigen umweltgerechten Umbau unserer Gesellschaft herausgefordert. Dies betrifft Fragen des Klimaschutzes und der Luftreinhaltung, des immer kritischer werdenden Flächenverbrauchs, des Lärmschutzes, des Natur- und Gewässerschutzes ebenso wie die Folgeerscheinungen der Umweltveränderungen, etwa den Hochwasserschutz.

„Tor zur Welt": der Hamburger Hafen
"Gate to the world": the port of Hamburg

JÖRN WALTER

Perspectives of the Metropolis

The Internationale Bauausstellung in the context of Hamburg's urban development

Von derart konkreten Problemlagen und Aufgaben, die in den Großstädten in ihrer Summenwirkung kulminieren und sie von kleineren Städten und ländlichen Räumen unterscheiden, kann man noch eine ganze Reihe weiterer aufzählen. Wichtiger für die Frage nach den Gründen, sie wieder stärker in den Fokus der Raumordnungs- und Stadtentwicklungspolitik zu nehmen, sind aber vielleicht einige übergeordnete Veränderungen, die ihnen eine zentralere Rolle für eine erfolgreiche volkswirtschaftliche und gesellschaftliche Erneuerung im neuen Jahrhundert zuweisen. Denn auch der schleichende Bedeutungsverlust, den die deutschen Metropolen gegenüber ihren Wettbewerbern auf der europäischen und internationalen Bühne hinsichtlich Wachstum, Dynamik und Attraktivität in den letzten zwei Jahrzehnten erlebt haben, macht nachdenklich. So wie die deutsche Volkswirtschaft nicht mehr zu den „leading economies" gehört, gehören auch die deutschen Großstädte nicht mehr zu den „leading cities".

Bedeutung der Städte

Der Technologiesprung in das Informationszeitalter ist vergleichbar mit den großen historischen Technologiesprüngen wie der Einführung der Dampfmaschine Mitte des 19. Jahrhunderts, der Elektrifizierung an der Wende zum 20. Jahrhundert und dem Übergang zur fordistischen Massenproduktion in der Industrie ab Mitte des 20. Jahrhunderts. Anders als bei diesen Technologiesprüngen spielen Europa und Deutschland beim Sprung ins Informationszeitalter jedoch keine führende Rolle mehr, sondern gehören eher zu den Nachzüglern. Ganz offensichtlich hat sich der politische, gesellschaftliche, juristische und kulturelle Boden, auf den dieser Technologiesprung in Europa und Deutschland stieß, nicht als besonders aufnahme- und innovationsfähig erwiesen.[1] Ein Kernthema ist dabei zweifellos, wie sich unter den infolge der Eigendynamik der Informationstechnologie immer globaler werdenden Wettbewerbsbedingungen die wohlfahrtsstaatlichen Errungenschaften Europas mit einem höheren Maß an Innovationsfähigkeit, Flexibilität, Kreativität und Schnelligkeit verbinden lassen. Und eine nachvollziehbare These ist, dass den Großstädten und Metropolen zur Auflösung dieses Spannungsverhältnisses eine Schlüsselrolle zukommt.

Dafür sprechen eine Reihe von Indizien. Nachdem das Zeitalter der industriellen Massenfertigung, gepaart mit dem städtebaulichen Einfamilienhausideal im Grünen, ohne Frage wesentlich zur Suburbanisierung und einem allgemeinen Bedeutungsverlust der Städte geführt hat, schien sich diese Entwicklung durch die neuen Kommunikationstechnologien nach vielfacher Meinung zunächst noch zu verschärfen und durch eine endgültige „Des-Urbanisierung" abgelöst zu werden.[2] Vom Ende oder Verschwinden der Städte war die Rede. Saskia Sassen kommt das Verdienst zu, sehr frühzeitig darauf hingewiesen zu haben, dass – trotz des Potenzials der neuen Technologien zugunsten dezentraler Standortstrukturen – Konzentrationsbewegungen überall dort festzustellen sind, wo Globalisierung „realisiert" wird[3]: in den führenden Finanzzentren, an den Orten der Topmanagement- und Kontrollfunktionen bei den unternehmensbezogenen Dienstleistungen, an den Knotenpunkten der materiellen Infrastruktur und an den „Produktionsorten" der Informationstechnologie. Sie hat damit wesentlich dazu beigetragen, zumindest den rasanten Wachstumsprozess der sogenannten „global cities" zu erklären.

Aber auch für die übrigen Städte spricht viel dafür, dass die im Informationszeitalter zunehmend „entgrenzten" Arbeits- und Beschäftigungs- sowie Haushalts- und Lebensverhältnisse wieder zu neuem Verflechtungsbedarf zwischen Arbeit, Wohnen, Kultur und „Freizeit" führen. „Aus den skizzierten Entgrenzungsprozessen resultiert nicht eine Auflösung räumlicher Bindungen, sondern eine erhöhte Abhängigkeit von spezifischen räumlichen, insbesondere städtischen Kontexten."[4] In diesem neuen Verflechtungsbedarf liegt also das besondere Potenzial der Städte. „Es gibt (...) signifikante Gründe für die Annahme, dass Stadtmetropolen, insbesondere die Kernstäd-

Silhouette der Hamburger Stadtkirchen
Silhouette of Hamburg's city churches

Over the past two decades, Germany's town and country planning policy focused on the effects of reunification and the balance between East and West, on dealing with the remnants of the old-industrial legacy, the decline in the population, the increase in the percentage of elderly people, and the social problem areas in urban and rural areas. Hamburg, in contrast, is addressing the future of the metropolitan cities that, at first sight, do not necessarily appear to be the "problem children" of the Republic. One could ask why, in view of the serious vacancy problems that prevail in many areas combined with an overall stagnating to declining economy – to name but a few of the problems – an apparently prosperous city should think so highly of itself as to want to move the future of the metropolises closer to the heart of the urban developmental-political discussion. Well, there are many reasons for this.

Problems of cities

First, globalisation brings with it significant structural changes that also affect major towns and cities. Many companies are reorganising on a European or international level, resulting in the loss of independence of long established companies almost everywhere and the partial or entire relocation of important divisions to other sites. Of course, new companies have moved in, especially to the major towns, but there has been a marked increase in dependency on international markets, which in turn has led to a significant reduction in the ability to influence economic processes at a local level. Considered in conjunction with the general decline in the population, the continuing shift of city populations to surrounding areas has become a serious problem. People continue to turn their backs on the city as they find their hopes and expectations are not met – or at least not at affordable prices. In addition to the consequences for the infrastructure and the environment, this also leads to fiscal problems regarding revenues – especially in city-states. Finally, cities have to face up to the major chal-

lenges that accompany an ageing society and the differentiation in its household and family structures – not only does the infrastructure have to adapt accordingly, but in view of the declining welfare state model it is essential that social coherence is also maintained in its territories. Because of their high spatial concentration and density, cities face a particular challenge in the required environmentally friendly conversion of our society. This involves issues of climate protection and air pollution control, the increasingly critical space utilisation, noise protection, nature and water conservation, as well as the after-effects of environmental changes, such as flood protection.

There is, in fact, a whole range of specific problems and tasks that culminate in the sum of their effects in major cities, and which distinguish them from smaller towns and rural areas. Perhaps a number of overriding changes that give them a more central role in the successful economic and social renewal in the new century are of greater importance in explaining why they should receive more attention in our town and country planning policy. Because the gradual loss in importance that the German metropolises have experienced over the past two decades in comparison with their competitors on the European and international stage in terms of growth, dynamism, and appeal also makes us think. Just as the German economy is no longer one of the "leading economies", Germany's cities are no longer "leading cities".

Importance of cities

The advance in technology in the information age is comparable to the major technological advances throughout history, such as the invention of the steam engine in the mid-19th century, electricity at the turn of the 19th century, and the shift to Ford-like mass production in industry as of the mid-20th century. However, in contrast to these past technological advances, Europe and Germany no longer play leading roles in the leap into the information age, but can in fact almost be considered lag-

Visualisierung der HafenCity
Visualisation of HafenCity

te von Stadtmetropolen, ein privilegiertes Innovationsfeld der Wissens- und Kulturproduktion sowie Indikatoren neuer postindustrieller Arbeits- und Lebensformen sein werden."[5]
Unter einer mehr vom politisch-kulturellen denn vom technologisch-ökonomischen System ausgehenden Betrachtungsweise sprechen ebenfalls einige Überlegungen für eine neue Bedeutung der Städte. So muss wohl davon ausgegangen werden, dass die Rolle der Nationalstaaten für das politische Geschehen an Bedeutung verliert. Ob es andere politische Institutionen wie die Europäische Union oder die Vereinten Nationen, Organisationen wie Greenpeace, Attac, Amnesty International oder international vernetzte Basisinitiativen sind, sie alle tragen zu einer weniger nationalstaatlich dominierten und stärker polyzentralen Machtstruktur bei.[6]
Dabei gewinnen auch die Städte(-netze) und Regionen wegen ihres ökonomischen Gewichtes und ihrer mehrdimensionalen und raumbezogenen Handlungsmöglichkeiten an Bedeutung. Globales und Lokales schließen sich nicht aus, sondern bedingen einander.[7] Dies gilt noch mehr unter dem Gesichtspunkt des Bedarfes an kulturellen, sozialen und ethnischen Identitäten im globalen Zeitalter. Denn die

vielfach vertretene These, wonach es durch die Globalisierung zur Herausbildung einer international einheitlichen Kultur kommt, trifft die Wahrheit wohl nur zur Hälfte. Es scheint sich vielmehr um einen eher dialektischen Prozess zu handeln, der der Globalisierung innewohnt und recht treffend im Begriff der „Glokalisierung" zum Ausdruck kommt.
Sicher geht es nicht um eine traditionell verstandene Renaissance des Lokalen. „De-Lokalisierung und Re-Lokalisierung zusammengenommen haben sicherlich vielfältige Konsequenzen, schließen aber vor allem ein, dass sich lokale Kulturen nicht mehr direkt im Einigeln gegen die Welt rechtfertigen, bestimmen und erneuern können. An die Stelle dieser kurzschlüssigen (...) Begründung von Tradition mit traditionellen Mitteln (...) tritt der Zwang, de-traditionalisierte Traditionen im globalen Kontext, im translokalen Austausch, Dialog, Konflikt zu re-lokalisieren. Kurz gesagt, findet eine nicht-traditionalistische Renaissance des Lokalen statt, wenn es gelingt, lokale Besonderheiten global zu verorten und in diesem Rahmen konfliktvoll zu erneuern."[8]
Es liegt nahe, dass die großen Städte und Metropolen wegen des hohen und vielseitigen

gards. It is obvious that the political, social, legal, and cultural climate which this technological leap encountered in Europe proved to be not very open to change and innovation.[1] One core topic is without doubt how to combine Europe's social welfare achievements with a higher level of innovation, flexibility, and speed in the increasingly global competition caused by the momentum of modern information technology. Similarly, there is no doubt that cities and metropolises will play a key role in the dissolution of this disparity.

There are a number of signs pointing to this development. As the age of industrial mass production combined with the urban ideal of the single-family home in the countryside has undoubtedly played a major part in suburbanisation and a general loss in the importance of cities, many believed that this development is actually being accelerated by modern communications technology and will ultimately result in a final "dis-urbanisation".[2] There has even been talk of an end of cities as such, or of their disappearing altogether. Saskia Sassen is generally credited with having pointed out, very early on, that – despite the potential of the new technologies in terms of decentralised location structures – concentration movements would be found wherever globalisation is "realised"[3] – whether in the leading financial centres, the location of top management and control functions of company-based services, the hubs of the material infrastructure, or the "production sites" of information technology. In that respect, it has, if nothing else, been a significant factor in explaining the rapid growth of the so-called "global cities".

However, there is also much to indicate that while working and professional, household and living conditions become increasingly "boundary-less" in smaller cities in this information age, the areas of working and living, culture and "leisure" are being woven together again. "Rather than resulting in the dissolution of spatial ties, the sketched delineation processes lead to an increased dependency on specific spatial and in particular urban contexts."[4]

Therefore, the particular potential of the cities lies in this new need for integration. "There are (...) significant reasons to believe that metropolitan cities, and in particular the cores of metropolitan cities, will be a privileged innovation field for the production of knowledge and culture, and indicators of new post-industrial working and living forms."[5]

Looking at the political-cultural perspective rather than the technological-economic system, a number of considerations also indicate that cities will play an increasingly important role. On the one hand, we have to assume that the role of nation-states will lose its importance for political events in the world. Other political institutions such as the European Union, the United Nations, international organisations such as Greenpeace, Attac, Amnesty International, etc., as well as internationally linked basic initiatives, all contribute towards a more polycentric power structure that is less dominated by the nation-state.[6]

The city (networks) and regions will also become more important due to their economic weight and their ability to act on a multidimensional and spatial level. Far from being mutually exclusive, global and local actions will give rise to each other.[7] This becomes even more valid in view of the requirement for cultural, social and ethnic identities in this global era. The much-cited belief that globalisation leads to the development of an internationally uniform culture probably constitutes only half the truth. Rather, it seems to be a dialectic process that is inherent to globalisation, and expressed most appropriately by the term "glocalisation".

It is certainly not a renaissance of the local in the traditional sense. "Taken together, delocalisation and re-localisation undoubtedly have a wide range of consequences, but they also mean that local cultures will no longer barricade themselves off to justify themselves against the world. Instead of this simplified (...) explanation of tradition by traditional means (...), we need to re-localise de-traditionalised traditions in a global context, in a

Grades ihrer internationalen Verflechtung, aber auch in Anbetracht ihrer überhaupt gegebenen Wahrnehmung auf dem weiten Feld der internationalen Bühne hier zu einer aktiveren Rolle aufgefordert sind. Auch wenn Deutschland keine Global City und keine Megacity hat, verfügen wir doch über ein feinmaschiges Netz von mittleren und größeren (spezialisierten) Städten – wohlwollend können wir bei den größten von Metropolen sprechen –, die in der Summe offenbar recht wettbewerbsfähig sind. Und neben der spektakulären Nachricht des jüngsten Weltbevölkerungsberichtes der UNO, wonach ab dem Jahr 2008 erstmals mehr als 50 Prozent der Weltbevölkerung in Städten leben, hat er vor allem darauf hingewiesen, dass sich das Bevölkerungswachstum weltweit vorrangig auf Städte bis zu 500.000 Einwohner konzentriert. Das ist zum einen deshalb interessant, weil der Sonderfall der Megacities vielleicht in der öffentlichen Aufmerksamkeit etwas überbewertet ist, zum anderen, weil es deutlich macht, dass die Größenordnung und das Geschehen in unseren Städten durchaus von internationaler Relevanz sind.

Dabei kommt es allerdings darauf an, von bloß reaktiven, stabilisierenden und kompensatorischen Strategien wegzukommen, von denen unsere Stadtentwicklungspolitik sehr beherrscht war und ist. Nicht, dass sie keine Bedeutung mehr haben, ganz im Gegenteil. Sie müssen aber aufgehen in einer Strategie, die aktive Zukunftsbilder entwirft – im Unterschied zu den allein passiven und traditionsbasierten. Ein neues Großstadtversprechen wird und kann nicht das von gestern sein. Es geht um einen umfassenden städtischen Erneuerungsprozess, ein breit angelegtes Politikkonzept, mit dem Ziel einer neuen „Innovationslandschaft Stadt". Es geht darum, die internationale Attraktivität der Städte zu steigern und zugleich die Lebensqualität für ihre Bewohner spürbar zu verbessern. Es geht um die Fragen des Wirtschafts- und Beschäftigungswachstums ebenso wie um die entschiedene Verbesserung der Umweltqualitäten und einen nachhaltigen Umgang mit den verfügbaren natürlichen Ressourcen. Es

geht um die Sicherung des sozialen Zusammenhalts der Stadtgesellschaft ebenso wie um die Förderung eines kreativen Bildungs-, Kultur- und Wissenschaftsumfelds usw. Und nicht zuletzt geht es darum, diese mit relevanten städtebaulichen Projekten zu verbinden, die der Umsetzung des Programms wesentliche Impulse, zusätzliche Dynamik und eine konkrete Gestalt geben können.[9]

Nach dem großen Schub der Industrialisierung in der Gründerzeit entspann sich eine Diskussion um die „Großstadtwerdung" der Städte, um Konzepte für deren Funktionieren und um ihre Gestalt. Sie war Ausdruck eines tiefgreifenden Wandels, den jedermann spürte und auf den man sich neu einzustellen hatte. Und obwohl die Großstädte längst Realität waren, zog sich die Großstadtwerdung bis zur Charta von Athen hin, mit vielen Zwischenschritten und höchst unterschiedlichen Modellen. Wenn man den Begriff der Metropole in Analogie etwas von seinem historischen Ursprung löst und mehr in einem dynamischen Sinn begreift, dann kann man gut 100 Jahre später durchaus die Frage nach der „Metropolenwerdung" der Städte aufwerfen, nach deren Funktionsbedingungen und deren Gestalt. Eine vergleichbare Dimension hat der sich zurzeit vollziehende Wandel jedenfalls.

Programmatisches Leitbild

Aus der Sicht der zweitgrößten Stadt der Republik ist es – auch wenn man die hier dargestellte Position nicht ganz teilt – in jedem Fall einleuchtend, sich auf ihre Metropolfunktion zu besinnen, die auf die Stadt gerichteten Kräfte zu stärken und auf diesem Weg die internationale Bedeutung der Stadt zu ertüchtigen. Die Beantwortung der Frage, welche Themen und Handlungsfelder dafür von besonderer Bedeutung sind, wurde in Hamburg mit der Diskussion um das Leitbild „Metropole Hamburg – Wachsende Stadt" im Jahr 2001 begonnen. Ziel war es, durch eine kontinuierliche Steigerung der Qualität in ausgewählten Handlungsfeldern auch eine kontinuierliche Steigerung quantitativer Ziele (Bevölkerung, Arbeitsplätze) zu erreichen.

Windmühlenquartier Wilhelmsburg (Losen Rüschhoff Architekten, Hamburg)   Windmill district Wilhelmsburg (Losen Rüschhoff Architects, Hamburg)

translocal exchange, in dialogue and in conflict. In short, a non-traditionalised renaissance of the local occurs if it is possible to localise local distinctions globally, and to dynamically renew them in this setting."[8]

It follows that the major cities and metropolises should play a more active role in this regard due to the high and varied level, not only of their international integration, but also because of their given perception of the wide expanse of the international stage. And even if Germany has no global city, no mega city, we do have a finely meshed network of medium-sized and large (specialised) cities – let's be kind and call the biggest ones metropolises – that are, in the sum, obviously highly competitive. UNO's most recent State of the World Population report contained the spectacular news that – for the first time ever – as of 2008 more than half the world's population will be living in cities, and most importantly also pointed out that global population growth will occur mainly on cities with a population of up to 500,000. This is interesting on the one hand because it shows that the special case of mega cities may well be a little overrated in the public awareness, and on the other hand because it demonstrates quite clearly that the size of, and events in, our cities are undoubtedly of international relevance.

However, we need to move away from the simply reactive stabilising and compensatory strategies that have hitherto dominated our urban development policy. That is not to say that they will no longer be important; quite the opposite, in fact. Yet they need to develop into a strategy that actively designs images of the future – unlike the solely passive, tradition-based approaches. The promise of a new city will not and cannot be the same as that of yesterday. It is about a comprehensive urban process of renewal, a broadly based political concept, with the aim of a new "innovation urban landscape". It is about increasing the international appeal of cities coupled with improving the quality of life of their inhabitants. It is about addressing the questions of economic and employment growth, substantially improving the environmental qualities and achieving sustained use of the available natural resources. It is about securing social integration of the urban society and encouraging a creative educational, cultural, and scientific environment, etc. Finally, it is about combining all this with relevant urban development projects, which in turn can provide significant impulses, additional dynamism, and a concrete shape to the implementation of the programme.

Following the large-scale industrialisation during the period of promoterism, a discussion arose about towns growing into large cities, about concepts for the way they would work and the shape they would take. It was the expression of a much deeper change felt by everyone, which required a certain amount of adjustment. Although cities had long since become a reality, the "growing-up" into cities continued until the Charter of Athens, with many intermediate stages along the way and the most diverse models. If one removes the term "metropolis" from its historic origin in analogy and views it in a more dynamic sense, then a good 100 years later we can certainly address the question of towns becoming metropolises, of the terms of their function and their form. The current change certainly has a comparable dimension.

Programmatic model

Seen from the viewpoint of the Republic's second biggest city it makes sense – even if one does not necessarily share the position described here – to contemplate its function as a metropolis, to strengthen the forces aimed at the city and thus to reinforce its international importance. The answer to the question as to which topics and fields of activity are of particular importance began in Hamburg with the discussion of the model of the "Metropolis Hamburg – the growing city" in 2001. The aim was to continue to increase the quality of certain fields of activity in order to achieve a simultaneous increase in quantitative goals (population, jobs).

Den einzelnen Zielen des Leitbilds wurden Schwerpunkte und operative Maßnahmen zugeordnet, wie zum Beispiel dem Wirtschafts- und Beschäftigungsziel die Förderung von Kompetenzclustern mit internationaler Ausstrahlung (in den Branchen Hafen und Logistik, Luftfahrt, Lifescience, neue und alte Medien) sowie der Ausbau regionaler Kompetenzen in den Wirtschaftsräumen Ostsee und China. Zur Stärkung der Metropolfunktion und Steigerung der internationalen Attraktivität der Stadt sollten städtebauliche und architektonische Projekte von internationaler Bedeutung entwickelt und sportliche, kulturelle und wissenschaftliche Ereignisse mit großer Strahlkraft in die Stadt

geholt werden. Zur Stabilisierung und Steigerung der Einwohnerentwicklung wurden Schwerpunkte in der Familienförderung und der Zuwanderungsfreundlichkeit der Stadt für qualifizierte Fachkräfte, Hochschulabsolventen, Unternehmen, Selbstständige usw. aus dem In- und Ausland definiert und mit umfangreichen Maßnahmenpaketen untersetzt.[10]
Ungewöhnlich war, dass hierzu auch wenige übergreifende Leitprojekte festgelegt wurden, die eher dem Bereich der „weichen" Standortfaktoren zuzuordnen sind und den bedeutender werdenden Handlungsbedarf der Städte auf diesem Feld in der wissensbasierten Dienstleistungsgesellschaft in den Fokus der

Baubeginn der Elbphilharmonie (Projekt von Herzog & de Meuron, Basel) auf Werner Kallmorgens Kaispeicher 1 Beginnings of the Elbe Philharmonic (Project by Herzog & de Meuron, Basel) at Werner Kallmorgen's Wharf Storehouse 1

The individual goals of the model were allocated focal points and operative measures, such as the promotion of competence clusters of international appeal (including harbour and logistics, aviation, life sciences, new and old media sectors) and the development of regional competences in the Baltic Sea and Chinese economic areas to advance economic and employment goals. In order to reinforce the metropolis function and increase the city's international attraction, various urban and architectural projects of international importance were to be developed, while sporting, cultural and scientific events were to be introduced to the city. In order to stabilise and increase the development of the population, the focus was put on the city providing family support and encouraging the immigration of qualified specialists, university graduates, companies, self-employed individuals, etc., both from Germany and abroad, all supported by extensive benefits packages.[10] It was unusual that a few all-encompassing projects more appropriate to the field of "soft" location factors were also specified for this. Focusing on the increasingly important need for the cities to act in this area in today's knowledge-based service society, these include "Welcome to Hamburg", "Cultural metropolis Hamburg", "Metropolis of knowledge", "Sports city Hamburg" and, as a spatial project, the "Leap across the Elbe". It was also unusual that in 2004, a special investment programme worth one billion Euros was set up for the years 2005-2010 for the implementation of the measures and projects, half of which is financed through savings by the authorities for long-standing measures included in the budget and not directly serving the aims of the overall concept, and the other from the disposal of assets.[11] This is remarkable not only with regard to the plausibility of the target programme, but also to the question of how cities can possibly become capable of acting again in view of the debt burden and reduction in financial freedom. It replaces the idea of "What can we possibly afford?" that has dominated for so long, with "What do we have to do to secure our

future and what can and must we do without to achieve it?" As painful and, in individual cases, controversial as the associated paradigm shift is, as essential and necessary it appears to be to return the cities to the role of leading participants in their own future.

Spatial model

In 2007, the design for a spatial model was presented based on the programmatic model, which acts as the interface to the successive planning levels. Its planning horizon extends until the year 2020, and focuses in particular on those aspects of the programmatic model that are associated with the relevant spatial effects. In that respect, it does not claim to be all-encompassing neither in terms of content nor of space. Rather, the existing spatial frame of the city is checked against the background of the content of the main targets of development and the spatial potential.[12] Under the general target message of "More city in the city", it wants to prepare the city for the necessary modernisation from the inside out. Analogue to the programmatic model, traditionally sectoral observations are summarised in comprehensive subject areas: "Building on qualities – Hamburg, the family-friendly residential town", "Utilising competencies – strengthening the economic realm", "Experience Hamburg" and "The metropolis is the city and the region". These in turn are combined with exemplary and specific projects from the past and for the future in order to encourage a kind of thinking that is integrated and networked both in terms of content and of space.
While the general aim to limit expansive growth to the outside as much as possible reflects, on the one hand, the still valid and correct aims of sustainable development of residential areas of the 1980s and 1990s, in light of the new requirements and aims for integration between living, working, education, culture, leisure, etc., in the information age they are newly accented and extended in terms of content and programme. It is no longer just about the question of environmentally friendly urban development,

Das Hamburger Wahrzeichen, der „Michel", im Sand
The symbol of Hamburg, the "Michel" in the sand

Betrachtung nehmen: „Welcome to Hamburg", „Kulturmetropole Hamburg", „Metropole des Wissens", „Sportstadt Hamburg" und als räumliches Leitprojekt den „Sprung über die Elbe". Ungewöhnlich war weiter, dass zur Umsetzung der Maßnahmen und Leitprojekte 2004 ein Sonderinvestitionsprogramm für die Jahre 2005-2010 in Höhe von einer Milliarde Euro aufgelegt wurde, das zur Hälfte aus Einsparungen der Behörden bei lange im Haushaltsplan fortgeschriebenen und nicht direkt den Zielen des Leitbildes dienenden Maßnahmen und zur anderen Hälfte aus Vermögensveräußerungen finanziert wird.[11] Dies ist nicht nur im Hinblick auf die Glaubwürdigkeit des Zielprogramms bemerkenswert, sondern auch hinsichtlich der Frage, wie die Städte unter der Verschuldungslast und deutlich enger gewordenen Finanzierungsspielräumen überhaupt wieder handlungsfähig werden. Es löst nämlich das lange vorherrschende Denken „Was können wir uns noch leisten?" durch ein Denken der Art „Was müssen wir uns zur Zukunftssicherung leisten und auf was können und müssen wir unter diesem Gesichtspunkt verzichten?" ab.

So schmerzlich und im Einzelfall strittig der damit verbundene Paradigmenwechsel auch ist, so unverzichtbar und notwendig scheint er, um die Städte wieder in die Rolle gestaltender Akteurinnen ihrer Zukunft zu bringen.

Räumliches Leitbild

Auf Basis des programmatischen Leitbilds ist im Jahr 2007 der Entwurf eines räumlichen Leitbilds vorgelegt worden, das die Schnittstelle zu den nachfolgenden Planungsebenen besetzt. Es hat einen Planungshorizont bis zum Jahr 2020 und thematisiert aus dem programmatischen Leitbild insbesondere jene Aspekte, die mit relevanten räumlichen Auswirkungen verbunden sind. Es hat insoweit weder inhaltlich noch räumlich einen allumfassenden und flächendeckenden Anspruch. Vielmehr wird das bestehende räumliche Gerüst der Stadt vor dem Hintergrund der inhaltlichen Entwicklungsschwerpunkte und räumlichen Potenziale

überprüft.[12] Unter der generellen Zielbotschaft „Mehr Stadt in der Stadt" will es die Stadt von innen heraus auf die notwendige Modernisierung einstellen. Analog zum programmatischen Leitbild werden traditionell sektorale Betrachtungen zu übergreifenden Themenfeldern „Auf Qualitäten bauen - Familienfreundliche Wohnstadt Hamburg", „Kompetenzen nutzen - Wirtschaftsraum stärken", „Stadt Erleben Hamburg" und „Die Metropole ist Stadt und Region" zusammengefasst. Diese wiederum werden mit exemplarischen und konkreten Projekten aus der Vergangenheit und für die Zukunft verbunden, um ein inhaltlich wie räumlich integriertes und vernetztes Denken zu befördern.

Während sich unter der generellen Zielsetzung, das Flächenwachstum nach außen so weit wie möglich zu begrenzen, einerseits die noch immer richtigen Ziele einer nachhaltigen Siedlungsentwicklung aus den 1980er und 90er Jahren widerspiegeln, erhalten sie unter dem Aspekt der neuen Verflechtungsbedarfe und -ziele zwischen Wohnen, Arbeiten, Bildung, Kultur, Freizeit usw. im Informationszeitalter doch eine neue Akzentuierung und inhaltlich-programmatische Erweiterung: Es geht nicht mehr allein um die Frage einer umweltschonenden Siedlungsentwicklung, sondern auch um die Nutzung der attraktiven Potenziale zugunsten urbaner, stabiler, kreativer und innovativer Quartiere und Milieus in der Stadt. Die günstigen Voraussetzungen, die der heutigen Generation infolge des Wandels von der Industrie- zur Informationsgesellschaft durch die großen Konversionsflächen in der bestehenden Siedlungskulisse gegeben sind, können und müssen dabei als ein Geschenk der Geschichte verstanden werden.

In diesem Kontext steht in Hamburg auch der Wandel in der Hafenwirtschaft im Zuge der Umstellung auf den Containerverkehr, der die Stadt vor besondere Herausforderungen stellt, ihr aber auch besondere Chancen eröffnet. So hat die Verlagerung des Umschlagschwerpunkts in Richtung Westen der Stadt die Option eröffnet, siedlungs- und zentrumsnahe alte Hafengebiete, die keine strategische Bedeutung für die

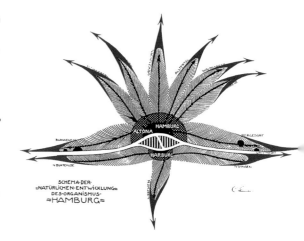

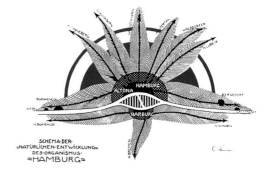

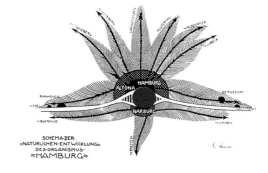

Planungsvarianten auf der Grundlage des Fächerplans von Fritz Schumacher (1920) von oben: Entwicklung entlang der Magistralen; Bebauung der Landschaftsachsen; Paradigmenwechsel: Abkehr von der Stadtentwicklung ins Umland, Hinwendung zum Zentrum mit der Elbinsel Planning options based on the Fächerplan by Fritz Schumacher (1920) from above: development along the traffic arteries; development of landscape axes; change of tactics: abandonment of urban development into the countryside and orientation towards the centre and the Elbe island

Einfahrt der Queen Mary II am Kreuzfahrtterminal der HafenCity   Arrival of the Queen Mary II at the cruise ship terminal in HafenCity

but about utilising the attractive potentials to benefit urban, strong, creative, and innovative quarters and areas of the city. The favourable conditions that today's generation is able to enjoy as the result of the transformation from an industrial to an information society thanks to the large conversion areas in the existing residential environment, can and should be considered a gift of history.

In this context, Hamburg is also seeing a change in the harbour industry in the transition to container traffic, which poses particular challenges for the city but also offers tremendous opportunities. Thus, the relocation of the transhipment hub towards the west of the city has created the option of using old harbour areas that are close to the residential areas and centre, and of no strategic importance in the development of the harbour, in favour of refocused urban

development. This option has now assumed a definite form in the projects "Pearl Necklace", "Harburg Harbour" and the "HafenCity"; a form that not only goes a long way towards securing the economic future of the city, but has also transformed the profile and image of the area as a place of residence and for living. Hamburg no longer has "its back turned to the Elbe", but is now showing a new, exciting and future-orientated face.

Based on these experiences, the "Leap across the Elbe" is the most fundamental and important paradigm shift, and the first to be included in an appropriate target concept for the Free and Hanseatic city in the design of a new spatial model. Fritz Schumacher's beneficial "Fächerplan" of the 1920s, which cannot be further developed meaningfully either by extension of the residential axes into

Hafenentwicklung mehr haben, zugunsten einer neu orientierten Stadtentwicklung zu nutzen. Mit den Projekten „Perlenkette", „Harburger Binnenhafen" und der „HafenCity" hat diese Option mittlerweile eine konkrete Gestalt angenommen, die nicht nur wirtschaftlich die Zukunft der Stadt maßgeblich sichert, sondern auch das Profil und Image für den Wohn- und Lebensstandort entscheidend zum Positiven gewendet hat. Hamburg lebt nicht mehr mit dem „Rücken zur Elbe", sondern zeigt hier ein neues, spannungsreiches und zukunftsorientiertes Gesicht.

Ausgehend von diesen Erfahrungen ist der „Sprung über die Elbe" der grundlegendste und wichtigste Paradigmenwechsel, der mit dem Entwurf für ein neues räumliches Leitbild erstmals in ein entsprechendes Zielkonzept der Freien und Hansestadt aufgenommen wurde. Der segensreiche „Fächerplan" Fritz Schumachers aus den 20er Jahren des letzten Jahrhunderts, der weder durch eine weitere Verlängerung der Siedlungsachsen ins Umland noch durch eine gänzliche oder teilweise Inanspruchnahme der dazwischen liegenden Landschaftsachsen sinnvoll fortentwickelt werden kann, wird durch einen Entwicklungspol im Herzen von Stadt- und Metropolregion ergänzt, dem Stromspaltungsgebiet in Wilhelmsburg. Auch dieser Schritt ist nicht nur aus geografischen Gründen sinnvoll und logisch für ein zukunftsorientiertes siedlungsstrukturelles Gefüge Hamburgs, sondern weil er trotz – und auch wegen – der historischen Entwicklung der Elbinseln in ungewöhnlicher Konzentration die Themen und Perspektiven, aber auch die Probleme und Chancen für die künftige Entwicklung der Metropolen unmittelbar veranschaulicht.

Lokale Gegebenheiten

Ursprünglich aus einer Vielzahl von Inseln in der flachen Marsch bestehend, war das Gebiet nur schwer zugänglich und dünn besiedelt. Seine entscheidende Prägung erfuhr der Raum mit der Industrialisierung und dem Hafenausbau im letzten Drittel des 19. Jahrhunderts und dem zeitgleichen Bau der Nord-Süd-gerichteten Bahn- und Straßenverbindungen von Hamburg nach Harburg, die das Gebiet bis heute zerschneiden. Obwohl parallel zum Hafenausbau auch der Wohnungsbau im westlichen Teil von Wilhelmsburg zur Unterbringung der Arbeitskräfte vorangetrieben wurde, sah noch Fritz Schumacher in den 20er Jahren des letzten Jahrhunderts die Elbinsel als „zentrales Arbeitsgebiet" der Stadt.

Die tragische Flut von 1962 führte dann auch vor dem Hintergrund dieser Wahrnehmung zu einem lange anhaltenden Investitionsstillstand, bevor man sich entschloss, im Osten Wilhelmsburgs neue Wohnsiedlungen für die ansässige Bevölkerung zu errichten. Die in diesem Zuge weiter verfallenden Wohngebiete im Westen Wilhelmsburgs wurden in der Folge nur noch von einkommensschwachen Haushalten vornehmlich aus dem Ausland angenommen, die keine Wahlmöglichkeiten hatten. So ist ein kontrastreiches Bild aus den vielen historischen Schichten und Spuren entstanden, ein vielgesichtiges und vielseitiges Nebeneinander von Hafen, Stadt, Dorf, Landwirtschaft und Landschaft, geradezu romantischen Orten und offenkundigen Problemzonen.

Das „Bürgerbeteiligungsverfahren Wilhelmsburg" hat ausgehend von diesem facettenreichen Gesicht des Stadtteils in den 90er Jahren eine Reihe von überschaubaren und Schritt für Schritt realisierbaren Projekten zusammengetragen, die neben mehreren erfolgreichen Sanierungsverfahren zwischenzeitlich zu einer spürbaren Verbesserung und Aufwertung des Stadtteils für die ansässige Wohnbevölkerung geführt haben. Was jedoch bis heute nicht gelang, ist eine erkennbare Verbesserung des Stadtteilimages in der Außenwahrnehmung. Davon ausgehend hat eine „Zukunftskonferenz Wilhelmsburg" in den Jahren 2001/2002 versucht, die Projekte und Einzelvorhaben in ein übergreifendes Leitbild und eine neue Gesamtstrategie für die Elbinseln einzubinden. Es ist ein umfassendes Kompendium unter dem programmatischen Titel „Inseln im Fluss – Brücken in die Zukunft" entstanden, das einen Paradig-

Räumliches Leitbild – Leitplan
Spatial leitmotif – map

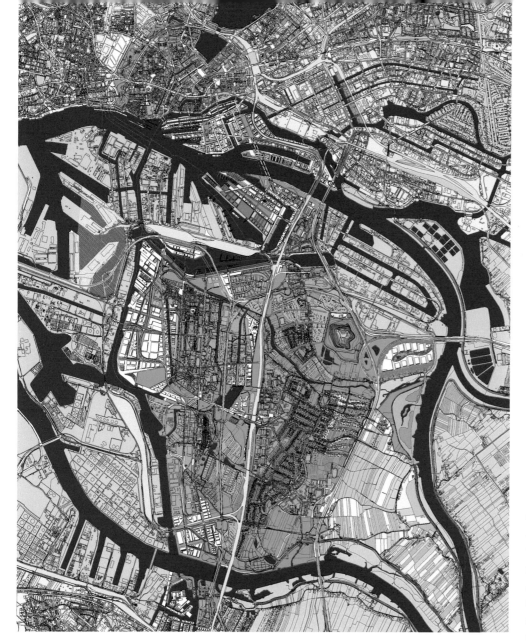

Rahmenkonzept (BRT Bothe Richter Teherani Architekten, Hamburg)   Framework concept (BRT Bothe Richter Teherani architects, Hamburg)

Local conditions

Originally consisting of a large number of islands in the flat marshlands, the region was difficult to access and sparsely inhabited. The area gained its most distinctive face during industrialisation and the development of the harbour in the last third of the 19th century and the simultaneous construction of the north/south rail and road connections from Hamburg to Harburg. Although homes for workers were built when the harbour was developed, in the 1920s Fritz Schumacher still regarded the Elbe Island as the city's "central work area".

The tragic flood of 1962 which caused serious damage to the Elbe Island put a stop to investment, and it was some time before the decision was finally made to build new residential areas for the local populace in the eastern section of Wilhelmsburg. The residential areas that had continued to deteriorate in the western part of Wilhelmsburg were subsequently occupied primarily by low-income households that had moved to Germany from abroad and who had no choice. This created an image full of contrasts, arising from the many historic layers and influences; a multi-faced and multi-facetted togetherness of harbour and city, village, agriculture and landscape, positively romantic places and obviously problem areas.

Starting with this multi-facetted face of the district, in the 1990s the "Bürgerbeteiligungsverfahren Wilhelmsburg" (Wilhelmsburg citizen participation scheme) carried out a range of distinct projects, realised in stages, that have not only resulted in several successful refurbishment processes, but have also led to a significant improvement and revaluation of the area for the local populace. However, it has not yet been able to bring about a discernible improvement in the way the district is perceived by the "outside world". This is why a "Conference of the Future of Wilhelmsburg" in 2001/2002 attempted to bind the projects and individual plans in an all-encompassing model and a new overall strategy for the Elbe Islands. The result was a comprehensive compendium under the programmatic title of "Is-

the surrounding areas or by the complete or partial use of the landscape axes in between, is complemented by the forking of the river in Wilhelmsburg, a development pole at the heart of the city and metropolis region. This step is also meaningful not only for geographic reasons and logical for a future-orientated residential-structural amalgamation of Hamburg, but it also demonstrates, in an exceptional concentration, the topics and perspectives, but also the problems and opportunities, for the future development of the metropolises resulting from – and occurring despite – the historic development of the Elbe Islands.

menwechsel in der Funktionsbestimmung der Elbinseln und eine neue Gesamtwahrnehmung des Stromspaltungsgebiets forderte.[13]

Neben den gesamtstädtischen Überlegungen, die außer der Lagegunst und den bereits eingeleiteten Hafenrandentwicklungen durch das Konzept für die Bewerbung um die Olympischen Spiele 2012 beflügelt wurden, waren es also auch die durch die örtlichen Initiativen gegebenen Voraussetzungen, die eine Entscheidung zugunsten des Leitprojekts Sprung über die Elbe" begünstigten. Es war aber auch klar, dass der „Richtungswechsel" von der „Fokussierung der Ränder" auf die „Fokussierung der Mitte" von allen Beteiligten, den Hamburgern, den Bewohnern der Elbinseln und der Hafenwirtschaft neue Sichtweisen im Umgang miteinander verlangt. Die weitgehend isoliert nebeneinanderstehenden „Gesellschaften" können dies nicht länger aufrechterhalten: Die Elbinsel darf für die Hamburger nicht länger als Verfügungsraum für das „Unliebsame" der Stadt angesehen werden und die Inselbewohner müssen ihre Rolle als Bestandteil für die Entwicklung der Metropole im internationalen Wettbewerb annehmen. Zudem muss an die Stelle eines lange tradierten Hoheitsdenkens „Hafen oder Stadt" in Hamburg ein solches von „Hafen und Stadt" treten.

Thematische Schwerpunkte der IBA

Dieser notwendige mentale Wechsel in den tradierten Denkmustern trifft nun im Kern wieder jenen, der auch für einen erfolgreichen Übergang von der Großstadt des Industriezeitalters zur Metropole der wissensbasierten Dienstleis-

tungsgesellschaft von zentraler Bedeutung ist. Dies macht den „Sprung über die Elbe" auf der Ebene der Stadtgesellschaft für eine Internationale Bauausstellung interessant. Thematisch bietet der Raum eine Reihe weiterer Anknüpfungspunkte[14], die für die Zukunftsfähigkeit der Metropolen eine Schlüsselrolle spielen und im Rahmen eines Memorandums verdichtet wurden, das die Bürgerschaft 2005 als thematisches Leitbild beschlossen hat.[15]

Ausgehend von der bereits weiter oben hergeleiteten These, dass die Großstädte mit ihrer Vielzahl, Vielfalt und Dichte an Menschen, Arbeitsplätzen und Kulturen, Wissen und Informationen, Netzwerken und Austauschmöglichkeiten das entscheidende Innovations- und soziale Ausgleichspotenzial für die Zukunftsfähigkeit der Gesellschaft bereithalten, hebt es die Fragen der „Internationalen Stadtgesellschaft", der „Wertschöpfung aus Wissen und Kultur" und der „Gestaltung der inneren Peripherie" zu atmosphärisch interessanteren Orten als übergeordnete Zukunftsthemen besonders hervor. Da der räumliche Bezugsrahmen der im Wettbewerb stehenden Städte internationaler geworden ist, kommt der „weltoffenen" Stadt eine noch größere Bedeutung als in der Vergangenheit zu. Dies erfordert einerseits Projekte, die im internationalen Maßstab wahrgenommen werden und andererseits aber auch die Fähigkeit zur Integration internationaler Innovationen und Kulturen. Beides sind zwei eng miteinander verflochtene Seiten einer Medaille. Während der erstgenannte Aspekt in Hamburg stärker mit der HafenCity verbunden ist, spielt der letztere in Wilhelmsburg eine zentrale Rolle. „Deshalb wird eine Internationale Bauausstellung aus heutiger Sicht (...) die Frage nach den

lands in the stream – bridges to the future", which demanded a paradigm shift in the definition of the functions of the Elbe Islands and a new overall perception of the area where the river forks.[13]
In addition to the overall considerations that were encouraged not only by the favourable position and the already introduced harbour development, but also by the concept for the competition for the 2012 Olympic Games, the requirements posed by local initiatives were also instrumental in the decision in favour of the "Leap across the Elbe" project. However, it also became clear that the "change in direction" from "focusing on the outskirts" to "focussing on the centre" would demand that all those involved, the residents of Hamburg and the residents of the Elbe Islands and the harbour industry, adopt new attitudes in their dealings with each other. The largely isolated adjoining "societies" can no longer maintain their former stand: the citizens of Hamburg must no longer view the Elbe Island as a "dumping ground" for the city's "unloved", and the island-dwellers need to accept their role in the development of the metropolis in the international competition. Furthermore, the long-established mindset of "harbour or city" needs to be replaced by "harbour and city".

Thematic focuses of the IBA

The core of this necessary mental change of thought patterns that have been passed on over the years is echoed in a new mental change that is important for a successful transition from a city of the industrial age to a metropolis of the knowledge-based service industry. This makes the "Leap across the Elbe" on the level of the urban society appealing for

an International Building Exhibition. Thematically, the space offers various other links[14] that are of key importance in the sustainability of the metropolises, and condensed in the form of a memorandum agreed by the citizenry in 2005 as a thematic guideline.[15]
Based on the thesis outlined above that cities, with their multiplicity, variety and density of population, jobs and cultures, science and information, networks and opportunities for exchanges, provide the decisive innovative and social balance needed for the sustainability of society, the guideline highlights in particular the questions of "International city society", the "Added value of knowledge and culture" and the "Design of the inner periphery" to atmospherically interesting places as primary future themes.
Since the spatial reference framework of the competing cities has become more international, the "cosmopolitan" city is even more important than it was in the past. On the one hand, this calls for projects that are recognised on an international scale, and on the other for the ability to integrate international innovations and cultures. The two are the closely meshed sides of the same coin. Whereas the first aspect is linked more closely to the HafenCity in Hamburg, the latter is of key importance in Wilhelmsburg.
"That is why an International Building Exhibition, seen from today's perspective (...), has to address the questions of the spatial and organisational requirements to encourage the ability to integrate. What can the productive benefit of cultural variety look like, and how are places that create identity presented? Variety and vitality generate the "urbanity", the "flair" of a city. What additional atmosphere, what special facilities does an international city need

Marco-Polo-Terrassen in der HafenCity
Marco Polo Terraces in HafenCity

räumlichen und organisatorischen Voraussetzungen für eine Förderung der Integrations-
fähigkeit beantworten müssen. Wie kann der
produktive Nutzen kultureller Vielfalt aussehen,
und wie präsentieren sich identitätsstiftende
Orte? Vielfalt und Lebendigkeit generieren
das ‚Städtische', das ‚Flair' einer Stadt. Welche
zusätzliche Atmosphäre und welche besonderen Einrichtungen braucht eine internationale
Stadt, die ihre Weltoffenheit (…) als ‚Markenzeichen' pflegt?"[16]
In Anbetracht der Schnelllebigkeit und größeren Reversibilität von Standortentscheidungen
verlagert sich der Fokus zur Stabilisierung der
ökonomischen Kraft der Städte immer mehr
auf langfristig „wertschöpfende" Effekte der
innovativen und kreativen Gruppen, Arbeitskräfte und Milieus. Manche sehen in der
Anziehungskraft der Städte für diese kreativ
Tätigen sogar den entscheidenden Wachstums-
motor der Zukunft.[17] Hamburg hat jüngst ein
Konzept für die „Talentstadt" aufgelegt, das die
gleiche Thematik vorantreibt. Unbestritten ist,
dass Einrichtungen der Bildung und Forschung,
kulturelle Initiativen, internationale Einflüsse
und fremde Kulturen wichtige Motoren für
ein innovatives und aufgeschlossenes „Klima"
sind. Die Veddel und Wilhelmsburg – mit den
höchsten Ausländeranteilen und der jüngsten
Bevölkerung in Hamburg – stehen einerseits vor
den größten Problemen diesbezüglich, verfügen
andererseits aber über die größten Potenziale
für die Zukunft. Insofern wird eine Internationale Bauausstellung Hamburg hinterfragen,
mit welchen Standortvorgaben und Nutzungs-
verknüpfungen kreative Prozesse stimuliert
werden können, mit welchen inhaltlichen und
baulichen Konzepten bestehende Bildungs-,

Wissenschafts- und Kultureinrichtungen kon-
sequenter mit der Stadtentwicklung vernetzt
werden können und wie internationale Einflüsse und fremde Kulturen als positive Motoren
für eine lebendige, vielseitige und kreative
Stadt- und Wirtschaftsentwicklung überzeugend
verankert werden können.
Schließlich muss und soll bei der Internationalen Bauausstellung Hamburg auch die künftige
Gestalt qualitätvoller und ökologisch nachhaltiger Quartiere für die internationale Stadtgesellschaft im Informationszeitalter thematisiert
werden. Im Falle Wilhelmsburgs wie vieler
vergleichbarer Orte kann es dabei weder um
die künstliche Überstülpung eines Leitbildes
der traditionellen „Europäischen Stadt" noch
um die Verfestigung der Unwirtlichkeit der
„Zwischenstadt" gehen. Urbane Mischung und
atmosphärisch kreative Quartiere brauchen
hier andere Typologien, Maßstäbe und Verflech-
tungszonen. Die Durchdringung von Baustruk-
tur und Landschaft, der klimaschonende und
energiesparende Um- und Neubau, die gestalterische Bewältigung von großen Strukturen,
aber auch die Transformation des Vorhandenen
zu identitätsbildenden und merkfähigen Orten
ist die Aufgabe in der „inneren Peripherie".
Es geht in vielen Teilen um eine Reflexion des
Erbes der Moderne, um seine Veredelung, Er-
tüchtigung und Kultivierung unter ökologischen
und gestalterischen Gesichtspunkten.[18]

that maintains its cosmopolitanism (...) as a 'trademark'?"[16]

In view of the fast-pace and greater reversibility of location decisions, the focus on stabilising the economic strength of the city shifts more and more to long-term "value-adding" effects of the innovative and creative groups, the workforce and environments. Some even consider the cities' appeal to these creative minds the decisive driving force of the future.[17] Hamburg has recently presented a concept for the "Talent city" that promotes the same topic. There is no denying that educational and research facilities, cultural initiatives, international influences, and foreign cultures are important forces for an innovative and open "climate". The Veddel and Wilhelmsburg – which have the highest proportions of foreign residents and the youngest populace in Hamburg – are on the one hand facing the biggest problems that this brings with it, but on the other also have the greatest potential for the future. In that respect, an Internationale Bauausstellung Hamburg will ask what location requirements and benefits can be used to stimulate creative processes; what content and structural concepts can link existing educational,

scientific and cultural facilities more consistently with urban development, and how international influences and foreign cultures can be anchored convincingly to benefit the lively, varied and creative development of the city and its economy. After all, the Internationale Bauausstellung Hamburg must and should address the future design of high quality and ecologically sustainable quarters for the international urban society in the information age. In the case of Wilhelmsburg, as with many similar locations, it cannot be a matter of imposing an artificial model of the traditional "European city" or of cementing the inhospitality of the "urban sprawl". Urban mixtures and atmospheric creative quarters need other typologies, standards, and integration zones. The penetration of structure and landscape, climate-friendly and energy-saving conversions and new buildings, the creative conquering of large structures, but also the transformation of what is already there into identity-forming and memorable places is the task of the "inner periphery". In many parts, it is about reflecting the heritage of modernity, about enhancing, strengthening, and cultivating it, while observing ecological and creative aspects.[18]

Sprung über die Elbe: Brückenschlag zum Kleinen Grasbrook und zur Veddel Leap across the Elbe: bridges to Kleiner Grasbrook and Veddel

Visualisierung Sprung über die Elbe: Blick von Norden auf die Elbinsel Wilhelmsburg Visualisation Leap across the Elbe: view of the Elbe island Wilhelmsburg from the north

Anmerkungen

1 Manuel Castells: *Die Netzwerkgesellschaft*. Opladen 2001, S. 20.

2 Walter Siebel: „Wesen und Zukunft der europäischen Stadt". In: *DISP* 141, 2000, S. 30.

3 Saskia Sassen: *Metropolen des Weltmarktes*. Frankfurt/Main und New York 1997, S. 15ff.

4 Dieter Läpple: „Phoenix aus der Asche: Die Neuerfindung der Stadt". In: Löw/Berking (Hg.): *Die Wirklichkeit der Städte*. Baden-Baden 2005, zitiert nach Skript S. 11.

5 Dieter Läpple: „Phoenix aus der Asche: Die Neuerfindung der Stadt" (siehe Anmerkung 4), S. 12.

6 Manuel Castells: *Jahrtausendwende*. Opladen 2003, S. 355ff.; Ulrich Beck: *Was ist Globalisierung?* Frankfurt/Main 1997, S. 69.

7 David Held: „Demokratie, Nationalstaat und die globale Weltordnung", zitiert nach Ulrich Beck: *Was ist Globalisierung?* (siehe Anmerkung 6), S. 72f.

8 Ulrich Beck: *Was ist Globalisierung?* (siehe Anmerkung 6), S. 87.

9 Jörn Walter: „Der Sprung über die Elbe – Ein Projekt zur Erneuerung des Großstadtversprechens". In: Behörde für Stadtentwicklung und Umwelt (Hg.): *Sprung über die Elbe*. Hamburg 2004, S. 12.

10 *Metropole Hamburg – Wachsende Stadt*, Senatsdrucksache 2002/0672, Hamburg 2002.

11 *Sonderinvestitionsprogramm*, Senatsdrucksache 2004/986, Hamburg 2004.

12 Behörde für Stadtentwicklung und Umwelt (Hg.): *Räumliches Leitbild – Entwurf*. Hamburg 2007, S. 14f.

13 Behörde für Bau und Verkehr (Hg.): *Zukunftskonferenz Wilhelmsburg – Weißbuch*. Hamburg 2002.

14 Jörn Walter: „Der Sprung über die Elbe – Ein Projekt zur Erneuerung des Großstadtversprechens" (siehe Anmerkung 9), S. 14.

15 „Memorandum für eine Internationale Bauausstellung – IBA Hamburg 2013". In: Behörde für Stadtentwicklung und Umwelt (Hg.): *Sprung über die Elbe – Hamburg auf dem Weg zur Internationalen Bauausstellung – IBA Hamburg 2013*. Hamburg 2005, S. 19ff.

16 „Memorandum ..." (siehe Anmerkung 15), S. 26.

17 Richard Florida: *Cities and the Creative Class*. Oxford 2005, S. 49f.

18 Thomas Sieverts: „Entwicklung der Metropolen im Zeitalter der Globalisierung im Fokus von Siedlungsstruktur und Gesellschaftsentwicklung". In: *Sprung über die Elbe ...*, (siehe Anmerkung 15), S. 65f.

Visualisierung Sprung über die Elbe: Blick von Süden auf die Elbinsel Wilhelmsburg Visualisation Leap across the Elbe: view of the Elbe island Wilhelmsburg from the south

Notes

1 Manuel Castells: *Die Netzwerkgesellschaft*. Opladen 2001, p. 20.

2 Walter Siebel: „Wesen und Zukunft der europäischen Stadt". In: *DISP* 141, 2000, p. 30.

3 Saskia Sassen: *Metropolen des Weltmarktes*. Frankfurt/Main and New York 1997, p. 15ff.

4 Dieter Läpple: „Phoenix aus der Asche: Die Neuerfindung der Stadt". In: Löw/Berking (Ed.): *Die Wirklichkeit der Städte*. Baden-Baden 2005, cited by script p. 11.

5 Dieter Läpple: „Phoenix aus der Asche: Die Neuerfindung der Stadt" (see note 4), p. 12.

6 Manuel Castells: *Jahrtausendwende*. Opladen 2003, p. 355ff.; Ulrich Beck: *Was ist Globalisierung?* Frankfurt/Main 1997, p. 69.

7 David Held: „Demokratie, Nationalstaat und die globale Weltordnung", cited by Ulrich Beck: *Was ist Globalisierung?* (see note 6), p. 72f.

8 Ulrich Beck: *Was ist Globalisierung?* (see note 6), p. 87.

9 Jörn Walter: „Der Sprung über die Elbe – Ein Projekt zur Erneuerung des Großstadtversprechens". In: Behörde für Stadtentwicklung und Umwelt (Ed.): *Sprung über die Elbe*. Hamburg 2004, p. 12.

10 *Metropole Hamburg – Wachsende Stadt*, Senatsdrucksache 2002/0672, Hamburg 2002.

11 *Sonderinvestitionsprogramm*, Senatsdrucksache 2004/986, Hamburg 2004.

12 Behörde für Stadtentwicklung und Umwelt (Ed.): *Räumliches Leitbild – Entwurf*. Hamburg 2007, p. 14f.

13 Behörde für Bau und Verkehr (Ed.): *Zukunftskonferenz Wilhelmsburg – Weißbuch*. Hamburg 2002.

14 Jörn Walter: „Der Sprung über die Elbe – Ein Projekt zur Erneuerung des Großstadtversprechens" (see note 9), p. 14.

15 „Memorandum für eine Internationale Bauausstellung – IBA Hamburg 2013". In: Behörde für Stadtentwicklung und Umwelt (Ed.): *Sprung über die Elbe – Hamburg auf dem Weg zur Internationalen Bauausstellung – IBA Hamburg 2013*. Hamburg 2005, p. 19ff.

16 „Memorandum ..." (see note 15), p. 26.

17 Richard Florida: *Cities and the Creative Class*. Oxford 2005, p. 49f.

18 Thomas Sieverts: „Entwicklung der Metropolen im Zeitalter der Globalisierung im Fokus von Siedlungsstruktur und Gesellschaftsentwicklung". In: *Sprung über die Elbe ...* (see note 15), p. 65f.

Die Elbinsel Wilhelmsburg
The Elbe island Wilhelmsburg

ULI HELLWEG

Entwürfe für die Zukunft der Metropole

Mit ihren drei Leitthemen – *Kosmopolis, Metrozonen* und *Stadt im Klimawandel* – widmet sich die Internationale Bauausstellung Hamburg jenen Fragen der Stadtentwicklung, deren Bedeutung zukünftig nicht nur weiter wachsen wird, sondern deren Wechselwirkungen maßgeblichen Einfluss auf die Zukunft der Städte nehmen werden.

Globalisierung verstärkt nicht nur den Konzentrationsprozess in den Metropolen und Global Cities, sondern auch die Bildung und Ausweitung von Peripherien. Selbst innerhalb hochentwickelter Industriestaaten wie der Bundesrepublik Deutschland gibt es dramatische Wanderungsbewegungen, die zu grundlegenden demografischen Brüchen und Verschiebungen in der Raumstruktur führen.

Der Raumordnungsbericht der Bundesregierung definiert in Deutschland elf „europäische Metropolregionen"[1]. Darunter versteht das Bundesamt für Bauwesen und Raumordnung (BBR) „räumliche und funktionale Standorte, deren herausragende Funktionen über internationale Grenzen hinweg ausstrahlen und die wesentliche Motoren der gesellschaftlichen, wirtschaftlichen und sozialen Entwicklung sind".[2]

Der Status der „Metropolregion" ist begehrt, gelten diese Räume doch als die Wachstumspole des Landes. Tatsächlich vollzieht sich der Metropolenprozess jedoch nicht einheitlich. Die Wachstumsdynamik ist unterschiedlich und stark abhängig von den jeweiligen funktionalen Clustern des Metropolenraumes (vgl. Beitrag „Das deutsche Metropolensystem" von Dieter Läpple in diesem Buch).

Metropole Hamburg – Wachsende Stadt

Die monozentrisch strukturierte Metropolregion Hamburg umfasst neben der Freien und Hansestadt Hamburg acht niedersächsische Landkreise und sechs schleswig-holsteinische Kreise mit einer Fläche von 19.000 Quadratkilometern und 4,3 Millionen Menschen. In den letzten Jahren weist dieser Raum nach der Metropolregion München die zweithöchste Zuwachsrate an Bevölkerung[3] auf. Der Metropolregion Hamburg wird vom BBR im Raumordnungsbericht 2005[4] ein „geringes bis starkes" Bevölkerungs- und Beschäftigtenwachstum prognostiziert.

Das Profil des Metropolraumes Hamburg ist national vor allem durch die leistungsstarken Wirtschaftssektoren der Freien und Hansestadt geprägt: Als international besonders wahrgenommene Cluster gelten Hafen und Logistik, Luftfahrt und Medien. Insbesondere die Zukunft des Hamburger Hafens und der damit verbundenen Logistikfolgewirkungen ist für die Entwicklung der Elbinseln, dem Demonstrationsgebiet der IBA Hamburg, von besonderer Bedeutung. Der Hamburger Hafen hat nach der Öffnung der osteuropäischen und asiatischen Märkte erheblich an Bedeutung gewonnen. Unter den Häfen Europas liegt Hamburg hinter Rotterdam auf Platz zwei. Weltweit ist die Hansestadt an Los Angeles vorbei auf Platz acht der Weltrangliste gerückt. Der Hamburger Hafen hatte in den letzten Jahren zweistellige Zuwachsraten. Die Prognosen für die Zukunft gehen weiter von einer anhaltenden Stei-

„Insel" vor der Köhlbrandbrücke im Rahmen der Hafensafari 4, Installation: Jule Eikmann, Dietmar Weiß
"Island" in front of the Köhlbrand Bridge in the course of the Hafensafari 4, Installation: Jule Eikmann, Dietmar Weiß

ULI HELLWEG

Concepts for the Future of the Metropolis

gerung des Containerumschlags und einem Bedeutungszuwachs des Hamburger Hafens im globalen Maßstab aus.

Als langfristige Strategie und Vision seiner Metropolenstellung hat Hamburg 2002 das Leitbild der „Metropole Hamburg – Wachsende Stadt" entwickelt. Kern dieses politischen Leitbildes ist es, die Bedingungen für nachhaltiges Wirtschafts- und Bevölkerungswachstum zu schaffen bzw. zu verbessern. Die wesentlichen Handlungsfelder dieser Strategie liegen in den Bereichen der oben genannten Kompetenzcluster, der Arbeitsmarkt- und Qualifikationsförderung, der Wissenschaft und Forschung sowie der Stadtentwicklung. Fünf Leitprojekte sollen die Wachsende Stadt tragen.

„Sprung über die Elbe"

Das Leitprojekt „Sprung über die Elbe" stellt das einzige räumliche Leitprojekt im Rahmen der Wachsenden Stadt dar. Planungs- und baugeschichtlich bezeichnet es eine radikale Abkehr von einem jahrzehntelang dominanten planerischen Grundkonzept der Freien und Hansestadt Hamburg, nämlich dem sog. „Fächerplan" (vgl. Beitrag Jörn Walter) des großen Hamburger Baumeisters Fritz Schumacher aus dem Jahr 1921. Dieses räumliche Entwicklungsmodell zeigt die Vision einer Siedlungsentwicklung, die sich – ausgehend von der inneren Stadt – entlang der großen Magistralen und der Elbe in die Region fortsetzt.

Durch die stadtplanerische Konzeption des „Sprungs über die Elbe" wurde erstmals das zentrale innerstädtische Gebiet der Elbinsel mit den Stadtteilen Wilhelmsburg, der Veddel und dem Kleinen Grasbrook als Schwerpunkt der weiteren Siedlungsentwicklung thematisiert. Mit dem Sprung über die Elbe wird somit ein städtisches Bindeglied geschaffen, ausgehend von der historischen Innenstadt zur HafenCity – einer der größten Waterfront-Konversionen Europas – über den Elbraum hinweg bis zum Harburger Binnenhafen.

Als wichtiges Element der operativen Umsetzung des Sprungs über die Elbe wurde

bereits im Jahre 2001 die Bewerbung für eine Internationale Gartenschau beschlossen und eingereicht. Den Zuschlag zur Durchführung einer Internationalen Gartenschau (IGS) im Jahre 2013 erhielt Hamburg im Jahre 2003. Um die Sprungkraft über die Elbe zu verstärken, beschlossen Senat und Bürgerschaft 2005 einen weiteren Motor der Stadtentwicklung als Qualitätsgaranten einzusetzen, der in der Geschichte des deutschen Städtebaus bereits mehrfach seine Leistungsfähigkeit unter Beweis gestellt hat (vgl. Beiträge im zweiten Teil dieses Bandes), nämlich eine Internationale Bauausstellung – kurz: IBA.

Die Internationale Bauausstellung Hamburg

Für die Durchführung der IBA wurde im September 2006 als hundertprozentige Tochter der Freien und Hansestadt eine Durchführungsgesellschaft[6] – die IBA Hamburg GmbH[7] – eingerichtet. Anfang 2007 folgte schließlich die Gründung der Gesellschaft für die Vorbereitung und Durchführung der Internationalen Gartenschau (IGS Hamburg 2013 GmbH). Beide Gesellschaften sind als Gleichstellungskonzern auch personell miteinander verbunden. Ein Bürgerbeteiligungsgremium[8], bestehend aus 24 Mitgliedern, berät die beiden Gesellschaften, die zudem durch Aufsichtsrä-

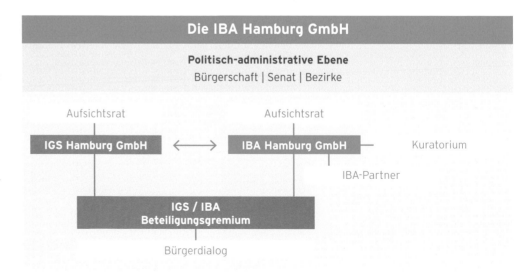

Trends der Raumentwicklung in Deutschland
Spatial development trends in Germany

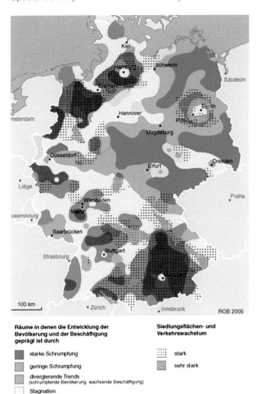

100 km   ROB 2005

Räume in denen die Entwicklung der
Bevölkerung und der Beschäftigung
geprägt ist durch

- ■ starke Schrumpfung
- ▨ geringe Schrumpfung
- ▨ divergierende Trends
  (schrumpfende Bevölkerung, wachsende Beschäftigung)
- □ Stagnation
- ▨ divergierende Trends
  (wachsende Bevölkerung, schrumpfende Beschäftigung)
- ▨ geringes Wachstum
- ■ starkes Wachstum

Siedlungsflächen- und
Verkehrswachstum

- ▤ stark
- ▦ sehr stark

Metropolregion Hamburg
Hamburg Metropolitan Region

By focussing on the three leitmotifs – *Cosmopolis*, *Metrozones* and *City under Climate Change* – the Internationale Bauausstellung Hamburg is devoting itself to those matters of urban planning which will not only become more and more significant in future; their interdependency will also substantially influence the future of cities. Apart from increasing population concentrations in metropolises and global cities, globalisation also influences the formation and expansion of peripheral areas. There is even dramatic migration in such highly developed countries as the Federal Republic of Germany, leading to fundamental demographic ruptures and shifts in spatial structure.

The German Federal Government's regional development report defines eleven "European Metropolitan Regions"[1] in Germany. The Federal Office for Building and Regional Planning (BBR) describes them as follows: "spatial and functional locations whose excellent functions emanate beyond international borders and which are motors of societal, economic and social development".[2]

The fact that these places are the country's areas of growth makes the status of "Metropolitan Region" a coveted one. In practice, the metropolitan process does not take place uniformly. Growth dynamics differ and are strongly dependent on the larger functional clusters around a metropolitan area. (Cp. contribution by Dieter Läpple "The German Metropolis System – An Alternative to the Gobal City?" in this book.)

Hamburg – The Growing City

Apart from the Free and Hanseatic City of Hamburg, the mono-centrically structured metropolitan region of Hamburg incorporates eight administrative districts of Lower Saxony and six of Schleswig-Holstein, with a total area of 19,000 km[2] and 4.3 million inhabitants. After the metropolitan region around Munich, this area has shown the second largest population growth rates in the country.[3] In its regional development report 2005[4], the BBR predicts "minimal to strong" growth of population and employment for the metropolitan region of Hamburg.

The profile of the metropolitan region of Hamburg is characterised on a national level by the high-performance business sectors of the Free and Hanseatic city: The port and logistics, aviation and media clusters are particularly well-known internationally. The future of Hamburg's port and the logistical implications of such are especially relevant to developments on the Elbe islands, where the IBA Hamburg will be located. Hamburg's port has gained in significance since the East European and Asian markets opened up. Hamburg is Europe's second largest port after Rotterdam and internationally it comes in at eighth place, ahead of Los Angeles. It has had double-figure growth rates for the last few years. Predictions for the future assume that container handling will increase and that the port will grow in importance on an international scale.

In 2002, Hamburg developed the "Hamburg – A Growing City" model as a long-term strategy and vision of its metropolitan role. Creation and improvement of conditions for sustainable economic and population growth are at the core of this political model. Its most significant elements are in the areas of the above-mentioned competence clusters, furtherance of the job-market and qualifications, science and research and urban development. Five model projects are to sustain the "Growing City".

"A Leap Across the Elbe"

"A Leap Across the Elbe" is the only spatial model project within the framework of the "Growing City". In the planning and building historical context, it is a radical turnabout from the so-called "Fächerplan" (Cp. contribution by Jörn Walter) of 1921, by Hamburg's great master builder Fritz Schumacher, which has dominated the basic planning concept of the Free and Hanseatic City of Hamburg for many decades. This spatial development plan shows a vision of an unfolding of settlements from the inner city along the major roads and the River Elbe into the surrounding area.

Demonstrationsraum der IBA Hamburg
Demonstration area of the IBA Hamburg

Future residential development in the context of the "A Leap Across the Elbe" urban concept would focus foremost on the central inner-city Elbe islands and the Wilhelmsburg, Veddel and Kleiner Grasbrook districts on them. The leap across the Elbe will thus create an urban link from the historical inner-city of Hamburg to Hafen City, one of Europe's largest waterfront conversions, over the Elbe to Harburg inland port[5].

One of the most important operational seeds of the leap across the Elbe was already sown in 2001 when it was decided to apply to hold an international horticultural show in the city. In 2003, Hamburg was accepted as the location for an Internationale Gartenschau (International Garden Show – in short: IGS) in 2013. In 2005 the city's senate and citizenship decided to employ a further motor of urban development to enhance the leap over the Elbe and guarantee it a certain degree of quality. It is a tool which has been put to the test several times in German urban planning history (Cp. contributions to the second part of this volume); an Internationale Bauausstellung (International Building Exhibition) – in short: IBA.

Internationale Bauausstellung Hamburg

The IBA Hamburg GmbH[6], a one hundred percent daughter company[7] of the Free and Hanseatic City, was set up in 2006 as an intermediary company to manage the IBA. This was followed in early 2007 by the foundation of an Association for the Preparation and Realisation of the International Garden Show (IGS Hamburg 2013 GmbH). As equal-ranking concerns, both associations are linked to each other through their staff among other things. A 24-member citizen's participation board[9] advises both associations which are also monitored by a supervisory board. An international board of trustees was set up for the IBA Hamburg GmbH which ensures that the stated objectives and excellence standards are adhered to, and advises the management. The area covered by the IBA Hamburg consists of the Elbe islands Veddel (4,800 inhabitants) to the north, Kleiner Grasbrook (1,400 inhabitants) to the north-east and Wilhelmsburg (48,000 inhabitants), as well as Harburg inland port (300 inhabitants) to the south. Harburg inland port is the key element of the "three-step" leap across the Elbe from Hafen City to Wilhelmsburg to Harburg on the southern side of the south Elbe. The entire planning area of the IBA Hamburg incorporates an expanse of around 27 km^2.

Just as is the case for any international building exhibition, the IBA Hamburg has the challenge of manoeuvring between local demands, conflicts and expectations on the one hand and aspirations to produce "state of the art" solutions and concepts, which go beyond the bounds of local issues, on the other. The objectives and tasks of the IBA Hamburg are being formed from the dialectics between the model of metropolitan Hamburg, the Growing City, and concrete on-site assignments. As has been noted in an IBA memo, the intention is to develop a multi-facetet future concept of a 21st century metropolis, as well as so-called beacon projects and other projects characterised by their "diversity" in order to "upgrade everyday life on the Elbe islands on a long-term basis". The idea is to put Hamburg on the international map for its exemplary quality and competence in solving urban development tasks, which will be presented to the world in detail.

The IBA Hamburg is embarking on new territory with the tasks it has developed from the refined memo. It does not intend to deal with building conversion nor the demolition and rebuilding of the city. It rather hopes to find future visions of the European city in a globalised and universally urbanised world. This international building exhibition is not taking place on deserted wasteland. It will be located in a lively city district which has nearly 700 years of cultural history behind it as well as an impressive tradition of citizen involvement. The IBA Hamburg is more similar to the IBA Berlin 1984/87 (Cp. contribution by Cornelius van Geisten and Erhart Pfotenhauer) than its successors.

Das Archipel Wilhelmsburg

Bis 1937 zu Preußen gehörend, bildete die Elbinsel den vorgeschobenen Posten der preußischen Stadt Harburg. Noch heute beginnt im Bewusstsein vieler Hamburger der Süderelberaum auf der Südseite der Elbe, obwohl die Stadtteile Wilhelmsburg und Veddel auf Inseln zwischen den Elbarmen Norderelbe und Süderelbe liegen und somit der Süderelberaum tatsächlich mit dem Stadtteil Harburg beginnt. Dass die Elbinsel Wilhelmsburg niemals richtig dazugehörte, weder zur Handelsmetropole Hamburg im Norden noch zur preußischen Hafenstadt Harburg, sowie der über Jahrhunderte während Kampf der Inselbewohner gegen die Sturmfluten und Hochwassergefahren der Elbe haben zu einem noch heute deutlich spürbaren Inselbewusstsein der Bewohnerinnen und Bewohner geführt.

Ursprünglich aus mehr als einem Dutzend Inseln bestehend, wurde die Elbinsel Wilhelmsburg durch insgesamt 16 Einzeleindeichungen gebildet, die 1852 ihren Abschluss fanden und zur heutigen Form der Elbinsel Wilhelmsburg führten. Wie kein anderer Ort Hamburgs wurde so der ursprüngliche Naturraum der Marsch- und Tideauenlandschaft hier durch die intensiven Eingriffe und Mühen von Generationen in eine Kulturlandschaft verwandelt. Spuren der ursprünglichen Marschlandschaft lassen sich noch in Teilen der landwirtschaftlich geprägten, von niedrigen Flurabständen des Grundwassers gekennzeichneten Kulturlandschaft des Wilhelmsburger Ostens ablesen. Einer der letzten Süßwasserwatt-Tideauenwälder Europas findet sich im Naturschutzgebiet Heuckenlock.

Bis Mitte des 19. Jahrhunderts prägten bäuerliche Betriebe, Vieh- und Landwirtschaft das harte Leben der Inselbewohner vor den Toren der Stadt Hamburg. Mit dem im letzten Drittel des 19. Jahrhunderts auf Grund der Vorteile der Zollfreiheit einsetzenden Boom der Hafenwirtschaft Hamburgs geriet die stadträumlich zentral gelegene Elbinsel zunehmend in den Blickwinkel der Hamburger Kaufleute,

Unternehmer und Reeder. Schwerpunkt der hafenwirtschaftlichen Aktivitäten war das westliche Wilhelmsburg, der sogenannte Reiherstieg, ein Nebenarm der Elbe, der noch heute eine wichtige Verbindung zwischen der Norder- und Süderelbe darstellt. Im Zuge der Industrialisierung des Wilhelmsburger Westens zu Beginn des 20. Jahrhunderts stieg der Bedarf an Arbeitskräften deutlich über das Potenzial der einheimischen Bevölkerung hinaus. Es wurden gezielt polnische Einwanderer angeworben, die ihre Wohnunterkünfte nahe den Werften im Bereich Reiherstieg/Bonifatiusplatz fanden.

Die weitläufige Flusslandschaft aus Inseln und Elbarmen sowie der rund fünfeinhalb Jahrhunderte während Prozess der Eindeichung haben auf den Elbinseln die Herausbildung einer einheitlichen räumlichen Struktur und eines einheitlichen sozialen und kulturellen Gefüges erschwert.

Über Jahrhunderte befand sich das verwaltungsmäßige Zentrum im Osten der Insel, im Ortsteil Kirchdorf rund um die Kreuzkirche und das Amtshaus (heutiges Heimatmuseum). Das eher als „alte Wilhelmsburger Mitte" bezeichnete Arbeiterviertel um die Veringstraße entstand im Zuge der Industrialisierung und des Hafenausbaus im 19. und in der ersten Hälfte des 20. Jahrhunderts. Zu Beginn des 20. Jahrhunderts waren die Planer von der Notwendigkeit einer geografischen Mitte überzeugt. So entstand 1903 das Rathaus, das noch heute als Solitär - fernab urbaner Strukturen - die räumliche Mitte markiert. Nach der Flut von 1962 und der darauf folgenden Neuausrichtung der Stadtentwicklung entstand die „Wilhelmsburger Mitte" um den Berta-Kröger-Platz, das derzeitige Einzelhandelszentrum Wilhelmsburgs.

„Wie alle Kultur auf Wilhelmsburg von den Deichen ausging und auf irgendeine Weise von ihnen abhing, so auch die alten Wege der Insel", schreibt der Wilhelmsburg-Biograf Ernst Reinstorf. Infolgedessen entwickelte sich das Straßen- und Wegenetz nicht - wie üblich - von

innen nach außen, sondern umgekehrt von außen nach innen. Erst als das Land eingedeicht war, konnten gesicherte Verbindungen im Inneren entstehen. Die einzige einigermaßen funktionierende Nord-Süd-Verbindung zwischen Hamburg und Harburg verlief historisch auf dem sogenannten Steindamm, der in etwa dem heutigen Verlauf der Kirchdorfer Straße entspricht. Wie fast alle Wegeverbindungen auf den Elbinseln folgte auch diese Straße dem Verlauf der Deiche.

Die erste „moderne" Straße, die sich nicht nach den kulturlandschaftlichen Voraussetzungen, sondern nach rein strategischen Aspekten richtete, war die Napoleonische Brücke, die 1813 Harburg mit Hamburg verband und die Grundlage der verkehrlichen Funktionalisierung Wilhelmsburgs als Transitraum legte. Der Holzsteg, der 1817 aus politischen Gründen wieder abgerissen wurde, verlief annähernd auf dem zehnten Längengrad und stellt die kürzeste Verbindung zwischen zwei Punkten dar. Die dazwischen liegenden Elbinseln waren Durchgangsraum, der im wahrsten Sinne des Wortes überbrückt werden musste.

Der napoleonische Holzsteg befand sich auf der Trasse der heutigen Georg-Wilhelm-Straße, es folgten weitere große Nord-Süd-Verbindungen (Fern-, Regional- und S-Bahntrasse nach Hamburg, A1/A255, B75), die auf direktem Wege den Stadtteil Wilhelmsburg durchqueren und den Charakter der Elbinsel als Transitraum prägen. Sie bilden heute massive stadträumliche Barrieren, die Wilhelmsburg erneut als Archipel erscheinen lassen.

Franzosensteg, 1813-1817 French platform, 1813-1817

Wilhelmsburg Archipelago

The Elbe islands, which belonged to Prussia until 1937, formed an exterior post of the Prussian town of Harburg. In the minds of many of Hamburg's citizens the Süderelbe area still begins to the south of the River Elbe, although the Wilhelmsburg and Veddel districts are located on islands between the Norderelbe and Süderelbe branches of the river and the Süderelbe area actually starts in the district of Harburg. The fact that the Elbe island Wilhelmsburg neither really belongs to the trading metropolis Hamburg nor to the Prussian port town of Harburg, has led the island-dwellers to develop a strong sense of their island status which can still be felt today, as can their century-long battle against storm tides and the danger of flooding by the Elbe.

Wilhelmsburg, which originally consisted of a dozen islands, was formed with a combination of 16 individual dykes, completed in 1852, shaping today's island. The original natural marsh and tidal water-meadow landscapes were transformed into a cultured landscape by intense intervention and effort by generations of inhabitants, as has happened in no other part of Hamburg. Traces of the original marshlands are still to be seen in parts of Wilhelmsburg East which is characterised by agriculture and a cultural landscape defined by high groundwater levels. Heuckenlock nature sanctuary is one of Europe's last fresh water tideland and water meadow landscapes.

Agriculture and livestock farming dominated the tough lives of the islanders, outside the gates of Hamburg until the mid-19th century. The boom in Hamburg's port trade, which began in the last third of the 19th century due to the advantages of tax exemptions there, drew attention to the centrally-located Elbe islands from Hamburg's tradesmen, businessmen and ship owners. Reiherstieg, a branch of the Elbe that forms an important link between the Norderelbe and Süderelbe at Wilhelmsburg West, became the centre of port activities. Industrial development at Wilhelmsburg West in the early 20th century led the demand for manpower to far exceed the capacities of the island's inhabitants. Polish immigrants were recruited who settled near the dockyards around Reiherstieg/Bonifatiusplatz.

Formation of uniform spatial, social and cultural structures was hindered by the rambling river landscapes of islands and branches of the Elbe, and was aggravated by the five and a half century-long dyking process there. For centuries the administrative centre of the islands was located in the township of Kirchdorf around the Kreuz church and the deanery (now the museum of local history). What is now known as "old central Wilhelmsburg" refers to the worker's housing area around Veringstrasse and was developed during industrialisation and the expansion of the port in the 19th and early 20th centuries. Around the beginning of the 20th century, planners became convinced of the need for a geographical centre. The town hall was established in 1903, it marks the centre and still remains an isolated building, remote from other urban structures. After the 1962 flooding and subsequent re-orientation of urban development, "central Wilhelmsburg" was formed around Berta-Kröger-Platz, now Wilhelmsburg's shopping district.

Wilhelmsburg historian Ernst Reinstorf writes, "Just as the whole culture of Wilhelmsburg was defined by the dykes and was dependent on them in one way or another, so too were the old paths on the islands." This led a network of streets and paths to evolve from outside to inside and not from inside to outside as is usually the case. Only when the land had been secured by dykes could internal connections be established. Historically, the only north-south connection between Hamburg and Harburg ran along the so-called Steindamm, which roughly corresponds to today's Kirchdorfer Strasse. This street followed the course of the dykes as did nearly all pathways on the Elbe islands.

Napolean's Bridge, built in 1813 to connect Harburg and Hamburg, was the first "modern" street built for strategical reasons rather than geographical ones and laid the foundations of Wilhelmsburg's position as a transit space. The wooden platform, which was removed for political reasons in 1817, ran more or less along the 10th axis of longitude, which was the shortest connection between the two points. The intermediate Elbe islands became transit space which, in the literal sense, needed to be bridged. The Napoleonic wooden platform ran along the route of today's Georg-Wilhelm-Strasse and was followed by further major north-south connections (long-distance, regional and urban railway lines to Hamburg and the A1/A255, B75 roads), which pass directly through Wilhelmsburg and give the Elbe islands their transition-space character. Today they form massive urban barriers, again making an archipelago of Wilhelmsburg.

Karte der Elbarme und -inseln bei Hamburg (1702)   Map of the Elbe arms and islands near Hamburg (1702)

te kontrolliert werden. Für die IBA Hamburg GmbH wurde ein international besetztes Kuratorium eingesetzt, das über die Einhaltung der Ziele und der Exzellenzmaßstäbe der einzelnen IBA-Projekte wacht und die Geschäftsführung berät.

Das Demonstrationsgebiet der IBA Hamburg setzt sich aus den Elbinseln Veddel (4.800 Einwohner) im Norden, Kleiner Grasbrook (1.400 Einwohner) im Nordosten und Wilhelmsburg (48.000 Einwohner) sowie dem Harburger Binnenhafen (300 Einwohner) im Süden zusammen. Der Harburger Binnenhafen stellt gewissermaßen den Schlussstein im „Drei"-Sprung über die Elbe von der HafenCity über Wilhelmsburg bis auf die Südseite der Süderelbe nach Harburg dar. Der Planungsraum der IBA Hamburg umfasst insgesamt eine Größe von rund 27 Quadratkilometern.

Wie jede Internationale Bauausstellung bewegt sich auch die IBA Hamburg im Spannungsfeld zwischen den lokalen Anforderungen, Konflikten und Erwartungen einerseits und dem Anspruch, „modellhafte" Lösungen und Konzepte zu erarbeiten, die über den Tellerrand des lokalen Problems hinausreichen. Die Ziele und Aufgaben der IBA Hamburg entwickeln sich aus der Dialektik des Leitbilds der Metropole Hamburg als wachsender Stadt und den konkreten Aufgabenstellungen vor Ort. So soll einerseits, wie es im Memorandum zur IBA heißt, das Zukunftsbild der Metropole des 21. Jahrhunderts facettenreich thematisiert und sollten andererseits neben sogenannten Leuchtturmprojekten solche „der Vielfalt" realisiert werden, um die Elbinseln „im Alltag nachhaltig aufzuwerten". Dies soll selbstverständlich auch zu einer vorzeigbaren Qualität und Kompetenz Hamburgs in der Lösung von Stadtentwicklungsaufgaben auf internationalem Niveau beitragen und anschaulich präsentiert werden.

Mit der aus dem Memorandum weiterentwickelten Aufgabenstellung betritt die IBA Hamburg Neuland. Weder wird eine weitere Vertiefung des Konversionsthemas angestrebt, noch soll ein intensiver Rück- und Umbau der Stadt erfolgen, vielmehr sollten die Zukunftsperspektiven

der europäischen Stadt in einer globalisierten und universell urbanisierten Welt aufgezeigt werden. Diese Internationale Bauausstellung findet nicht auf einer menschenleeren Brache, sondern in einem lebendigen Stadtteil statt, der auf eine fast 700-jährige Kulturgeschichte sowie eine beeindruckende Tradition bürgerschaftlichen Engagements zurückblicken kann. In ihrer Aufgabenstellung gleicht die IBA Hamburg dadurch mehr der IBA Berlin 1984/87 (vgl. Beitrag Cornelius van Geisten und Erhart Pfotenhauer) als deren Nachfolgern. Inhaltlich knüpft sie an drei wesentliche Themen und Aufgabenstellungen an, die sich aus der Dialektik gesamtstädtischer Metropolenansprüche der Hansestadt und den real vorfindbaren Problemen und Chancen der Elbinseln Wilhelmsburg, der Veddel, dem Kleinen Grasbrook und dem Harburger Binnenhafen ergeben. Drei Leitthemen lassen sich daraus ableiten:

- Entwürfe für eine internationale Stadtgesellschaft – *Kosmopolis*
- Entwürfe für die Gestaltung der inneren Stadtränder – *Metrozonen*
- Entwürfe für eine nachhaltige Metropole – *Stadt im Klimawandel*

Kosmopolis – Entwürfe für eine internationale Stadtgesellschaft

Mit dem Begriff Kosmopolis knüpft die IBA Hamburg bewusst an ein Verständnis von gesellschaftlicher Internationalität an, das maßgeblich von Ulrich Beck und Edgar Grande geprägt wurde. Es geht um „eine besondere Form des gesellschaftlichen Umgangs mit kultureller Andersartigkeit"[9], die den Kosmopolitismus vom gleichmachenden Universalismus und dem beliebigen Multikulturalismus unterscheidet. In einer kosmopolitischen (Stadt-)gesellschaft werden „Integration" und „Identität" neu definiert als das Sowohl-als-auch von Andersartigkeit und Gleichheit. „Identität und Integration sind dann nicht mehr nur andere Worte für Hegemonie über den oder die Anderen, der Mehrheit über die Minderheit. Der Kosmopolitismus akzeptiert Andersartigkeit, er verabsolutiert sie

Türkisches Fest auf dem Stübenplatz in Wilhelmsburg
Turkish festival at Stübenplatz in Wilhelmsburg

It will tie in with three leitmotifs and tasks, which have emerged from the dialectics of the metropolitan aspirations of the Hanseatic city as a whole and the real problems and opportunities found on the Elbe islands of Wilhelmsburg, Veddel, Kleiner Grasbrook and Harburg inland port. Three leitmotifs may be derived from the above:

- Concepts for an international urban society – Cosmopolis
- Concepts for the development of the inner edges of the city – Metrozones
- Concepts for a sustainable metropolis – City under Climate Change.

Cosmopolis – concepts for an international urban society

By using the term Cosmopolis, the IBA Hamburg is intentionally linking with an understanding of societal internationality largely shaped by Ulrich Beck and Edgar Grande. Cosmopolitism differs from the equalising term universalism and the arbitrariness of the term multi-culturalism because it is about "a special way of societal contact with cultural otherness".[9] In a cosmopolitan (urban) society "integration" and "identity" are redefined as the simultaneousness of otherness and sameness. "Then identity and integration no longer remain just other words for hegemony over the others, the majority over the minority. Cosmopolitism accepts otherness and does not define it absolutely but rather looks for ways to make it universally compatible. In doing so it uses a framework of connective and binding norms for support with whose help post-modern sectionalism can be avoided."[10]

In the Cosmopolis, cultural and ethnic differences are seen as a source of creativity and identity rather than as obstacles. The city of Toronto adopted the motto "Diversity Our Strength" thus formulating an aspiration towards diversity as a source of urban strength. The professed objective of the Canadian metropolis is to take the lead in creating an inclusive society "by appreciating otherness".[11] Since the national summit on integration was held on 14 July 2006, a debate has been going on in German politics and in the public about a new understanding of integration and an appreciation of the potential that immigrants could hold for German society. The script "Integration of immigrants" by the German Association of Cities states that, "over the next decades demographic developments will be characterised by a diminution of German citizens and their obsolescence". "The coming century will already experience qualitative and quantitative deficits – when the well-educated high-birth-rate age-groups leave the working world (…). It is forecast that there will be a lack of well-trained professionals starting from 2015. Since it is foreseeable that the economy will not be able to cover its labour requirements without immigration, the admission and integration of non-natives becomes essential".[12]

According to studies made by the German Association of Cities, 15.3 million people with immigrant backgrounds are living in Germany at the moment[13] which is 19 percent of the total population. The proportion of immigrant population is much higher in cities than in the countryside. While half of those with immigrant backgrounds live in cities with populations of more than 100,000, only 30 percent of those with "German backgrounds" do so. Particularly large numbers of youths belong to naturalised or foreign families. Nearly a third of all children and youths in Germany come from immigrant families. Hamburg is in top position with 40.7 percent.

The percentage of foreign citizens on the Elbe islands was 37.5 percent (in Hamburg 16 percent) in 2000.[14] Their proportions differ greatly from district to district and neighbourhood to neighbourhood. The percentage of foreigners on Veddel, Kleiner Grasbrook, in Reiherstieg west and in the railway area of Wilhelmsburg to the east of the railway tracks (those mostly living in older building stock) is over 50 percent. The number of people with immigrant backgrounds, who hold German passports would certainly make these figures much higher. The middle-class Kirchdorf Ost has average and

aber nicht, sondern sucht zugleich nach Wegen, um sie universell verträglich zu machen. Dabei stützt er sich auf ein Gerüst von verbindenden und für alle verbindliche Normen, mit deren Hilfe ein Abgleiten in einen postmodernen Partikularismus verhindert werden soll."[10] Kulturelle und ethnische Unterschiede werden in der Kosmopolis nicht als Hindernis, sondern als Quelle von Kreativität und Identität gesehen. „Diversity Our Strength" hat sich die Stadt Toronto als Stadtmotto gegeben und damit zugleich den Anspruch auf Vielfalt als Quelle von städtischer Stärke formuliert. Erklärtes Ziel der kanadischen Metropole ist es, „durch die Wertschätzung von Verschiedenheit die Führerschaft im Aufbau einer ,inklusiven Gesellschaft' (inclusive society)"[11] zu übernehmen. In Deutschland wird die Diskussion über ein neues Verständnis von Integration und die Wertschätzung der Potenziale, die Migrantinnen und Migranten in die deutsche Gesellschaft einbringen können, seit dem nationalen Integrationsgipfel vom 14. Juli 2006 in Politik und Öffentlichkeit geführt. „In den nächsten Jahrzehnten wird die demografische Entwicklung von einer Verminderung der deutschen Bevölkerung und deren Überalterung geprägt sein", heißt es in der Schrift „Integration von Zuwanderern" des Deutschen Städtetages. „Schon im nächsten Jahrzehnt wird es beim Arbeitskräfteangebot – wenn die gut ausgebildeten geburtenstarken Jahrgänge aus dem Erwerbsleben ausscheiden – zu qualitativen und quantitativen Einbrüchen kommen (...). Spätestens ab dem Jahr 2015 – so wird prognostiziert – wird ein Mangel an ausgebildeten Fachkräften bestehen. Da also absehbar ist, dass die Wirtschaft ihren Arbeitskräftebedarf ohne Zuwanderung nicht mehr decken kann, gewinnt die Aufnahme und Integration zugewanderter Menschen weiter an Bedeutung."[12] Nach Ermittlungen des Deutschen Städtetages leben in Deutschland 15,3 Millionen Menschen mit Migrationshintergrund[13], das sind etwa 19 Prozent der Gesamtbevölkerung. In den großen Städten ist der Anteil der migrantischen Bevölkerung wesentlich höher als auf dem Land.

Während die Hälfte der Menschen mit migrantischem Hintergrund in den Städten mit Einwohnerzahlen von mehr als 100.000 leben, ist dies nur bei 30 Prozent jener mit „deutschem Hintergrund" der Fall. Besonders ausgeprägt ist die Präsenz der eingebürgerten bzw. ausländischen Bevölkerung bei den Jugendlichen. Fast ein Drittel aller Kinder und Jugendlichen in Deutschland stammt aus Migrantenfamilien. Hamburg nimmt hier mit 40,7 Prozent eine Spitzenstellung ein.
Auf den Elbinseln lag der Anteil der ausländischen Bevölkerung[14] im Jahre 2000 bei 37,5 Prozent (Hamburg 16,0 Prozent). Dabei stellen sich die Verhältnisse in den einzelnen Stadtteilen und Quartieren durchaus unterschiedlich dar. Auf der Veddel, am Kleinen Grasbrook, im westlichen Reiherstiegviertel sowie im Bahnhofsviertel von Wilhelmsburg östlich der Eisenbahnlinie - also im Wesentlichen in den Altbauquartieren - beträgt der Ausländeranteil über 50 Prozent. Der Anteil der Bevölkerung mit Migrationshintergrund und deutschem Pass dürfte noch einmal deutlich höher liegen. Auf Hamburger Durchschnittsniveau oder gar darunter liegt der Anteil ausländischer Bewohnerinnen und Bewohner im bürgerlichen Kirchdorfer Osten, der stark durch Einfamilienhäuser und die „einheimische" Bevölkerung geprägt ist. Der Bildungsstand der migrantischen Bevölkerung ist geringer als der Bildungsstand der

Interkultureller Workshop für Kinder im „Weltquartier" Wilhelmsburg Intercultural Workshop for children in the "Weltquartier" Wilhelmsburg

Bevölkerung		Altersgruppen in Prozent			Migranten insgesamt	Anteil Migranten an der Bevölkerung insgesamt
	Insgesamt	unter 18	15-25	über 64	Anzahl	in Prozent
Veddel	4.693	25,5	17,0	8,0	2.936	62,6
Kl. Grasbrook Steinwerder	1.376	15,6	19,0	7,9	907	68,4
Wilhelmsburg	46.125	22,1	12,3	14,1	15.710	34,1
Elbinsel	52.194	22,3	12,9	13,4	19.552	37,5
Bezirk Mitte	228.060	15,9	11,9	15,0	60.946	26,7
Bezirk Harburg	196.263	19,2	11,8	16,9	39.003	19,9
Hamburg	1.704.929	16,1	10,5	17,0	272.604	16,0

Stand: 30.12.2000

sometimes even lower than average Hamburg levels of foreigners and is mainly characterised by single family homes and a "native population".

Educational levels of the immigrant population are lower than the educational standard of the German population. Unemployment is correspondingly higher, particularly among the youth, as is dependency on state transfer payments. Social indicators generally show distinctive internal differences and segmentation on the Elbe islands which certainly bear evidence of the consolidation of structural poverty and other related societal structures.[15]

There are remarkably high proportions of youths in typical immigrant districts (Cp. contribution by Dietrich Thränhardt). The amount of people who drop out of school or apprenticeships is also strikingly high in those areas. The situation has worsened over the last few years. Both the language skills among the youth and the amount of them who graduate from school and begin an apprenticeship have declined.

If it is true that the 21st century metropolis will be mainly based on knowledge and creativity – which is the basis of the "Growing City" concept – then the chances for the youth of Wilhelmsburg and Veddel are worse than for those from other parts of Hamburg. This does not only apply to youths with immigrant backgrounds. Even though the amount of German natives

who finish school is higher, their educational and professional chances also suffer under the stigmatisation of the educational system and from having an address in Wilhelmsburg. This disastrous connection between space and impact has direct socio-spatial consequences for the district: education-conscious parents – both German and foreign – leave the area in order to be able to provide their children with (supposedly) better educational opportunities in other parts of town. The fact that these people move away and that the area is so unattractive to the middle-classes has direct effects on public space there. For example there is a one-sided, unattractive range of small businesses; the area is dominated by very basic ethnic businesses and eating establishments and there is very little private investment in the building stock. This appearance aggravates the image problem of the area even more.

Even though there has been evidence of change in the Wilhelmsburg district for some time now, which is being backed up by the targeted apartment allocation policies of the large city housing association SAGA/GWG, this circulus virtiosus can only be broken by a strategic improvement of the education system as a whole, from language skills to school and professional training to cultural education. In this situation, the most important investments which must be made are in the people who live here; spatial investment is of secondary importance.

The IBA Hamburg is following this approach by supporting different educational and cultural initiatives and projects. The five primary elements of the "Campaign for Better Education on the Elbe islands"[15] are as follows:

• Stimulation of language skills,
• Increase of school graduation figures,
• Improvement of apprenticeship opportunities and job entry levels,
• Cultural education,
• Lifelong learning.

Nineteen local task groups have developed more than 120 active projects (so-called IBA dockyards) in five locations in Wilhelmsburg (Bahnhofsviertel, Kirchdorf, Reiherstieg, Ved-

Population 30. 12. 2000						Status: 30.12.2000
			Age in per cent		Migrants total	Proportion of migrants within the total population
	Total	Under 18	15-25	Over 64	number	In per cent
Veddel	4,693	25.5	17.0	8.0	2,936	62.6
Kl. Grasbrook Steinwerder	1,376	15.6	19.0	7.9	907	68.4
Wilhelmsburg	46,125	22.1	12.3	14.1	15,710	34.1
Elbinsel	52,194	22.3	12.9	13.4	19,552	37.5
Bezirk Mitte	228,060	15.9	11.9	15.0	60,946	26.7
Bezirk Harburg	196,263	19.2	11.8	16.9	39,003	19.9
Hamburg	1,704,929	16.1	10.5	17.0	272,604	16.0

deutschen Bevölkerung. Dementsprechend höher sind Arbeitslosigkeit, insbesondere unter den Jugendlichen, und die Abhängigkeit von staatlichen Transferzahlungen. Insgesamt zeigen die sozialen Indikatoren eine ausgeprägte innere Differenzierung und Segmentierung der Elbinseln, die durchaus Tendenzen der Verfestigung struktureller Armut und paralleler gesellschaftlicher Strukturen in sich trägt[15]. Auffallend hoch ist in migrantisch geprägten Stadtteilen der Anteil an Jugendlichen (vgl. Beitrag von Dietrich Thränhardt) sowie die Zahl der Schul- und Ausbildungsabbrecher. Hier haben sich die Verhältnisse in den letzten Jahren eher verschlechtert. Sowohl die Sprachkompetenz der Jugendlichen mit migrantischem Hintergrund als auch die Zahl der Schulabschlüsse und der Ausbildungsbeginne sind zurückgegangen. Wenn es richtig ist, dass die Metropole des 21. Jahrhunderts wesentlich auf Wissen und Kreativität basiert – und darauf setzt auch das Konzept der „Wachsenden Stadt" –, dann stehen die Chancen für Jugendliche aus Wilhelmsburg und der Veddel gegenwärtig schlechter als für den Nachwuchs aus anderen Stadtteilen Hamburgs. Dies gilt besonders, aber nicht nur für die Jugendlichen mit migrantischem Hintergrund. Auch wenn die Abschlussquoten der deutschen Jugendlichen höher sind, so leiden doch auch deren Ausbildungs- und Berufschancen unter der Stigmatisierung des Bildungssystems bzw. der Adresse Wilhelmsburg allgemein. Dieser verhängnisvolle Zusammenhang von Raum und Wirkung hat unmittelbare sozial-räumliche Folgen für den Stadtteil: bildungsbewusste Eltern – deutsche wie ausländische – kehren diesem den Rücken zu, um ihren Kindern (vermeintlich) bessere Ausbildungsmöglichkeiten in anderen Quartieren zu bieten. Die Folgen des Wegzugs bzw. der mangelnden Attraktivität des Stadtteils für mittelständische Schichten zeigen sich im öffentlichen Raum in vielfältiger Weise, zum Beispiel in einem einseitigen und wenig attraktiven Einzelhandelsangebot, in der Dominanz sehr einfacher ethnischer Betriebe und Gaststätten oder in mangelnden privaten Investitionen in die Bausubstanz. Dieses Er-

scheinungsbild seinerseits verstärkt wiederum das „Imageproblem" des Stadtteils.
Zwar sind im Stadtteil Wilhelmsburg seit einiger Zeit – auch unterstützt durch eine gezielte Belegungspolitik der großen städtischen Wohnungsbaugesellschaft SAGA/GWG – Gegenströmungen erkennbar, dennoch kann dieser Circulus Vitiosus nur durch eine strategische Verbesserung der Bildungssituation als Ganzes – von der Spracherziehung über die schulische und berufliche Bildung bis hin zur kulturellen Bildung – durchbrochen werden. Nicht die räumlichen Investitionen sind hier vorrangig, sondern die Investitionen in die Menschen, die hier leben.
Diesen Ansatz verfolgt die IBA Hamburg in der Unterstützung unterschiedlicher Initiativen und Projekte im Bereich der Bildung und Kultur. Primär geht es in der „Bildungsoffensive für die Elbinsel"[16] um fünf thematische Schwerpunkte:
• Förderung der Sprachkompetenz,
• Verbesserung der Schulabschlüsse,
• Verbesserung der Ausbildungsmöglichkeiten und des Berufseinstiegs,
• kulturelle Bildung,
• lebenslanges Lernen.
An fünf Standorten Wilhelmsburgs (Bahnhofsviertel, Kirchdorf, Reiherstieg, Veddel und Berufsschulzentrum Mitte) haben 19 lokale Arbeitsgruppen mit mehr als 120 Aktiven Projekte, sogenannte IBA-Werften, entwickelt. Das Besondere an diesen Projekten sind deren sich aus der jeweiligen örtlichen Situation ableitenden Themenschwerpunkte, die eine Art „Elbinselpädagogik" kreieren könnten[17].
Gegenwärtig am weitesten konkretisiert ist das Bildungszentrum im Bahnhofsviertel Wilhelmsburg. Unter dem Projekttitel „Tor zur Welt" sollen nicht nur drei Schulen zusammengefasst (Grundschule, Gymnasium, Sprachheilschule), sondern neue pädagogische Ansätze und Konzepte realisiert werden.
Im Rahmen der IBA Hamburg ist die Frage von besonderer Bedeutung, welche räumlichen, städtebaulichen und architektonischen Anforderungen aus den neuen konzeptionellen Ansätzen einer ortsbezogenen Pädagogik erwachsen

Visualisierung Open House (Entwurf: Onix, Groningen)
Visualisation Open House (Design: Onix, Groningen)

del and Vocational School Mitte). The most significant feature of these projects is that their focuses have been developed from the actual situation on the ground and could end up creating a sort of "Elbe island pedagogy".[17]

The education centre in the Bahnhofsviertel district of Wilhelmsburg is the most developed part so far. The project titled "Gateway to the World" will amalgamate three schools (a primary school, a secondary school and a school for speech and language therapy) and new educational approaches and concepts will be put into practice there.

In the context of the IBA Hamburg there remains the essential question as to what spatial, urban and architectural demands will arise from the new concept of location-based pedagogy and to what extent architecture and urban planning can become part of spatial education processes. An extensive period of debate led to the compilation of a brief for the new school complex which will be publicised in autumn 2007 in the context of a two-phase international architectural competition. The design process will provide opportunities for the future users of the school and the general public to debate with the architect and have a direct influence on the planning. Dialogue with the actors involved will thus become part of the design process. It is planned that the project be realised from 2009 to 2011.

The "relational interdependency" (Cp. contribution by Martina Löw) between space and city (district) society will also be of central importance to other parts of the IBA Hamburg: in the areas of "public space" as well as "culture and creative economy".

Public space is also a vital theme within the "Metrozones" sector (see next section). The focus there is on how those spaces are now codified and how they should be designed in the context of a multi-faceted, international city. The quality of the urban realm should be systematically improved in different projects such as mentoring and supporting immigrant businesses, particularly individual retailers,

taking ground floor zones and the selection of services on offer into special account.

In the "Weltquartier" project, residents of a SAGA/GWG residential area of 850 households and 1,500 inhabitants were interviewed on their desires and expectations of a rehabilitation of their apartments and of their living environment.[18] The results of this "home survey" (Cp. „What Is Your Home?" photo series) will be the subject of an international workshop to take place in winter 2007/2008.

In the context of the "International urban society" leitmotif, the IBA Hamburg is embarking on new territory in the subject area "culture and creative economy" since, rather than focussing primarily on culturally embellishing the IBA process or its presentation years, the aim is to strengthen the social and economic forces on the islands and to attract new ones to them. This should allow an independent spatial self-conception and self-confidence to develop from the cultural diversity of the people there and should boost the cultural-economic assets of the islands.

Knowledge and culture are becoming more and more important location factors in large cities in our present post-industrial society. European and Europe-influenced cities are showing particular attractiveness to the "creative classes" (Richard Florida). For this reason the model projects of Hamburg's senate under the idea of the "Growing City" are much oriented around "soft location factors" (see above) such as knowledge, culture and sport. However, it is often misjudged that although large events and high culture attract the desired attention from the media, innovative production of culture and knowledge emerges more from decentralised creative initiatives and actors. New "glocal" (Roland Robertson) lifestyles and cultures grow in particularly transnational areas of the city in which the most diverse cultural experiences and personalities meet – these are often also conflict-laden. These glocal manifestations of culture reach from transnational production of literature, film and art (Cp. interviews with the art collector

und wie Architektur und Städtebau selbst Teil einer räumlichen Pädagogik werden können. In einem umfangreichen Diskussionsprozess wurde eine Ausschreibung für den neuen Schulkomplex erarbeitet, die im Herbst 2007 im Rahmen eines zweistufigen internationalen Architektenwettbewerbs veröffentlicht wird. In diesem Entwurfsprozess besteht die Möglichkeit für die zukünftigen Nutzer und die Öffentlichkeit, gemeinsam mit den Architekten zu diskutieren und gezielt Einfluss auf die Planungen zu nehmen. Der Dialog mit den beteiligten Akteuren wird so zum Bestandteil des Entwurfsprozesses. Die Realisierung des Projekts ist für die Jahre 2009 bis 2011 geplant.

Die „relationale Wechselwirkung" (vgl. Beitrag von Martina Löw) zwischen Raum und Stadt(teil)gesellschaft spielt auch in anderen Arbeitsbereichen der IBA Hamburg eine zentrale Rolle: in den Themenfeldern „Öffentlicher Raum" sowie „Kultur und Kreativökonomie". Der öffentliche Raum spielt auch im Leitthema „Metrozonen" (siehe folgenden Abschnitt) eine zentrale Rolle. Hierbei steht im Blickpunkt, wie diese Räume heute kodiert sind und wie sie im Rahmen einer vielfältigen und internationalen Stadt gestaltet sein sollten. In verschiedenen Projekten, wie zum Beispiel der Beratung und Unterstützung von migrantischen Betrieben – insbesondere auch Einzelhändlern – soll die Qualität der Stadtgestalt, besonders im Bereich der Erdgeschosszonen und des Sortiments, gezielt verbessert werden.

Im Projekt „Weltquartier" wurden in einer Siedlung der SAGA/GWG mit 850 Haushalten und 1500 Bewohnern Interviews zu ihren Ansprüchen und Erwartungen an eine Modernisierung der Wohnungen und an eine Gestaltung des Wohnumfelds durchgeführt.[18] Die Ergebnisse dieser „Heimatbefragung" (vgl. Fotoessay „Was ist Heimat für Sie?") fließen in einen internationalen Entwurfsworkshop ein, der im Winter 2007/2008 stattfinden wird.

Mit dem Themenfeld „Kultur und kreative Ökonomie" im Rahmen des Leitthemas „Internationale Stadtgesellschaft" betritt die IBA Hamburg insoweit Neuland, als dass hier nicht primär der Aspekt der kulturellen Ausschmückung des IBA-Prozesses oder der Präsentationsjahre im Fokus steht. Ziel ist es vielmehr, in den kommenden Jahren die sozialen und ökonomischen Kräfte der Insel zu stärken bzw. neue hinzuzugewinnen, um dadurch, aus der kulturellen Vielfalt der Menschen auf der Elbinsel, ein eigenständiges räumliches Selbstverständnis und Selbstbewusstsein entstehen zu lassen und die kulturwirtschaftlichen Kräfte der Insel zu stärken. Wissen und Kultur zählen in der postindustriellen Gesellschaft zunehmend zu den zentralen Standortfaktoren der großen Städte. Gerade die europäischen und europäisch geprägten Metropolen zeichnen sich durch ihre hohe Anziehungskraft auf die „kreative Klasse" (Richard Florida) aus. Die Leitprojekte des Hamburger Senats im Leitbild der Wachsenden Stadt orientieren sich daher auch überwiegend an diesen „weichen Standortfaktoren" (siehe oben) wie Wissen, Kultur und Sport. Allerdings wird oft verkannt, dass Großevents und Hochkultur für die erwünschte mediale Aufmerksamkeit sorgen mögen, die innovative Wissens- und Kulturproduktivität aber eher von den dezentralen kreativen Initiativen und Akteuren ausgeht. Es sind besonders die transnational geprägten Milieus der Stadt, da wo unterschiedlichste kulturelle Erfahrungen und Biografien – nicht selten konfliktträchtig – aufeinanderstoßen, in denen neue „glokale" (Roland Robertson) Lebensstile und Kulturen entstehen. Diese glokalen Kulturmanifestationen reichen von transnationalen Produktionen in Literatur, Film und Kunst (vgl. Interviews mit dem Kunstsammler Harald Falckenberg und der Kunstkuratorin Britta Peters) über neue multiethnische Musikstile[19] bis zu den cuisine-sauvage-Schöpfungen der „angesagten" Restaurants und machen zunehmend die Attraktivität und Kreativität von Metropolen aus. Diese neue ortsgebundene städtische Kultur stellt gewissermaßen das Gegenstück zur universellen Ästhetik einer globalisierten Warenwelt dar, wie sie heute die Shopping Malls und die Fernsehprogramme überall auf der Welt prägt. Die lokale Kultur als das Ergebnis des Dialogs der Kulturen und der Dialektik von

Beim Workshopverfahren „Weltquartier" planten die Bewohner mit. Residents participated in planning during the "Weltquartier" workshop.

UNSERE HEIMAT

WELTQUARTIER WILHELMSBURG

IBA_HAMBURG
SAGA GWG

Banner „Weltquartier" Banner "Weltquartier"

Harald Falckenberg and the art curator Britta Peters), to new multi-ethnic styles of music,[19] to the "cuisine sauvage" creations of "hip" restaurants, and constitute more and more the attractiveness and creativity of metropolises. This new location-based urban culture is becoming an alternative to the universal aesthetics of a global consumer's world shaped by shopping malls and television channels worldwide. The local culture emerging from a dialogue between culture and the dialectics between globalisation and localisation not only create innovative and unique environments within a city, it also creates a particular type of attractiveness for the talented and creative. The growing significance of the knowledge and cultural sectors as location factors within large cities is also making the location of places of employment in knowledge-based and cultural-economic sectors more and more important. Dieter Läpple proved this by examining the growth and shrinkage of clusters in Hamburg (Cp. contribution by Dieter Läpple) and simultaneously demonstrated the potentials and risks of cultural urban district economies. Creative clusters do not grow in the pedestrian areas of cities. They form in stimulating, contradictory and conflict-laden situations, in open places and free spaces. Creativity requires experimentation and a culture of exchange.

Several areas of Hamburg have distinctive creative cultural environments (e.g. Ottensen, Schanzenviertel). Within the spectrum of the various districts of Hamburg, the Elbe islands

Globalisierung und Lokalisierung verschafft den Metropolen nicht nur innovative und spezifische Milieus, sondern auch eine besondere Anziehungskraft für Talente und Kreative.

Die wachsende Bedeutung des Wissens- und Kultursektors als Standortfaktor für die großen Städte macht sich auch in einer zunehmenden Arbeitsplatzrelevanz der wissensbasierten und kulturwirtschaftlichen Sektoren bemerkbar. Dieter Läpple hat dies an der Entwicklung von schrumpfenden und wachsenden Clustern in Hamburg nachgewiesen (vgl. Beitrag von Dieter Läpple) und gleichzeitig die Potenziale und Risiken einer kulturellen Stadtteilökonomie aufgezeigt. Die kreativen Cluster entstehen nicht in den Fußgängerzonen der Citys, sondern in anregenden, widersprüchlichen oder auch konfliktträchtigen Situationen, an offenen Orten und in Freiräumen. Kreativität braucht das

Experiment und eine Kultur des Austauschs. Hamburg besitzt einige Quartiere mit ausgeprägten kreativen kulturellen Milieus (zum Beispiel Ottensen, Schanzenviertel). Die Elbinseln verfügen nicht nur von der soziokulturellen Seite her, sondern auch aufgrund der baulichräumlichen und (miet-)preislichen Rahmenbedingungen, über besondere Voraussetzungen, um im Spektrum der Hamburger Stadtteile eine besondere multikulturelle Stellung einzunehmen. Die Elbinseln haben ein großes Potenzial kreativer und animierender Räume – wie nicht nur die existierenden Künstlerateliers privater Immobilienbesitzer und Kunstförderer beweisen, sondern auch die spannungsreichen städtebaulichen und landschaftlichen Orte zeigen. Im IBA Kunst & Kultursommer 2007 wurden in über 60 Veranstaltungen diese Orte – zum Beispiel im Rahmen der Hafensafari oder von 10° Kunst/

IBA Kunst & Kultursommer 2007: Festivalimpression vom „Dockville" am Hauptdeich des Reiherstiegs (Projektträger: Enno Arndt)   IBA Art & Culture Summer 2007: impression of the "Dockville" festival at the Reiherstieg main dyke

IBA Kunst & Kultursommer 2007: Anwohnerplakat beim Elbinselfestival   IBA Art & Culture Summer 2007: residents' poster at the Elbinselfestival

IBA Kunst & Kultursommer 2007: Pressekonferenz zur Auftaktveranstaltung vor der Halle 13   IBA Art & Culture Summer 2007: Press conference in front of Hall 13 at the start-off event

have many basic pre-conditions, from socio-cultural, spatial-constructional and rent-price points of view, which give them the potential to develop a special cultural position. The Elbe islands possess creative, inspiring spaces of great promise, proven by the existing artists' studios, private property owners and patrons of art, and also illustrated by the fascinating urban and rural spaces there. In the context of the IBA Art and Cultural Summer 2007, many of these places were carefully orchestrated and displayed to a wide spectrum of the public at 60 events including the Hafensafari or 10° Kunst/Wilhelmsburger Freitag.

Over the next few years we will be able to see to what extent it is feasible to settle, support and stabilise creative clusters on the Elbe islands using the help of economic programmes and initiatives and the establishment of an intelligent property market. One important precondition is the creation and preservation of free and experimental spaces and the functional inclusion of the creative forces. A long-term objective is to tap into the value-adding potential of a creative local environment provided by cultural diversity and enriched by external artistic impulses. Apart from encouraging education and apprenticeship, this could be a further component on which to build the local ethnic economy which would go beyond mere niche or poverty management.

Metrozones – concepts for the development of the inner edges of the city

Every city is familiar with them. The outskirts of large cities where the city stops being a city and fades out into a suburban mixture of large-area industrial use, power stations, allotment gardens, wasteland, DIY stores, leftovers of residential settlements and the beginnings of new settlements, motorways and train tracks etc. This is not so much the "Zwischenstadt" (urban sprawl) which Thomas Sieverts once called the "urbanised landscape and ruralised city" as the fragmented inner

edges of the city which are often not that far from the inner-city.[20] They are located between gentrified neighbourhoods from the Wilhelminian period, 1920s to 1950s residential settlements and suburbs which have been incorporated into the city, or neat single-family-home settlements on the city's edge. These "inner peripheries" are contradictory spaces of conflict and opportunity. Usually only a few grave factors make these places "problems" from the point of view of planning and the situation on the ground. The biggest factor is commonly noise pollution.[21]

Often tens of thousands of people live in hazardous health conditions along the extremely busy major roads which pass through the periphery. Considering the circumstances, it is no wonder that these areas are so unpopular to live in, although they are so close to the city centre. Residential niches and pockets of landscape have survived in these areas, designed in the 1970s era of planning euphoria, which would closely approach mixed-use planning ideologies were it not for the present conflicts there. These residential areas are only sought-after by those who cannot afford to live in more expensive flats. Often, only people who were displaced in the process of rehabilitating the Wilhelminian buildings in other districts, including population stratums with immigrant backgrounds, live here.

Wilhelmsburg is a prototypical example of the inner edge of a city in which functional conflicts and problems of noise emission levels snowball. However, the Elbe islands also prove that such dispersed spaces characterised by rupture and discontinuity, can also have hidden within them niches of high ecological value and quality, as well as historical monuments of strong identity. Who would expect to find the thatched dyke houses, which characterised the Elbe islands for centuries? Or the windmill "Johanna", lovingly restored by a voluntary society? The Dove Elbe, a former branch of the Elbe which has long since been separated by embankments from the main river, is also idyllic. Intact river and water meadow landscapes

Wilhelmsburger Freitag – inszeniert und einer breiten Öffentlichkeit vorgestellt.

Die nächsten Jahre werden zeigen, inwieweit es auch mit Hilfe wirtschaftlicher Programme und Initiativen bis hin zu einer intelligenten Immobilienwirtschaft gelingen kann, kreative Cluster auf der Elbinsel vermehrt anzusiedeln, zu fördern und zu stabilisieren. Eine wichtige Voraussetzung dafür ist die Schaffung und Erhaltung von Frei- und Experimentierräumen und die funktionale Einbindung der Kreativen. Das langfristige Ziel besteht darin, die kulturelle Diversität zum wertschöpfenden Potenzial kreativer lokaler Milieus – angereichert durch externe, künstlerische Impulse – zu entwickeln. Dies könnte ein wichtiger Ansatz sein, neben der Förderung von Bildung und Ausbildung ein weiteres Standbein lokaler ethnischer Ökonomien aufzubauen, die mehr sind als Nischen- oder Armutswirtschaft.

Metrozonen – Entwürfe für die Gestaltung der inneren Stadtränder

Jede Stadt kennt sie, jene Vorstädte der Großstadt, wo die Stadt aufhört Stadt zu sein und in ein suburbanes Gemisch großflächiger Nutzungen von Industrieanlagen, Kraftwerken, Kleingärten, Brachen, Baumärkten, Siedlungsresten und Siedlungsansätzen, Schnellstraßen und Eisenbahnschneisen etc. übergeht. Dabei handelt es sich weniger um jene „Zwischenstadt", die Thomas Sieverts einmal die „verstädterte Landschaft oder die verlandschaftete Stadt" nannte,[20] sondern um die zersplitterten inneren Ränder der Stadt, die sich oft nicht weit von der Innenstadt zwischen den gentrifizierten gründerzeitlichen Quartieren, den 20er- bis 50er-Jahre-Siedlungen der Stadt und den eingemeindeten Vororten oder geordneten Einfamilienhausgebieten am Stadtrand erstrecken. Diese „inneren Peripherien" sind widersprüchliche Räume aus Konflikten und Chancen. Meist sind es nur wenige, aber gravierende Faktoren, die diese Räume sowohl planerisch wie faktisch zu „Problemen" machen. Am häufigsten ist es der Lärm[21].

Allein an den verkehrsbelasteten Magistralen, die die inneren Peripherien durchschneiden, leben oft Zehntausende von Bewohnern unter problematischen gesundheitlichen Verhältnissen. Es ist angesichts der Lebensumstände kein Wunder, dass diese Räume, obwohl oft durchaus innenstadtnah gelegen, als Wohnorte wenig attraktiv sind. In der Planungseuphorie der 70er Jahre „großzügig" überplant, haben sich dort Wohn- und Landschaftsnischen erhalten, die – existierten hier keine Nutzungskonflikte – dem schulplanerischen Ideal von Mischnutzungen sehr nahe kommen. Begehrt sind diese Wohnlagen allerdings gegenwärtig nur bei denen, die sich keine teureren Wohnungen leisten können. Oft wohnen hier auch jene, die im Zuge der Aufwertung der Gründerzeitviertel verdrängt wurden, gerade auch Bevölkerungsschichten mit migrantischem Hintergrund.

Wilhelmsburg ist ein prototypisches Beispiel eines inneren Stadtrandes, in dem sich Nutzungskonflikte und Lärmprobleme ballen. Am Beispiel der Elbinseln zeigt sich aber auch, dass diese dispersen, von Brüchen und Diskontinuitäten geprägten Räume Nischen hoher ökologischer Vielfalt und Qualität sowie bauhistorische Zeugnisse mit hohem Identitätscharakter besitzen können. Wer vermutet hier zum Beispiel Reetdachhäuser am Deich, die über Jahrhunderte das Bild der Elbinsel prägten? Oder die Windmühle „Johanna", die liebevoll von einem Verein restauriert wurde? Ähnlich idyllisch wirkt die Dove Elbe – ein Altarm der Elbe, der schon lange durch Eindeichungen vom Hauptstrom abgeschnitten ist. Schließlich verfügt die Insel über eine noch intakte Fluss- und Auenlandschaft, die den ursprünglichen Naturraum der Elbe noch heute erfahrbar macht. Für den Außenstehenden sind diese Qualitäten bei seinen schnellen Fahrten durch Wilhelmsburg von den großen Transitschneisen der A1 und der B4/B75 sowie von den Eisenbahngleisen aus – im wahrsten Sinne des Wortes – nicht erfahrbar.

Dass sich die Elbinseln Wilhelmsburg, die Veddel und der Kleine Grasbrook heute raumtypologisch als eine innere Peripherie darstellen, hat sowohl historische als auch strukturelle Gründe.

Windmühle Johanna Windmill Johanna

on the islands still allow the original natural environment of the Elbe to be experienced today. These qualities remain literally inaccessible to the outsider speeding through Wilhelmsburg on the large transit roads, the A1 and the B4/B75 and on passing trains.

There are both historical and structural reasons behind the spatial typological status that makes the Elbe islands (Wilhelmsburg, Veddel and Kleiner Grasbrook) inner peripheral. Four main factors are responsible for their spatial formation:

1. The over 500-year history of dyking and the connected insular settling processes and infrastructural development of the area which prevented the formation of one centre that could now be considered the historical centre.
2. The traditionally peripheral position of the rural Elbe islands in relation to the core of Hamburg on one side of the Elbe, and to the Prussian Harburg on the other side, reducing them to mere transfer spaces.
3. The structural transformation of the port economy from traditional package freight to container traffic and the corresponding social changes in the port's labour force.
4. The 1962 flooding and the subsequent planning uncertainties of the 1960s and 70s (task of the settlement area to the west of the B4/B75; construction of the large settlement Kirchdorf-Süd).

The above factors led functions to be established there which both coexisted and conflicted with one another, leading the settled and rural spaces to become isolated and causing a corresponding socio-spatial isolation. The large north-south thoroughfares and port and logistic facilities in the west at Reiherstieg divided Wilhelmsburg into strips from both an urban-spatial and a social point of view. It may generally be assumed that the districts populated by large proportions of immigrants were those that were exposed to high emissions from the port, logistic facilities and thoroughfares. At the moment there is still only one rudimentary east-west connection which runs through the Dove Elbe green corridor. Its upgrading and the establishment of new east-west links

Verkehrstrassen durchtrennen die Elbinsel Wilhelmsburg
Streets cut through the Elbe island Wilhelmsburg

– particularly in conjunction with the planned Internationale Gartenschau – is a pre-condition for the Elbe islands to become more permeable in every sense of the word.

Developments of port, logistics and transport infrastructure[22] will greatly influence the future of the metrozones Wilhelmsburg, Veddel and Kleiner Grasbrook. A high loco quota characterises the port of Hamburg – over a third of the goods handled there are produced, processed and consumed within the metropolitan region. Trucks are the main mode of transport for containers since every second container to leave the port of Hamburg does so via the roadways. A quarter of the containers are transported on sea-bound feeders and only two percent are moved on inland waterways. The main German railway company, Deutsche Bahn, is involved in 20 percent of the transport volume.[23] If one only considers the interior traffic (excluding the feeders on the sea), two-thirds of the containers are delivered and removed by road and a third by rail.

It is obvious that an increasingly booming container business will lead to more traffic on the surrounding roads and rails, which already seem to be overwhelming the existing infrastructure. The senate and citizenship are now considering the following major development projects:

- The planned port link-road as a continuation of the A252,
- The upgrading of the middle free port,
- The construction of a new – in Harburg highly disputed – Süder Elbe crossing in conjunction with a tunnel railway line crossing in Wilhelmsburg.

The upgrading of the transport infrastructure needed for the port development holds much conflict for the Elbe islands and could clash directly with urban development objectives for internal improvement including the construction of new residential units[24] and the upgrading of existing conditions on the Elbe islands. Complex planning, logistical and technical strategies and measures will have to be developed in order to be able to reduce this conflict potential, and a great willingness to contribute

Im Wesentlichen sind vier Faktoren für diese Raumbildung maßgeblich:

1. Die über 500-jährige Siedlungsgeschichte der Eindeichungen und die damit verbundene insulare Besiedlung und Erschließung, die eine Zentrenbildung im Sinne einer historischen Mitte verhindert hat.

2. Die traditionelle Randlage der landwirtschaftlich geprägten Elbinseln zu den Siedlungskernen Hamburgs einerseits der Elbe und des preußischen Harburgs andererseits, die den Stadtteil zum Transferraum reduzierten.

3. Der Strukturwandel der Hafenwirtschaft vom traditionellen Stückgutumschlag zum Containerverkehr und der damit verbundene soziale Wandel der Hafenarbeiterschaft.

4. Die Flut von 1962 und die danach einsetzende Planungsverunsicherung der 60er und 70er Jahre (Aufgabe des Siedlungsgebietes westlich der B4/B75; Großsiedlungsbau Kirchdorf-Süd).

Diese Faktoren haben auf der Elbinsel ein Neben- und Gegeneinander von Nutzungen entstehen lassen, das zu einer Verinselung der Siedlungs- und Landschaftsräume geführt hat, die das Pendant zur sozial-räumlichen Verinselung darstellt. Durch die großen, in Nord-Süd-richtung verlaufenden Verkehrstrassen sowie die Hafen- und Logistiknutzung im Westen am Reiherstieg wurde Wilhelmsburg nicht nur stadträumlich in Streifen geteilt, sondern auch sozialräumlich. Grundsätzlich kann man davon ausgehen, dass die Stadtquartiere mit hohem Anteil an migrantischer Bevölkerung auch die mit hoher Immissionsbelastung durch zum Beispiel Hafen, Logistik und Verkehrstrassen sind. Gegenwärtig existiert nur eine – eher rudimentäre – Ost-West-Verbindung, die durch den Dove-Elbe-Grünzug gebildet wird. Der Ausbau dieser und die Schaffung neuer Ost-West-Bezüge – vor allem im Zusammenhang mit der geplanten Internationalen Gartenschau – ist die Voraussetzung für eine größere Durchlässigkeit der Elbinseln – in jeder Beziehung.

Die Zukunft der Metrozone Wilhelmsburg, Veddel und Kleiner Grasbrook wird wesentlich durch die Entwicklung des Hafens, der Logistik und der Verkehrsinfrastruktur geprägt.[22] Der Hamburger Hafen zeichnet sich durch eine hohe Loco-Quote aus – über ein Drittel der dort umgeschlagenen Waren werden innerhalb der Metropolregion produziert, verarbeitet oder verbraucht. Das Hauptverkehrsmittel für den Transport von Containern ist der LKW, denn jeder zweite Container verlässt oder erreicht den Hamburger Hafen über die Straße. Jeder vierte wird über Feeder auf dem Seeweg transportiert, aber nur weniger als zwei Prozent auf den Binnenwasserstraßen. Die Bahn ist mit knapp 20 Prozent am Transportvolumen beteiligt.[23] Betrachtet man nur die eigentlichen Hinterlandverkehre (ohne die Feeder-Transporte auf dem Seeweg), werden zwei Drittel der Container auf der Straße und ein knappes Drittel auf der Schiene an- und abgefahren.

Es ist offensichtlich, dass ein weiter boomender Containerumschlag einen erheblichen Zuwachs der Hinterlandverkehre auf Straßen und Schienen induzieren wird, für den die vorhandene Infrastruktur schon jetzt nicht ausreichend zu sein scheint. Folgende bauliche Großprojekte werden daher gegenwärtig von Senat und Bürgerschaft geprüft:

- die geplante Hafenquerspange als Verlängerung der A252
- der Ausbau des mittleren Freihafens
- der Bau einer neuen – vor allem in Harburg äußerst umstrittenen – Süderelbe-Querung in Verbindung mit einer Unterquerung der DB-Bahntrasse in Wilhelmsburg.

Der für die Hafenentwicklung erforderliche Ausbau der Verkehrsinfrastruktur birgt für die Elbinseln erheblichen Konfliktstoff und kann in einen grundlegenden Widerspruch zum stadtentwicklerischen Ziel der Innenentwicklung und der Schaffung neuer Wohnbaupotenziale[24] bzw. der Verbesserung der Lebensbedingungen auf den Elbinseln treten. Um dieses Konfliktpotenzial zu reduzieren, sind komplexe planerische, logistische und technische Strategien und Maßnahmen erforderlich – und eine große Bereitschaft aller Seiten, zur Problemlösung beizutragen. Entweder-oder-Strategien, also entweder Hafen oder Stadtentwicklung, sind bereits in

Nebeneinander von Nutzungen auf der Elbinsel
Coexisting use on the Elbe island

to the search for solutions will be required from all sides. "Either or" strategies – either port or urban development – have failed in the past and would not stand a chance in the future, considering the growing awareness of the "island population". The metro zones concept is always about both types of functions, new models of mixed functionality and finding solutions for functional conflict.

Cityscapes and landscapes at the inner edges of the city must be equipped with certain qualities in order to be able to become successfully established within the context of sustainable inner-city development. All quality strategies must begin by facing existing and foreseeable functional conflict and continue by tapping into the potentials and hidden qualities of such areas, uncovering them and exploiting their value. The objective is to find solutions that do not

lead to undesired expulsion processes – neither due to the development of metropolitan facilities[25] nor residential areas and landscapes in these areas. Simply put, the task is: provision of urban compatibility.

The Internationale Gartenschau, which will take place in Hamburg in 2013, is the main quality-improving project of the "metrozone Wilhelmsburg". Is appears to be the first time that a horticultural show defines the "centre" of a city and landscape sliced up by spatial and functional barriers. The common main aim of the IBA Hamburg and the IGS Hamburg 2013 is to establish an image, a new address for the centre of Wilhelmsburg using landscaping and urban planning means to establish a new urban park with powerful plazas, axes and buildings.

The basis of the planning is a design by RMP landscape architects from Bonn, who won an

der Vergangenheit gescheitert und werden angesichts des wachen Bewusstseins der „Inselbevölkerung" wohl auch in Zukunft keine Chance haben. Im Themenfeld der Metrozonen geht es immer um das Sowohl-als-auch der Nutzungen, um neue Modelle von Mischnutzungen und um die Lösung von Nutzungskonflikten.

Dabei ist die städtebauliche und landschaftsräumliche Qualifizierung der inneren Stadtränder eine Grundvoraussetzung für ihre zukünftige Bedeutung im Rahmen einer nachhaltigen Innenentwicklung der Stadt. Jede Qualifizierungsstrategie hat einerseits an den vorhandenen und absehbaren Nutzungskonflikten, andererseits aber auch an den Potenzialen und verdeckten Qualitäten anzusetzen und diese sichtbar zu machen sowie in Wert zu setzen. Die Aufgabe besteht darin, Lösungen zu finden, die nicht zu unerwünschten Verdrängungsprozessen führen – weder im Bereich der Metropolenfunktion[25] dieser Räume noch im Bereich der Siedlungs- und Landschaftsentwicklung. Mit einem Wort – die Aufgabe heißt: Herstellung von Stadtverträglichkeit.

Das zentrale Projekt zur Qualifizierung der „Metrozone Wilhelmsburg" ist die Internationale Gartenschau, die Hamburg im Jahre 2013 ausrichten wird. Wohl erstmals thematisiert eine Gartenschau die „Mitte" eines durch räumliche und funktionale Barrieren zerschnittenen Stadt- und Landschaftsraums. Das gemeinsame Ziel von IBA Hamburg und IGS Hamburg 2013 besteht darin, mit Mitteln der Landschaft und des Städtebaus, mit einem neuen Stadtpark, mit starken Plätzen, Achsen und Gebäuden ein neues Bild, eine Adresse für die Wilhelmsburger Mitte zu erzeugen. Planerische Grundlage ist der Entwurf des Büros RMP Landschaftsarchitekten aus Bonn, das im Jahr 2005 als Sieger aus einem internationalen Wettbewerb hervorging. Der preisgekrönte Entwurf unter dem Motto „In achtzig Gärten um die Welt" sieht großzügige „Passagen" vor, die den IGS-Park gliedern und die massiven Barrieren des Gebiets – die Trassen von B4/B75 und die Eisenbahntrassen – überwinden sollen. Bewusst nehmen die Pas-

sagen vorhandene, aus den Entwässerungssystemen der Insel, den sogenannten Wettern, gebildete räumliche Orientierungen auf und integrieren sie in ein grenzüberschreitendes Netz von Wege- und Sichtbeziehungen. Um die Bildhaftigkeit und damit die Adresswirkung der neuen landschaftlichen Mitte für Wilhelmsburg zu stärken und den Passagen einen zentralen Orientierungspunkt zu geben, empfahl die Jury das zentrale Gestaltungselement eines kreisrunden Sees aus dem Entwurf des zweiten Preisträgers, der Arge Drecker/greenbox, Bottrop, in das Konzept des siegreichen Entwurfs zu integrieren. Die beiden Teams entwickelten daraufhin eine Synthese aus den beiden Entwürfen, die den kreisförmigen See zur landschaftsräumlichen Mitte des neuen Parks machte.

Das Ergebnis einer wirtschaftlichen Machbarkeitsanalyse im Frühjahr 2007 sowie die mangelnde Akzeptanz des Sees im Stadtteil führten jedoch zur Aufgabe des Synthese-Plans. Im Frühjahr 2007 entstand durch eine Kooperation der Büros RMP und des Büros Jo Coenen, Maastricht, vertreten durch den Planer Rollo Fütterer, ein Masterplan-Entwurf, der gegenwärtig Gegenstand einer breiten öffentlichen Plandiskussion ist und Grundlage der Bebauungsplanung werden soll.

Auch in diesem Plan wird das Thema der Neuen Mitte Wilhelmsburg wesentlich durch die landschaftsplanerischen Elemente des Entwurfs von RMP geprägt. Das Thema der Passagen wird städtebaulich aufgegriffen und durch weitere axiale Wege- und Straßenbeziehungen verstärkt. Der entscheidende Unterschied zum Syntheseplan besteht darin, dass der Fluchtpunkt der Passagen nicht mehr in der landschaftsgeometrischen Figur des kreisrunden Sees liegt, sondern in einem zentralen, dreieckigen Platz, der durch das Wechselspiel von landschaftsplanerischen und städtebaulichen Elementen geprägt wird. Das in Wilhelmsburg so charakteristische Motiv des Wassers wird durch die Verlängerung des Aßmannkanals bis in das Gelände der Gartenschau hinein aufgegriffen und bildet die landschaftliche

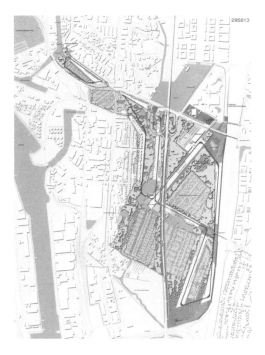

IGS Hamburg 2013, Wettbewerb 2005, Entwurf des 1. Preisträgers: RMP Stephan Lenzen Landschaftsarchitekten, Bonn   IGS Hamburg 2013, competition 2005, design by the winners of the first prize: RMP Stephan Lenzen landscape architects, Bonn

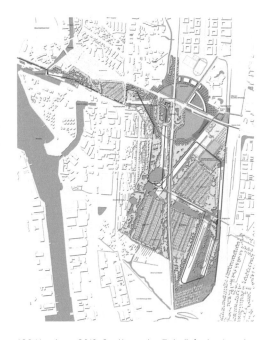

IGS Hamburg 2013, Synthese der Entwürfe des 1. und 2. Preisträgers (RMP Stephan Lenzen Landschaftsarchitekten, Bonn und Arge Drecker/greenbox, Bottrop)   IGS Hamburg 2013, combination of the designs by the winners of the first and second prizes (RMP Stephan Lenzen landscape architects, Bonn and Arge Drecker/greenbox, Bottrop)

Rahmenplan
05-560_xxx_2_ra_02_i
9
2007

RMP

„Neue Mitte Wilhelmsburg": Gesamtdarstellung aller Planungen (Berta-Kröger-Platz: APB. Architekten Wilkens/ Grossmann-Hensel/ Schneider, Hamburg; Neue Hamburger Terrassen: Beyer-Schubert Architekten, Berlin; IGS Hamburg 2013: RMP Stephan Lenzen Landschaftsarchitekten, Bonn; Neue Mitte Wilhelmsburg: Jo-Coenen & Co Architekten; Stand: November 2007) "Neue Mitte Wilhelmsburg": overall view of all plannings (Berta-Kröger-Platz: APB. Architekten Wilkens/ Grossmann-Hensel/ Schneider, Hamburg; Neue Hamburger Terrassen: Beyer-Schubert Architekten, Berlin; IGS Hamburg 2013: RMP Stephan Lenzen Landschaftsarchitekten, Bonn; Neue Mitte Wilhelmsburg: Jo-Coenen & Co Architekten; date: November 2007)

international competition on the subject in 2005. The prize-winning design under the title "Around the World in Eighty Gardens" envisages generous passages which will structure the IGS park and are intended to overcome the massive barriers in the area including the B4/B75 and the railway lines. The orientation of the passages intentionally assimilates with the islands' existing drainage systems, the so-called Wettern, and integrates them into a transboundary network of paths and visual axes. In order to strengthen the graphic quality and the impact of the new landscaped centre of Wilhelmsburg and to give the passages a central point of orientation, the jury advised that the central design element of a circular lake be taken from the design by Drecker/greenbox from Bottrop, who won the second prize in the competition, and integrated into the winning design. Both teams worked on creating a composition of the two designs, making the circular lake the spatial centre of a new park.

However, the results of a financial feasibility study in 2007 and the general rejection of the lake by residents of the area led the compositional plan to be abandoned. A master plan design was created in spring 2007 as a result of collaboration between the RMP office and the Jo Coenen practice from Maastricht which was represented by Rollo Fütterer. It has become the subject of broad public discussion and is intended to become the basis of future development planning.

In this plan, the new centre of Wilhelmsburg is also largely characterised by the landscaping elements of the original design by RMP. The passages have been extended into the urban planning and consolidated by further axial path and street relationships. The main difference between this and the compositional plan is that a central triangular plaza characterised by interplay of landscape and urban planning elements forms the centre of the ensemble instead of the landscaped geometrical figure of the circular lake. The water motive, so typical of Wilhelmsburg, is taken up on by extending the Assmann Canal into the grounds of the horticultural show and using it to form the western border of the triangular pla-

westliche Begrenzung des Dreiecksplatzes. Bei Realisierung dieses Konzepts wäre es möglich, einen lang gehegten Wunsch der Wilhelmsburger – die sich immer eher zu Hamburg als zu Harburg hingezogen fühlten – zu erfüllen: die Verbindung „von Rathaus zu Rathaus".

Die Entscheidung des Hamburger Senats aus dem Jahr 2007, zur Unterstützung dieses Konzeptes die Behörde für Stadtentwicklung und Umwelt mit ihren etwa 1.800 Mitarbeiterinnen und Mitarbeitern in die Neue Mitte Wilhelmsburgs zu verlegen, ist ein erster wichtiger Schritt. Er verdeutlicht das vorhandene Vertrauen in die zukünftige Entwicklung der Wilhelmsburger Mitte und kann dadurch Signalwirkung für private Investoren haben. Angesichts der Tatsache, dass frühere Versuche, die Wilhelmsburger Mitte über zentrale Gebäude wie das im Jahre 1903 errichtete Rathaus oder das Bürgerhaus von 1985 zu markieren, offensichtlich gescheitert waren, ist der Ansatz, im Rahmen von IBA und IGS einen neuen Versuch der Mittebildung durch landschaftsplanerische und städtebauliche Akzente zu unternehmen, durchaus ambitioniert und historisch vorerst die wohl letzte Gelegenheit, die Wilhelmsburger Mitte zur Adresse und zum mentalen Zentrum des Stadtteils zu entwickeln. Mit der Investition der Freien und Hansestadt in den Behördenstandort, mit dem Bau eines neuen Typus von Stadtpark des 21. Jahrhunderts im Rahmen der IGS, mit den geplanten Sport- und Freizeiteinrichtungen (unter anderem einer neuen Schwimmhalle), mit der Aufwertung des Bahnhofs Wilhelmsburg und mit den ergänzenden privaten Investitionen in Wohn- und Bürogebäude sowie in die Sanierung des Einzelhandelszentrums am Berta-Kröger-Platz kann es erstmals gelingen, dem Stadtteil eine identitätsstiftende Adresse, eine Visitenkarte für Hamburger und Auswärtige zu verschaffen. Eine Reihe weiterer Projekte sollen Lösungsmöglichkeiten für „Peripheriekonflikte" in anderen Bereichen aufzeigen. Im Zentrum dieser Projekte stehen fast immer zwei grundlegende Problemfelder der Stadtverträglichkeit: Lärmemission und Nutzungskonkurrenz. Vor allem

im westlichen Wilhelmsburg, aber auch im Harburger Binnenhafen stoßen die Interessen der Hafenwirtschaft und der Logistik einerseits und der Quartiers- und Freiraumentwicklung andererseits hart aneinander. Einerseits kann das Ziel einer qualifizierten Innenentwicklung im Rahmen des Sprungs über die Elbe nur durch eine deutliche Verbesserung der Lebensqualität im westlichen Wilhelmsburg und durch eine Stärkung der Wohnfunktion im Harburger Binnenhafen erreicht werden, andererseits benötigen Hafen und Logistik im Rahmen der dramatisch zunehmenden Umschlagszahlen für den Containerverkehr nicht nur mehr Umschlagsflächen, sondern auch eine deutlich leistungsfähigere Verkehrsinfrastruktur. Folgende Metrozonen-Projekte (siehe Abb. Projektkarte Kapitel „IBA AT WORK") sind gegenwärtig im Bereich des westlichen Wilhelmsburg und des Harburger Binnenhafens geplant:

- Qualifizierung des westlichen Siedlungsrands am Veringkanal als Schnittstelle zur Hafenlogistik am Reiherstieg durch intelligente Mischnutzungen (zum Beispiel Projekt Veringhöfe)
- Gestaltung des Reiherstiegknies als hochwertige Grün- und Veranstaltungsfläche an einem einzigartigen Landschafts- und Wasserraum
- Wiederaufnahme der historischen Ost-West-Achse Fährstraße mit einem Fähranleger an der Fährstraßenbrache und einer innovativen gewerblichen Flächenentwicklung
- Öffnung des Spreehafens als Naherholungsraum für das dicht bebaute Gründerzeitquartier Fährstraße/Vogelhüttendeich/ Veringstraße; Städtebau auf dem Wasser mit Floating Homes im Spreehafen
- Erarbeitung planerischer Lösungsmöglichkeiten für die Stärkung der Wohnfunktion im Harburger Binnenhafen (Projekte Kaufhauskanal und Schlossinsel)
- Querschnittsprojekt „Stadtverträglichkeit": Untersuchung von innovativen planerischen und rechtlichen Lösungsmöglichkeiten zur Minderung von Immissionskonflikten in der Bauleitplanung

Visualisierung „Neue Mitte Wilhelmsburg"
Visualisation "New Central Wilhelmsburg"

za. Realisation of this concept would finally fulfil an age-old dream of the citizens of Wilhelmsburg – who have always felt a stronger connection to Hamburg than to Harburg – a direct connection "from city hall to city hall".

The decision taken by the Senate of Hamburg in 2007 to transfer its Department of Urban Development and the Environment with 1,800 members of staff to the new centre of Wilhelmsburg, in a move to support the new concept, is a vitally important first step. It demonstrates confidence in the future development of the centre of Wilhelmsburg and will thus have a signal effect on private investors. Considering that earlier attempts to mark the centre of Wilhelmsburg with important buildings, the city hall in 1903 and the community centre in 1985, obviously failed, the decision, to again try to form a centre for the district using urban and landscape planning means in the context of the IBA and IGS, is ambitious. It will probably be the last opportunity to establish the centre of Wilhelmsburg and develop it into the centre of the district in the minds of the people. The investment by the Free and Hanseatic City in a new administrative location, the construction of a new type of 21st century urban park in the context of the IGS, the planned sport and leisure facilities (including a swimming pool), the upgrading of Wilhelmsburg railway station and private investment in residential and office buildings and in the refurbishment of the shopping centre at Berta-Kröger-Platz will all serve to successfully create a new identity-defining quarter for the district which will also become a calling card for the citizens of Hamburg and people from elsewhere.

A series of further projects aims to pinpoint solutions to "periphery conflicts" in other areas. Most of these projects focus on two basic problem areas of urban compatibility: noise emission and functional conflict. The interests of the port economy and logistics on the one hand, and of district and open space development on the other, clash strongly in Wilhelmsburg West and its surroundings. Only a significant improvement of the quality of life in Wilhelmsburg West and an expansion of the residential areas around Harburg inland port can lead to high-quality inner-city development in the context of "A Leap Across the Elbe". However, at the same time the port and logistics facilities there will also require more space and a much improved infrastructural system in order to handle the dramatically increasing amounts of container traffic.

The following metrozone projects (see Fig. map of project chapter „IBA AT WORK") are currently being planned for the Wilhelmsburg West and Harburg inland port:

- Establishment of residential settlements on the western edges along the Vering Canal as an intersection to the port logistics facilities at Reiherstieg using intelligent mixed functionality (e.g. Veringhöfe project),
- Configuration of the Reiherstiegknie to a high-quality green and events area in a unique rural and waterside location,
- Revival of the historical east-west Fährstrasse axis with a ferry dock on the Fährstrasse wasteland area and innovative commercial property development,
- Opening of the Spree harbour as a local recreation area for the densely populated Wilhelminian-style districts of Fährstrasse/ Vogelhüttendeich/Veringstrasse; Urban development on the water with floating homes in the Spree harbour,
- Preparation of planning alternatives to increase residential areas around Harburg inland port (Kaufhaus Canal and Schlossinsel projects),
- Profile project "Urban Compatibility": Examination of innovative planning and legal solutions with which to curtail emissions conflicts during urban land-use planning.

The so-called port link-road project is causing much controversy among the local population. It would take the A252 motorway in Wilhelmsburg East over the Spree port to the western free port and on to the A2 motorway. The planned route of the new road in the north of the Elbe islands (Kleiner Grasbrook/Spreehafen) would entail further significant isolation of the district by a national roadway which could work

Ein in der Bevölkerung besonders umstrittenes Projekt ist die sogenannte Hafenquerspange, die die A252 vom östlichen Wilhelmsburg über den Spreehafen in den westlichen Freihafen und weiter an die A2 führen soll. Die linienfestgestellte Trassenführung im nördlichen Teil der Elbinseln (Kleiner Grasbrook/Spreehafen) würde die Gefahr einer weiteren massiven Abriegelung des Stadtteils durch eine überörtliche Verkehrsstrasse in sich bergen und könnte in einen Gegensatz zu der gewollten Aufwertung des innenstadtnah und wasserräumlich attraktiv gelegenen nördlichen Reierstiegquartiers treten. Dies dürfte der Fall sein, falls die Hafenquerspange in der üblichen „ingenieurbautechnischen" Weise als Overfly über Deich und Hafen geführt würde. Die konzeptionelle Diskussion über die Hafenquerspange und die Frage ob bzw. wie sie stadtverträglich gestaltet werden könnte, ist von grundlegenden Fragen der Netzeinbindung und damit der Verkehrsführungen im Stadtteil – der Separation von belasteten, von zu entlastenden und zum Wohnen geeigneten Räumen – nicht zu trennen. Hiermit sind grundlegende stadtentwicklerische Fragen der Gesamtstadt und der Metropolregion berührt, wie sie für Metrozonen typisch sind. Die IBA Hamburg wird sich in den nächsten Jahren diesen Fragen und Diskussionen nicht entziehen – selbst wenn sie im Rahmen des zeitlichen Horizonts ihrer Tätigkeit nur begrenzt Einfluss auf die langfristig angelegten politischen Entscheidungsprozesse nehmen kann. Diese Planungen und Projekte, zu denen auch grundlegende Fragen der Verkehrserschließung von Wilhelmsburg gehören (wie zum Beispiel die Verlängerung der HafenCity-U-Bahn U 4), werden jedoch darüber entscheiden, ob das ehrgeizige Konzept des „Sprungs über die Elbe" gelingt.

Stadt im Klimawandel – Entwürfe für eine nachhaltige Metropole

Die ohnehin hohe Sensibilität für Fragen des Hochwasserschutzes ist in Hamburg seit der Veröffentlichung des vierten Sachstands-

berichts des Weltklimarats im Februar 2007 nochmals gestiegen. In den ca. 270 Quadratkilometern (das entspricht einem Drittel des Stadtgebiets), die durch Deiche und Hochwasserschutzwände geschützt werden, wohnen 180.000 und arbeiten 140.000 Menschen. Der Wert des Waren- und Güterbestands in diesen Stadtgebieten wird auf mehr als zehn Milliarden Euro geschätzt.[26]

Die Elbinsel Wilhelmsburg und die Veddel machen etwa zehn Prozent der hochwassergeschützten Fläche Hamburgs aus. Die Siedlungsgebiete auf den Elbinseln sind vollständig von 27,4 Kilometer langen Ringdeichen umgeben. Der tidenunabhängige Harburger Binnenhafen ist durch einen Elbehauptdeich und eine Schleuse mit Hochwasserschutztor geschützt. Seit der verheerenden Flut von 1962 sind die Hochwasserschutzanlagen nach neuesten technischen Erkenntnissen und unter Berücksichtigung örtlicher Expositionen zu Wind und Wellen von einer mittleren Höhe von 5,70 Meter auf heute 7,60 Meter bis 9,00 Meter über NN erhöht worden. Die bisher höchste gemessene Sturmflut in Hamburg am 3. Januar 1976 hatte einen Wasserstand von 6,45 Meter über NN. In Wilhelmsburg sind die Arbeiten am 23,8 Kilometer langen Ringdeich abgeschlossen (Veddel: 3,6 Kilometer). Lediglich die Ernst-August-Schleuse, die den tidenabhängigen Elbarm „Reierstieg" mit dem inneren Kanalnetz der Insel verbindet, muss noch dem neuen Bemessungswasserstand angepasst werden.

Seit der Vorlage des vierten Sachstandsberichts des ICPP wird deutlich: der Klimawandel findet statt und er ist anthropogen bedingt, speziell durch den Ausstoß von Treibhausgasen. In Norddeutschland muss bis Ende des Jahrhunderts mit einem durchschnittlichen Temperaturanstieg von 1,5 bis 3,5 °C gerechnet werden. Die Folgen sind häufigere Extremwetterlagen. Erste wissenschaftliche Prognosen gehen zudem davon aus, dass sich die Sturmflut-Wasserstände bis 2030 an der Nordsee um zwölf bis 17 Zentimeter erhöhen können, in Hamburg um 13 bis 23 Zentimeter. Ab ca. 2085

Die große Elbflut im Jahr 1962
The great 1962 Elbe flood

against the objective to upgrade the Reiherstieg area that is well situated near the inner-city and on an attractive waterscape. This would certainly be the case were the port link-road to be constructed in conventional engineering-technical manner as an overfly above the dykes and port. The conceptual debate on the port link-road and the question as to how compatibly it could be built in relation to its urban environment is inseparably connected to basic matters of integration into the infrastructural network and thus to traffic routing within the district – separation of heavily used roads and minor roads which would be suitable for residential spaces. These touch on basic questions of urban development which affect the whole city and metropolitan region, as is typical of the metro zones. The IBA Hamburg will not be able to avoid these questions and debates over the next few years – despite the fact that it will have limited means with which to influence long-term political decision-making processes within the framework of its time schedule within the area. These plans and projects, which include basic questions as to how Wilhelmsburg should be connected to the transport system (e.g., extension of the Hafen City underground line the U4), will also determine whether the ambitious "Leap across the Elbe" concept can succeed.

City under Climate Change – concepts for a sustainable metropolis

An already high sensitivity to the question of flood protection in Hamburg has increased even further since the Intergovernmental Panel on Climate Change (IPCC) published its 4th progress report in February 2007. 180,000 people live in the 270km^2 (that makes up a third of the urban area) which are currently under the protection of dykes and flood protection walls in Hamburg, and 140,000 people work there. The value of the goods and merchandise stored in these areas is estimated to be Euro 10 billion.[26] The Elbe islands Wilhelmsburg and Veddel comprise 10 percent of the area of Hamburg under flood protection. The housing development

areas on the Elbe islands are completely surrounded by a 27.4 km-long ring dyke. Harburg inland harbour, which is unaffected by the tides, is protected by one of the Elbe's main dykes, a water gate and a flood protection wall. Since the devastating floods of 1962, flood protection facilities have been raised from 5.7 m to today's levels of between 7.6 m and 9 m above zero according to the latest technical knowledge and considering local exposure to wind and waves. So far, the highest storm tides to be measured in Hamburg reached a water level of 6.45 m above zero on 3 January 1976. Work on Wilhelmsburg's 23.8 km-long dyke has been completed (Veddel: 3.6 km). The only part that remains to be adapted to the new water level measurements is the Ernst August Water gate which connects the tidal branch of the Elbe, the "Reiherstieg" to the island's internal network of canals.

Since the draft of the 4th progress report by the ICCP it has become clear that climatic change is underway, it is manmade and is particularly caused by emissions of greenhouse gases. North Germany must reckon with an average temperature increase of 1.5-3.5 °C by the end of this century. The consequences of this will be more regular extreme meteorological conditions. Scientists are assuming that storm tide levels in the North Sea will have increased by 12-17 cm by 2030 and by 13-23 cm in Hamburg. From around 2085 these values may have reached an increase of 42-61 cm on the North Sea coast and 48-82 cm in Hamburg in relation to today's figures.[27] The Federal Office for Shipping and Hydrology assumes that coastal protection and dykes are "capable of withstanding higher tidal floods than have so far occurred. If the sea level were to rise by 20-80 cm (…), there would still remain enough time to adapt to the new scenario."[28]

In its consciousness of the city's vulnerability, the Senate of Hamburg finalised its climate protection concept for 2007-2012 in September 2007. The Senate's main objective is to have reduced the city's CO$_2$ emissions by two million tonnes by 2012, in relation to present levels – without curtailing the city's growth targets.

könnten diese Werte im Vergleich zu heute an der Nordseeküste um 42 bis 61 Zentimeter und in Hamburg um 48 bis 82 Zentimeter steigen.[27] Das Bundesamt für Seefahrt und Hydrologie geht davon aus, dass Küstenschutz und Deiche so angelegt sind, „dass sie auch höheren Sturmfluten standhalten können als den bisher eingetretenen. Sollte es zu einem Meeresspiegelanstieg von 20 bis 80 Zentimeter kommen (...) bliebe genügend Zeit, um sich auf neue Szenarien einzustellen."[28]

Im Bewusstsein der Vulnerabilität der Stadt hat der Hamburger Senat im September 2007 das Hamburger Klimaschutzkonzept für die Jahre 2007 bis 2012 beschlossen. Das wichtigste Ziel des Senats ist eine drastische Minderung der CO_2-Emissionen bis zum Jahre 2012 um zwei Millionen Tonnen gegenüber 2007 – ohne Beeinträchtigung der Wachstumsziele der Stadt. Dies bedeutete einen Rückgang der CO_2-Emissionen um mehr als zehn Prozent gegenüber dem Stand von 2004 (18,7 Millionen Tonnen). In sieben Handlungsfeldern soll das Ziel erreicht werden:

1. Energieeinsparung und Verbesserung der Energieeffizienz
2. Weiterentwicklung und Ausbau alternativer Energieträger, Förderung erneuerbarer Energien wie Windkraft, Solarenergie und Biomasse
3. Sicherung eines Energiemix zur Vermeidung von Versorgungsabhängigkeiten
4. Klimafolgenmanagement (Ausbau von Deichen und Sielen, Entwicklung neuer Strategien im Städtebau)
5. Minderung der Emissionen von Treibhausgasen, insbesondere beim Verkehr sowie im gewerblichen und industriellen Bereich
6. Internationale Kooperation
7. Verstärkte Nutzung von Förderprogrammen des Bundes und der EU

Im Rahmen der Aktivitäten der IBA Hamburg im Leitthema „Stadt im Klimawandel" wird insgesamt das Ziel der Klimaneutralität aller IBA-Maßnahmen und -Projekte verfolgt. Die in der Summe geplanten ca. 1400 bis 1800 Wohneinheiten und bis zu 200.000 Quadratmeter BGF Gewerbeflächen sowie 20.000 Quadratmeter BGF soziale Infrastruktur (Schulen, Kitas, etc.) sollen insgesamt im Betrieb den CO_2-Ausstoß nicht erhöhen. Diese Klimaneutralität soll unter anderem erreicht werden durch eine starke Reduzierung des Wärmebedarfs der Gebäude mittels entsprechender Ausführung der Gebäudehülle und passiver Nutzung der Solarenergie und durch eine Reduzierung des Primärenergiebedarfs der Gebäude durch den Einsatz erneuerbarer Energien und Energieeffizienztechnologien (zum Beispiel Kraft-Wärme-Kopplung). Schließlich soll der Restbedarf der Gebäude an konventioneller Energieversorgung und der damit verbundene CO_2-Ausstoß durch eine entsprechende Energieproduktion (Wärme und Strom) in den IBA-Prsojekten der erneuerbaren Energie ausgeglichen werden.

Schwerpunktmäßig konzentrieren sich die Maßnahmen der IBA Hamburg auf die ersten vier Handlungsfelder. Im Sinne des Kriteriums der „Multitalentiertheit" sollen die IBA-Projekte jedoch in möglichst vielen Handlungsfeldern innovative Ansätze aufzeigen. Neben der Einhaltung des ab 2008 von der Wohnungsbaukreditanstalt geforderten Standards „EnEV minus 50 Prozent" sollen die Projekte weitere Beiträge zum Ziel der Klimaneutralität leisten, wie zum Beispiel Nutzung von Grundwasser-, Abwasser- und Bodenwärme, Biogas, Windkraft und Solarenergie, aber auch durch den Einsatz innovativer Energietechnik (zum Beispiel Brennstoffzellen).

Grundsätzlich sind die IBA-Projekte sowohl auf der Seite des passiven wie des aktiven Klimaschutzes angesiedelt. Im Bereich des aktiven Klimaschutzes sollen die oben beschriebenen CO_2-Ziele durch modellhafte Vorhaben in den Bereichen Wohnungsbau, Büro- und Gewerbeflächen sowie durch dezentrale Energiegewinnung aus regenerativen oder lokalen Energiequellen erreicht werden. Besonderen Stellenwert nehmen dabei Projekte wie die Neue Wilhelmsburger Mitte mit dem energetisch modellhaften Neubau des Bürogebäudes für die Behörde für Stadtentwicklung und Umwelt ein.

Eine nicht nur energietechnische Herausforderung stellt der „Energiebunker" an der

Energiebunker mit Solarkollektoren in Wilhelmsburg
Energy bunker with solar collectors in Wilhelmsburg

This would mean a reduction of CO_2 by more than 10 percent of the figures for 2004 (18.7 million tons). Seven fields of action will be tackled in order to reach these objectives:

1. Conservation of energy and improved energy efficiency,
2. Further development and upgrading of alternative energy institutions, promotion of regenerative energy such as wind power, solar energy and biomass energy,
3. Safeguarding of a mixture of energy sources to avoid dependency on supply,
4. Management of consequences of climatic change (upgrading of dykes and sluices, development of urban planning strategies),
5. Reduction of greenhouse gas emissions, particularly from traffic and the commercial and industrial sectors,
6. International cooperation,
7. Increased application of Federal and EU subsidy programmes.

In the context of the activities carried out by the IBA Hamburg under "City under Climate Change" leitmotif, the aim is that all IBA projects and initiatives remain neutral as far as the environment is concerned. The planned 1,400 to 1,800 residential units and the 200,000 m² GBA of commercial property and the 20,000 m² of social infrastructure (schools, kindergartens etc.) should not add to the CO_2 emissions

Neuhöfer Straße dar, der das „Weltquartier" mit Warmwasser versorgen soll. Der ehemalige Flakbunker widerstand 1947 einer Sprengung und steht seitdem als denkmalgeschütztes Mahnmal und unübersehbare Landmarke im westlichen Wilhelmsburg. Im Rahmen der IBA sollen die durch die Sprengung baufälligen inneren Einbauten und äußeren Bauteile beseitigt werden. Im Rahmen eines internationalen Ideenwettbewerbs soll Anfang 2008 eine Nachnutzung für den 48.000 Quadratmeter großen Innenraum gefunden werden. An der Südfassade und auf dem Dach des Bunkers sollen Solarkollektoren auf einer Fläche von 4000 Quadratmetern angebracht werden.

Nicht weniger symbolträchtig – wenngleich in einem anderen Kontext – ist die energetische Nachnutzung der ehemaligen Mülldeponie Georgswerder, die in den 80er Jahren wegen ihrer Dioxinkontamination des Grundwassers skandalträchtig von sich reden machte. Hier soll ein multitalentiertes Energieprojekt mit einem Info-Center – möglichst in Patenschaft einer Wilhelmsburger Schule – entstehen, das den Weg von der Konsum- und Wegwerfgesellschaft bis hin zu den Energie- und Klimaproblemen der Gegenwart veranschaulicht. Gegenwärtig wird geprüft, ob neben den auszubauenden Windenergieanlagen auch die Südflächen des Energiebergs für Photovoltaik und das Grund- und Sickerwasser für eine energetische bzw. thermische Nutzung in Frage kommen. Darüber hinaus könnten die nicht unerheblichen Mengen an Wiesenschnitt in einer Biogasanlage eingesetzt werden.

Die Erzeugung von Biogas hat in den letzten Jahren einen regelrechten Boom in Deutschland erlebt. Die Erzeugungskapazitäten haben sich vervielfacht und es wird auch weiterhin ein starkes Wachstum prognostiziert. Die Vergärung von organischen Materialien und die damit verbundene Erzeugung von Biogas ist eine der effektivsten und umweltfreundlichsten Arten der Energieerzeugung. Biogas ist vielseitig einsetzbar. Es wird heute überwiegend in lokalen Blockheizkraftwerken verwendet, um Strom und Wärme zu erzeugen. Weil seine Eigenschaften

denen herkömmlichen Erdgases weitgehend gleichen, kann es nach einer Aufbereitung aber auch überall dort verwendet werden, wo Erdgas eingesetzt wird. Der Schwerpunkt der Biogaserzeugung liegt im Moment in der Nutzung landwirtschaftlicher Rohstoffe (überwiegend Mais), aber auch organische Abfälle werden aufgrund der veränderten Abfallordnung zunehmend zur Biogaserzeugung genutzt (zum Beispiel Anlage von Biowerk in Hamburg aus dem Jahr 2006). Im Rahmen der IBA Hamburg wird gegenwärtig untersucht, ob weitere Biomasse auf den Elbinseln zu erschließen ist. In einer Machbarkeitsstudie aus dem Jahre 2007 wurden u.a. folgende Bereiche identifiziert, in denen nennenswerte Mengen an nutzbarer Biomasse anfallen:

- Grüngut aus der Pflege öffentlicher und privater Grünflächen (zum Beispiel Kleingärten, Wohnungsbaugesellschaften) und anderer öffentlicher Flächen (Deichflächen, Verkehrsflächen, Deponien, Altspülfelder)
- Mähgut von landwirtschaftlichen Grünland- und Ackerflächen im Wilhelmsburger Osten

Die technische Umsetzung und die Anlagengröße müssen sich an den örtlichen Gegebenheiten und an den verfügbaren Rohstoffen orientieren.[29] Die Transportwege für die Biomasse dürfen den lokalen Rahmen nur unwesentlich überschreiten, um keine zusätzlichen Emissionen und Energieverbrauch zu produzieren. Noch stehen die Konzepte und Projekte in diesem Themenfeld am Anfang; sie zeigen jedoch ein grundlegendes Ziel der IBA Hamburg im Leitthema Klimawandel auf, nämlich den Versuch, die Stadt selbst als Ressource ihrer Nachhaltigkeit und ihrer Klimafreundlichkeit zu entdecken, statt sie auf Kosten der natürlichen und räumlichen Ressourcen zu versorgen bzw. zu entwickeln.

IBA at WORK – Stand und Perspektiven bis 2013

Nach etwa einem Jahr ihrer Tätigkeit steht die IBA Hamburg heute noch am Anfang der Projektrealisierung. Zwar existieren eine ganze Reihe von Projektideen und -ansätzen, aber

Landwirtschaftlich geprägte Kulturlandschaften im Wilhelmsburger Osten Rural areas in the east of Wilhelmsburg

IBA Kunst & Kultursommer 2007: „Twin Peaks" auf der sanierten Georgswerder Höhe. Eines von sechs Projekten der dezentralen Ausstellungsreihe 10° Kunst, Wilhelmsburger Freitag. (Künstlerin: Asli Cavusoglu)
IBA Art & Culture Summer 2007: "Twin Peaks" on the refurbished Georgswerder Höhe. One of six projects of the decentralised exhibition series 10° Kunst, Wilhelmsburger Freitag. (artist: Asli Cavusoglu)

when in action. This climatic neutrality should be achieved by strongly reducing the heat requirements of the buildings using correspondingly constructed building shells and passive solar energy and by reducing the primary energy used by the buildings through regenerative energy and energy efficient technology (e.g. combined heat and power generation). The remaining energy required by the buildings and supplied by conventional energy provision and the CO_2 emissions, which go with it, will be compensated by a corresponding production of energy (heat and electricity) in the IBA projects.

The IBA Hamburg will focus particularly on the first four fields of action. However, as the IBA projects are to have all-round effects they will attempt to identify innovative approaches to all of the fields of action. Apart from sticking to the "EnEV minus 50 percent" standards, which will be eligible for subsidies from the Residential Construction Credit Association in 2008, the projects will also make further contributions to climatic neutrality by using

groundwater energy, drainage water energy and ground energy, biogas, wind power and solar energy as well as innovative energy technology (e.g. fuel cells).

The IBA projects have a basic interest in both active and passive climate protection. As far as climate protection is concerned, the CO_2 objectives outlined above will be achieved in the areas of residential building and office and commercial areas as well as decentralised energy recovery from regenerative or local energy sources. Projects such as the new energetically exemplary office building for the Office of Urban Development and the Environment at the new centre of Wilhelmsburg will be of particular significance.

The "Energy Bunker" on Neuhöfer Strasse, which is to provide the "cosmopolitan district" with warm water, is a challenge from more than just a power provision point of view. The former flak bunker has been a listed monument since it survived a demolition attempt in 1947 and is now an unmistakable landmark in Wilhelmsburg West. The interior and exterior

noch kaum ein IBA-Projekt wurde abschlie-ßend umgesetzt. Dies ist zwar angesichts der üblichen planerischen, planungsrechtlichen und erschließungstechnischen Vorläufe nicht weiter verwunderlich, zeigt aber auch, wie ehrgei-zig der von Senat und Bürgerschaft gesetzte Zeitrahmen von gut sechs Jahren[30] ist. Es dürfte allein schon aus zeitlichen Gründen nicht möglich sein, alle jetzt diskutierten Projekte im gesetzten zeitlichen Horizont zu realisieren. Dazu kommt, dass die Interventionen dieser IBA – ähnlich der IBA Emscher Park – auf einen mittel- bis langfristigen Strukturwandel setzen. Es ist offensichtlich, dass die Entwicklung der Elbinsel zu einem Modell einer internationalen Stadtgesellschaft, die ihren Bewohnern, vor allem ihren Kindern und Jugendlichen, alle Chancen und Potenziale der Entfaltung ihrer Fähigkeiten eröffnet, Zeit braucht. Vor allem braucht dieser Prozess jedoch auch Unterstüt-zung und flankierende Maßnahmen im Bereich der Bildungs- und Arbeitsmarktpolitik, ohne die die städtebaulichen, landschaftsplanerischen und baulichen Maßnahmen nicht erfolgreich sein dürften.

Auch in den anderen Leitthemen wie der Frage der Qualifizierung des inneren Stadtrandes (Metrozonen) oder den Strategien einer nach-haltigen Stadt in den Zeiten des Klimawandels kann die IBA nur modellhaft Best-Practice-Bei-spiele realisieren. Das Ziel besteht darin, bis 2013 die Weichen auf die Unumkehrbarkeit des Struktur- und Imagewandels zu stellen. Hierfür ist es erforderlich, frühzeitig ein Netzwerk von Akteuren und Aktivisten aufzubauen, die in den unterschiedlichsten gesellschaftlichen und wirt-schaftlichen Bereichen an den IBA-Projekten auf den Elbinseln und im Harburger Binnenha-fen mitwirken und den Prozess über das Jahr 2013 hinaus nachhaltig tragen. Der „befristete Ausnahmezustand IBA" (vgl. Beitrag von Rudolf Scheuvens und Kunibert Wachten) kann dabei nur der Katalysator und Verstärker des IBA-Pro-zesses sein. Angesichts der besonderen Lage und Wahrnehmung der Elbinseln in Hamburg muss das Netz der Aktiven auch über die lokalen sozialen und politischen Strukturen auf

Die IBA-Konvention
Ein neuartiger Stadtvertrag aktiviert bürgerschaftliches Engagement

Um die Kräfte der Metropole zu bündeln, hat die IBA Hamburg ein echtes Novum eingeführt: die IBA-Konvention. Erstmals in der Geschichte der Bauausstellungen haben sich die wichtigen Akteure der Stadt mit einer Art Stadtvertrag auf die Ziele der IBA festgelegt. Bereits bei der fei-erlichen Unterzeichnung am 8. Mai 2007 mit dem Ersten Bürgermeister im Hamburger Rathaus sind ca. 50 Unternehmen und Institutionen der IBA-Konvention beigetreten. Die IBA-PartnerIn-nen verpflichten sich damit zu Kooperation und gegenseitiger Unterstützung bei der Vorberei-tung und Durchführung der Internationalen Bauausstellung bis zum Jahr 2013. Seitdem ist das Netzwerk auf über 60 PartnerInnen angewachsen und erweitert sich stetig.

Ziele der IBA-Konvention

- Unterstützung der Ziele der Internationalen Bauausstellung Hamburg
- Aufbau gemeinsamer Projektstrukturen (Public-Private-Partnership-Modelle)
- Gemeinsame Öffentlichkeitsarbeit und Kommunikation
- Aufbau eines Netzwerks und Förderung der Planungs- und Beteiligungskultur
- Qualitätssicherung der Projekte

den Elbinseln hinaus gespannt werden, um die gesellschaftlichen und bürgerschaftlichen Ak-teure Hamburgs für die Elbinsel zu engagieren. Ohne die privaten und öffentlichen Investoren, die Kulturschaffenden und Meinungsmacher der Metropole würden die Elbinseln in jeder Hinsicht nur Inseln auf der mentalen Landkarte Hamburgs bleiben.

Dies bedeutet keineswegs den Umkehrschluss, nämlich „über die Köpfe der Betroffenen hinweg zu planen", sondern es geht darum, den Kreis der Akteure und Investoren auszuweiten und neue Kräfte für die Elbinseln zu gewinnen. Dies kann nur mit den Betroffenen vor Ort – den Be-wohnern und Gewerbetreibenden im IBA-Gebiet – funktionieren. Nur wenn sie die IBA Hamburg nicht als Bedrohung, sondern als Chance sehen, hat sie Aussicht auf Erfolg und kann zu einem Modell bürgerschaftlicher Stadtentwicklung werden.

Um den Prozess der „Wahnehmungsintegration" der Elbinseln in ganz Hamburg (und darüber hinaus) voranzubringen, hat die IBA Hamburg im Jahr 2007 ihre Aktivitäten auf vier wesentliche Handlungsfelder konzentriert:

The IBA Convention
A novel pact activates civil commitment and dedication

In the interest of pooling the city's resources the IBA Hamburg introduced a novelty – the IBA Convention. For the first time in the history of building exhibitions the major players from the city of Hamburg agreed on an urban contract of sorts established on the basis of IBA objectives. At the official signing of the contract by the Lord Mayor of Hamburg at City Hall on 8 May 2007, around 50 companies and institutions joined the IBA Convention. All IBA partners pledge to cooperate and support the preparation and implementation of the Internationale Bauausstellung Hamburg in 2013. The network has since grown to number over 60 partners and continues to grow steadily.

Objectives of the IBA Convention

• Endorsement of the aims of the Internationale Bauausstellung Hamburg

• Establishment of common project structures (Public-private partnership models)

• Joint publicity and communication

• Establishment of a network and promotion of planning and participation culture

• Quality management of the projects

parts damaged in the dynamiting attempts are to be removed as part of the IBA initiative. An international ideas competition in early 2008 should provide a new function for the 48,000 m^2-interior space. It is intended that 4000 m^2 of solar cells be installed on the south façade and roof of the bunker.

Not less symbolic – although for other reasons – is the alternative energy use of the former Georgswerder waste disposal unit, which attracted scandalous attention in the 1980s due to its dioxin contamination of the ground water. An all-round energy project with information centre will be established here – if possible under the sponsorship of a Wilhelmsburg school. Its function will be to illustrate the whole spectrum from a consumer and throw-away society to the energy and climatic problems of the present. It is currently being tested whether, apart from the planned wind power facilities, the southern area of the energy mountain could be installed with photovoltaic cells and the ground and seepage water could be used for energy and thermal purposes. A biogas complex could also be

installed on the significant grassy areas. Biogas production has gone through a real boom in Germany over the last few years. Production capacities have multiplied and even stronger growth has been predicted. Fermentation of organic materials and the biogas created by it is one of the most effective and environmentally friendly methods of energy production around. Biogas is extremely versatile. At the moment it is mainly used in local power plants to produce heat and electricity. Since its properties are mostly the same as those of conventional natural gas after it has been processed, it can be used in situations in which natural gas would normally be used. Biogas production is currently focussing on using agricultural raw materials (mainly corn), but organic waste can now also be used since waste regulations have been altered (e.g. Bio plant Hamburg from 2006).

In the context of the IBA Hamburg, examinations are now underway as to whether biomass could be tapped into on the Elbe islands. A feasibility study from 2007 identified the following areas in which significant amounts of biomass accrue:

• Greenery from the maintenance of public and private green areas (e.g., allotments gardens, housing companies) and other public spaces (dykes, circulation spaces, dumping grounds and fields of contaminated river sediment),

• Mowed grass from agricultural green areas and fields in Wilhelmsburg East.

The technical conversion and plant sizes must be oriented around local conditions and the raw materials available.[29] Transport distances for biomass should not far exceed the local area to avoid emission production and energy use.

The concepts and projects of this leitmotif are still at the beginnings of their development. However, they illustrate a basic objective of the IBA Hamburg as far as climatic change is concerned; an attempt to discover within the city itself the resources of its sustainability and environmentally friendliness rather than abusing natural and spatial resources to supply and develop it.

- den Abschluss der IBA-Konvention mit maßgeblichen institutionellen Akteuren Hamburgs. Im September 2007 zählte die IBA Hamburg bereits über 60 Partner – von A wie Arbeitsgemeinschaft Hamburger Wohnungsunternehmen bis Z wie Zukunftsrat Hamburg (vgl. Kasten IBA-Konvention).
- eine umfassende Kommunikationsstrategie („Was kann Wilhelmsburg für Eppendorf tun?")
- das Kunst- und Kulturprogramm des IBA-Auftaktjahres mit 60 Veranstaltungen an rund 40 Orten mit mehr als 80.000 Besuchern
- das IBA-Fachprogramm mit sechs IBA-Laboren (Fachtagungen) sowie den Ausstellungen „IBA at WORK" und „IBA meets IBA"[31]

Als Kern der inhaltlichen Arbeit wurden ca. zwei Dutzend Projekte in den drei Leitthemen der IBA ausgearbeitet und geprüft. Die Projekte werden nach einem Kriterienkatalog[32] des Kuratoriums der IBA Hamburg bewertet und nach Diskussion mit dem Bürgerbeteiligungsgremium und den Gremien der Gesellschaft – vor allem dem Kuratorium und dem Aufsichtsrat – als IBA-Projekte anerkannt und gegebenenfalls finanziell unterstützt. Für eine Förderung der Projekte kommen die Maßnahmen oder Aspekte eines Projekts in Frage, die die spezifischen Kriterien der IBA-Leitthemen betreffen, die sogenannte IBA-Exzellenz. Damit soll sichergestellt werden, dass nur die modellhaften „IBA-würdigen" Projekte gefördert werden und Mitnahmeeffekte ausgeschlossen werden. Zur Sicherung der IBA-Exzellenz wird in jedem einzelnen Projekt – unabhängig von einer eventuellen finanziellen Förderung – eine „Qualitätsvereinbarung" geschlossen, in der die einzelnen Qualitätsziele (zum Beispiel räumliche und architektonische Qualitätsziele, Wohnumfeld- und Freiraumqualitäten, Energiestandards, CO_2-Einsparungen) und gegebenenfalls auch die zu unterstützenden Baulichkeiten, Maßnahmen, Technologien, Prozesse etc. festgelegt werden. Der Prozess der Umsetzung der Projekte wird von der IBA unterstützend und beratend begleitet. Bei erfolgreicher Realisierung wird das entsprechende Projekt „zertifiziert", das heißt es erhält ein IBA-Prädikat und wird Bestandteil

der IBA-Präsentation und -Kommunikation, insbesondere in den Präsentationsjahren 2010 und 2013.

Als IBA-Projekt können auch Hamburger Projekte anerkannt und in die Präsentationen einbezogen werden, die nicht im IBA-Demonstrationsgebiet liegen. Entscheidend ist, dass diese Referenzprojekte „Vorzeigbares" in den Leitthemen der IBA Hamburg zu bieten haben. Die landesweiten Referenzprojekte entsprechen dem Anspruch, die IBA Hamburg zu einer Hamburger IBA zu machen – ein Anspruch, der auch durch das landesweite Netzwerk der IBA-Konvention unterstrichen wird.

Die nächsten beiden Jahre werden wesentlich durch die Entwicklung, Ausarbeitung und Realisierungen von IBA-Projekten bestimmt werden. Im Zwischenpräsentationsjahr 2010 ist geplant, die Projekte und Baustellen einer breiten Öffentlichkeit vorzustellen. Im Jahr 2013 findet zusammen mit der Internationalen Gartenschau die Präsentation der IBA-Projekte und der Referenzprojekte statt.

Reflexion

Kosmopolis – Metrozonen – Stadt im Klimawandel: die drei Leitthemen der IBA Hamburg stehen auch vor Ort auf den Elbinseln und im Harburger Binnenhafen in einem engen, sich wechselseitig bedingenden Wirkungszusammenhang. Das Verändern eines Elements beeinflusst unmittelbar die anderen. So ist die soziale Zusammensetzung der Bevölkerung der Elbinseln nicht nur eine Folge der Flut von 1962, sondern auch des Strukturwandels des Hafens und der räumlich-funktionalen „Verplanung" dieses Stadtraums für die Zwecke von Logistik und Transitverkehr. Genauso besteht – wie aufgezeigt – ein Zusammenhang zwischen der mangelnden räumlichen Zentrenbildung auf den Elbinseln und dem Jahrhunderte währenden Kampf gegen die Fluten von Nordsee und Elbe. Eine langfristig angelegte Entwicklungsplanung für die Elbinseln, die den IBA-Wirkungszeitraum zwangsläufig überschreiten muss, kommt nicht darum herum, für alle drei Themen- und Aktionsfelder ein kohärentes

Imagekampagne der IBA Hamburg im Auftaktjahr 2007   Image campaign by the IBA Hamburg in the starting year 2007

Auftakt der Plakatkampagne des IBA Kunst & Kultursommers 2007   Start of poster campaign of the IBA Art & Culture Summer 2007

IBA at WORK - current situation and perspectives until 2013

After approximately one year of activity, the IBA Hamburg is still at the start of its project realisation. Although many project ideas and their beginnings have come into existence, hardly an IBA project has yet been completed. This is no wonder considering the usual planning, master planning and technical procedures associated with the developments that are involved; however, it demonstrates just how ambitious the six-year time period laid down by the senate and citizenship is.[30] It will already be impossible to complete all of the projects discussed within the given time framework. A further factor is that the interventions planned by this IBA are based on mid- to long-term structural modifications – as was also the case for the IBA Emscher Park. It is obvious that the development of the Elbe islands to a model of an international society which offers its inhabitants, and above all its youth and children, all of the opportunities needed to unfold their talents, will take time. This process mainly requires support and accompanying educational and employment-political measures, without which the urban planning, landscape planning and constructional measures cannot possibly succeed. The IBA will only be able to realise exemplary best practice examples within the other leitmotif categories, for example the upgrading of the city's inner edges (metrozones) or the strategies for a sustainable city in times of climate change. The objective is to set a new irreversible course of structural and image transformation. In order to achieve this, it is essential to quickly establish a network of actors and activists from diverse associations and economic areas to become involved in the IBA projects on the Elbe islands and to take the process beyond 2013. The "limited state of emergency IBA" (Cp. contribution by Rudolf Scheuvens and Kunibert Wachten) can only be a catalyst and booster for the IBA process. Due to its special location and the image which the Elbe islands have in Hamburg, it is important that the network of activists goes beyond the local social and political structures on the Elbe islands, to gain the commitment of Hamburg's societal and middle-class actors. Without private and public investment and the support of the cultural sector and opinion makers, the Elbe islands will remain isolated on a mental map of Hamburg.

This certainly does not mean "planning over the heads of those affected". On the contrary, it means that the circle of actors and investors involved be extended in order to gain new support for the Elbe islands. It can only work in conjunction with those locally involved – the residents and trades people in the IBA area – as its success depends on it being considered an opportunity by them rather than a threat. Only then can it become a model of citizen-run urban development.

In 2007, IBA Hamburg concentrated its activities on four essential fields of action in order to establish the "perceptive integration" of the Elbe islands in Hamburg and beyond:

- The closure of the IBA Convention by significant institutional actors in Hamburg. By September 2007, the IBA Hamburg already had over 60 partners – from A for Arbeitsgemeinschaft Hamburger Wohnungsunternehmen (Joint Venture of Hamburg Housing Companies) to Z for Zukunftsrat Hamburg (Council for the Future of Hamburg) (Cp. box IBA Convention).
- A comprehensive communication strategy ("What can Wilhelmsburg do for Eppendorf?").
- The art and cultural programme of the IBA's starting year with 60 events at 40 locations and over 80,000 visitors.
- The IBA professional programme with six IBA labs (symposia) as well as the exhibitions "IBA at WORK" and "IBA meets IBA".[31]

The core task was to elaborate and test approximately two dozen projects within the three main leitmotif categories. A criteria catalogue[32] created by the IBA Hamburg's board of trustees provides the basis on which projects are

IBA-Exzellenz – die sieben Kriterien
Die Prüfung einer Projektidee erfolgt anhand von sieben Kriterien

1. Besonderheit
Das Projekt muss sich durch eine besondere und originelle Note auszeichnen, Innovation verkörpern und sich im Vergleich mit einem „normalen" Projekt qualitativ hervorheben.

2. IBA-Spezifizität
Das Projekt darf ohne IBA-Unterstützung nicht oder nur schwer realisierbar sein. Es muss also nicht nur auf die IBA-Themen zugeschnitten sein, sondern darüber hinaus auch die IBA als Instrument „benötigen".

3. Multitalentiertheit
Das Projekt sollte mehrere Aspekte der IBA-Leitthemen aufgreifen oder zumindest vielfältigen Ansprüchen genügen, es muss also ein „Multi-Talent" sein.

4. Strukturwirksamkeit
Das Projekt muss einen nachhaltigen Beitrag zur strukturellen Verbesserung der Wohn-, Arbeits- und Freizeitsituation im IBA-Gebiet leisten und sollte einer stadtwirtschaftlichen Bewertung standhalten.

5. Prozessfähigkeit
Das Projekt soll einen möglichst großen Kreis von Personen zum Mitmachen animieren, sich verändernden Rahmenbedingungen anpassen können bzw. sich in Etappen realisieren lassen.

6. Präsentierbarkeit
Das Projekt muss präsentierbar sein. Nicht nur in baulicher Form, sondern auch als Beitrag zur Lösung von Fragestellungen im Rahmen der IBA-Leitthemen, wobei auch die Erlebnis-Note eine Rolle spielt.

7. Realisierbarkeit
Das Projekt sollte bis zum Jahr 2013 fertig gestellt werden können bzw. bis dahin sollten die Realisierungsvoraussetzungen erfüllt sein – sowohl in rechtlicher, finanzieller als auch in technischer Hinsicht.

Konzept vorzulegen. Ohne qualitätvolle neue Infrastrukturen, insbesondere Schulen, wird es ebenso wenig einen attraktiven innerstädtischen Wohnstandort Wilhelmsburg geben, wie es ohne Lösung der Verkehrs-, insbesondere auch der Lärmprobleme, keine Stadtverträglichkeit von Mischnutzungen aus Hafen, Gewerbe, Verkehr mit Wohnen und Freizeit geben kann. Schließlich wird auch das auf den Elbinseln allgegenwärtige Thema des Flutschutzes im Zeichen des Klimawandels bewältigt werden müssen, wenn sowohl die Hafen- wie auch die Quartiersentwicklung langfristig gesichert werden sollen.

Wie unter einer Lupe werden auf den Elbinseln die Planungsaufgaben der Stadt der „zweiten Moderne" (Ulrich Beck) deutlich. Die Vergangenheit hat hinlänglich gezeigt, dass die eindimensionalen Planungsmethoden der klassischen Moderne mit der Dominanz industrieller oder verkehrlicher Nutzungsansprüche, der Illusion sozialer Wohnungsbaukonzepte, mit zentralistischen Entscheidungsstrukturen trotz aller – auch finanziellen

1. Distinctiveness
The project must be characterised by distinctiveness and originality; it must embody innovation and qualitatively distinguish itself from other "normal" projects.

2. IBA specificity
The project must be such that it would be difficult or impossible to realise without IBA support. It should not only be tailored to the topics dealt with by IBA; it must go a step further and "need" the IBA as an instrument.

3. All-roundedness
The project should incorporate several of the IBA's leitmotifs or at least comply with their diverse demands; it must also be an "all-rounder".

4. Structural effectiveness
The project must make a sustainable contribution to the structural improvement of the residential, employment and leisure situation in the IBA area and should be able to hold its own within an urban economic valuation.

5. Process capability
The project should encourage the largest possible circle of people to participate, should be adaptable to changing circumstances and be realisable in stages.

6. Presentation suitability
The project must be presentable. Not only as built volume; also as a contribution to the solution of questions which arise within the context of the IBA leitmotifs, whereby the potential it holds for new experience is also important.

7. Feasibility
The project must be realisable by 2013; or as the case may be, the conditions of realisation must be fulfilled – from the legal, financial and technical points of view.

judged. After they have been discussed with the civil participation board and the boards of the IBA – particularly the board of trustees and the supervisory board – the projects will be recognised as IBA projects and given financial means if necessary. The aspects of a project which qualify for subvention are those which are of relevance to the main IBA leitmotif categories, the so-called "IBA excellence" criteria. This is intended to guarantee that only exemplary "IBA-worthy" projects are supported, thus ruling out windfall gain. In order to guarantee that the

"IBA excellence" criteria are adhered to, a "quality agreement" is completed for each individual project, regardless of whether it will receive financial aid or not. It predefines the individual qualitative objectives of a project (e.g., spatial and architectural quality targets, quality of the living environment and open space, energy standards, CO_2 reduction) and, if relevant, the supporting construction, sanctions, technology, processes etc.

The realisation processes of the projects will be accompanied by the IBA, which will provide sup-

- Anstrengungen nicht nachhaltig erfolgreich waren. Angesichts der Komplexität und Wechselseitigkeit der Wirkungszusammenhänge führen – nicht nur auf den Elbinseln – sektorale und „exklusive", also ausgrenzende Sichtweisen und immanente Logiken in der Praxis zu immer neuen Widersprüchen und Fehlschlägen. Notwendig ist es vielmehr, integrierende und „inklusive" Konzepte und Verfahren zu entwickeln, die nicht nur den unterschiedlichen Bedürfnissen und Anforderungen an die Stadt gerecht werden, sondern diese zum Gegenstand diskursiver Beteiligungsprozesse machen. Nur so kann ein Konsens des Sowohl-als-auch, das heißt einer inklusiven kosmopolitischen Stadtgesellschaft, eines stadtverträglichen Miteinanders unterschiedlicher Nutzungen sowie des Einklangs von Stadtentwicklung und Ressourcenschutz entstehen.

Wenn nicht im Rahmen einer Internationalen Bauausstellung – wo gäbe es sonst die Möglichkeiten, ein solches Zukunftsbild der Metropole zu skizzieren?

Anmerkungen

1 Rhein/Ruhr (11,5 Millionen Einwohner), Berlin/Brandenburg (6 Mio. EW), Frankfurt/Rhein-Main (5,3 Mio. EW), Stuttgart (4,6 Mio. EW); Hamburg (4,2 Mio. EW), Hannover-Braunschweig-Göttingen (3,9 Mio. EW), Sachsendreieck (3,5 Mio. EW), München (2,5 Mio. EW), Nürnberg (2,5 Mio. EW), Bremen-Oldenburg (2,4 Mio. EW), Rhein-Neckar (2,4 Mio. EW).

2 Bundesamt für Bauwesen und Raumordnung: *Perspektiven der Raumentwicklung in Deutschland*. Berlin/Bonn 2006.

3 Vgl.: Initiativkreis Europäische Metropolregionen in Deutschland (IKM), Monitoring 2006.

4 Vgl.: *Informationen aus der Forschung des BBR*, Nr. 3, Juni 2005.

5 Vgl.: *Räumliches Leitbild* (Entwurf). Hamburg 2007, S. 38.

6 In der Drucksache 18/3032 wird die Kernaufgabe der IBA GmbH wie folgt beschrieben: Kernaufgabe der GmbH wird es zum einen sein, durch Wahrnehmung von Durchführungs- und Koordinierungsaufgaben die Investitionsvorhaben der IBA zu initiieren, planerisch vorzubereiten, mit den Vorhabensträgern zu entwickeln und zu qualifizieren sowie die finanzielle Beteiligung aus dem Sonderinvestitionsprogramm (SIP) zu steuern; in besonderen Fällen wird die GmbH darüber hinaus selbst Maßnahmeträger sein (...). Zum

IBA Kunst & Kultursommer 2007: „Flusslicht" (Künstler: Mathias Lintl, Rolf Kellner, Wolfgang Graemer)
Art & Culture Summer 2007: "Flusslicht" (Artists: Mathias Lintl, Rolf Kellner, Wolfgang Graemer)

port and advice. Upon successful completion, the relevant project will be "certified" and given an IBA seal, thus making it part of the IBA's presentation and communication ensemble, particularly in the main presentation years 2010 and 2013.

Projects which are located in Hamburg but which are outside the IBA's area of demonstration can also be recognised as IBA projects. The most important thing is that those projects have something to "demonstrate" which is of relevance to the main leitmotif categories of the IBA Hamburg. The other nationwide referential projects are in keeping with the desire to make IBA Hamburg a Hamburg-characteristic undertaking, an objective which will receive support from the national network of IBA conventions. The next two years will mainly be dominated by the development, elaboration and realisation of IBA projects. It is planned to show the projects to a broad spectrum of the public in the intermediary presentation year 2010. In 2013, the IBA projects will be presented with referential projects in conjunction with the Internationale Gartenschau.

Reflection

Cosmopolis - Metrozones - City under Climate Change: These three main leitmotifs of the IBA Hamburg are all to be found on the Elbe islands and in Harburg inland port in mutually interdependent correlation. Alteration of one element also affects the others. The social composition of the Elbe islands' inhabitants is not only a result of the 1962 flooding. It is also a consequence of the structural transformation of the port and of the spatial-functional "planning" of this urban district for the purposes of logistics and transit traffic. As has been shown, the lack of a spatial centre on the Elbe islands is also connected to century-long battles against flooding from the North Sea and the Elbe. A long-term development plan for the Elbe islands, which will inevitably overstep the timeframe of the IBA, will have to come up with a coherent concept for all three leitmotifs and fields of action. Without qualitative new infra-

structure, particularly schools, it will be just as impossible to establish the attractive inner-city living area Wilhelmsburg as it will be impossible to organise urban compatibility among the port, trade, transport, residence and leisure without a solution for traffic and the noise problems. The ever-present task of flood protection in the context of climatic change will ultimately have to be addressed on the Elbe islands if the port and district development are to be secured in the long-term.

As if under a magnifying glass, the planning tasks of the city of "second modernism" (Ulrich Beck) are becoming clearer. The past has sufficiently shown that classical modernist one-dimensional planning methods, which were dominated by the functional demands of industry and transport, which carried the illusion of social house-building concepts and which were organised in centralised decision-making structures, were not successful on the long-term - despite the financial endeavours made. In practice, in the face of the complexity and reciprocity of such correlation - not only on the Elbe islands - sectoral and "exclusive", and therefore segregational, approaches always create new contradictions and lead to failure. It is much more important to develop "inclusive" concepts and methods which not only live up to the different expectations and demands of the city; they must also be made the subject of participational processes and debate. Only in this way can a comprehensive consensus be reached to create an inclusive cosmopolitan urban society in which urban compatibility exists between different functional needs, and urban development and resource protection work in unison.

If this cannot be achieved within the framework of an international building exhibition, where else should the opportunity ever arise to sketch a vision of the future metropolis?

anderen wird sie die Projekte der IBA und den Prozess ihrer Entstehung intensiv lokal, bundesweit und international in unterschiedlichster Weise zu kommunizieren haben (...). Zugleich werden die kommunikativen Aktivitäten aber auch der Projektrealisierung dienen, indem dadurch Projektträger und Investoren gewonnen, Qualitätsziele (...) entwickelt und im Konsens festgelegt, Konflikte um Planungen aufgefangen und zu Lösungen geführt werden.

7 Ausführliche Informationen unter: www.iba-hamburg.de

8 Die 24 Bürger des Beteiligungsgremiums wurden von den Ortsausschüssen Wilhelmsburg, Veddel und Harburg benannt. Die Beschlüsse des Gremiums haben empfehlenden Charakter.

9 Vgl.: Ulrich Beck / Edgar Grande: *Das kosmopolitische Europa.* Frankfurt/Main 2004, S. 25.

10 Ulrich Beck/Edgar Grande: *Das kosmopolitische Europa* (siehe Anmerkung 9), S. 28f.

11 City of Toronto: Plan of Action for the Elimination of Racism and Discrimination, 2003.

12 Deutscher Städtetag: *Integration von Zuwanderern – Erfahrungen und Anregungen aus der Praxis in den Städten.* Erklärung des Deutschen Städtetages vom 22. Mai 2007.

13 Der Oberbegriff der „Menschen mit Migrationshintergrund" umfasst die Personengruppe der Zuwanderer, Ausländer und Eingebürgerten und deren Kinder. Ihre Zahl ist doppelt so hoch wie die bislang bekannten Ausländerzahlen.

14 Technische Universität Hamburg Harburg: *Qualifikations- und Potenzialanalyse der Hamburger Elbinsel.* Hamburg 2002.

15 Vgl.: Technische Universität Hamburg Harburg: *Qualifikations- und Potenzialanalyse der Hamburger Elbinsel* (siehe Anmerkung 14), S. 15ff.

16 Die „Bildungsoffensive Elbinsel" (BOE) ist aus einer Zukunftswerkstatt im Jahr 2003 hervorgegangen, die eine wichtige Grundlage für die IBA Hamburg darstellt. In der BOE engagieren sich Lehrer/innen, Eltern(verbände), freie Träger, Ausländervereinigungen sowie die zuständigen Behörden für Bildung und Sport (BBS), für Soziales und Gesundheit (BSG), für Kultur sowie für Stadtentwicklung und Umwelt (BSU). Die Koordination wird durch eine bei der IBA angesiedelte Stelle der BBS wahrgenommen.

17 Stand der Projektidee im September 2007: Region Kirchdorf: Medienzentrum Kirchdorf, Burg-Theater, Produktionsstätten, Kinder-, Jugend- und Familienzentrum; Region Reiherstieg: Sprach- und Bewegungszentrum, Zentrum am Wasser, Haus für Mediation und Streitschlichtung; Region Veddel: Atelier der Stadtteilkunst, Haus der Projekte, Börse für Kompetenzen und Talente; Bahnhofsviertel: Stadtteilschule „Tor zur Welt".

18 Vgl.: IBA Hamburg GmbH: Broschüre „Weltquartier". Hamburg 2007.

19 Im Kunst & Kultursommer 2007 der IBA Hamburg lockten multi ethnische Musikfestivals wie das IBA

Notes

1 Rhine/Ruhr (11.5 million inhabitants), Berlin/Branden-
burg (6 m inhabitants), Frankfurt/Rhine-Main (5.3 m
inhabitants), Stuttgart (4.6 m inhabitants); Hamburg
(4.2 m inhabitants), Hannover-Brunswick-Gottingen
(3.9 m inhabitants), Sachsendreieck (3.5 m inhabitants), Munich (2.5 m inhabitants), Nuremberg (2.5 m
inhabitants), Bremen-Oldenburg (2.4 m inhabitants),
Rhine-Neckar (2.4 m inhabitants).

2 Bundesamt für Bauwesen und Raumordnung:
Perspektiven der Raumentwicklung in Deutschland.
Berlin/Bonn 2006.

3 Cp. Initiativkreis Europäische Metropolregionen in
Deutschland (IKM), Monitoring 2006.

4 Cp. *Informationen aus der Forschung des BBR*, No. 3,
June 2005.

5 Cp. *Räumliches Leitbild* (Entwurf). Hamburg 2007, p. 38.

6 For more detailed information see: www.iba-hamburg.de.

7 The printed report No. 18/3032 describes the core
tasks of the IBA Hamburg GmbH as follows: The core
task of the company will be to undertake implementation and coordination tasks to initiate the investment
plan of the IBA, to prepare its planning, to develop it
in conjunction with its sponsors and to steer the financial involvement of the Sonderinvestitionsprogramm
(SIP – Special Investment Programme); in some cases
the company itself will sponsor certain measures
taken (...). It will also have the task of intensively
communicating the IBA projects and their emergence
in different ways on local, national and international
levels (...). At the same time, the communication of the
activities will also serve the realisation of the project
by attracting sponsors and investors, developing and
finding consensus on quality objectives, intercepting
conflicts in planning and leading to their solution.

8 The 24 citizens for the citizen participation committee were picked by the local councils of Wilhelmsburg,
Veddel and Harburg. The decisions made by the committee are advisory in nature.

9 Cp. Ulrich Beck/Edgar Grande: *Das kosmopolitische
Europa.* Frankfurt/Main 2004, p. 25.

10 Ibid. p. 28 et seq.

11 City of Toronto: Plan of Action for the Elimination of
Racism and Discrimination, 2003.

12 Deutscher Städtetag: *Integration von Zuwanderern
– Erfahrungen und Anregungen aus der Praxis in den
Städten.* Declaration by the Deutscher Städtetag (Ger-
man Association of Cities) from 22 May 2007.

13 The term "person with immigrant background"
includes groups of immigrants, foreigners, naturalised
citizens and their children. They number twice as
many as the known amounts of foreign nationals.

14 Technische Universität Hamburg Harburg: *Qualifika-
tions- und Potenzialanalyse der Hamburger Elbinsel.*
Hamburg 2002.

15 Cp. above-mentioned investigation, p. 15 et seq.

16 The "Campaign for Better Education on the Elbe
islands" (BOE) resulted from a workshop on the
future which took place in 2003 and became an
important foundation stone for the IBA Hamburg.
Teachers, parents associations, independent sponsors,
immigrant societies and the authorities responsible
for education and sport (BBS), for social matters and
health (BSG), for culture and for urban development
and the environment (BSU) are involved in the BOE. It
is coordinated by a branch of the BBS which is working
at the IBA.

17 State of the project in September 2007: Kirchdorf
region: Kirchdorf Media Centre, Burg Theatre, produc-
tion workshops, Children Youth and Family centre;
Reiherstieg region: Language and Movement Centre,
Centre on the Water, House of Mediation and Conflict
Settlement; Veddel region: Atelier for local art, Project
House, Competence and Talent Exchange; Bahnhofs-
viertel: District school "Gateway to the World".

18 Cp. IBA Hamburg GmbH: booklet "Weltquartier", Hamburg 2007.

19 During the IBA Hamburg's Art and Cultural Summer
2007 multi-ethnic music festivals such as the IBA
Elbe Island Festival or "Dockville" attracted tens of
thousands of visitors to the Elbe islands.

20 Cp. Thomas Sieverts: *Zwischenstadt – zwischen Ort
und Welt, Raum und Zeit, Stadt und Land.* Gütersloh
1997, p. 7.

21 Strategic noise maps and noise action plans to be
prepared by mid-2007 under EU environmental noise
regulations (2002/49) are indicators which help to
identify such inner-city edge areas.

22 In 1990, two million 20-foot standard-unit containers
(1 TEU) were handled at the port of Hamburg. Ten
years later it had risen to 4.3 million TEU and it has
now reached 8 million TEU. By 2015, the amount of
containers handled at the port is expected to double
again (to reach 18 million TEU). After a collaborative
survey was carried out by the Hamburg Port Authority
and the Deutsche Bahn, it was decided that by 2015
the amount of containers handled by the train company should triple from 1.5 million TEU to 4.5 million
TEU. It is planned to increase the amount of freight
trains from 180 per day to 500 per day.

23 Cp. Uwe Reim: "Kombinierter Verkehr 2005". In:
Statistisches Bundesamt: *Wirtschaft und Statistik.*
Issue 2/07, p. 176 et seq.

24 The concept of the spatial model for Hamburg (February 2007) predicts a demand for the construction of
5000-6000 new apartments per year until 2020 (at
the moment it stands at 3500-4000 apartments). The
"Leap Across the Elbe" should make a significant contribution in the provision of these apartments without
endangering the unique quality of the natural and
landscape spaces on the Elbe islands. Interior development is also of priority on the Elbe islands. In order to
be able to tap into the interior residential construction
potentials of the Elbe islands, urban compatibility

IBA Kunst & Kultursommer 2007: „Postcards from
paradise" (Düsterhöft Architektur + Stadtplanung:
Roswitha Düsterhöft, Silke Edelhoff)   Art & Culture
Summer 2007: "Postcards from paradise" (by Düster-
höft architektur + stadtplanung; Roswitha Düsterhöft,
Silke Edelhoff)

Elbinselfestival oder „Dockville" zehntausende von Besuchern auf die Elbinsel.

20 Vgl.: Thomas Sieverts: *Zwischenstadt – zwischen Ort und Welt, Raum und Zeit, Stadt und Land.* Gütersloh 1997, S. 7.

21 Die nach der EU-Umgebungslärmrichtlinie (2002/49) bis Mitte 2007 zu erstellenden strategischen Lärmkarten und Lärmaktionspläne sind Indikatoren für die Identifizierung solcher inneren Stadtränder.

22 1990 wurden im Hamburger Hafen zwei Mio. Container in der 20-Fuß-Standardmaßeinheit (TEU) umgeschlagen. Zehn Jahre später waren es 4,3 Mio. TEU, gegenwärtig sind es ca. acht Mio. TEU. Bis zum Jahre 2015 soll sich der Containerumschlag erneut verdoppeln (auf 18 Mio. TEU). Nach einem gemeinsamen Gutachten der Hamburg Port Authority und der Deutschen Bahn soll bis zum Jahr 2015 der Umschlag auf die Bahn von jetzt 1,5 Mio. TEU auf 4,5 Mio. TEU verdreifacht werden. Geplant ist die Erweiterung des Güterzugverkehrs von derzeit 180 auf 500 Züge pro Tag.

23 Vgl.: Uwe Reim: „Kombinierter Verkehr 2005". In: Statistisches Bundesamt: *Wirtschaft und Statistik* 2/2007, S. 176f.

24 Der Entwurf zum räumlichen Leitbild Hamburgs (Stand Februar 2007) sieht bis 2020 einen jährlichen Wohnungsneubaubedarf von 5000 bis 6000 Wohnungen (derzeit 3500 bis 4000 Wohnungen) vor. Der „Sprung über die Elbe" soll einen wesentlichen Beitrag zur Deckung des zukünftigen Wohnungsbedarfs leisten, ohne dass die einzigartige Qualität des Natur- und Landschaftsraums der Elbinseln dadurch gefährdet wird. Auch auf der Elbinsel gilt das Primat der Innenentwicklung. Um die inneren Wohnungsbaupotenziale der Elbinsel zu erschließen, müssen vor allem Stadtverträglichkeitskonflikte, insbesondere an den großen Verkehrsstrassen und hier insbesondere an der B 4/B 5 (Wilhelmsburger Reichsstraße) sowie in der Nachbarschaft zu Hafen und Logistik, gelöst werden.

25 Der Hamburger Hafen sichert in der Metropolregion gegenwärtig direkt oder indirekt etwa 145.000 Arbeitsplätze, davon 124.000 in der Kernstadt Hamburg; das sind zwölf Prozent aller Arbeitsplätze in der Freien und Hansestadt. Am Bruttoinlandsprodukt Hamburgs ist der Hafen mit 12,5 Prozent beteiligt und damit fast ebenso bedeutend wie das gesamte verarbeitende Gewerbe in der Hansestadt (14,7 Prozent).

26 Nach: *Hochwasserschutz in Hamburg – Bauprogramm 2007*, Landesbetrieb Straßen, Brücken und Gewässer der Freien und Hansestadt Hamburg, 2007.

27 Vgl.: *Hamburger Klimaschutzkonzept 2007–2012*, Hamburg 2007.

28 Pressemitteilung des Bundesamtes für Meeresforschung und Hydrologie vom 26.9.2007.

29 Die oben genannten Rohstoffe bestehen zu einem erheblichen Anteil aus Grasschnitt, der aufgrund der extensiven Bewirtschaftungsweise tendenziell einen hohen Anteil an Trockenmasse aufweist. Der große Faseranteil bereitet in den Aufbereitungsverfahren der herkömmlichen Biogasanlagen („Nassfermentation") Probleme in der Verarbeitung, was einen hohen Verschleiß und hohe Wartungskosten nach sich zieht. Die vorhandene Biogastechnik muss daher für die Nutzung dieser Rohstoffe angepasst und weiterentwickelt werden („Trockenfermentation"). Die besondere geografische Lage Wilhelmsburgs als Elbinsel beschränkt den Einzugsradius der Herkunft nachwachsender Rohstoffe im Hinblick auf eine Reduzierung der Transportentfernungen auf einen engen Bereich. Daher gilt es, ein Anlagenkonzept zu finden, das im ersten Schritt mit den in Wilhelmsburg selbst anfallenden Rohstoffen auskommt. Daraus ergibt sich nach jetzigem Stand eine kalkulatorische Anlagengröße von 300 kW für ein angeschlossenes Blockheizkraftwerk. Geschätzte Einsparung von CO_2-Emissionen: 1400 Tonnen.

30 Vgl. die Laufzeiten anderer IBAs im zweiten Teil dieses Bands.

31 Die aktuellen Orte und Öffnungszeiten der Ausstellungen werden jeweils unter www.iba-hamburg.de veröffentlicht.

32 Der Kriterienkatalog der IBA-Exzellenz wurde vom Kuratorium der Gesellschaft in der Sitzung am 5./6. Juni 2007 beschlossen.

conflicts will first have to be solved, especially along the large transport arteries in particular along the B4/B5 (Wilhelmsburger Reichsstrasse) and in the area around the port and logistics facilities.

25 At present, the Hamburg port is providing directly or indirectly about 145,000 jobs in the Metropolitan region of Hamburg, among them 124,000 in the city; these are 12 percent of all jobs in the Free and Hanseatic City. The port adds 12.5 percent to the GNP, only slightly less than Hamburg's processing industries in total (14.7 percent).

26 According to: Landesbetrieb Straßen, Brücken und Gewässer der Freien und Hansestadt Hamburg: *Hochwasserschutz in Hamburg – Bauprogramm 2007*.

27 Cp. *Hamburger Klimaschutzkonzept 2007-2012*. Hamburg 2007.

28 Press release by the Federal Office for Oceanography and Hydrology from 26.9.2007.

29 The above-mentioned raw materials mainly consist of grass clippings which tend to have high dry matter levels due to the extensive cultivation methods used.

High amounts of fibre cause problems for conventional biogas units during the preparation process ("wet fermentation"), producing high wear-out and maintenance costs. Existing biogas technology must therefore be adapted and further developed for the use of these raw materials ("dry fermentation"). Wilhelmsburg's geographical Elbe-island location limits the radius within which it can extract renewable raw materials if their transport is to be kept to a minimum. Therefore, the first step is to develop a concept for a processing facility which can primarily run on the raw materials accumulated in Wilhelmsburg. According to present figures, this would mean a calculative size of 300 kW for one connected power station. Estimated savings of CO_2 emissions would be 1,400 t.

30 Cp. duration of other IBAs in the second part of this volume.

31 The locations and time-spans of the exhibitions can be found under www.iba-hamburg.de.

32 The criteria catalogue of "IBA excellence" was agreed upon by its board of trustees on 5/6 June 2007.

„Was ist Heimat für Sie?"

Das fragten Heimatforscher die Bewohnerinnen und Bewohner während der interkulturellen Planungswerkstatt zum Weltquartier. Hier wohnen Menschen aus 30 Nationen in ca. 800 Wohnungen.

"What Is Your Home"?

This is the question residents of the „Weltquartier" were asked by home researchers during the inter-cultural planning workshop. Here, people from 30 nations live in about 800 flats.

Je grüner und lebhafter, desto besser.
The greener and livelier, the better.

MARIANO BIANNONE

Wilhelmsburg. Ich bin hier aufgewachsen.
Wilhelmsburg. I grew up here.

FRAU ZOZIK

Hier groß geworden zu sein. Having grown up here.

FAMILIE VON LONSKI

Wilhelmsburg ist meine Heimat!
Wilhelmsburg is my home!

ALFRED BOTSIO

Wo die Kinder sich wohlfühlen. Where the children feel comfortable.

FRAU FINDIK MIT IHREM KIND

Für mich ist Deutschland meine zweite Heimat.
For me, Germany is my second home.

NECATI TOSUN

Mein Heimatland ist Afrika. My home is Africa.

FRAU OWUSU

Ich bin international! Meine Heimat ist die Erde. I am international! My home is planet earth.

HERR ROEBER

Hier bei meiner Familie. Here with my family.

HILAL SUSUZLA

Unser Garten, Georgswerder Deich.
Our garden, Georgs-
werder Deich.

FAMILIE FISCHER

Russland und meine Wohnung. Russia and my apartment.

FRAU EREMINA

MANUEL HUMBURG
Hausarzt

Manuel Humburg kam 1974 nach Wilhelmsburg, um eine Anstellung als Assistenzarzt am Krankenhaus Wilhelmsburg anzunehmen. Er lebt bis heute mit großem beruflichem und sozialem Engagement in einem Stadtteil, der sich in den vergangenen 30 Jahren erheblich verändert hat. Die Krise der industriellen Arbeit hat aus dem ehemaligen Arbeiterviertel einen Ort gemacht, wo viele Menschen am Rande der Armut leben. Das Gefühl der Solidarität, in einer nahezu homogenen Bevölkerungsgruppe zu leben, die sich mit dem Stadtteil und seiner räumlichen Bindung an den Hafen und dessen Arbeitsstätten identifiziert, ist dem rauen Klima sozialer Gegensätze und einer kulturellen Vielfalt gewichen, die vielen Menschen fremd und gewöhnungsbedürftig erscheint. Das soziale Engagement von Manuel Humburg ist bis heute ungebrochen. Er ist Sprecher des Vereins Zukunft Elbinsel Wilhelmsburg e. V., der sich mit der sozialen, ökonomischen und kulturellen Situation in Wilhelmsburg und deren Zukunft auseinandersetzt.

Dr. Humburg, kann die IBA Hamburg Wilhelmsburg helfen?
Ich denke schon. Ich teile nicht die Auffassung einiger Sozialromantiker hier im Stadtteil, die meinen, alles solle so bleiben, wie es ist, die Planung, Aufwertung und Veränderung als Bedrohung sehen. Die Aufwertung birgt natürlich Gefahren, aber gerade wenn ich die vergangenen 30 Jahre betrachte und den Abwärtssog sehe, in den Wilhelmsburg geraten ist, kann es nur noch bergauf gehen. Ich erfahre täglich die materielle Not, die Perspektiv- und Hoffnungslosigkeit meiner Patienten, die daran immer mehr erkranken. Aus einem belebten Arbeiterstadtteil ist heute ein Ort mit allen Armutsindikatoren geworden. Da frage ich mich, warum man das erhalten soll.

Was also braucht Wilhelmsburg?
Ich wünsche mir eine Aufwertung des Stadtteils, die ohne Verdrängung stattfindet. Das kann mit Hilfe der IBA gelingen. Es sollte erreicht werden, dass die Menschen hier wieder gerne wohnen und wieder junge Menschen, junge Familien hierher ziehen. Bisher hat sich aber nur das Image von Wilhelmsburg verändert, die realen Daten sind noch immer dieselben. Man spricht viel über den Stadtteil. Es laufen einige Leute mit Aktenkoffern herum. Bürgermeister und Senatoren rühren die Werbetrommel für Investoren. Eine Aufwertung muss aber in jedem Fall den Bewohnern zugutekommen und nicht gegen sie wirken. Sicher hat man auf die Gesetze des Marktes wenig Einfluss, aber es sollte zumindest ein Bewusstsein für solche Prozesse geben. Das sehe ich bei den Verantwortlichen der IBA und das gibt mir Hoffnung. Sie brauchen das Bündnis mit der Bevölkerung und müssen deren Interessen beispielsweise mit denen der Handelskammer und der Immobilienwirtschaft in Einklang bringen. Das ist eine große Herausforderung.

Gilt das auch für andere Arbeitsbereiche der IBA?
Was ich bisher zum Thema Integration gehört habe, finde ich positiv. Ein „Quartier der Nationen" oder die erkennbaren Ansätze für eine Bildungsoffensive gehen in die richtige Richtung. Jahrzehntelang haben Initiativen sich hier darum bemüht, die Aufmerksamkeit der Politik dafür zu gewinnen, aber es ist viel zuwenig passiert. Die kulturelle Vielfalt ist ein großes Potential. Diesen Schatz will die IBA heben. Aber: Für Schätze fehlt Menschen in Armut das Geld. Ich sehe da riesige Probleme, vor denen wir alle gemeinsam stehen. Ich bin gespannt, wie die IBA da auf die Menschen zugeht.

Braucht Wilhelmsburg eine neue, international profilierte Architektur?
Wilhelmsburg hat Platz. Warum soll es hier keine neue attraktive Architektur geben können? Die Frage ist nur: wo, was und für wen gebaut werden soll. Die IBA muss auch zum Konflikt mit den Kräften in der Hamburger Politik bereit sein, die bei „wachsender Stadt" an eine kurzfristige Verwertung zentralstädtischer Flächenreserven statt an Qualität denken. Konkret: Es geht um die Uferbereiche im Westen und Norden der Wohngebiete, am Reiherstieg und am Spreehafen. Wird die IBA vor den Vorgaben der Wirtschaftsbehörde zurückweichen, die hier wie eh und je Flächenreserven für den expandierenden Hafen sieht? Oder kann sie hier ein neues Miteinander von Wohnen und Arbeiten durchsetzen? Außerdem ist es die Aufgabe der IBA, den hohen Wert der großen Grünflächen im östlichen Teil der Elbeinsel hervorzuheben. Sie sind wichtig für das städtische Klima, sie sollten auf Naherholung und touristische Nutzungen beschränkt werden. Dies ist nicht der Platz für neue Siedlungen, Industriegebiete und Distributionszentren. Dann gibt es noch das riesige Problem der geplanten Hafenquerspange, einer Autotrasse vor allem für Schwerlastverkehr, die alle IBA-Bemühungen um Verbesserungen und Aufwertung im Westen der Insel konterkariert. Da kann ich mir eine bessere Architektur vorstellen, mit der sich Wilhelmsburg international wirklich profilieren kann: ein Hausbootdorf im Spreehafen, eine Hamburger Hagia Sophia als Moschee an der Nordwestspitze Wilhelmsburgs, einen Wasser-Bildungs-Bahnhof im Spreehafen oder die Tor-zur-Welt-Schule.

Alle Kurzporträts und Interviews: Olaf Bartels
Portraits and interviews: Olaf Bartels

MANUEL HUMBURG
Family doctor

Manuel Humburg moved to Wilhelmsburg in 1974 to take up a position as an intern at Wilhelmsburg hospital. To this day he lives, with tremendous professional and social commitment, in a part of the town that has changed significantly over the past 30 years. The crisis of industrial work has turned what was once a blue-collar district into a place where many people live on the edge of poverty. The feeling of solidarity of living in an almost homogeneous group that identifies with the district and its spatial association to the harbour and the jobs it provides, has given way to the rough climate of social contrasts and a cultural variety that many find alien and need to adjust to. Manuel Humburg's social commitment has continued to this day without interruption. He is the speaker of the group Zukunft Elbinsel Wilhelmsburg e. V., which addresses the social, economic and cultural situation in Wilhelmsburg and its future.

Dr. Humburg, can the IBA Hamburg help Wilhelmsburg?

I think so. I don't share the feeling of some social romantics here in the area who think everything should stay as it is, and who see urban development and change as a threat. Of course, urban development has its own risks, but when I look back over the past 30 years and see how Wilhelmsburg has been dragged down – well, the only way is up. I see material need every day; the lack of perspective and hopelessness felt by my patients, more and more of whom are developing psychosomatic problems. What was once a lively working-class district has become a place with all the signs of poverty. And I ask myself why that should be preserved.

So what does Wilhelmsburg need?

I would like to see the area be developed, but without displacement. That could be achieved with the IBA's help. It should be possible to make people want to live here again, and to attract young people and young families back to the area. Although Wilhelmsburg's image has changed, the real facts are still the same. There is much talk about the area; a few people running around with briefcases. The mayor and senators are trying to attract investors. But any development has to benefit the population and not work against it. Of course, there is little influence on market rules, but there should at least be awareness for such processes. I can see this in the members of the IBA, and that gives me hope. They need the alliance with the population, and need to balance their interests with, for instance, those of the Chamber of Commerce and the real estate industry. That is a tremendous challenge.

Does that also apply to other working areas of the IBA?

It also applies to the IBA's approaches to integration. Slogans such as "The district of nations" and the campaign for better education are courageous. I see that as very positive. I have spent decades involved with various initiatives that wanted to make the politicians more aware of these requirements, but nothing ever happened. We have tremendous potential in our cultural variety. I think it's good that the IBA is trying to do something about it. But I don't know yet how they're going to achieve it. It's difficult to reach the migrants, and I can't see any specific ideas for how to proceed coming from the IBA either. I am impressed by what has been said on the subject of integration so far. A "District of Nations" or the beginnings of educational reform are certainly steps in the right direction. Various

initiatives have been working for decades to draw political attention to the matter, however, very little has actually been undertaken. There is huge potential in cultural diversity. It is a treasure which the IBA intends to tap into. However, people living in poverty do not have the money to cultivate treasure. We are facing huge problems here which we will have to face together. I look forward to seeing how the IBA will approach these people.

Does Wilhelmsburg need a new, internationally profiled architecture?

Wilhelmsburg certainly has the space. So why shouldn't new housing be built here? The questions are: Where? What? And for whom? The IBA has to seek confrontation with Hamburg politicians who have short-term utilization of properties in mind, instead of quality. We have to focus on the shore areas along the Reiherstieg and the Spree harbour. Will the IBA shrink from the plans of the municipal authority to save these areas for the expanding harbour? Or will the IBA fight successful for a new cooperation of housing and work places? It is also the task of the IBA to point out the worth of the wide green areas in the eastern part of the isle. They are important for the local climate, and they should be used for relaxation and for touristic purpose. This is not the site for new housing development, for new industries or distribution centers. Then there's also the huge problem of the planned port link road, a roadway mainly for heavy goods vehicles, which will counteract all of the IBA's efforts to improve and upgrade the western part of the island. I could imagine a better type of architecture with which Wilhelmsburg could really draw international attention to itself: a houseboat village in the Spree harbour, a Hamburg equivalent of the Hagia Sophia as a mosque at the North West tip of Wilhelmsburg, a water education station in the Spree port or the "Gates to the World" school.

MANMEET KAUR
Schülerin des Gymnasiums

Manmeet Kaur besucht die Oberstufe des Gymnasiums Kirchdorf/Wilhelmsburg. Sie wurde in Hamburg geboren. Ihr Vater kam bereits vor mehr als 30, ihre Mutter vor knapp 18 Jahren aus Indien nach Deutschland.

Was fällt Ihnen ein, wenn Sie an Wilhelmsburg denken?

Wilhelmsburg ist meine Heimat. Ich bin hier aufgewachsen, finde es aber nicht allzu schön und möchte später gerne woanders wohnen. Dennoch verbindet mich auch vieles mit diesem Stadtteil, schließlich lebe ich hier seit 16 Jahren.

Was finden Sie schön an Wilhelmsburg?

Schön sind einige alte Gebäude und die Natur, zum Beispiel in Moorwerder. Man hat dort überhaupt nicht das Gefühl, in der Stadt zu sein. Kirchdorf ist mit seinen Siedlungshäusern auch ganz schön. Es gibt hier jedoch auch viele Dinge, die nicht so gut sind.

Was gefällt Ihnen nicht?

Dass es gefährlich ist, abends auf die Straße zu gehen. Man kann sich nicht so bewegen wie man es gerne möchte. Man begegnet des öfteren Personen, die einem ein mulmiges Gefühl geben. Es kommt immer wieder zu Schlägereien und ähnlichem. Die Perspektiv- und die Arbeitslosigkeit sind ein großes Problem. Viele haben nur Haupt- oder Realschulabschluss und kaum eine berufliche Perspektive. Deshalb fände ich es gut, wenn hier mehr für die Bildung der Leute getan würde. Ich sehe jeden Tag viele, die nicht wissen, was sie mit ihrer Zeit anfangen sollen. Da kann man schnell in falsche Kreise kommen.

Sie haben aber sicher auch Freunde in Kirchdorf?

Ja, in Kirchdorf, aber auch in Wilhelmsburg selbst.

Geht es denen so ähnlich wie Ihnen?

Manche empfinden es als gar nicht so schlimm. Ich persönlich mag es eher nicht. Letztes Jahr hatte ich Besuch aus Kanada und wir wurden von irgendwelchen Jungs beschimpft. Solche Eindrücke prägen sich bei mir und sicher auch bei meinem Besuch sehr ein.

In Wilhelmsburg leben ja viele Menschen, die aus sehr unterschiedlichen Kulturen und Nationen kommen. Ist das für Sie eher eine Anregung oder eine Belastung?

In der Schule lernen wir viel von anderen Kulturen kennen, wenn beispielsweise jemand von seinen Urlaubserlebnissen berichtet. Dann reizt es mich, die Länder zu besuchen und die Lebensweise der Menschen kennen zu lernen. Aber ich bin ohnehin neugierig auf andere Kulturen.

Ist ihr Freundeskreis sehr international ausgerichtet?

Der ist eigentlich sehr gemischt. Ein paar kommen aus Indien, ein paar aus der Türkei oder aus Afrika, aber natürlich sind auch einige aus Deutschland dabei.

Was würden Sie gerne nach dem Abitur machen?

Ich würde gerne studieren, aber möglichst nicht in Hamburg, vielleicht in der Schweiz. Danach möchte ich nicht mehr hier in Wilhelmsburg leben. Vielleicht werde ich sogar ins Ausland gehen.

Was würden Sie gerne studieren?

Darüber bin ich mir noch nicht so ganz im Klaren. Vielleicht studiere ich Sprachen. Ich habe mich da noch nicht festgelegt. Später werde ich vielleicht nach Indien gehen, um dort zu helfen.

Warum wollen Sie ins Ausland gehen?

In Deutschland ist es schwierig, Arbeit zu finden. Außerdem ist die Entlohnung nicht sehr hoch. In anderen Ländern wird man als Akademiker viel mehr gewürdigt als hier, man wird auch besser bezahlt. In Wilhelmsburg hat man so gut wie gar keine Perspektive.

Was sollte sich in Wilhelmsburg dringend ändern?

Die Menschen sollten mehr aufeinander zugehen. Das ist im Moment nicht der Fall. Auch in der Schule sehe ich, dass Ausländer und Deutsche häufig sehr getrennt sind und nicht aufeinander zugehen. Das wäre aber wichtig für ein gutes Miteinander. Es sollte hier friedlicher werden. Das wäre mir am wichtigsten.

MANMEET KAUR
Grammar school student

Manmeet Kaur is in the Upper Sixth at Kirchdorf/Wilhelmsburg grammar school. She was born in Hamburg. Her father came to Germany from India over 30 years ago, her mother almost 18 years ago.

What do you think of when you think of Wilhelmsburg?
Wilhelmsburg is my home. I grew up here, but I don't think it's very beautiful and I would like to live somewhere else one day. But there is much that ties me to this place – after all, I've lived here for 16 years.

What do you like about Wilhelmsburg?
Some of the old buildings are lovely, and so is the nature – for instance in Moorwerder. You wouldn't think you're in town there. It's a good place to switch off. Kirchdorf with its estate houses is also pretty. But that's all. There's more here that I don't like.

What don't you like?
The fact that it's dangerous on the streets at night. You can't move around as freely as you would like. There are some really strange people around threatening me. And there are lots of fights and so on. The lack of perspective and unemployment are two serious problems. Many people leave school as soon as they can, and have little in the way of a professional perspective. I think it would be a good idea to do more about education. Every day I see plenty of people who have no idea what to do with their time. And then it's easy to fall in with the wrong crowds.

But you must have friends in Kirchdorf?
Yes, I've got friends in Kirchdorf and in Wilhelmsburg, too.

Do they feel the same way as you do?
Some don't think it's quite so bad. But I don't like it. Last year we had visitors over from Canada, and some boys shouted rude things at us. I don't forget incidents like that, and I'm certain my visitors didn't, either.

There are lots of people from very different cultures and nations in Wilhelmsburg. Is that encouraging for you, or do you find it stressful?
We learn lots about other cultures at school – for instance, if someone tells us about his holiday adventures. That makes me want to visit other countries and experience different ways of life. But I'm curious to know more about other cultures anyway.

Is your particular group of friends very international?
Yes, it's really quite mixed. Some are from India, some from Turkey and Africa, as well as from Germany.

What would you like to do when you finish school?
I'd like to go to university, but ideally not in Hamburg; maybe in Switzerland. I don't want to live here anymore after that. Perhaps I'll go abroad.

What would you like to study?
I'm not sure yet. Maybe languages. I haven't decided yet. Perhaps I'll go to India one day to help there.

Why do you want to go abroad?
It's difficult to find employment in Germany. And salaries aren't very high. Other countries have a better attitude towards academics, and the pay is better. There's hardly any perspective at all in Wilhelmsburg.

What should change in Wilhelmsburg as a matter of urgency?
People should be more open towards each other; they aren't at the moment. And I see it at school: foreigners and Germans often keep apart and don't approach each other. But it's important if we all want to live together. People should be more at peace. That's more important to me than anything else.

METROPOLE: REFLEXIONEN

METROPOLIS: REFLECTIONS

MARTINA LÖW

Metropolen zwischen Homogenisierung und Heterogenisierung

„Eine Frau, die Paris verlässt, um ein halbes Jahr auf dem Land zu verbringen, kommt so altmodisch von dort zurück, als ob sie 30 Jahre verloren hätte." Charles-Louis de Secondat de la Brède et de Montesquieu in den Persischen Briefen (1721)

„Haben Städte eine Farbe?" fragt den Reisenden das Magazin „mobil" im Frühjahr 2005 einen Monat lang und die Antwort ist „Ja". New York sei gelb, London rot, Paris blau und Berlin grün. Bilder der genannten Städte belegen und konstruieren die Dominanz einer Farbe: Yellow Cabs, gelbe Zeitungsboxen, gelbes Licht am Chrysler-Gebäude, gelber Schulbus, gelbe Straßenschilder: gelbes New York. „Schauen Sie auf die Farben – und lernen sie dadurch mehr über das Lebensgefühl einer Stadt" rät das Bahnmagazin dem mobilen Menschen[1].

Es zählt zu den beliebtesten Gesellschaftsspielen, über die Arten, in denen Städte sich unterscheiden, zu debattieren. Jedes Schweigen an einer Tafel kann damit überbrückt werden, dass man Sätze beginnt wie „Seit ich aus Berlin weggezogen bin, vermisse ich ..." oder „London ist so eine optimistische Stadt, ganz anders als ...". Diskussionen dieser Art kreisen im Kern um die Frage, wie Städte zu charakterisieren sind und bestätigen, was alle wissen und in der kommunikativen Leistung verfestigen: dass sich Städte fundamental unterscheiden. Dabei scheint es ein eingeführtes Vergleichssystem zu geben, das sich vor allem auf die Metropolen bezieht. Metropolen sind kulturelle Zentren. „Sie sind Modelle, Leitbilder, die Orientierung geben und Wegweiser sein sollen. Sie sind sozusagen überreiche Texte, in denen man lesen kann."[2]

Da in der Vernetzung internationaler Produktionsstandorte der Norden der Welt die Produktion der symbolischen Güter übernimmt – dazu zählen Wissen und Beratung, Medien, Markennamen und Imagekampagnen, die Icons der Architektur und des Designs sowie die Definitionsmacht über Luxusgüter,[3, 4] werden vor allem Städte des Nordens als kulturelle „Gravitationszentren" und damit als Metropolen wahrgenommen. Doch was im Alltag als bunte Vielfalt erscheint, wird in der Metropolenforschung entweder als harter Konkurrenzkampf kritisiert oder unter dem Stichwort der Homogenisierung ignoriert. Dieser Beitrag widmet sich deshalb Homogenisierungs- und Heterogenisierungszuschreibungen. Gefragt und systematisiert wird, welche Probleme unter den Begriffen Homogenisierung/Heterogenisierung und der diskursiv gekoppelten Globalisierung in Bezug auf Metropolen verhandelt werden, in welche Fallstricke sich die Debatte verfängt und welche Perspektiven langfristig aus einer systematischen Beobachtung von Angleichung und Ausdifferenzierung in Metropolen gewonnen werden können.

Zwischen Eigenschaftslosigkeit und Konkurrenz

„Wird die Architektur des 21. Jahrhunderts, die durch die Medien weltweit und gleichzeitig präsent ist, die erste wirklich globale Architektur sein?" fragten die Veranstalter der Alpbacher Architekturgespräche in ihrem Programmheft. Rem Koolhaas zufolge ist die Antwort offensichtlich: „Ja, leider!". Koolhaas[5] vertritt die Position, dass Metropolen unter Bedingungen von Globalisierung in den Zustand der Eigenschaftslosigkeit versinken. Die spezifischen Formen verwirkten in einer funktionalistisch-

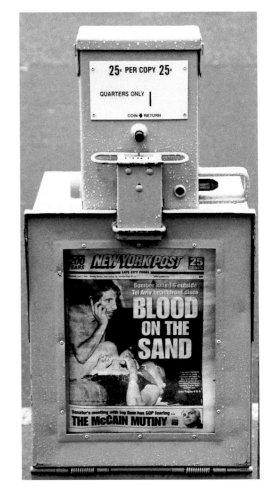

MARTINA LÖW

Metropolises between Homogenisation and Heterogenisation

"A woman who leaves Paris to spend six months in the country, returns from it as out of date as if she had lost thirty years of her life."   Charles-Louis de Secondat de la Brède et de Montesquieu in the Persian Letters (1721)

Zeitungsboxen, Schulbusse, Straßenschilder: New York ist gelb. Newspaper boxes, school buses, road signs: New York is yellow.

"Do cities have a colour?" the magazine "mobil" asked travellers over the course of a month in the spring of 2005 – and the answer is "yes". New York is yellow, London red, Paris blue and Berlin green. Pictures of the cities provide evidence and engineer the dominance of one colour: yellow cabs, yellow newspaper boxes, yellow lights on the Chrysler Building, yellow school buses, yellow street signs: yellow New York. "Look at the colours – and learn more about a city's feel for life", the railway magazine advises people on the move.[1]

Discussing the various ways in which cities differ is one of the most popular social games. Every embarrassing mealtime silence can be broken by sentence openings such as: "Since I moved away from Berlin, I miss ..." or "London is such an optimistic city, quite different from ..." Essentially, discussions of this kind centre on the question of how cities can be characterised and confirm what everyone knows and reinforces in the act of communication: that cities are fundamentally different. There seems to be a well-established system of comparison for this, referring mainly to the metropolises. Metropolises are cultural centres. "They are models, examples to provide orientation and point the way. They are lavish texts, so to speak, in which it is possible to read."[2]

Since the world's North takes on the production of symbolic goods within the network of international production locations – including knowledge and advice, media, brand names and image campaigns, the icons of architecture and design, as well as the monopoly of luxury goods[3, 4] – the cities of the North in particular are perceived as cultural "centres of gravitation" and thus as metropolises. But what appears to be great diversity in everyday life is either criticised in research on metropolises as hard competition, or ignored under the catchword homogenisation. This essay will therefore examine ascriptions of homogenisation and heterogenisation. It will enquire after and systemise the problems argued under the terms homogenisation/heterogenisation and the discursively associated concept of globalisation with reference to metropolises, pinpointing the pitfalls in which the debate becomes ensnarled and the long-term perspectives that may be developed from systematic observation of assimilation and differentiation in metropolises.

Between the Characterless and Competition

"Will the architecture of the 21st century, which is simultaneously and ubiquitously present due to the media, be the first truly global architecture?" the organisers of the *Alpbacher Architekturgespräche* ask in their programme leaflet. According to Rem Koolhaas, the answer is obvious: "Yes, unfortunately!" Koolhaas[5] represents the standpoint that metropolises are declining into a characterless state under the conditions of globalisation. Specific forms are losing their significance in a functionalist-capitalist world. The American urban theorist Manuel Castells also refers to a characterless global architectural language, no longer enabling local, specific

kapitalistischen Welt ihre Bedeutung. Auch der amerikanische Stadttheoretiker Manuel Castells spricht von einer eigenschaftslosen globalen Architektursprache, die keine lokal und historisch spezifischen Zugriffe mehr ermögliche. „Meine Hypothese besagt, dass das Aufkommen des Raumes der Ströme die sinnhafte Beziehung zwischen Architektur und Gesellschaft verwischt. Weil die räumliche Manifestation der herrschenden Interessen weltweit und quer durch alle Kulturen stattfindet, führt die Entwurzelung von Erfahrung, Geschichte und spezifischer Kultur als Bedeutungshintergrund

zur allgemeinen Verbreitung einer a-historischen, a-kulturellen Architektur".[6]
Lässt der Befund einer weltweiten Angleichung die Rede über Differenzen zwischen Städten seltsam anachronistisch wirken, so rückt im Gegensatz dazu der Topos der „Wettbewerbsfähigkeit" die Stadt in ihrer Spezifik ins Zentrum jeder weiteren Erörterung. Susanne Frank zufolge führen die Versuche des europäischen Rates, die Union „bis zum Jahr 2010 zum wettbewerbsfähigsten und dynamischsten wissensbasierten Wirtschaftsraum der Welt zu machen"[7] dazu, dass Städten mehr Aufmerk-

Im Zeitalter der Globalisierung gleichen sich die Metropolen rein äußerlich immer mehr an. In the age of globalisation, the appearance of metropolises is more and more conforming.

New York – Times Square   Shanghai – Nanjing Lu
London – Piccadilly Circus

samkeit zuteil wird, diese aber auch höherem Konkurrenzdruck ausgesetzt sind. Entwicklungspotenziale gerade von Metropolen werden zunehmend weniger unter Gesichtspunkten sozialer Kohäsion, sondern verstärkt unter Wettbewerbsmöglichkeiten betrachtet und zum Beispiel in Best-Practice-Projekten gefördert. „Competitiveness" werde zum Schlüsselbegriff der politischen Bezugnahme auf Städte. Auch Dietrich Fürst[8] leitet die Notwendigkeit, über Planung wieder neu nachzudenken, an erster Stelle aus dem „härteren Wettbewerb" als Folge von Globalisierung und EU-Integration ab und folgert, „dass angesichts wachsender Heterogenität und Kontextabhängigkeit von Problemsituationen eine Steuerung mit Einheitsprogrammen nicht mehr sinnvoll ist".[9]

Die Forderung nach passförmigen Planungskonzepten und Lösungsansätzen als Reaktion auf spezifische Problemlagen und Chancen von Städten, aber auch als Antwort auf die im Konkurrenzkampf notwendige „Profilierung" der Standorte, wird als Machtfeld problematisiert. Insbesondere Metropolenregionen werden als „Standorte dynamischer Entwicklungen"[10]) prognostiziert, was zu einer „zunehmenden Heterogenisierung und Polarisierung[10] der Metropolen im Unterschied zu peripheren Städten/Stadträumen führe. Die „globalisierte Raumordnung", so Jürgen Aring in seinem Beitrag als stellvertretender Vorsitzender der Landesarbeitsgemeinschaft NRW der Akademie für Raumforschung und Landesplanung, folge dem Prinzip „Jedem nach seinen Möglichkeiten – Stärke die Stärken".[10] Dass es sich bei der Adressierung der Städte unter Wettbewerbskategorien nicht um ein europäisches Phänomen handelt, zeigen exemplarisch Fulong Wu und Jingxing Zhang[11] für China. Unter dem Titel „Planning the competitive city-region" analysieren sie die neuen Planungsstrategien für chinesische Großstädte als ökonomische Konkurrenz- und damit Profilierungs- und Abgrenzungsstrategien.

Die Frage, ob gegenwärtige Gesellschaften stärker von Homogenisierung oder von Heterogenisierung betroffen seien, ist Gegenstand weit

gefächerter sozialwissenschaftlicher Debatten.[12] Während die einen als Folge der Globalisierung annehmen, dass sich kulturelle Unterschiede angleichen und eine „McDonaldization"[13] oder „Westernization"[14] prognostizieren, betonen andere die treibende ökonomische Kraft der Ausdifferenzierung als Reaktion auf gestiegenen Konkurrenzdruck (siehe oben) sowie das Wiedererstarken lokaler Kulturen als Antwort auf Globalisierungszumutungen.[15, 16, 17] Bevor man nun gelassen auf ein „sowohl als auch" einschwenkt, stellt sich die Frage, welche Vorannahmen und Überlagerungen in dem Zusammendenken von Globalisierung und Homogenisierung/Heterogenisierung einfließen. Kurzum, es gilt die verknüpften Fäden zunächst zu entwirren.

Globalisierung und der Grad der Vernetzung

Globalisierung benennt, wie Jörg Dürrschmidt[12] hervorhebt, den Sachverhalt weltweit gestiegener Vernetzungen und Abhängigkeiten. Globalisierung selbst ist keine „Kraft", die etwas auslöst, sondern der Begriff für die empirisch zu beschreibende Form der Beziehungsnetze.[18, 19] Die weltweiten Austausch- und Abhängigkeitsbeziehungen lassen sich aufgliedern in verschiedene Qualitäten und zwar maßgeblich in wirtschaftliche (Handelsbeziehungen, Finanzmärkte etc.), technologische (elektronisches Netz, Transportbahnen, Strom- und Wasserversorgung etc.) und kulturelle (Austausch von Ideen und Konsumprodukten, aber auch die Mobilität im Tourismus oder durch Migration etc.) Vernetzungsleistungen.

Je nachdem welcher Aspekt in den Fokus gerückt wird, wird auch die historische Einzigartigkeit des Grades an Vernetzung unterschiedlich beurteilt. Thompson[20] zum Beispiel argumentiert, dass – an bestimmten Indikatoren gemessen – der Verflechtungsgrad internationaler Handelsbeziehungen kurz vor dem Ersten Weltkrieg genauso hoch war wie heute.[10] Es muss aber davon ausgegangen werden, dass der Grad an Globalisierung in den drei Feldern Wirtschaft, Technologie und Kultur gemeinsam

Uniforme Einkaufswelten (1): Potsdamer Platz Arkaden, Berlin   Uniform shopping worlds (1): Potsdamer Platz Arkaden, Berlin

access. "My hypothesis is that the coming of the space of flows is blurring the meaningful relationship between architecture and society. Because the spatial manifestation of the dominant interests is occurring world-wide and across all cultures, the uprooting of experience, history and specific culture is a significant background leading to the generalisation of an a-historical, a-cultural architecture".[6]

While this finding of world-wide assimilation makes reference to the differences between cities seem anachronistic, the issue of the "ability to compete" shifts the focus of further discussion onto the city with its specific features. According to Susanne Frank, the attempts of the European Council to make the Union "into the most competitive and dynamic knowledge-based economic sphere in the world by the year 2010"[7] mean that more attention will be paid to the cities, but that these will also be subject to greater competitive pressure. The development potentials of metropolises in particular are being regarded less and less from standpoints of social cohesion and more with respect to competitive possibilities, and are being subsidised in best-practice projects, for example. "Competitiveness" is becoming a key concept of political reference to cities. Dietrich Fürst[8] also derives the necessity to reconsider planning once again from the "stiffer competition" as a consequence of globalisation and EU-integration and concludes "that in the face of growing heterogeneity and the context-reference of problem situations, governance by means of standardised programmes is no longer expedient".[9]

The demand for suitable planning concepts and resolution methods as a reaction to cities' specific problems and chances, but also as a response to the "profiling" of locations necessary in competition, is problematised as a power field. Metropolitan regions in particular are foreseen to be "locations of dynamic developments",[10] which would lead to "increasing heterogenisation and polarisation[10] of the metropolises by contrast to peripheral cities/urban areas." The "globalised master plan",

according to Jürgen Aring in his contribution as vice president of the NRW state working group at the Akademie für Raumforschung und Landesplanung, follows the principle of "each according to his possibilities – consolidate the strong".[10] Addressing cities according to competitive categories is not a European phenomenon, as Fulong Wu and Jingxing Zhang indicate in an exemplary way for China[11]. In their work entitled "Planning the competitive city-region", they analyse the new planning strategies for big Chinese cities as strategies of economic competition and thus of profiling and differentiation.

The question whether contemporary societies are hit more by homogenisation or by heterogenisation is the subject of diverse socio-economic debates.[12] While one group assume that cultural differences will be levelled out as a consequence of globalisation and predict a "McDonaldization"[13] or "Westernization",[14] others emphasize the driving economic force of differentiation as a reaction to the increasing pressure of competition (see above), as well as the reconsolidation of local cultures as a response to the impositions of globalisation.[15, 16, 17] Before placidly accepting the compromise of "both one and the other", one should enquire what presumptions and interactions are involved when coupling globalisation and homogenisation/heterogenisation. In short, the tangled threads must be unravelled first.

Globalisation and the Degree of Networking

As Jörg Dürrschmidt[12] accentuates, globalisation refers to an increase in world-wide networks and dependencies. Globalisation itself is not a "force" that triggers something, but the term for an empirically defined form of network relations.[18, 19] World-wide relations of exchange and dependence can be subdivided into different qualities; definitively into the economic (trade relations, financial markets, etc.), technological (electronic net, transport routes, provision of electricity and water sup-

ein vorläufiges Höchstmaß erreicht hat und dass auf diese Weise die weltweite Abhängigkeit ebenso gestiegen ist wie das Bewusstsein ihrer ganzheitlichen Einheit.[22]

Zurück zu der Frage, ob davon auszugehen ist, dass jener als Globalisierung klassifizierter Befund der Intensivierung weltweiter Beziehungen eher Homogenisierung oder Heterogenisierung zur Folge habe, offenbaren sich feldspezifische Logiken. Während unter ökonomischen Gesichtspunkten Abhängigkeit und Konkurrenz in den Blick rücken, stellt sich unter technologischen Gesichtspunkten die Frage der Funktionalität weltweit einheitlicher Lösungen, während kulturelle Globalisierung die Frage nach dem Stellenwert lokaler Kulturen im Kontrast zu hegemonialen Bestrebungen der Verwestlichung und Amerikanisierung aufruft. Aus keiner der Vernetzungen muss logisch folgen, dass Globalisierung und Homogenisierung/Heterogenisierung in einem Ableitungsverhältnis stehen. Das heißt, die Frage nach Homogenisierung versus Heterogenisierung ist im Kern eine nach den *kulturellen Wirkungen* weltweiter Vernetzung (unabhängig davon, ob diese zunehmen oder historisch sich wiederholen). *Globalisierung und Homogenisierung stehen in keinem Bedingungsverhältnis.* Das zeigt sich auch daran, dass man Prozesse der Homogenisierung in Phasen und in Landstrichen beobachten kann, die nicht von Globalisierung betroffen sind, zum Beispiel in sozialistischen Städten. Sozialistische Stadtpolitik speiste sich aus modernen Homogenitätsvorstellungen, ohne dass diese sich direkt aus Globalisierungsprozessen ableiten oder an Globalisierungserwartungen knüpfen ließen.

Vielfalt der Moderne

So ist es die Moderne selbst und damit die Verstädterung als eine „im Westen entstandene Zivilisation (…), die sich zum Teil analog zu der Kristallisierung und Expansion der großen Religionen – Christentum, Islam, Buddhismus, Konfuzianismus – in der ganzen Welt ausgebreitet hat",[23] welche in ihrem konzeptionellen

Rückgrat ein Streben nach Homogenisierung trägt. Charakterisiert ist die Moderne über das aufklärerische Denken mit seinem Anspruch auf universelle Anerkennung, über den Siegeszug des Kapitalismus und die Entstehung der Nationalstaaten sowie über die Ausweitung der Wissenschaften und deren Institutionalisierung in den Universitäten.[24] Insbesondere der Siegeszug des Kapitalismus führt zur Herausbildung industriell geprägter Städte sowie zum Prozess der Verstädterung. Die Zunahme der Bevölkerung insgesamt und die stetige Zunahme der Arbeitsplätze in den Fabriken bedingen ein explosionsartiges Anwachsen der Städte. Der Prozess der Verstädterung und Urbanisierung der Gesellschaft nimmt seinen Lauf und mit ihm jener Modus, der als verstädterte Lebensweise von Georg Simmel so trefflich beschrieben wird: „Die Pünktlichkeit, Berechenbarkeit, Exaktheit, die die Komplikationen und Ausgedehntheiten des großstädtischen Lebens ihm aufzwingen, steht nicht nur in engstem Zusammenhange mit ihrem geldwirtschaftlichen und ihrem intellektualistischen Charakter, sondern muß auch die Inhalte des Lebens färben und den Ausschluß jener irrationalen, instinktiven, souveränen Wesenzüge und Impulse begünstigen, die von sich aus die Lebensform bestimmen wollen, statt sie als eine allgemeine, schematisch präzisierte von außen zu empfangen".[25] Die städtische Lebensweise, welche zunehmend nicht nur für Städter/innen gilt, sondern zum Vorbild der Lebensführung allgemein wird, ist von Anonymisierung und Rationalisierung, aber auch von Bürokratisierung, Demokratisierung, Technisierung[26] geprägt. Die Unterscheidung zwischen Verstädterung und Urbanisierung trägt der Ausweitung des rationalen Lebensstils Rechnung. Während der Begriff der Verstädterung den quantitativen Aspekt der Massenzuwanderung bezeichnet, wird Urbanisierung begrifflich davon abgegrenzt – bleibt aber inhaltlich auf Verstädterung bezogen – und meint die Verbreitung der Lebensweise, die sich in den Städten ausgebildet hat, zur gesamtgesellschaftlichen Form.

Uniforme Einkaufswelten (2): Hauptbahnhof Leipzig
Uniform shopping worlds (2): Leipzig main station

plies etc.) and cultural (exchange of ideas and consumer products, but also mobility in tourism or through migration etc.) network services. The historical singularity of the degree of networking is also judged differently, according to the aspect focused on. Thompson,[20] for example, argues that the degree of interlocking – measured by specific indicators – of international trade relations shortly before the First World War was equal to that of the present day.[21] But one must begin with the assumption that the degree of globalisation in the three fields of economics, technology and culture has reached a temporary high, and that in this way, dependency has increased around the world along with an awareness of its integral unity.[22]

To return to the question of whether we can assume that the result of intensified world-wide relations – classified as globalisation – leads to more homogenisation or heterogenisation; field-specific logics emerge here. While dependence and competition shift into focus from economic points of view, technological standpoints raise the question of the functionality of world-wide standardised solutions, while cultural globalisation highlights the issue of local cultures' status by contrast to the hegemonic efforts of westernisation and Americanisation. None of the networks leads to the inevitable logical conclusion that globalisation and homogenisation/heterogenisation can be inferred reciprocally. That means that at heart, the question of homogenisation versus heterogenisation is one of the *cultural effects* of world-wide networking (independent of whether this is increasing or repeating history). *Globalisation and homogenisation are not related to each other conditionally.* This is also demonstrated by the fact that processes of homogenisation can be observed in phases and areas that are not hit by globalisation, e.g. in socialist states. Socialist urban politics were charged by modern notions of homogeneity, but these were not necessarily derived directly from processes of globalisation or linked to expectations of globalisation.

Diversity of Modernity

And so it is modernity as such, and therefore urbanisation as a "civilisation that originated in the West (…) and in part-analogy to the crystallisation and expansion of the great religions – Christianity, Islam, Buddhism, Confucianism – spread all over the world",[23] which encompasses a striving for homogenisation in its conceptual basis. Modernity is characterised by ideas of enlightenment with a claim to universal recognition, by the triumphal march of capitalism and the emergence of the nation-states, and by the spread of the sciences and their institutionalisation in universities.[24] Particularly the march of capitalism leads to the development of industrially-oriented cities and the process of migration to cities. The increase in overall population and the constantly rising number of factory jobs causes an explosive growth in cities. This process of migration to cities and the urbanisation of society takes it course and brings with it the mode of life described so aptly by Georg Simmel as urbanised: "The punctuality, calculability and precision enforced by the complications and vastness of big-city life are not only closely linked to its commercial and intellectualist character; inevitably, they also colour life's content, and favour the exclusion of those irrational, instinctive, sovereign character traits and impulses that seek to define a lifestyle from within rather than receiving it as a precise universal pattern from outside".[25] The urban way of life – which is increasingly considered good, not only for city dwellers, but as a general life model – is shaped by anonymity and rationalisation, but also by bureaucratising, democratisation, and increasing technology.[26] The differentiation between migration to cities and urbanisation takes into account the spread of this rational lifestyle. While "migration to cities" refers to the quantitative aspect of mass population shift to the cities, the term urbanisation is differentiated – although its essence also refers to this migration – and signifies the dissemination of the way of life that has developed in cities into a universal social form.

Von der Verbreitung dieser europäischen „Erfindungen" gehen Homogenisierungstendenzen aus.[27] Die Gleichsetzung von Moderne und Homogenisierung verfängt sich jedoch im Selbstentwurf. Obwohl die Moderne immer als Prozess sich ausweitender Homogenisierung entworfen wurde,[24] war der Erfolg dieses Projektes im Weltmaßstab mehr als zweifelhaft. Shmuel N. Eisenstadt[28, 29, 23] betont, dass „diese Zivilisation, mit ihrem spezifischen kulturellen Programm und seinen institutionellen Auswirkungen sich ständig verändernde kulturelle und institutionelle Muster hervorgebracht hat, die unterschiedliche Reaktionen auf die Herausforderungen und Möglichkeiten, die in den Kernmerkmalen moderner zivilisatorischer Prämissen enthalten sind, darstellen. Mit anderen Worten, die Expansion der Moderne brachte keine uniforme und homogene Zivilisation hervor, sondern, in der Tat, multiple Modernen".[23] Eine Vielfalt von Modernen gleichzeitig zu konstatieren, verweist darauf, dass Metropolen, wie ähnlich ihre Innenstädte auch aussehen mögen, wie vergleichbar die Legitimationen der Wettbewerbspolitik und wie austauschbar das Stadtbild auf Postkarten schimmern mag, doch als sich wandelnde kulturelle Formationen zu betrachten sind, deren institutionelle Übereinstimmung zu anderen städtischen Verdichtungen empirische Frage und nicht Resultat eines als Globalisierung kategorisierten Prozesses ist. Wenn Globalisierung den Grad an Vernetzung beschreibt, dann sind Homogenisierung und Heterogenisierung sich überlagernde und gegenseitig bedingende Dynamiken. Homogenisierung bezeichnet den Prozess der Angleichung von Städten und damit die Nivellierung stadtkultureller Differenzen. Homogenisierung ist in der Moderne konzeptionell angelegt, aber nie durchgreifend verwirklicht worden. Heterogenisierung markiert den Prozess des Unterscheidens und damit die Hervorbringung neuer stadtkultureller Differenzierungen. Heterogenisierung ist als Reaktion auf ökonomische Globalisierung im Modus der Konkurrenz etablierte Praxis, diese wird jedoch nie nur als Abgrenzung, sondern auch als Verbündungs-

politik gelebt. Reine Homogenisierung würde bedeuten, dass alle Städte zumindest der gleichen Größenordnung oder vergleichbarer wirtschaftlicher Bedeutung (zum Beispiel alle Metropolen) von dem Prozess der Angleichung betroffen sind und „das heimische Kulturelement vollständig durch das übermächtige fremde beseitigt worden ist".[30] Reine Heterogenisierung implizierte, dass „heimische und fremde Kulturelemente auf Dauer beziehungslos nebeneinander stehen" (ebd). In einer vernetzten Welt der Allianzen zwischen Städten, Politiken gegenseitiger Bezugnahme (zum Beispiel Städtepartnerschaften) oder Ähnlichkeitsbehauptungen (Städte-Rankings), ökonomischen und/oder technologischen Verbindungen und historischen Schicksalsgemeinschaften ist Letzteres undenkbar.

Gerade unter dem Stichwort des Postkolonialismus[31, 32, 33] wird heute hervorgehoben, dass gegenseitige Abhängigkeitsbeziehungen auch zwischen geografisch weit entfernten Städten entstehen. Die Zeit des Kolonialismus hat nicht nur die „Städte in der Welt", sondern auch die „Städte zu Hause" verändert. Die Entwicklung Londons z.B. kann überhaupt nicht verstanden werden, so Anthony King,[31] wenn man nicht gleichzeitig den Einfluss von Indien, Afrika und Lateinamerika berücksichtigt. Angefangen von den Größenphantasien, die durch die Eroberungen ausgelöst werden und die die Kleinteiligkeit des eigenen Landes provinziell erscheinen lassen, bis hin zur Kultur des Teetrinkens, die mit England untrennbar verbunden scheint, obwohl in Großbritannien kein Tee wächst, verändert sich der Eroberer mit der Eroberung. Aber gerade weil Prozesse dieser Art sich nicht in machtleeren Räumen vollziehen, heißt das, dass es der unwahrscheinlichste aller Fälle ist, dass alle Metropolen gleichermaßen eingebunden werden. Werden einige Städte sich ähnlicher, so ist wahrscheinlich, dass sie genau in diesem Prozess anderen Städten unähnlicher werden. Heterogenisierung und Homogenisierung sind demnach kulturelle Wirkungen, die unter anderem auf Globalisierungsdiagnosen und -diskurse folgen können.

Uniforme Einkaufswelten (3): Rathaus-Center Dessau
Uniform shopping worlds (3): Rathaus-Center Dessau

Uniforme Einkaufswelten (4): Sachsen-Allee Chemnitz
Uniform shopping worlds (4): Sachsen-Allee Chemnitz

Tendencies towards homogenisation evolve from the spread of these European "inventions".[27] But to equate modernity and homogenisation is to become entangled in the very concept. Although modernity was always conceived as a process of disseminating homogenisation,[24] the success of this process on a world scale has been more than doubtful. Shmuel N. Eisenstadt[28, 29, 23] emphasises that "this civilisation, with its specific cultural programme and its institutional implications, led to constantly changing cultural and institutional patterns, which represent different reactions to the challenges and opportunities inherent in the basic traits of modern civilising premises. In other words, the expansion of modernity did not lead to a uniform, homogeneous civilisation, but actually resulted in multiple modernities".[23] Establishing simultaneous, diverse modernities highlights the fact that metropolises – however similar their centres may seem, however comparable the legitimacies of competitive policy and interchangeable their city images on glossy postcards – are to be regarded nonetheless as changing cultural formations, whose institutional agreement with other urban aggregations is an empirical matter and not the result of a process categorised as globalisation.

If globalisation describes the degree of networking, homogenisation and heterogenisation are overlapping and reciprocally defining dynamics. Homogenisation refers to the process of cities' assimilation and thus to the levelling out of urban structural differences. The concept of homogenisation is laid out in modernity, but has never been realised on a radical scale. Heterogenisation signifies the process of distinction and thus the production of new urban cultural differentiations. Heterogenisation is established practice as a response to economic globalisation in the mode of competition which it is never realised as differentiation alone, but also includes a policy of alliance. Pure homogenisation would mean that all cities – at least those of the same size or comparable economic significance (for example all metropolises) would be affected by the

process of assimilation and "the local cultural element completely destroyed by the all-powerful foreign element".[30] Pure heterogenisation implies that "local and foreign cultural elements are permanently adjacent, but have no relation to each other". The latter is unthinkable in a networked world of alliances between cities, policies of mutual reference (for example city partnerships) or statements of similarity (city rankings), economic and/or technological connections, and shared historical destinies. Today, the keyword post-colonialism[31, 32, 33] is used to emphasise that reciprocal dependent relations also emerge between cities separated by a considerable geographical distance. The period of colonialism not only changed the "cities in the world", but also the "cities at home". According to Anthony King,[31] for example, the development of London cannot be understood at all if one does not take into account the influence of India, Africa and Latin America. Ranging from the illusions of greatness that were triggered by conquest and made the small-scale fragmentation of the home country seem provincial, to the culture of tea-drinking that seems inseparably associated with England, although tea does not grow in Great Britain; the conqueror changes with his conquests. But precisely because processes of this kind do not come about in power-free spheres, it is highly unlikely indeed that all metropolises will be embedded in the same manner or to the same extent. While some cities become more similar, it is likely that this very process will make them more unlike other cities. Consequently, heterogenisation and homogenisation are cultural effects which can follow from the discourses and diagnoses of globalisation, among other things.

Open Questions for Research

Future research must investigate the relation of homogenisation and heterogenisation. Often it is assumed that this is a matter of an either-or relationship, but the categories of homogenisation and heterogenisation do not necessarily lie on one and the same level. To

Offene Forschungsfragen

Das Verhältnis von Homogenisierung und Heterogenisierung bleibt zu erforschen. Häufig wird angenommen, dass es sich hierbei um eine Entweder-oder-Beziehung handelt, doch die Kategorien Homogenisierung und Heterogenisierung liegen nicht zwingend auf ein und derselben Ebene. Anders ausgedrückt: Prozesse der Homogenisierung und der Heterogenisierung können sich im konkreten Fall asymmetrisch zueinander verhalten. „Mehr" Homogenisierung reduziert dann die einen und provoziert andere Heterogenisierungen. Homogenisierung und Heterogenisierung kann sich wechselseitig steigern. „Mehr" Homogenisierung ruft „mehr" Heterogenisierung hervor. Wenn Homogenisierung und Heterogenisierung Wirkungen sind, dann sind sie weder als polare Opposition zu betrachten noch als Gegensatz auf einer Achse mit wechselseitiger Ausschließungswirkung zu imaginieren (nach dem Muster: „mehr" Homogenität gleich „weniger" Heterogenisierung). Zu fragen ist nach den verschiedenen Niveaus determinierter Wirkungskomplexe und nach den prozessualen Modi, also nach dem „Wie", von Wechselwirkungen sowohl der Vermischung, Angleichung, Vereinheitlichung des Verschiedenen („Homogenisierung") als auch der Entmischung oder (Neu-)Entstehung von Verschiedenheiten („Heterogenisierung"). Homogenisierung und Heterogenisierung sind keine Kausalrelationen. Wenn Homogenisierung und Heterogenisierung Wirkungen sind, so heißt das nicht, dass sie aus der puren Anwesenheit bestimmter (gleicher/ungleicher) zum Beispiel materieller Gegebenheiten folgen, sondern als *kulturelle* Wirkungen sind sie aus dem alltäglichen Umgang, den Deutungen und Praktiken abzuleiten[34].

Heterogenisierung wird häufig mit Fragmentierung gleichgesetzt. „Globalisierung und Lokalisierung, Homogenisierung und Fragmentierung" schreibt zum Beispiel Morley,[35] und auch Hall[36] redet von „Homogenisierung und Fragmentisierung".[37, 38] Als Fragmentierung aufgefasst, wird unterstellt, dass mit dem Prozess der Ausdifferenzierung soziale Kohäsion verschwindet. Ein solches Gedankenspiel passt besonders gut zur Globalisierungsdiagnose. Die Resultate von weltweiten Beziehungsnetzen scheinen dann gleichzeitig hegemoniale Homogenisierung und das Auseinanderbrechen von vormals Heilem zu sein.[39] Beides ist ideologisch, wenn es nicht am empirischen Einzelfall geprüft wurde. Es wiederholt die Homogenitätserzählung der westlichen Moderne auf zwei verschiedene Weisen: als kulturkritische Selbstanklage und als Idealisierung des „Einen", das zu Fragmenten zu verfallen droht. Die Geschichte(n) der Metropolen ist (sind) die Geschichte ihrer Verallgemeinerung und ihrer Besonderung; diese in ihrer Komplexität zu erforschen, hat gerade erst begonnen.

Anmerkungen

1 Georg Mayntz: „Farbe bekennen". In: *mobil*, Heft 04, 2005, S. 53-61.

2 Hartmut Häußermann: „Es muss nicht immer Metropole sein". In: Dirk Matejovski (Hg.): *Metropolen. Laboratorien der Moderne*. Frankfurt/Main 2000, S. 67-79.

3 Rolf Lindner/Lutz Musner: „Kulturelle Ökonomien, urbane ‚Geschmackslandschaften' und Metropolenkonkurrenz". In: *Information zur modernen Stadtgeschichte* 1/2005, S. 26-37.

4 Scott Lash/John Urry: *Economies of Signs and Space*. London 1994.

5 Rem Koolhaas: „Generic City". In: Rem Koolhaas/OMA (Hg.): *S, M, L, XL*. New York 1995, S. 1238-1264.

6 Manuel Castells: *Das Informationszeitalter*. Teil 1: *Der Aufstieg der Netzwerkgesellschaft*. Opladen 2001.

7 Susanne Frank: „Eine kurze Geschichte der europäischen Stadtpolitik – erzählt in drei Sequenzen". In: Uwe Altrock/Simon Güntner/Sandra Huning u.a. (Hg.): *Zwischen Anpassung und Neudefinierung. Raumplanung und Stadtentwicklung in den neuen Mitgliedsstaaten der EU*. Berlin 2005, S. 307-322.

8 Dietrich Fürst: „Die Notwendigkeit, über Planung wieder nachzudenken". In: Dietrich Fürst/Bernhard Müller (Hg.): *Wandel der Planung im Wandel der Gesellschaft*. Dresden 2000,.

9 Dietrich Fürst: „Wandel der Regionalplanung im Kontext des Wandels des Staates?". In: Dietrich Fürst/Bernhard Müller (Hg.): *Wandel der Planung im Wandel der Gesellschaft*. Dresden 2000, S. 9-29.

10 Jürgen Aring: *Modernisierung der Raumordnung*. http://bfag-aring.de/pdf-dokumente/Aring_2005_Modernisierung_Raumordnung.pdf., 23.09.2007

Uniforme Einkaufswelten (5): CentrO Oberhausen
Uniform shopping worlds (5): CentrO Oberhausen

put it another way: in a concrete case, processes of homogenisation and heterogenisation may behave asymmetrically towards each other. "More" homogenisation then reduces one form of heterogenisation, but provokes others. Homogenisation and heterogenisation can be mutually enhancing. "More" homogenisation may lead to "more" heterogenisation. If homogenisation and heterogenisation are effects, they should be neither viewed as polar opposition nor imagined as opposition on a single axis with mutually excluding effects (according to the pattern: "more" homogeneity equals "less" heterogenisation). We must enquire into the different levels of determined complexes of effects and the processual modes – i.e. the "how" – of reciprocities, as well as of the mixing, assimilation and standardisation of the different ("homogenisation") and the de-mixing or (re-)emergence of differences ("heterogenisation"). Homogenisation and heterogenisation are not causal relations. While homogenisation and heterogenisation are effects, this does not mean that they result from the simple presence of specific (same/different) material conditions, for example. Rather, as *cultural* effects, they are derived from everyday contacts, interpretations and practices.[34]

Heterogenisation is often equated with fragmentation. Morley,[35] for example, writes "globalisation and localisation, homogenisation and fragmentation" and Hall[36] also refers to "homogenisation and fragmentising".[37, 38] Understood as fragmentation, it is assumed that social cohesion disappears with the process of differentiation. A mind game of this kind suits the diagnosis of globalisation very well. The results of world-wide networks of relations then simultaneously appear to be hegemonic homogenisation and the breaking apart of something that was previously whole and healthy.[39] Both are ideological if not examined on the foundation of an empirical case. The narrative of the homogeneity of modernity is repeated in two different ways: as a cultural-critical self-accusation and as idealisation of the "entity" that threatens to disintegrate into fragments. The

history/histories of the metropolises is/are the story of their generalisation and their specialisation: we have only just begun to investigate them in their full complexity.

Notes

1 Georg Mayntz: „Farbe bekennen". In: *mobil*, issue 04, 2005, p. 53-61.

2 Hartmut Häußermann: „Es muss nicht immer Metropole sein". In: Dirk Matejovski (Ed.): *Metropolen. Laboratorien der Moderne*. Frankfurt/Main 2000, p. 67-79.

3 Rolf Lindner/Lutz Musner: „Kulturelle Ökonomien, urbane ‚Geschmackslandschaften' und Metropolenkonkurrenz". In: *Information zur modernen Stadtgeschichte* 1/2005, p. 26-37.

4 Scott Lash/John Urry: *Economies of Signs and Space*. London 1994.

5 Rem Koolhaas: „Generic City". In: Rem Koolhaas/OMA (Ed.): *S, M, L, XL*. New York 1995, p. 1238-1264.

6 Manuel Castells: *Das Informationszeitalter*. Vol. 1: *Der Aufstieg der Netzwerksgesellschaft*. Opladen 2001.

7 Susanne Frank: „Eine kurze Geschichte der europäischen Stadtpolitik – erzählt in drei Sequenzen". In: Uwe Altrock/Simon Güntner/Sandra Huning u.a. (Ed.): *Zwischen Anpassung und Neudefinierung. Raumplanung und Stadtentwicklung in den neuen Mitgliedsstaaten der EU*. Berlin 2005, p. 307-322.

8 Dietrich Fürst: „Die Notwendigkeit, über Planung wieder nachzudenken". In: Dietrich Fürst/Bernhard Müller (Ed.): *Wandel der Planung im Wandel der Gesellschaft*. Dresden 2000, p. 1-7.

9 Dietrich Fürst: „Wandel der Regionalplanung im Kontext des Wandels des Staates?". In: Dietrich Fürst/Bernhard Müller (Ed.): *Wandel der Planung im Wandel der Gesellschaft*. Dresden 2000, p. 9-29.

10 Jürgen Aring: *Modernisierung der Raumordnung*. http://bfag-aring.de/pdf-dokumente/Aring_2005_Modernisierung_Raumordnung.pdf., 23.09.2007

11 Fulong Wu/Jingxing Zhang: „Planning the Competitive City-Region". In: *Urban Affairs Review* 42, 5, 2007, p. 714-740.

12 Jürgen Dürrschmidt: *Globalisierung*. Bielefeld 2002.

13 George Ritzer: *The McDonaldization of Society: An Investigation into the Changing Character of Contemporary Social Life*. London 1993.

14 Serge Latouche: *The Westernization of the World: The Significance, Scope, and Limits of the Drive towards Global Uniformity*. Cambridge 1996.

15 Stuart Hall: „The Question of Cultural Identity". In: Stuart Hall/David Held/A. McGrew (Ed.): *Modernity and its Futures*. Cambridge 1992, p. 273-325.

16 Ulf Hannerz: *Transnational Connections: Culture, People, Places*. London 1998.

17 Helmuth Berking: „Global Flows and Local Cultures. Über die Rekonfiguration sozialer Räume im Global-

11 Fulong Wu/Jingxing Zhang: „Planning the Competitive City-Region". In: *Urban Affairs Review* 42, 5, 2007, S. 714-740.

12 Jürgen Dürrschmidt: *Globalisierung.* Bielefeld 2002.

13 George Ritzer: *The McDonaldization of Society: An Investigation into the Changing Character of Contemporary Social Life.* London 1993.

14 Serge Latouche: *The Westernization of the World: The Significance, Scope, and Limits of the Drive towards Global Uniformity.* Cambridge 1996.

15 Stuart Hall: „The Question of Cultural Identity". In: S. Hall/D. Held/A. McGrew (Hg.): *Modernity and its Futures.* Cambridge 1992, S. 273-325.

16 Ulf Hannerz: *Transnational Connections: Culture, People, Places.* London 1998.

17 Helmuth Berking: „Global Flows and Local Cultures. Über die Rekonfiguration sozialer Räume im Globalisierungsprozeß." In: *Berliner Journal für Soziologie* 8, 3, 1998, S. 381-392.

18 Anthony Giddens: *Konsequenzen der Moderne.* Frankfurt/Main 1995.

19 M. Albrow: *The Global Age.* Cambridge 1996.

20 Grahame Thompson: „Economic Globalization?". In: David Held (Hg.): *A Globalizing World?* London 2000, S. 85-126.

21 Cornelius Torp: *Die Herausforderung der Globalisierung. Wirtschaft und Politik in Deutschland 1860-1914.* Göttingen 2005.

22 R. Robertson: „Glocalization. Time-Space and Homogenity-Heterogenity". In: M. Featherstone/S. Lash/R. Robertson (Hg.): *Global Modernities.* London 1995, S. 15-30.

23 Shmuel N. Eisenstadt: „Multiple Modernen im Zeitalter der Globalisierung". In: Thomas Schwinn (Hg.): *Die Vielfalt und Einheit der Moderne.* Wiesbaden 2006, S. 37-62.

24 Jürgen Kocka: „Die Vielfalt der Moderne und die Aushandlung von Universalien". In: Thomas Schwinn (Hg.): *Die Vielfalt und Einheit der Moderne.* Wiesbaden 2006, S. 63-69.

25 Georg Simmel: *Brücke und Tür. Essays des Philosophen zur Geschichte, Kunst, Religion und Gesellschaft.* Stuttgart 1957.

26 Mikael Hard: Machines are Frozen Spirit. *The Scientification of Refrigeration and Brewing in the 19th century. A Weberian Interpretation.* Frankfurt/Main und Boulder 1994.

27 Johannes Berger: „Die Einheit der Moderne". In: Thomas Schwinn (Hg.): *Die Vielfalt und Einheit der Moderne.* Wiesbaden 2006, S. 201-225.

28 Shmuel N. Eisenstadt: *Die Vielfalt der Moderne.* Weilerswist 2000.

29 Shmuel N. Eisenstadt (Hg.): *Multiple Modernities.* New Jersey 2002.

30 Uwe Schimank: *Das globalisierte ICH.* http://www.fern-uni-hagen.de/SOZ/weiteres/preprints/Globalisiertelch.pdf., 23.09.2007

31 Anthony D. King: *Urbanism, Colonialism and the World-Economy. Cultural and Spatial Foundations of the World Urban System.* New York 1990.

32 Jane Jacobs: *Edge of Empire. Postcolonialism and the City.* London 1996.

33 Dieter Riemenschneider: *Postcolonial Theory. The Emergence of a Critical Discourse.* Tübingen 2004.

34 Martina Löw: „Die Kontextabhängigkeit der Raumwahrnehmung. Eine Annäherung über Taten und Bilder im Feld des Tourismus". In: Christina Lechtermann /Kirsten Wagner/ Horst Wenzel (Hg.): *Möglichkeitsräume.* Berlin 2007, S. 93-106.

35 David Morley: *Where the Global meets the Local: Aufzeichnungen aus dem Wohnzimmer.* http://www.montage-av.de/pdf/061_1997/06_1_David_Morley_Where_the_Global_Meets_the_Local.pdf.,23.09.2007

36 Peter Hall: *Cities in Civilization: Culture, Innovation, and Urban Order.* London. 2. Auflage 1999

37 Henri Lefèbvre: *The Production of Space.* Oxford/Cambridge, Ma. 1991, orig. 1974.

38 Nico Stehr: *Die Zerbrechlichkeit moderner Gesellschaften. Die Stagnation der Macht und die Chancen des Individuums.* Weilerswist 2000.

39 Martina Löw: *Raumsoziologie.* Frankfurt/Main 2001.

Uniforme Einkaufswelten (6): Marina Shopping Mall, Abu Dhabi   Uniform shopping worlds (6): Marina Shopping Mall, Abu Dhabi

isierungsprozeß." In: *Berliner Journal für Soziologie* 8, 3, 1998, p. 381-392.

18 Anthony Giddens: *Konsequenzen der Moderne*. Frankfurt/Main 1995.

19 M. Albrow: *The Global Age*. Cambridge 1996.

20 Grahame Thompson: „Economic Globalization?". In: David Held (Ed.): *A Globalizing World?* London 2000, p. 85-126.

21 Cornelius Torp: *Die Herausforderung der Globalisierung. Wirtschaft und Politik in Deutschland 1860-1914*. Göttingen 2005.

22 R. Robertson: „Glocalization. Time-Space and Homogenity-Heterogenity". In: M. Featherstone/S. Lash/R. Robertson (Ed.): *Global Modernities*. London 1995, p. 15-30.

23 Shmuel N. Eisenstadt: „Multiple Modernen im Zeitalter der Globalisierung". In: Thomas Schwinn (Ed.): *Die Vielfalt und Einheit der Moderne*. Wiesbaden 2006, p. 37-62.

24 Jürgen Kocka: „Die Vielfalt der Moderne und die Aushandlung von Universalien". In: Thomas Schwinn (Ed.): *Die Vielfalt und Einheit der Moderne*. Wiesbaden 2006, p. 63-69.

25 Georg Simmel: Brücke und Tür. *Essays des Philosophen zur Geschichte, Kunst, Religion und Gesellschaft*. Stuttgart 1957.

26 Mikael Hard: *Machines are Frozen Spirit. The Scientification of Refrigeration and Brewing in the 19th century. A Weberian Interpretation*. Frankfurt/Main and Boulder 1994.

27 Johannes Berger: „Die Einheit der Moderne". In: Thomas Schwinn (Ed.): *Die Vielfalt und Einheit der Moderne*. Wiesbaden 2006, p. 201-225.

28 Shmuel N. Eisenstadt: *Die Vielfalt der Moderne*. Weilerswist 2000.

29 Shmuel N. Eisenstadt (Ed.): *Multiple Modernities*. New Jersey 2002.

30 Uwe Schimank: *Das globalisierte ICH*. http://www.fernuni-hagen.de/SOZ/weiteres/preprints/Globalisiertelch.pdf., 23.09.2007

31 Anthony D. King: *Urbanism, Colonialism and the World-Economy. Cultural and Spatial Foundations of the World Urban System*. New York 1990.

32 Jane Jacobs: *Edge of Empire. Postcolonialism and the City*. London 1996.

33 Dieter Riemenschneider: *Postcolonial Theory. The Emergence of a Critical Discourse*. Tübingen 2004.

34 Martina Löw: „Die Kontextabhängigkeit der Raumwahrnehmung. Eine Annäherung über Taten und Bilder im Feld des Tourismus". In: Christina Lechtermann /Kirsten Wagner/ Horst Wenzel (Ed.): *Möglichkeitsräume*. Berlin 2007, p. 93-106.

35 David Morley: *Where the Global meets the Local: Aufzeichnungen aus dem Wohnzimmer*. http://www.montage-av.de/pdf/061_1997/06_1_David_Morley_Where_the_Global_Meets_the_Local.pdf.,23.09.2007

36 Peter Hall: *Cities in Civilization: Culture, Innovation, and Urban Order*. London. 2. edition 1999

37 Henri Lefèbvre: *The Production of Space*. Oxford/Cambridge, Ma. 1991, orig. 1974.

38 Nico Stehr: *Die Zerbrechlichkeit moderner Gesellschaften. Die Stagnation der Macht und die Chancen des Individuums*. Weilerswist 2000.

39 Martina Löw: *Raumsoziologie*. Frankfurt/Main 2001.

DIETRICH THRÄNHARDT

Globalisierung und städtische Gesellschaft

„Es ist ein weltweiter intensiver ‚Wettbewerb um die besten Köpfe' entstanden"
Süssmuth-Kommission 2001[1]

„Niemand zet zijn blanke Anita in een zwarte klass"
NRC Handelsblad 2002[2]

Diversität als historische Chance

„Un roi, une loi, une foi"[3] (ein König, ein Gesetz,
ein Glaube) – so wurde die Doktrin Ludwigs XIV.
zusammengefasst, nach der alle Untertanen
derselben politischen, rechtlichen und religiösen Führung folgen sollten, bei Strafe der
Vertreibung oder Zwangsbekehrung durch die
berüchtigten „Dragonaden". Das Edikt von Fontainebleau von 1685 sprach von der großen und
vernünftigen Mehrheit, der sich alle anschließen
sollten. In der historischen Rückschau besteht
kein Zweifel daran, dass mit der Übersiedlung
der gewerbestarken und arbeitsmotivierten
Hugenotten – einer produktiven Minderheit –
Frankreich viel verloren und die protestanti-
schen Aufnahmeländer viel gewonnen haben,
auch wenn die Einheimischen die dynamischen
Konkurrenten nicht immer gerne sahen.[4]
Diversität war schon damals das Gegenteil der
immer wieder vorherrschenden Forderung nach
Konformität aller. So argumentierte der Berater
des fränkischen Markgrafen bei der Gründung
der Universität Erlangen, die Stadt sei ein guter
Standort für eine Universität, weil dort „alle
drey geduldeten Religionen ihr Religions-Exer-
citium treiben".[5] Es gebe in der Stadt 2.000
französischsprachige Bürger – die Hugenotten –
und außerdem Künstler, die „allemal zum Umgang mit Studenten geschickter seien als Leute,
die sich auf den Ackerbau, das Bierbrauen und
andere ungeschickte Hantierung verlegen".[6]
Soziale und kulturelle Diversität und die Kenntnis der damaligen Weltsprache Französisch –
das waren die Argumente, die überzeugend

für die Stadt sprachen. Das Ziel der Universität – „wohlerzogene und geschickte künftige
Weltbürger heranzubilden", so das Dekret des
zweiten Universitätsgründers Markgraf Alexander vom 24. Oktober 1781 – konnte in einer
derartigen Umgebung leichter erreicht werden.[7]
Im 20. Jahrhundert ist diese Erfahrung noch
einmal bestätigt worden: mit der Vertreibung
und Ermordung der Juden sowie politischer
und weltanschaulicher Dissidenten. Seitdem
ist Deutschland nicht mehr das Mekka der Forschung, es sind die USA. Willy Brandt hat nach
seiner Nobelpreisverleihung berichtet, dass
er sich mit seinen amerikanischen Mit-Nobel-
preisträgern auf Deutsch unterhalten konnte;
sie stammten alle aus Mitteleuropa. Es ist eine
bittere Wahrheit, dass die totalitären Systeme
des 20. Jahrhunderts – „ein Volk, ein Reich, ein
Führer" wäre die entsprechende Homogenitäts-
parole – ihre geistige Verbreitung gerade auch
an Universitäten fanden. Gotthard Jasper konstatiert in seinem Aufsatz zur Geschichte der
Universität Erlangen in der Weimarer Republik,
dass es schon vor 1933 keine Juden mehr im
Lehrkörper gab. Deutschland hat sich durch die
Ermordung und Vertreibung seiner Juden einen
riesigen Verlust zugefügt.

Die Kommunen und der weltweite Kapitalismus

Nach der nationalistischen Schließung der Welt
1914–1945 seit der „Urkatastrophe" des 20.
Jahrhunderts 1914 (George F. Kennan) hat sich
in der zweiten Hälfte des Jahrhunderts eine

Die autogerechte „amerikanische Stadt": zum Beispiel
Atlanta   The car-friendly "American city": for example
Atlanta

DIETRICH THRÄNHARDT

Globalisation and Urban Society

"Intense worldwide 'competition for the best minds' is underway."
Süssmuth Commission 2001[1]

„Niemand zet zijn blanke Anita in een zwarte klass."
NRC Handelsblad 2002[2]

Öffnung vollzogen, die an die marktwirtschaftlichen Prinzipien der Zeit vor 1914 anknüpfte. Mit der Entkolonialisierung seit 1947 und dem Zusammenbruch des Ostblocks 1989 ist diese Öffnung erweitert und vertieft worden, und zwar in allen Bereichen des Lebens: in Produktion, Konsumption, freiem kulturellem Austausch, Mobilität in Form von Auswanderung, Reisen und Bildungsaufenthalten, aber auch mit Menschenhandel und neuen Formen von Versklavung, Ausbeutung und Abhängigkeit. Auf Grund verbesserter, schnellerer und kostengünstigerer Verkehrsverbindungen, weitgehender Öffnung der Märkte und schrittweiser Beseitigung von Handelshemmnissen entwickelt sich immer stärker eine integrierte Weltwirtschaft. Jeder lokale Betrieb, jedes in einer Kommune erzeugte Produkt muss sich weltweiter Konkurrenz stellen. Betriebe können von der Marktöffnung profitieren, wie beispielsweise die atemberaubende, wenn auch nicht ununterbrochene Erfolgsgeschichte von Adidas und Puma in der kleinen fränkischen Stadt Herzogenaurach zeigt. Betriebe können ihr aber auch zum Opfer fallen, wenn anderswo kostengünstiger oder marktgängiger produziert wird. Der gegenwärtige Finanzkapitalismus intensiviert diesen Prozess weiter und macht ihn weniger kalkulierbar. Schumpeters „schöpferische Zerstörung", der Untergang produktiver Firmen und Produktionssysteme zugunsten noch produktiverer oder vom Glück begünstigter, birgt ständige Risiken. Immer intensiver hat in den letzten Jahrzehnten diese Entwicklung auch die Distribution erfasst. Der Tante-Emma-Laden ist in Europa weitgehend und in Amerika völlig Vergangenheit, auch in Japan hat der Verdrängungsprozess begonnen. Marktgesichtspunkte dringen inzwischen auch in die Kernbereiche der Kommunalwirtschaft ein, die in Deutschland eine große Tradition hat. Gas, Wasser, Elektrizität, öffentlicher Nahverkehr und Sparkassen müssen in Zukunft in der gesamten EU nach marktwirtschaftlichen Kriterien geführt werden. Ökonomisches Scheitern droht nicht nur den Unternehmen und den Steuerzahlern in Gemeinden und Städten, sondern auch den

städtischen Betrieben, die seit dem 19. Jahrhundert so solide und weitgehend ausgebaut worden sind.[8] Die Chancen, die Transparenz und die Kosteneffizienz steigen, aber die wirtschaftlichen Risiken wachsen.

Die Steuerungsfähigkeit der Kommunen diesen Prozessen gegenüber ist begrenzt. Das Ziel der europa- und weltweiten Spielregeln, die unser Leben mehr und mehr durchdringen[9], ist es ja, die Wettbewerbsregeln für alle Wirtschaftssubjekte zu egalisieren und damit für alle überall gleiche Chancen zu eröffnen. Ein schwedisches Stromunternehmen kann die Berliner Stromversorgung übernehmen, die kostengünstigere australische Kohle wird die deutsche verdrängen, und indische Software-Ingenieure arbeiten in ihrem Heimatland kostengünstiger als amerikanische in den USA. Insgesamt bedeutet dies – faire Rahmenbedingungen vorausgesetzt – die Durchsetzung des Prinzips der weltweiten Arbeitsteilung und der entsprechenden optimalen Allokation der Produktionsfaktoren am Ort mit den günstigsten Rahmenbedingungen.[10]

Das Bestreben der Kommunen muss es sein, dieser günstigste Ort zu werden und optimale Bedingungen zu bieten. Ihre Handlungsmöglichkeiten sind dabei allerdings begrenzt. Sie können ihre Betriebe und sogar ihre Stadtwerke nicht gegen Konkurrenz schützen. Sie können die Höhe der Steuern und Sozialabgaben nicht verändern. Sie können die Steuerparadiese im Ausland nicht abschaffen und ihre eigene geografische Lage nicht modifizieren. Benutzen sie Steuertricks, wie die fiktive Verpachtung und Rückpachtung ihrer Rathäuser oder Anlagen mit amerikanischen Steuersparmodellen, so wird dies vom bayerischen Finanzminister moniert.[11] In Bezug auf die Infrastruktur ist es schwierig, sich besonders hervorzutun. Auf Grund der Konkurrenzsituation werden die Kommunen zwar immer wieder Subventionen anbieten, vor allem subventionierte Grundstücke für Neuansiedlungen von Industrie oder ihrer Erhaltung, soweit die Europäische Union das nicht verhindert. Ansiedlungswillige Betriebe nehmen diese Subventionen gerne mit, sie sind bei der Standortentscheidung aber nur bedingt

Die autogerechte „amerikanische Stadt": zum Beispiel Los Angeles (Sunset Boulevard, unten) und Dallas (rechts)   The car-friendly "American city": for example Los Angeles (Sunset Boulevard, bottom) and Dallas (right)

Diversity as a historical opportunity

"Un roi, une loi, une foi"[3] (one king, one statute, one faith) - this is how Louis XIV's doctrine, which obliged all of his subjects to follow the same political, legal and religious leadership, was summarized. Failure to conform resulted in expulsion or forced conversion by the dreaded "dragonades". The Edict of Fontainebleau from 1685 spoke of a large prudent majority to which everybody should belong. Looking back in his-

tory, it is clear that France lost out when the business-minded, industrious Huguenots – a productive minority – emigrated to other, protestant countries. The host countries certainly profited from their arrival, although at the time many of the locals were not too happy about their new dynamic rivals.[4]

Even back then, the call for conformity which was repeatedly being made from above was diametrically opposed to diversity. While considering founding a university in Erlangen, the Franconian margrave's advisor argued that the

relevant. Mit dieser „rostigen Gießkanne", wie der frühere Wettbewerbskommissar Karel van Miert die Subventionen bezeichnet hat, belasten die Kommunen ihre Finanzen und vor allem die weniger mobilen Wirtschaftssubjekte und Bürger.[12]

Was die Kommunen aber optimieren können – ganz nach dem Vorbild der Fürsten und Städte im 17. und 18. Jahrhundert – ist die Beschaffenheit ihrer Einwohnerschaft. Zwei Wege stehen ihnen dabei offen: Qualifizierung der gegenwärtigen Einwohner, insbesondere ihrer Kinder, und die Anwerbung neuer Einwohner einschließlich deren optimaler Integration. Von der Verdrängung von Einwohnern soll hier nicht die Rede sein. Sie widerspricht ethischen und demokratischen Normen, obwohl sie sicherlich mit dem Grundgedanken des ökonomischen Wettbewerbs übereinstimmt und auch im demokratischen Zeitalter noch vorkommt, allerdings im Gegensatz etwa zur historischen britischen Australienpolitik eher verschämt.[13]

Konfligierende Bilder von Migranten

Im öffentlichen Diskurs und in populären Büchern entsteht oft der Eindruck, dass Städte unter Zuwanderung leiden. Immer wieder finden wir Berichte über nicht assimilierbare Minderheiten, Problemgruppen und Kulturkonflikte. Dabei können Zuwanderungsgruppen ebenso wegen ihres Erfolgs abgelehnt werden wie wegen ihres Misserfolgs, der dann die öffentlichen Kassen belastet. All das ist nicht neu. Schon die „new migration" am Ende des 19. Jahrhunderts in den USA wurde als politisch gefährlich und kulturell andersartig definiert – ein Gefühl, dass zum Ausschluss ostjüdischer Einwanderung in Großbritannien ebenso wie in Deutschland und dann in den USA führte.[14] Antisemitismus war ein Hauptmotiv der Besorgnisse. Heute wird insbesondere die jüdische Einwanderung dieser Zeit als die erfolgreichste überhaupt gefeiert, in den USA ebenso wie in Großbritannien. Deutschland seinerseits bemüht sich um neue jüdische Einwanderung aus Russland und

der Ukraine, um wieder eine große jüdische Gemeinde aufzubauen.[15]

Städte aber leben von der Migration. Seit Jahrhunderten wandern Menschen vom Land in die Städte. Seit dem Mittelalter weisen Städte meist eine negative demografische Bilanz auf[16] und deswegen wurden Einwanderer vom Land aufgenommen. In unserer Zeit hat sich Mao Tse Tungs einfache Weltsicht von den Weltdörfern und den Weltstädten in einer Hinsicht bestätigt: Menschen migrieren von demografisch aktiven Teilen der Welt, den armen Ländern der südlichen Hemisphäre, zu den reichen und demografisch passiven Ländern des Nordens. Wenn sie dort ankommen, konzentrieren sie sich in den großen urbanen Agglomerationen und werden dann oft als Problem oder als Problemgruppe betrachtet.

Es ist nicht schwierig, Beispiele für eine gescheiterte Politik zu finden. Überall in Europa klagen Experten und Politiker darüber, die Integration sei fehlgeschlagen und bessere Integrationsprogramme müssten entwickelt werden. In den Niederlanden, einst vielfach als Modell-Land des Multikulturalismus bewundert[17], wird konstatiert, dass viele Einwanderergruppen überwiegend von Wohlfahrtsleistungen leben, wenig Schulerfolg vorweisen können, mehr als die Hälfte der Gefängnispopulation stellen und sich auf bestimmte Wohnviertel in den großen Städten der *Randstad Holland* konzentrieren.[18] In Schweden finden wir vergleichbare Probleme und auch vergleichbare Konzentrationen von Einwanderern in Hochhaussiedlungen am Rand von Stockholm, Malmö und Göteborg. In Frankreich sind besondere „Zonen der Priorität" definiert worden, in denen überwiegend Nordafrikaner und Sub-Sahara-Afrikaner leben. Wir finden dort ähnliche Probleme und noch offenere Aggressivität. Die Lehrer in diesen Zonen bekommen Gehaltszuschläge. In England sind es die Stadtzentren, in denen die *ethnischen Minderheiten* konzentriert sind. Die britische Politik versucht, *race riots* abzuwenden, die sich immer wieder in den großen Städten ereignen. In den Vereinigten Staaten wird seit Jahrzehnten von „ghetto" und seit Jahrhun-

Die japanische (oder ostasiatische) Stadt mit „ländlichem Ambiente" (enge Straßen, kleine Läden) The Japanese (or East Asian) city with a "rural ambiance" (narrow streets, small stores)

city would be a good location for it because "all three accepted religions practiced their exercitation there".[5] There were 2000 French native speakers living in the city – the Huguenots – and artists, who would "certainly be better company for students than people who spent their time farming, brewing beer and doing other types of inept activity".[6] Social and cultural diversity and knowledge of the then world language French were the qualities which made the city a favourable location. The objectives of the university, – "to develop well-educated, adept future cosmopolitans", according to the decree of the second university founder Margrave Alexander on 24 October 1781 – would be easier to achieve in such a city.[7]

A similar experience occurred in the 20th century when Jews and political and ideological dissidents were banished and killed. Since then, the USA has taken Germany's place as a Mecca of research. After his Nobel Prize award ceremony Willy Brandt reported that he had been able to speak to his American fellow-Nobel Prize holders in German as they were all originally from Europe. The bitter truth is that the 20th century totalitarian regimes – "one people, one kingdom, one leader" would be the corresponding slogan for homogeneity – spread through intellectual circles at universities, of all places. In his article on the history of the University of Erlangen during the Weimar Republic, Gotthard Jasper establishes that by 1933 there were already no Jews left teaching there. By murdering and expelling its Jews, Germany inflicted a huge loss on itself.

derten von „race" gesprochen, und beides wird mit Kriminalität, Verfall der Stadtstrukturen und schlechten Lebensverhältnissen assoziiert, im Gegensatz zu reichen weißen („lily-white") Vororten mit guten öffentlichen Schulen.[19] Sogar in Japan, wo der Anteil wirklicher Ausländer nur den Bruchteil eines Prozents ausmacht[20] und die Kriminalitätsraten sowohl der Japaner als auch der Ausländer weit niedriger sind als in Europa oder gar Amerika, berichten die Medien darüber, dass Ausländer für Kriminalität und Seuchen in den Städten verantwortlich seien.[21] In Ostdeutschland werden die „Plattenbauten", einst die begehrtesten Wohnquartiere der Städte, in der öffentlichen Meinung als Problemgebiete wahrgenommen. Eine neue niederländische Dissertation fragt in diesem Zusammenhang, ob die Ostdeutschen heute eine Minderheit in ihrem eigenen Land seien.[22] Auf der anderen Seite ist Internationalisierung offensichtlich ein Schlüssel zu wirtschaftlichem Erfolg und zu Zentralität in der Weltwirtschaft und Weltgesellschaft. Die Süssmuth-Kommission argumentiert in diesem Zusammenhang, dass Deutschland sich in einem intensiven weltweiten Wettbewerb „um die besten Köpfe" befinde und deswegen eine aktive Politik selektiver Einwanderung verfolgen solle, insbesondere am oberen Ende der Qualifikationsleiter. Die großen Städte werden damit noch internationaler werden.[23] Saskia Sassens Buchtitel „The Global City"[24] ist ganz in diesem Sinne ein populäres Schlagwort für die Entwicklung hin zu einem weltweiten System internationaler Kommunikation und ökonomischer Entscheidungen geworden, die in einigen wenigen Zentren konzentriert seien. Aufstrebende internationale Städte wie Zürich, Frankfurt, New York oder das Silicon Valley verdanken ihren Erfolg zu einem großen Teil dem Ausmaß ihrer Offenheit gegenüber erfolgreichen Einwanderern. Andererseits kann die Stagnation der japanischen Wirtschaft auch mit ihrer Abgeschlossenheit erklärt werden, die viele große internationale Banken dazu veranlasst hat, ihre Niederlassungen in Tokyo wieder zu schließen, da sie hohe Kosten verursachten und nur geringe Erträge

brachten. Tokyos Internationalisierungsgrad ist – im Gegensatz zu Sassens Annahmen – relativ niedrig, in den letzten Jahren war auch kein Anstieg zu verzeichnen. Vergleichen wir die Bevölkerung Tokyos von acht Millionen mit derjenigen der Schweiz von 7,6 Millionen, so hat die Schweiz als Ganzes einen achtmal höheren Prozentsatz an Ausländern, ganz zu schweigen von dem Ausmaß ausländischen Kapitals, das die Schweizer Banken beherbergen.

Warum erlangen nun manche Migrationsgruppen einen geringen Erfolg (oder werden von ihrer Umwelt mit Erfolglosigkeit assoziiert)? Warum sind andere erfolgreich und tragen viel ökonomisches und soziales Kapital zusammen? Es ist bemerkenswert, dass ähnliche Gruppen in bestimmten Einwanderungsländern gut vorankommen und in anderen nicht[25] und dass sich die Muster und das Ausmaß der Segregation und der Assimilation in den einzelnen Ländern recht unterschiedlich entwickelt haben. Wie können wir auf dieser Grundlage die richtigen Ideen über *Best Practice* entwickeln, wenn wir sehen, dass wohlgemeinte multikulturelle Politik in Ländern wie den Niederlanden fehlgeschlagen ist, wie so viele niederländische Kommentatoren in den letzten Jahren schrieben?[26]

Die amerikanische, die europäische und die japanisch-ostasiatische Stadt

Städte leben von ihren Unternehmen und diese hängen von ihrer örtlichen Umwelt ab. Beide verfolgen Optimierungstrategien: die Unternehmen optimieren ihre Gewinne, ihr Personal und ihre Kunden, die Städte ihre Bevölkerung, ihre Unternehmensstruktur, ihre Infrastruktur und ihre Umwelt. Städte ebenso wie Unternehmen werden von den jeweiligen Nationalstaaten geschützt und mit Rahmenbedingungen versehen: die Unternehmen gegenüber Wettbewerbern, die Städte gegenüber unerwünschten Einwanderern. Die Unternehmen sind in der Auswahl ihres Personals weitgehend frei und werden nur von Regelungen wie Vorrang von Staatsangehörigen oder EU-Bürgern, Nichtdiskriminierung

Tabelle 1: Ausländer bzw. im Ausland Geborene im Vergleich 2000 (%)

Ausländer			
Zürich	29,2	Los Angeles City	40,9
Schweiz	20,0 (2002)	Großraum Los Angeles	36,2
Frankfurt	24,6	New York City	35,8
Paris	14,5 (1999)	Manhattan	29,4
Berlin	13,0 (Apr. 2002)		
Mailand	9,0		
Tokyo	2,5 (2001)		

Quelle: Nationale und städtische statistische Ämter. In Europa und Japan wird die Staatsangehörigkeit erhoben, in den USA der Geburtsort. Die beiden Erhebungsmethoden geben also Unterschiedliches wieder, sind aber in der Größenordnung vergleichbar.

The local context and worldwide capitalism

After the world's nationalistic shutdown between 1914 and 1945, following the "great seminal catastrophe" of the 20th century, 1914 (George F. Kennan), it fully opened up in the second half of the 20th century and fell back on pre-1914 market-based principles. Decolonisation, which started in 1947, and the collapse of the Eastern Bloc in 1989 allowed the aperture to expand and deepen into all areas of life: into production, consumption, free cultural exchange, mobility of emigration, travel and educational sojourns, yet also human trafficking and new forms of slavery, exploitation and dependence. These days, improved, quicker and cheaper transport, extensive opening of markets and gradual removal of trade barriers are leading to the development of a more strongly integrated global economy. Every local business and each locally manufactured product is subject to competition on a global level. Businesses can benefit from the open markets as in the case of the breathtaking, albeit not completely trouble-free, success stories of Adidas and Puma in the small Franconian town of Herzogenaurach. However, businesses can also fall victim to it when products can be made cheaper and more accessibly to the market elsewhere. Current finance capitalism is further intensifying the process and making it less predictable. Schumpeter's "constructive destruction", the demise of productive companies and systems of production to make room for even more productive or more fortunate ones, is risky. This phenomenon has been affecting distribution more and more in the last few decades. Corner shops are nearly extinct in Europe, in America they have completely disappeared and they have started to fade away in Japan. Market factors have now begun to penetrate core areas of municipal economies, which have a long tradition in Germany. In the future, gas, water, electricity, public transport and savings banks must be led, according to European market economy criteria. As well as companies and tax payers in communities and cities, city works which have been so solidly and extensively established since the 19th century, are now also under threat of economic ruin.[8] Opportunities, transparency and cost efficiency increase, yet so too does economic risk.

The extent to which municipalities can steer these processes is limited. The objective of the European and worldwide rules that are increasingly governing our lives[9] is to make the parameters of competition the same for all economic subjects and to thus give everyone access to equal opportunities. A Swedish electricity company can take over Berlin's electricity provision, cheaper Australian coal will squeeze German coal out of the market and Indian software workers can work much cheaper in their home country than Americans can in the USA. On the whole this means – as long as the general framework is fair – that labour is being distributed throughout the world and that production facilities are correspondingly being wherever conditions are most suitable.[10]

It is up to municipalities to become this optimal place and to offer optimal conditions. However, their hands always remain tied. They cannot protect their companies, or even their public services against competition. They are not in a position to change taxes or social insurance contributions. Nor are they able to get rid of tax paradises abroad and change their own geographic locations. They are queried by the Bavarian finance ministry if they use tax evasion tricks such as the American tax-saving model of fictitiously leasing out their city halls or other facilities and renting them back to themselves.[11] It is difficult for them to excel on the infrastructure front. Competition will lead municipalities to continue offering subventions, above all subsidised plots of land for green-field industrial development or to sustain existing industry, as long as the European Union does not do anything against it. Companies that are willing and able to resettle gladly accept these subventions which are ultimately of minimal importance for their choice of location. By offering these subventions

nach Geschlecht, Alter, Herkunft, Religion oder ethnischer Zugehörigkeit oder sozialen Entlassungsbestimmungen beschränkt. Derartige Regelungen können sich auch widersprechen und Verwirrung stiften oder faktisch Optionen öffnen. Die Städte ihrerseits haben wenig Einfluss auf die Entscheidungen über die Zulassung oder Wegweisung ihrer Einwohner, insbesondere seit die vormals geburtsbezogenen örtlichen Zuständigkeiten für die Versorgung von Hilfsbedürftigen abgeschafft worden sind und die Nationalstaaten allgemeine Sozialhilfesysteme eingeführt haben.

Faktisch ist die Zuwanderung abhängig von den Möglichkeiten wirtschaftlicher Existenz, insbesondere der Arbeitsaufnahme und den Lebenshaltungskosten. Die Städte intensivieren und systematisieren solche Effekte durch regulative Maßnahmen wie Flächennutzungs- und Bebau-

ungspläne, Bemühungen um die Gewinnung von Mittelschichtfamilien in den Innenstädten („gentrification") oder andere Maßnahmen zur Anwerbung oder Abschreckung bestimmter Gruppen. Auf der anderen Seite wirken staatliche und kommunale Wohlfahrtsprogramme diesen Mechanismen entgegen, indem sie Arbeitslose, Alte, Kranke, Arbeitsunfähige oder kinderreiche Familien schützen oder unterstützen – alles Gruppen, die auf dem Arbeits-, dem Wohnungs- und dem Erziehungsmarkt benachteiligt sind und in finanzieller Hinsicht den städtischen Haushalt mehr belasten als entlasten, entweder definitiv oder – wie kinderreiche Familien – für eine gewisse Zeit, ehe sie sich als Investition in das Humankapital erweisen. Derartige Schutzmaßnahmen beziehen sich direkt auf die Prinzipien der örtlichen Demokratie und kommunitären Legitimität, da die Betroffenen

Tokio, die Stadt der effektiven öffentlichen Verkehrssysteme und der radelnden Büroangestellten   Tokyo, the city of efficient public transport systems and bicycling office employees

from what former competition Commissioner Karel van Miert called a "rusty watering can"[12], municipalities are putting themselves and their less-mobile economic subjects and citizens under financial pressure.

One aspect that they can influence – just as 17th and 18th century sovereigns and cities used to do – is the configuration of their citizenship. They have two main options: to re-educate their citizens, particularly the children, and to attract new citizens and insure their successful integration. It should not be a case of getting rid of people. That would contradict ethnic and democratic norms although it probably does correspond to the basic principles of economic competition and certainly still happens in this democratic age, albeit shamefacedly in contrast to Britain's former Australia policy.[13]

Opposing attitudes towards migration

Public debate and popular literature often give the impression that cities are suffering due to too much migration. Regular reports are made of non-assimilable minorities, problem groups and cultural conflict. In fact, groups of immigrants can be rejected just as much for their success as for their failure, which burdens the public purse. This is nothing new. Even in the late 19th century new immigration to the USA was considered politically dangerous and was culturally defined differently. This eventually led Britain and Germany, and later the USA, to stop Jewish immigration from Eastern Europe.[14] Anti-Semitism was the main reason behind the uneasiness. These days Jewish migration is celebrated as the most successful ever, in the USA and Great Britain. Germany, for its part, is doing its best to encourage Jewish immigration from Russia and the Ukraine in order to build up a large Jewish community again.[15]

However, cities thrive on migration. For centuries people have migrated from the countryside to the city. Since the middle ages, cities have shown a negative demographic balance[15] and have therefore taken in people from the coun-

tryside. Mao Zedong's simple world model of world villages and world cities has to some extent become reality today: people migrate from demographically active parts of the world, the poorer countries in the southern hemisphere, to the rich demographically passive countries in the north. They gather in large urban conglomerations once they have arrived and are often considered a problem or a problem group.

It is not difficult to find examples of failed immigration policies. All over Europe, experts and politicians complain about failed attempts at integration and call for better integration programmes to be developed. It is emerging that many migrant groups in the Netherlands, a country once considered a model of multi-culturalism[17], live on social welfare, have little academic success, make up more than half of the prison population and live in concentrated residential areas of larger cities in the "*Randstad Holland*" area.[18] Similar problems are to be found in Sweden where comparable amounts of immigrants live in high-rise settlements on the outskirts of Stockholm, Malmo and Gotenborg. Special "priority zones" have been defined in France in which mainly North Africans and Sub-Saharan Africans live. The same problems and more open aggression are to be found there and teachers in those areas are given additional bonus pay. In England, *ethnic minorities* are concentrated in city centres. British policy attempts to avert *race riots* which have repeatedly taken place in larger cities. In the United States, the word "ghetto" has been in common use for decades and the word "race" for centuries; both are associated with criminality, degeneration of urban structures and low standards of living in contrast to rich white (lily-white) suburbs with good public schools.[19] Even in Japan, where the number of real foreigners is only a fraction of one percent[20], and criminality figures for both the Japanese and foreigners are far below Europe and America, the media reports that foreigners are responsible for urban criminality and epidemics.[21] In East Germany the "Plattenbauten" (Prefabricated blocks of flats), once some of the cities' most sought-after

ja Wähler, künftige Wähler, Parteimitglieder, Eltern örtlicher Aktivisten, Kirchen- oder Vereinsmitglieder sind oder andere Beziehungen zur örtlichen Gemeinschaft haben. Sie stellen auch die Familienbindungen, die Vereinsnetze, die Initiatoren sozialer Bewegungen – den Humus, auf dem produktive Gemeindedemokratie und die Bildung von sozialem Kapital basiert. Zwischen Stadt und Staat entstehen oft Konflikte in Bezug auf exkludierende und inkludierende Tendenzen und über Standort-Wettbewerb und sein Verhältnis zu Elementen der Schaffung sozialen Kapitals. Weitere Konflikte können sich zwischen allgemein umfassenden und pluralistischen Lösungen entzünden, zum Beispiel öffentlichen Einrichtungen einerseits und andererseits Schulen und Kindergärten, die auf der Zugehörigkeit zu religiösen oder anderen Gruppen oder auf bestimmten Erziehungskonzepten beruhen. Die Abgrenzung zwischen öffentlicher und privater Sphäre kann auch in Bereichen wie Verkehr, Freizeit und Religion durchaus unterschiedlich sein. Was als „amerikanische Stadt" und „europäische Stadt"[27] beschrieben worden ist und als japanische oder ostasiatische Stadt beschrieben werden kann, sind unterschiedliche Mischungen solcher Elemente. Dabei geht es auch um die Widmung von Räumen als öffentlicher oder privater Raum. In den USA und Großbritannien wird die *inner city* meist als raues Pflaster gesehen, in dem sozial Schwache und Einwanderer konzentriert sind. In Paris andererseits gilt die Peripherie als heißes Pflaster, wo afrikanische Einwanderer leben, während die Reichen und Schönen sich die teuren Wohnungen im Zentrum leisten können.

Die Unterscheidung zwischen „amerikanischer", „europäischer" und „japanisch-ostasiatischer" Stadt mache ich hier im idealtypischen Sinn im Anschluss an Max Weber. Das bedeutet, dass Städte wie New York und Toronto als europäisch-amerikanische Mischungen beschrieben werden können, während der Prototyp der amerikanischen Stadt von Städten wie Dallas-Fort Worth, Los Angeles oder Tucson repräsentiert wird.

Die amerikanische Stadt kann mit vier Elementen charakterisiert werden:

1. Separation der Funktionen, eine Erfüllung des Traums revolutionärer Architekten im Sinne der Charta von Athen,
2. Monopol des Automobils, im Unterschied zu einem qualitativ guten öffentlichen Verkehrssystem bzw. umfangreicher Nutzung des Fahrrads in Städten wie Amsterdam oder Tokyo,
3. Weitgehende Privatisierung öffentlicher Sphären,
4. Autonomie und Vielfalt örtlicher Stadt- und Sonderverwaltungen in urbanen Großräumen mit der Konsequenz gravierender Unterschiede im Lebens- und Versorgungsstandard bei Schulen und städtischen Diensten.

Der Prozess der Trennung der Lebenssphären und des Abreißens der Bindungen zwischen den Schichten und Gruppen in der amerikanischen Stadt hat sich in den letzten Jahrzehnten beschleunigt. Im Hinblick auf die Privatisierung bemerkt Schulman:

"Over the past three decades, the United States witnessed a thoroughgoing privatisation of everyday life. Corporations and private organizations gradually assumed control over the basic services Americans relied upon, the spaces where they congregated, even the nation's hallowed instruments of self-rule...
As Americans strolled through the overhead skyway or the upscale galleria, actual physical contact between different types of people diminished – between people of different ethnic and racial backgrounds, different lifestyles, different tastes and values, different economic status. A sense of togetherness, of shared national identity, slowly atrophied. Malls and other private spaces regulate not only the climate, but the nature, appearance, and business practices of their tenants... Unlike downtowns or city plazas, enclosed emporia guaranteed that their favored clientele would mix only with the right type of people."[28]

Die Teilnahme an Entscheidungen und die Inklusion in das wirtschaftliche und gesellschaftliche Leben in solchen Städten hängt völlig

residential areas, are now considered problem zones by the general public. In this context, a recent Dutch dissertation asks whether the East Germans have not become a minority in their own country.[22]

On the other hand, internationalisation is obviously the key to economic success and to a central position in the world economy and society. In this context, the "Süssmuth Commission" argues that Germany is part of an intense international battle for "the best minds" and should therefore pursue an active policy of selective immigration, focussing on the top end of the qualification scale. That would make large cities more international.[23] The title of Saskia Sassen's book "The Global City"[24] has become a popular catch phrase for the development of a worldwide system of international communication and economic decision, concentrated at a few centres. Aspiring international cities such as Zurich, Frankfurt, New York and the Silicon Valley owe a large part of their success to their openness towards successful immigrants. While on the other hand, the stagnation of Japan's economy may also be explained by its seclusion, which has lead many international banks to close their expensive-to-run, low-income Tokyo branches. Tokyo's level of internationalisation is relatively low, in contrast to Sassen's assumption, and has not seen any growth over the last few years. If Tokyo's population of 8 million is compared to Switzerland's population of 7.6 million, the whole of Switzerland has eight times more foreigners not to mention the amount of foreign capital housed by Swiss banks.

Why are certain groups of migrants so lacking in success (or why are they associated with failure by their environment)? Why are others successful and capable of accumulating large amounts of economic and social capital? It is noteworthy that similar groups can be successful in certain countries of migration and not in others[25] and that patterns and amounts of segregation and assimilation develop completely differently in different countries. How can we ever develop *best-practice* policies when

we see that well-meant multi-cultural policies in countries like the Netherlands have failed, as many Dutch commentators have noted over the last few years?[26]

The American, the European and the Japanese-East Asian city

The businesses in a city keep it alive, yet they also depend on their local environment to keep going. Both strive towards optimisation: Businesses try to optimize their profits, their staff and their customers while cities optimise their populations, their business structures, their infrastructures and their environments. Cities and companies are both protected by national laws and given general operating conditions to which they must adhere: companies in respect to their competitors and cities in respect to unwanted immigrants. Companies are largely free to choose their own staff and must only stick to certain rules such as to give priority to national citizens or EU citizens, not to discriminate on the grounds of sex, age, origin, religion or ethnicity and to adhere to the social laws governing dismissal. Such regulations can be contradictory and cause confusion but they can in fact also open up the options available. For their part, cities have little influence over accepting or rejecting inhabitants, particularly since the responsibility to take care of those in need of help is no longer linked to place of birth as it used to be and more general social welfare systems have now been established by the nation-states.

The fact is, immigration depends on the potential of a place to provide access to economic means, particularly work, and on the cost of living. Cities intensify and systematise such matters using regulative measures like land-use plans and zoning maps, attracting middle class families to live in the city centre ("gentrification") or other measures to attract or deter certain groups. On the other hand, state and municipal welfare programmes work against these mechanisms by protecting or supporting the unemployed, elderly, sick, disabled and families

Table 1: Comparison of foreigners and people born abroad 2000 (%)

Foreigners		People born abroad	
Zurich	29,2	Los Angeles City	40,9
Switzerland	20,0 (2002)	Greater Los Angeles	36,2
Frankfurt	24,6	New York City	35,8
Paris	14,5 (1999)	Manhattan	29,4
Berlin	13,0 (Apr. 2002)		
Mailand	9,0		
Tokyo	2,5 (2001)		

Source: National and city statistics agencies. In Europe and Japan nationality is passed on from generation to generation while in the USA the place of birth determines nationality. Both methods give different results; however, they are both of comparable dimensions.

von den individuellen materiellen Ressourcen ab. Um die Mall zu erreichen, braucht man ein Auto. Andernfalls kauft man teurer. Einwanderergruppen können durch die Schaffung und Aktivierung sozialer Netzwerke Schwierigkeiten des Zugangs überwinden und ihre Chancen verbessern, und zwar sowohl ihre eigenen privaten Kontaktmöglichkeiten als auch ihre wirtschaftlichen Möglichkeiten. Derartige Aktivitäten resultieren in der Schaffung von Nischenökonomien und *ethnic networks*. Am erfolgreichsten sind Gruppen, die solche Netzwerke bilden oder sich auf Solidaritätszusammenschlüsse stützen können. Sie schaffen soziales Kapital und transferieren es in ökonomisches Kapital. Ein Vorteil Amerikas – im Vergleich zu Europa und Japan – ist dabei die geringere Regelungsdichte in Bezug auf Zugangsmöglichkeiten für wirtschaftliche Tätigkeit. Es bestehen – von akademischen Berufen wie Arzt und Rechtsanwalt abgesehen – wenige Hemmnisse zur Aufnahme von Arbeit, weder durch Arbeitsschutz noch durch Handwerksordnungen. Insofern stehen mehr Nischen zur Verfügung und Einwanderergruppen können Stadträume nutzen. In bestimmten Sektoren wie dem Lebensmittelhandel oder dem Restaurantgewerbe übernehmen sie bestimmte ökonomische Funktionen und Sparten in konsekutiver Abfolge.[29]

Die japanische (oder ostasiatische) Stadt steht unter einer starken einheitlichen bürokratischen Leitung. Auf der untersten Ebene ist sie in Blocks organisiert, die ihre eigenen umfassenden Vereinigungen besitzen. In Japan sind das die halb verbindlichen, halb freiwilligen „jichikai". Selbst in Tokyo (außer in der Kasumigaseki-Gegend, wo Ministerien, Botschaften und Verwaltungsgebäude konzentriert sind) existiert ein quasi-ländliches Ambiente[30], mit kleinen Geschäften, geschlossenen Insider-Netzwerken, dichten Face-to-Face-Beziehungen, einem hohen Maß an sozialer Kontrolle, verbunden mit einem kleinräumigen Polizei-System mit einer *police box* in jedem Stadtviertel. Ein spezielles Gesetz schützt die kleinen Läden gegen Wettbewerb, mit dem Resultat von hohen Preisen und guten Arbeitsmöglichkeiten für

ältere Ladenbesitzer, die in westlichen Ländern von der einen oder anderen Form der Sozialversicherung leben würden. Erdbebengesetze machen es sehr kostspielig, Häuser mit mehr als zwei Etagen zu bauen. Angesichts der engen kleinen Straßen, der Seltenheit großer Durchgangsstraßen und der exzessiven Kosten für Autoparkplätze ist die Bedeutung des Autoverkehrs gering. Andererseits macht die Effektivität der öffentlichen Verkehrssysteme Bahn, U-Bahn und Bus zum bevorzugten Transportmittel. Kürzere Strecken werden in Tokyo und anderen großen Städten Japans meist mit dem Fahrrad zurückgelegt.

All das hat viele positive Seiten, insbesondere ein hohes Maß an Sicherheit im Herzen einer Megalopolis von 29 Millionen, von dem Europäer und insbesondere Amerikaner nur träumen können, sowie die Verfügbarkeit einer Vielzahl von Geschäften und anderen Angeboten ganz in der Nähe, ein geringes Maß an Luftverschmutzung durch Autos und höhere Gesundheitsstandards. Auf der anderen Seite ist dieses System ein Insider-System, es schließt Außenstehende aus. Zuweilen werden in den „jichikai" sogar Personen, die im sozialen Wohnungsbau leben, nicht aufgenommen – ganz zu schweigen von kurzfristigen Zuwanderern. Insider-Stabilität kennzeichnet auch das traditionelle Lebenszeit-Beschäftigungssystem in den großen Firmen und die zwischenbetrieblichen Beziehungen, die ebenfalls auf lange oder unbegrenzte Zeit stabil sind. Die meisten Japaner pflegen Freundschaften aus ihrer Schulzeit ihr ganzes Leben lang. Nimmt man „Nihonjinron" hinzu, die nach dem Zweiten Weltkrieg dominierend gewordene Nachkriegs-Ideologie der besonderen Qualität des Japanischseins, mit der Vorstellung, dass Japan homogen und einmalig sei, und zudem die Unzugänglichkeit der japanischen Schrift, dann wird deutlich, dass es sich hier um eine Gesellschaft handelt, die Ausländer zwar aufnimmt, sie aber für immer Ausländer bleiben lässt.

In einem solchen System bleiben Zuwanderer immer Außenseiter, und sie oder ihre Arbeitgeber müssen sich um ihre infrastrukturellen

with many children. These are all groups which are at a disadvantage on the labour, property and educational markets and which burden the city purse more than they relieve it, for at least a certain period of time – as with large families – before the investment pays off in the shape of human capital. Such protective mechanisms are directly related to the principles of local democracy and the legitimacy of the community, since those affected are voters, future voters, members of a party, parents of local activists, members of the church or other organisations or have other relations to the local community. They provide family bonds, networks of societies, initiators of social movement, the humus on which productive community democracy and the creation of social capital are based. Conflicts often emerge between city and state over exclusive and inclusive tendencies, over competition between places and their connections to the elements of creation of social capital. Comprehensive and pluralistic solutions provide further conflict potential, for example public institutions on the one hand and schools and playschools on the other, which are based on membership to religious or other groups or on specific educational concepts. The boundaries between public and private sphere can by all means differ in such areas as transport, leisure and religion. The types of city known as the "American city", the "European city"[27] and the "Japanese or East Asian city" are different mixtures of such elements. These include the way in which space is divided into public and private. American and British inner-cities are considered rough areas where socially weak groups and immigrants are concentrated. In contrast, the outskirts of Paris are considered rough areas in which African immigrants live, while the rich and beautiful can afford expensive apartments in the centre of town.

I will differentiate between the "American", "European" and "Japanese-East Asian" city in the ideal sense of Max Weber. This means that cities such as New York and Toronto may be described as a mixture of the European-American city, while cities like Dallas-Fort Worth, Los Angeles or Tucson represent the American prototype city. The American city can be characterised by four elements:

1. Functional separation, fulfilling the dream of the revolutionary architects of the Athens Charter,
2. Monopoly of the automobile in contrast to a high quality public transport system or extensive use of the bicycle as in cities such as Amsterdam or Tokyo,
3. Extensive privatisation of the public realm,
4. Autonomy and diversity of local city and special administration within urban areas, resulting in immense differences in standards of living and in the provision of schools and other municipal services.

In the American city, the process of separating spheres of life and of cutting the connection between classes and groups has progressed rapidly over the last few decades. Schulman comments on privatisation: "Over the past three decades, the United States witnessed a thorough privatisation of everyday life. Corporations and private organizations gradually assumed control over the basic services Americans relied upon, the spaces where they congregated, even the nation's hallowed instruments of self-rule... As Americans strolled through the overhead skyway or the upscale galleria, actual physical contact between different types of people diminished – between people of different ethnic and racial backgrounds, different lifestyles, different tastes and values, different economic status. A sense of togetherness, of shared national identity, slowly atrophied. Malls and other private spaces regulate not only the climate, but the nature, appearance, and business practices of their tenants... Unlike downtowns or city plazas, enclosed emporia guaranteed that their favoured clientele would mix only with the right type of people."[28]

In such cities, participation in decision-making and inclusion in economic and social life depends entirely on individual material resources. One needs a car to get to the mall. Shopping elsewhere is more expensive. Immigrant groups

Bedürfnisse weitgehend selber kümmern. Insofern finden wir auf der örtlichen Ebene Parallelen zu den Nicht-Einwanderungs-Mustern und -Politiken des japanischen Gesamtstaates und der Gesamtgesellschaft.[31] Einige wichtige Stadt- und Präfektur-Regierungen arbeiten gegen diese exklusiven Tendenzen und für die Gleichberechtigung von Zuwanderern.[32] So sind auch eine Vielzahl von Bürgerinitiativen, christlichen Gemeinden, Rechtsanwälten und anderen engagierten Bürgern recht aktiv. Sie orientieren sich an universalistischen Konzepten von Menschenrechten und am Völkerrecht, das in der japanischen Verfassung verankert ist. Sie haben jedoch keinerlei entscheidenden Einfluss auf das die Regeln setzende Justizministerium und auch kaum auf das nach wie vor verbreitete Gefühl der Einzigartigkeit Japans und seiner Überlegenheit gegenüber den Ländern des südlichen und südöstlichen Asien. Exklusion ist vorherrschend – nicht feindlich, aber ziemlich kohärent.

Ich zögere, von der ostasiatischen Stadt zu sprechen, da China noch nicht den Lebensstandard der reichen Welt besitzt und die Entwicklungen rapide fortschreiten. Deutlich sind aber die Ähnlichkeiten der Stadtstrukturen in Japan und Südkorea und auch parallele Eigentümlichkeiten der chinesischen Städte einschließlich der Straßenkomitees, die mit den „jichikai" viel gemeinsam haben, obwohl sicherlich in einem halb- oder post-totalitären System das Ausmaß an Rigidität weit höher ist als in Japan, das inzwischen lange Erfahrungen mit einer liberalen Verfassung hat.

Die europäische Stadt nimmt in Bezug auf das Transportsystem und den entsprechenden öffentlichen bzw. privaten Raum eine Mittelstellung zwischen der amerikanischen und der japanischen Stadt ein. Die meisten europäischen Städte haben ein funktionierendes öffentliches Transportsystem und stellen außerdem ein kostenloses Straßensystem für den Individualverkehr zur Verfügung, allerdings weniger umfangreich ausgebaut als in den USA. Städte wie Amsterdam oder Oslo tendieren eher zu einer strikten Kontrolle des privaten Automo-

bils, verbunden mit einem effizienten öffentlichen Verkehrssystem sowie einem Programm für den Fahrradverkehr. Auf der anderen Seite wurden die öffentlichen Systeme im thatcheristischen Großbritannien extrem vernachlässigt[33], was eine starke Steigerung des Autoverkehrs in den Städten und ein Absinken der durchschnittlichen Geschwindigkeiten zur Folge hatte, verbunden mit einem Ansteigen der Straßenkriminalität nach amerikanischem Beispiel.

Was die europäische Stadt von den amerikanischen und ostasiatischen unterscheidet, ist das hohe Niveau der Sozialstaatlichkeit, der Subventionierung und der Regulierung. Öffentlicher Verkehr und öffentlicher Wohnungsbau werden subventioniert, privater Wohnungsbau mit Steuervergünstigungen gefördert. Hochkultur wird vor allem in den deutschsprachigen Ländern stark subventioniert, Beschäftigung und Bauarbeit sind intensiv durch Bebauungspläne und technische Normen bestimmt. All das führt zu hohen Steuern. Zuwanderer werden ebenso wie andere europäische Bürger von diesen öffentlichen Politiken erfasst, in positiver ebenso wie in negativer Weise. Beispielsweise haben sie gute Chancen oder sogar ein Anrecht auf eine städtische oder öffentlich subventionierte Wohnung. Wenn die Stadt aber keine Qualitätsstandards aufrechterhält, wie es vielfach in britischen „council housing estates" der Fall ist, schafft das Probleme und kann zu Ausgrenzung und sozialer Verelendung führen – selbst wenn dabei umfangreiche öffentliche Mittel zur Verfügung gestellt werden. Auf einem höheren finanziellen Niveau existiert in Frankreich ein ähnlicher Mechanismus, allerdings nicht in den Stadtzentren, sondern an den Stadträndern. Die Konzentration der „Habitations à loyer modéré" (HLMs) in der Peripherie von Paris, dem ehemaligen kommunistisch wählenden *banlieu rouge*, und in der Peripherie anderer großer französischer Städte wirkt als räumlich definierte Form der Stigmatisierung bestimmter Immigrantengruppen. Selbst wenn solche Sozialwohnungen hohe Qualitätsstandards erreichen, kann die Mittelklasse andere Wohnformen wählen, die vom Staat ebenfalls gefördert werden, und zwar

> Was die europäische Stadt von den amerikanischen und ostasiatischen unterscheidet, ist das hohe Niveau der Sozialstaatlichkeit, der Subventionierung und der Regulierung. Hochkultur wird vor allem in den deutschsprachigen Ländern stark subventioniert, Beschäftigung und Bauarbeit sind intensiv durch Bebauungspläne und technische Normen bestimmt.

The main differences between the European city and the American and East Asian cities are the former's high levels of welfare statism, subsidisation and regulation. Culture is strongly subsidised, particularly in German-speaking countries, and employment and building are intensely regulated by development plans and technical norms.

can overcome the difficulties of access to such facilities by forming and activating social networks, thus improving their chances; expanding both their own private contacts and their economic chances. Niche economies and *ethnic networks* are the result of such activities. People who form networks of that kind or can depend on pools of solidarity are the most successful. They create social capital and turn it into financial capital. In comparison to Europe and Japan, America has the advantage that there are not as many regulations governing access to commercial activity. Apart from the academic careers of doctor or lawyer, there are few barriers in the way of working as far as employment protection and handicrafts codes are concerned. This makes more niches accessible and allows immigrant groups to use public space. They take on certain commercial functions in such sectors as the food or restaurant trade.[29]

The Japanese (or East Asian) city is under strong, uniform, bureaucratic control. On the lowest level it is organised into blocks which have their own all-embracing associations. These are the partly mandatory, partly voluntary "jichikai". There is generally a rural atmosphere in the Japanese city, even in Tokyo (except for the Kasumigaseki area, where ministries, embassies and administration buildings are located).[30] Districts are characterized by small business, closed insider networks, close face to face relationships and high levels of social control in collaboration with a small-scale police system and a *police box* in each area of the city. There is a special law to protect small shop owners from competition. This results in high prices and good working conditions for older shop owners who, in a similar situation in Western countries, would survive on one form of social welfare or another. Earthquake regulations make it extremely expensive to build higher than two stories. Travel by car is of little value due to narrow streets, a lack of large through roads and excessive parking costs. On the other hand the efficient public transport system makes travelling by train, underground

and bus the most popular. Small journeys are usually made by bicycle in Tokyo and other Japanese cities.

There are many positive sides to all of this, particularly a high level of security that Europeans and especially Americans would hardly dare to dream of in a megalopolis of 29 million. Apart from that there is good access to a wide variety of nearby shops and other services, low air pollution by cars and higher health standards. The downside is that the system is an insider one which excludes outsiders. Even people who live in social housing are often not accepted in the "jichikai", not to mention short-term immigrants. The traditional life-long employment system in large firms is characterised by insider stability as are inter-business relationships which also remain stable for long or infinite periods of time. Most Japanese people cultivate friendships established in school for their whole lives. On top of all that, certain factors illustrate that Japanese society may take in foreigners but that they will always remain alien. The "Nihonjinron" is a post-war ideology which has become dominant since the Second World War and advocates the particular quality of being Japanese and the idea that Japan is homogenous and unique. Another obstacle is the fact that Japanese writing is so inaccessible. In such a system, immigrants forever remain outsiders and they and their employers must to a large extent look after their infrastructural needs themselves. From this point of view there are many similarities concerning anti-immigration patterns and policies on both local and national levels within Japanese society.[31] Certain city and prefectural governments are working against these exclusion tendencies and in favour of equal rights for immigrants.[32] Many citizen's initiatives, Christian communities, lawyers and other committed nationals are quite active. They orient themselves on universalistic concepts of human rights and of public international law which is anchored in the Japanese constitution. However, they have no influence whatsoever over the law-making ministry of justice or over the feeling of Japan's

durch Steuervergünstigungen. Sie sind gerade dann besonders prestigebesetzt, wenn sie eine gewisse symbolische Distanz von der Arbeiterschaft oder von den Immigrantenvierteln und ihrer Wohnweise demonstrieren.

Wird sozialer Wohnungsbau nur in den Großstädten oder nur in den Stadtzentren angeboten oder wird er – wie in Frankreich – nur in der Peripherie verwirklicht, so ist eine Konzentration von Einwanderern oder von anderen stigmatisierten Gruppen die notwendige Folge. Wenn solche Wohneinheiten subventioniert werden, ist es nicht möglich, dass Privatunternehmer konkurrierend investieren (außer sie werden wiederum subventioniert). Wenn andererseits Ausländer aus solchen kommunalen Wohnanlagen ausgeschlossen werden – was lange Zeit für die Gemeindewohnungen in Wien galt, dem berühmten Erfolgsmodell der österreichischen sozialdemokratischen Arbeiterbewegung in der Zwischen- und Nachkriegszeit –, so ist ihre Situation besonders prekär. Sie bezahlen dann über ihre Steuern die Subventionierung des Wohnungsbaus mit, können aber nicht davon profitieren.

Insofern hängen die Einwanderer in der europäischen Stadt von der Rationalität und Qualität der öffentlichen Politik und Verwaltung ab – das, was man im englischen als „good practice" bezeichnet. Da die Parteieliten und Spitzenbeamten im Allgemeinen selbst nicht in Sozialwohnungen leben (und meist wegen ihres Einkommens auch gar kein Recht dazu haben), können sich leicht Tendenzen der Separierung und Stigmatisierung entwickeln. Ein bekanntes Beispiel war die Politik der Stadt Paris unter Chirac, im Zuge der Gentrifizierung der Innenstadt alle Armen und Sozialfälle in die mit öffentlichen Mitteln gebauten Cités der Peripherie abzuschieben. Einst mit großen Hoffnungen gebaut, gelten sie heute als unbewohnbar und werden Block für Block gesprengt, ohne dass sich dadurch an der Konzentration des Außenseitertums etwas verändern würde.[34] Dies kann sich dann zu einer subventionierten Form der Teilung der Gesellschaft entwickeln und stigmatisierende Folgeprobleme im Erziehungs- und Beschäftigungssystem verursachen. Das niederländische Diktum, „niemand setzt sein ‚weißes' Kind in eine ‚schwarze' Klasse" („Niemand zet zijn blanke Anita in een zwarte klas")[35] ist Ausdruck einer solchen Konfiguration.

Ist eine derartige Separation einmal eingetreten und hat sie sich in der Alltagsperzeption als Hauptkategorie der sozialen Unterscheidung durchgesetzt, so ist es schwer, sie wieder abzubauen. Die niederländische Diskussion der letzten Jahre ist dafür ein Beispiel: Das NRC Handelsblad, die führende Zeitung der Niederlande, brachte im November 2002 einen Bericht über die Schulsituation, in der als typisches Beispiel Amsterdamer Lehrer mit der Aussage zitiert wurden, es sei unmöglich, „allochthone" und „autochthone" Kinder zusammen zu unterrichten, von einigen wenigen angepassten Allochthonen abgesehen.[36] Die Aussage blieb unwidersprochen und war bezeichnend für das Klima in den Niederlanden im Winter 2002/03, in dem von „schwarzen" und „weißen" Stadtvierteln, Straßen, Schulen etc. gesprochen wurde. Einige Wochen später, im Januar 2003, veröffentlichte die Stadt Amsterdam auf ihrer Internet-Seite eine Absichtserklärung, nach der die Stadt die Segregation in den Schulen angehen wolle. Im Text des Artikels hieß es dann aber, Amsterdam habe wenig Befugnisse, mit denen sich etwas gegen die Segregation tun lasse.[37]

Versucht man, die eingetretenen Entwicklungen mit strukturellen Maßnahmen anzugehen, so stellen sich oft etablierte Interessen dagegen. Ein Beispiel dafür ist das Vorhaben der früheren französischen Regierung, der Konzentration der Armen und der Einwanderer auf einige wenige Gemeinden entgegenzuwirken. Jospins Mehrheit der *gauche plurielle* verabschiedete dazu ein Gesetz, das alle französischen Kommunen verpflichtete, eine Quote von 20 Prozent Sozialwohnungen zu bauen, berechnet als Prozentsatz aller Wohnungen in der jeweiligen Stadt oder Gemeinde, und zwar zwanzig Jahre lang. Damit sollte die Bevölkerung mit niedrigen Einkommen gleichmäßiger verteilt und die Problemgebiete sollten von ihrem Zuzugsdruck

Die „europäische Stadt": umweltfreundlicher Individualverkehr (Amsterdam)   The "European city": environmentally-friendly individual transportation (Amsterdam)

uniqueness and of its superiority over South and South-East Asian countries. Exclusion is predominant – not hostile, yet coherent.

I hesitate in speaking of the East-Asian city as China has not yet reached the living standards of the rich world and its development is progressing rapidly. However, there are obvious similarities between Japanese and South Korean urban structures and parallels to features of Chinese cities including the street committees which have much in common with the Japanese "jichikai". In fact, the extent of rigidity is much greater in China's half or post-totalitarian system than in Japan's, which has long experience of a liberal constitution.

As far as public transport and the corresponding public and private spaces are concerned, the European city is positioned somewhere between the American and Japanese city. Most European cities have well-functioning public transport systems and provide their citizens with street networks for individual travel free of charge, albeit not quite as well developed as in the USA. Cities like Amsterdam and Oslo tend to have strict controls on the use of cars combined with an efficient public transport system and a programme for bicycle travel. On the other hand, public systems were extremely neglected in Thatcherist Britain[33] leading to an increase in car travel in British cities and thus

befreit werden. Nachdem die französische
Rechte bei den Wahlen im Jahr 2002 eine klare
Mehrheit errungen hatte, beantragten sechs
konservative Senatoren mit Unterstützung
der neuen Regierung eine Novelle, die den
Kommunen mehr Freiheit gibt, wenn „difficultés particulières" bestehen, was zweifellos
ungefähr immer der Fall sein dürfte. Weiter
verpflichtete das Gesetz die Kommunen, einen
Flächennutzungsplan zu erstellen, nach dem
Sozialwohnungen in vielen unterschiedlichen
Teilen der Städte oder Gemeinden geplant werden sollten. Auch diese Regelung soll entschärft
werden, und die Kommunen sollen freie Hand

für die "répartition spatiale des logements
sociaux" haben. Damit würde auf einen großen
strukturellen Versuch verzichtet, die räumliche Spaltung der französischen Gesellschaft
zu beseitigen. Die Änderungsanträge standen
allerdings in scharfem Gegensatz zu Präsident
Chiracs Kampagnenslogan, die „rupture" der
französischen Gesellschaft zu überwinden. Die
Linke kritisierte die Änderungsanträge, da damit das Ziel sozialer Mischung der Bevölkerung
zunichte gemacht werde.[38] Mit dem Amtsantritt
Sarkozys im Mai 2007 sind derartige strukturelle Eingriffe nicht mehr zu erwarten, sie werden
durch populistische Slogans ersetzt.

Die „europäische Stadt": öffentliches Transportsystem und zugleich ein gut gestalteter öffentlicher
Raum (Busbahnhof Straßburg, ein Werk der Londoner
Architektin Zaha Hadid)   The "European city": public
transportation system and at the same time a well-de-
signed public space (Strasbourg bus terminal, designed
by London architect Zaha Hadid)

a slowdown in movement combined with an increase in street crime as in America. The main differences between the European city and the American and East Asian cities are the former's high levels of welfare statism, subsidisation and regulation. Culture is strongly subsidised, particularly in German-speaking countries, and employment and building are intensely regulated by development plans and technical norms. This all leads to high taxation. Immigrants and other European citizens are all affected by these public policies, both in a positive and negative sense. For example, they may have good chances of getting a subsidized apartment or may even be legally entitled to one. However, problems arise if the city does not maintain certain standards of quality as is the case in many British council housing estates, which can lead to social exclusion and impoverishment, even if substantial public funding is allocated to it. Similar mechanisms exist in the peripheries rather than in the city centres of French cities on a higher financial level. Large amounts of "Habitations à loyer modéré" (HLMs) in the outskirts of Paris, formerly a traditionally communist voting area, "*banlieu rouge*", and in the outskirts of other large French cities, create a spatially defined form of stigmatisation of certain immigrant groups. Even when such social housing is of a high standard, the middle classes are free to choose other forms of living which are also subsidized by the state through tax breaks. They are particularly prestigious precisely when they demonstrate a symbolic distance from the working classes and from immigrant areas and their forms of living.

The consequence of only providing social welfare housing in large cities or in city centres or – as in France – only in the periphery, inevitably has to be a concentration of immigrants or other stigmatised groups in certain areas. It is impossible for private enterprise to compete with such subsidised residential units, unless of course they too are subsidized. Foreigners enter into an extremely precarious situation if it happens that they are excluded from such municipal residential areas. This was the case

in Vienna's council flats, the famous model of success by the Austrian social democratic workers movement in the periods between and after the wars. They contribute to the subsidisation through their taxes, yet they are not allowed to profit from it.

In this respect immigrants to the European city depend on the rationality and quality of public policy and administration, known as "good practice". Separation and stigmatisation tendencies can easily develop due to the fact that the political elite and top-ranking officials usually do not live in council housing (and are not entitled to due to their high incomes). One well-known example is the policy of the city of Paris under Chirac to move all poor people and social welfare cases out to the *Cités* in the periphery in a gentrification process of the city centre. Once built with great hopes, they are now considered unfit to live in and are being dynamited one by one, yet nothing is really changing in the concentration of outsiders there.[34] Such a situation can develop into a subsidised split in society and lead to consequential problems in the educational and employment systems. The Dutch saying, "nobody puts a 'white' child into a 'black' class"[35] is an expression of such set-ups. It is difficult to get rid of this type of separation once it has set in and has been established as a main category of social differentiation. Dutch debate in recent years is a good example: Holland's leading newspaper, the NRC Handelsblad, printed a report on the educational situation in the country in November 2002. In it teachers in Amsterdam, who were taken as typical examples, were quoted as saying that it was impossible to teach "allochthonous" und "autochthonous" children in the same class, apart from a few exceptional well-adapted allochthonous cases.[36] This statement remained undisputed and was characteristic of the mood in the Netherlands in the winter of 2002/03, when there was much talk of "black" and "white" districts, streets, schools etc... A few weeks later, in January 2003, the city of Amsterdam published a declaration on its website saying that it intended to tackle segregation

Zusammenfassung und Ausblick

Sowohl die Spielregeln des Marktes wie die des Wohlfahrtsstaates können gegenüber Außenseitern und Neuankömmlingen benachteiligend ausgestaltet sein, was dann marktinduzierte oder wohlfahrtsstaatlich induzierte negative Effekte oder räumliche und systemische Separationen hervorruft. Auf der anderen Seite kann ein offener Markt ebenso wie ein sinnvoll ausgestaltetes Wohlfahrtssystem als Fairplay-Garantie bzw. als Treppe in die Gesellschaft funktionieren. Es wäre sinnvoll, wenn die Wissenschaft eine Forschungsagenda in dieser Richtung entwickelte und die öffentliche Diskussion sich stärker auf Fragen der Schließung und Öffnung von Schranken beziehen würde. Statt über das „Scheitern der Integration" in Europa und Amerika zu lamentieren, sollte sich die Forschung über eine Agenda für *Best Practice* in der sozialen Marktwirtschaft und in Bezug auf die Bildung sozialen Kapitals konzentrieren. Es ist eine Herausforderung, erfolgreiche mit erfolglosen Entwicklungen zu vergleichen und Schlüsse daraus zu ziehen. Solche Vergleiche können einige Überraschungen bringen, wie das in Bezug auf die günstigeren Politikergebnisse in Deutschland gegenüber den Niederlanden und in Österreich gegenüber Schweden der Fall gewesen ist.[40] Wichtig ist es auch, Initiativen zu vernetzen und auf diesem Wege Veränderungen in Gang zu bringen. Die Dokumentation des Bundespräsidenten und der Bertelsmann-Stiftung über Initiativen in Deutschland für ein besseres Zusammenleben zeigen, wie viele und wie viele qualifizierte Initiativen es im Lande gibt – Initiativen, die bis dahin weder deutschlandweit bekannt waren noch für die sozialwissenschaftliche Auswertung dokumentiert wurden. Die Initiativen und Experimente beschäftigten sich mit einem breiten Spektrum in den Bereichen Erziehung, Kunst, Sport und Stadtentwicklung und demonstrierten, was gemeinsame Initiative und Imagination erreichen kann. Inwieweit dabei Markierungen von „Rasse", Ethnizität, Religion, Schichtzugehörigkeit und ähnliche Abgrenzungen spaltend wirken oder durch gemeinsame Aktivität irrelevant werden, ist in dieser Beziehung besonders interessant. Besonders analysiert werden sollten Quoten- und Antidiskriminierungspolitiken. Unsere Forschungsergebnisse legen nahe, dass allgemeine Politiken, die auf Schaffung befriedigender Standards, die für alle gelten, abzielen, erfolgversprechender sind als Quoten- und Antidiskriminierungspolitiken, die sich auf spezielle Gruppen beziehen. Der besondere Nachteil von Quoten- und Antidiskriminierungspolitik ist es, dass sie Gruppen symbolisch und tatsächlich gegeneinander setzen und „markers" zwischen diesen Gruppen ins Zentrum der Aufmerksamkeit bringen. Die negativste Mischung führt eine staatliche Politik herbei, die Mehrheit und Minderheit definiert, der einheimischen Bevölkerung den Eindruck vermittelt, die Minderheit werde besonders bevorzugt, aber in Wirklichkeit dieser Minderheit keine entscheidenden Verbesserungen bringt.[41] Als Ergebnisse einer solchen Politik ergeben sich immer wieder Backlash-Effekte. Tabelle 2 demonstriert diese Backlash-Effekte für die offizielle multikulturelle Politik in den Niederlanden und in Schweden. Schon Mitte der neunziger Jahre, lange vor dem Auftreten Pim Fortuyns, waren nach dieser Umfrage große Teile der Bevölkerung gegenüber der offiziellen multikulturellen Politik negativ eingestellt. Zugleich äußerten sie sich weit skeptischer als in anderen Ländern über den Wert der hergebrachten kulturellen Traditionen der Minderheiten für die Gesamtgesellschaft. „Faith based initiatives" ist ein mit den Wahlkampagnen von Präsident George W. Bush verbundener Begriff in den USA mit dem Ziel, mehr Engagement für Erziehung und soziales Zusammenleben auf freiwilliger Basis zu generieren und all dies zugleich in eine Richtung zu lenken, die mit der religiösen Prägung der amerikanischen Gesellschaft vereinbar ist, an die Mentalität der religiösen Fundamentalisten anknüpft und unter ihrer Kontrolle steht und schließlich geringe staatliche Aufwendungen verursacht. Auch Premierminister Blair hat sich diese Kampagne zu eigen gemacht. Der erfolgversprechende Punkt dabei ist ohne Zweifel die

Tabelle 2: Einstellungen zu Zuwanderern und Minderheiten im europäischen Vergleich 1995 (%)

	Niederlande	Deutschland	Schweden	Großbritannien	Österreich	Europa
Staatliche Unterstützung für die Aufrechterhaltung ihrer Bräuche und Werte	21	41	20	16	40	46
Eigene Traditionen der Minderheiten gut für die Gesellschaft	29	53	19	20	43	43

Quelle: ISSP 1995 (gesis.org/en/data_service/issp/search/index.htm).

in schools. However, the article stated that Amsterdam had little authority with which to do anything much about segregation.[37]

Attempts made to change the existing developments using structural measures often came up against opposition from established interested parties. One example of such is the attempt made by the French government to counteract the concentration of poor people and immigrants in a certain few districts. Jospin's "*gauche plurielle*" majority passed a law obliging all French municipalities to build a quota of 20% council flats, calculated as a percentage of all of the flats in the city concerned, for a period of twenty years. The aim was to evenly distribute low-income citizens and free problem areas from the influx of yet more. When the French right was voted in with a clear majority in 2002, six conservative senators with the support of the new government, proposed an amendment to give the municipalities more freedom in cases of "difficultés particulières", which were undoubtedly nearly always to be found. The original law had gone further to oblige all municipalities to produce a land-use plan in which council housing should be planned in various areas of cities and towns. This regulation was later abolished and the municipalities were given freedom for "répartition spatiale des logements sociaux". These measures lead to the abandonment of a large structural attempt to deal with spatial separation in French society. However, the amendments were in sharp contrast to president Chirac's campaign slogan to overcome the "rupture" of French society. The left criticised the amendments as they would shatter attempts to reach social hybridisation.[38] Since Sarkozy took over in 2007, such structural interventions may no longer be expected; they have been replaced by populist slogans.

Summary and future prospects

Both the rules of the market and of the welfare state can create disadvantages for outsiders and new-comers which then lead to market-induced or welfare state-induced negative effects or spatial and systematic separation. On the other hand, an open market does have the potential to guarantee fair play as does a wisely organised welfare state and both may act as a ladder into society. It would make a lot of sense for researchers to develop a fact-finding agenda in that direction and for public debate to focus more strongly on questions of the opening and closing of barriers. Instead of moaning about "failed integration" in Europe and America, research should concentrate on an agenda for *best practice* in the social market economy and on the creation of social capital. It is a challenge to compare successful and unsuccessful developments with each other and to draw conclusions from them. Such comparisons can yield surprising results, for example Germany's more favourable political position over the Netherlands and Austria's over Sweden.[39] It is also important to network initiatives and thus get changes moving. The documentation of initiatives for better cohabitation in Germany, undertaken by the Federal President and the Bertelsmann Foundation, show how many qualified initiatives there are in Germany. These were unknown throughout the country until that time and had never been documented for social scientific appraisal. The initiatives and experiments dealt with a wide spectrum in the areas of education, art, sport, urban development and show how much can be achieved by common resourcefulness and imagination.[40] One particularly interesting aspect is the extent to which characteristics such as "race", ethnicity, religion, class and similar distinctions act disruptively and to what extent they are made irrelevant by common activity.

Anti-discrimination quotas and policies need to be specifically analysed. The results of our research show that general policies which focus on creating acceptable standards for everyone are more promising than anti-discrimination quotas and policies which only relate to specific groups. The particular disadvantage of quotas and anti-discrimination policies is that they place groups against each other both in an

Förderung massiven freiwilligen Engagements für soziale Ziele, die Förderung von Engagement, das über professionelles Interesse hinausgeht und kontinuierliche soziale Orte findet, die Türen für das Einbringen von Energie und Identifikation öffnet und damit soziales Kapital schafft. Auf der anderen Seite zitierte Präsident Bush mit Sorge die Beobachtung, dass Amerika zu keiner Zeit in der Woche so segregiert sei wie am Sonntagmorgen – zur Kirchzeit. Sein Rat, Suburb-Kirchen und Inner-City-Kirchen zu Partnern zu machen, dürfte nur bescheidene Auswirkungen haben.[43] Diese Entwicklung scheint sich mit der Bildung großer unternehmensähnlicher „mega churches" noch zu beschleunigen. Für Amerikaner mag daher die niederländische Erfahrung instruktiv sein.

In den Niederlanden findet die Grundschulerziehung nach wie vor in konfessionellen Schulen statt, was auf den historischen Kompromiss von 1917 zwischen den ideologischen Lagern zurückgeht. Zusätzlich können Eltern Schulen gründen, wenn sie sich auf ein bestimmtes Erziehungskonzept einigen. Sie erhalten dabei ebenso viel staatliche Unterstützung wie öffentliche Schulen. Eltern sind bei der Wahl der Schule für ihre Kinder frei. Dieses System ist gut geeignet für engagierte Mittelschicht-Eltern mit Zeit, Energie und Kompetenz für Erziehung, es hat aber einen hohen Grad von Segregation hervorgebracht. In 47 Prozent der Grundschulen befand sich im Jahr 2002 kein einziges „allochthones" Kind und allochthone Kinder sind dementsprechend in anderen Schulen stark konzentriert. Auf diese Weise werden in diesem System allochthone Kinder abgetrennt. Diese exkludierenden Effekte werden dann in der weiteren Schulkarriere vielfach perpetuiert. „Das passt auch nicht wirklich zusammen" ("Daar mengt het ook niet echt"), kommentierte ein niederländischer Lehrer das Verhältnis von allochthonen und autochthonen Kindern. Das NRC Handelsblad gab dies im November 2002 als feststehende Tatsache wider, ohne dass die Redaktion oder die Leserschaft einen Zweifel äußerte.[44, 45]

Erfolgreiche Integration in den Städten muss auf Gleichheit, Transparenz, Offenheit, Qualitätserziehung für alle und auf allgemeinen Spielregeln aufgebaut sein, die jedem gleiche Rechte geben und Solidarität fördern. Kommunale Autonomie und Selbstverwaltung ist ein kostbares Gut, sie kann initiatives und selbständiges Handeln fördern. Sie muss aber auf einem öffentlichen Finanzsystem aufgebaut sein, das fairen Wettbewerb ermöglicht und die Kommunen nicht zwingt, mit dem Ziel der Exklusion unerwünschter und wenig zahlungskräftiger Elemente zu konkurrieren.

Anmerkungen

1 Zuwanderung gestalten, Integration fördern. Bericht der unabhängigen Kommission „Zuwanderung" („Süssmuth-Kommission"), Bundesministerium des Innern, Berlin 4. Juli 2001, S. 26.

2 „Niemand setzt seine weiße Anita in eine schwarze Klasse". Schlagzeile der niederländischen Qualitätszeitung NRC Handelsblad vom 5. November 2002.

3 Alfred Wendehorst: Geschichte der Universität Erlangen-Nürnberg 1743-1993. München 1993. S. 14.

4 Zur Entwicklung der Niederlande zur führenden Handelsnation im 16. und 17. Jahrhundert und ihren Grundlagen in der Einwanderung vgl.: Jonathan Israel: The Dutch Republic, Its Rise, Greatness and Fall 1477-1796. Oxford 1995.

5 Eine frühere Version dieses Aufsatzes ist erschienen in: Werner K. Blessing/Heinrich Pehle (Hg.): Die Zukunftsfähigkeit der Stadt in Vergangenheit und Gegenwart. Erlangen: Universitätsbund Erlangen-Nürnberg 2004, S. 203-224.

6 Alfred Wendehorst: Geschichte ... (siehe Anmerkung 3), S. 13.

7 Alfred Wendehorst: Geschichte ... (siehe Anmerkung 3), S. 30.

8 Vgl. dazu Jens Libbe/Stephan Tomerius/Jan Hendrik Trapp (Hg.): Liberalisierung und Privatisierung kommunaler Aufgabenerfüllung – soziale und umweltpolitische Perspektiven im Zeichen des Wettbewerbs. Berlin 2002.

9 Zur Durchdringung der deutschen Entscheidungsstrukturen durch EU-Recht vgl.: Roland Sturm/Heinrich Pehle: Das neue deutsche Regierungssystem. Opladen 2001.

10 Wie einschneidend sich dies in Entwicklungsländern auswirkt und wie unausweichlich es andererseits ist, analysieren Jürgen Wiemann u. a.: Vietnam – the 150th WTO-Member. Implications for Industrial Policy and Export Promotion. Bonn: Deutsches Institut für Entwicklungspolitik 2006.

actual and symbolic sense and set markers between them which become the focus of attention. The most negative combination of state policy is one which defines the majority and minority, which gives the native population the impression that the minority is being treated particularly well and which in reality, does not improve the situation of the minority that much.[41] Such policies always produce backlash effects. Table 2 shows the backlash effects of official multi-cultural policy in the Netherlands and Sweden. According to this survey large parts of the population already had a negative attitude to official multi-cultural policy in the mid-nineties, long before Pim Fortuyn came on the scene. At the same time they expressed much more scepticism than in other countries about the value for the whole of society of the cultural traditions introduced into their country by the minority.

In the USA "Faith based initiatives" is a term associated with the election campaign of President George W. Bush, which aims to generate more commitment to education and social cohabitation on a voluntary basis. It also wants to steer everyone in a direction which is compatible with the religious character of American society, which ties in with the mentality of religious fundamentalists and is under their control and which also calls for minimal state expenditure. The British Prime Minister Blair adopted this campaign too.[42] Without a doubt, one of the most promising factors about it is the demand for massive voluntary commitment to social objectives, the demand for commitment beyond professional interest which constantly has the potential to find outlets for energy and identification, thus producing social capital. On the other hand, President Bush worriedly cites that America is never as segregated as on Sunday mornings – at church time. His advice to make suburban and city-centre churches partners promises only modest effects.[43] This development appears to be being accelerated by the creation of company-like "mega-churches". The Americans may therefore be able to learn from the Dutch example.

Primary school education still takes place in denominational schools in the Netherlands. This goes back to a historical compromise between the ideological camps from 1917. Parents are also permitted to find their own schools as long as they stick to a certain educational concept. They receive just as much state support as public schools. Parents are free to choose what school to send their children to. The system suits committed middle-class parents very well as they have time, energy and competence to apply to education. However, it has also caused high levels of segregation. In 2002, 47 percent of schools did not have one allochthonous child attending them, while there were concentrations of allochthonous children in other schools. In this way allochthonous schools are separated from the rest in this system of education. The effects of exclusion continue throughout the remainder of the education period. One Dutch teacher commented on the relationship of allochthonous to autochthonous children that "it just doesn't really go together" ("Daar mengt het ook niet echt"). This was expressed by the NRC Handelsblad in November 2002 without being contradicted by its editors nor readers.[44, 45] Successful urban integration policies must be based on equality, transparency, openness, quality up-bringing for all and on general rules which give everybody the same rights and demand solidarity. Municipal autonomy and self-rule are precious possessions which can encourage initiative and independent action. However, they must be based on a public financial system which facilitates fair competition and does not force municipalities to compete based on the principles of excluding unwanted and less financially sound elements.

Notes

1 *Zuwanderung gestalten, Integration fördern.* Report by the Independent Commission on Immigration („Süssmuth Commission").Bundesministerium des Innern, Berlin, 4 July 2001, p. 26.

2 "Nobody puts his white Anita into a black class". Headlines of the Dutch newspaper *NRC Handelsblad* from 5 November 2002.

3 Alfred Wendehorst: *Geschichte der Universität Erlangen-Nürnberg 1743-1993.* Munich 1993, p. 14.

Table 2: Attitudes to immigrants and minorities in European comparison 1995 (%)

	Netherlands	Germany	Sweden	Great Britain	Austria	Europe
State support for the maintenance of their traditions and values	21	41	20	16	40	46
Traditions of the minorities good for society	29	53	19	20	43	43

Source: ISSP 1995 (gesis.org/en/data_service/issp/search/index.htm).

11 Vergleiche die Berichterstattung über die Kontroverse zwischen Faltlhauser und der Stadt München im Januar 2003 in der *Süddeutschen Zeitung*.

12 Karel van Miert: *Markt, Macht, Wettbewerb. Meine Erfahrungen als Kommissar in Brüssel.* Stuttgart 2000.

13 Hon-Chu Leung: „Reiche Talente statt arme Kinder: Bürgerrecht und Exklusion von Festland-Chinesen in Hongkong". In: Dietrich Thränhardt /Uwe Hunger (Hg.): *Migration im Spannungsfeld von Globalisierung und Nationalstaat. Leviathan*-Sonderheft 22, Wiesbaden 2003, S. 293-312.

14 Nancy Foner: *From Ellis Island to JFK.* New Haven 2000.

15 Vgl. Paul Harris: „Jewish Migration to the New Germany: The Policy Making Process Leading to the Adaption of the 1991 Quota Refugee Law". In: Dietrich Thränhardt (Hg.): *Einwanderung und Einbürgerung in Deutschland. Jahrbuch Migration 1997/98.* Münster/London 1998, S. 105-148; Paul Harris: „An Unexpected Yet Welcome Development: Jewish Migration to Germany and the Rebirth of a Community". In: Uwe Hunger/Karin Meendermann/Bernhard Santel/Wichard Woyke (Hg.): *Migration in erklärten und unerklärten Einwanderungsländern.* Münster/London 2001, S. 121-148.

16 Vgl. zum Beispiel Jonathan Israel: *The Dutch Republic* (siehe Anmerkung 4), S. 329.

17 Noch 1994 hatte die niederländische Regierung in einem offiziellen Papier festgestellt, ihre Integrationspolitik sei „conspicuously successful" gewesen und die Niederlande seien "zur Zeit allen anderen europäischen Ländern in vielen Beziehungen voraus" („the Netherlands is currently well ahead of all other European countries in a number of respects") (Policy on the Integration of Ethnic Minorities, Lower House of the States General, Session 1993-1994, doc. 23684,17).

18 Thränhardt, Dietrich: „Einwanderung und Integration in Deutschland und den Niederlanden". In: *Leviathan*, 30. Jg. 2002 (S. 220-249). Koopmans, Ruud: „Zachte heelmeesters … Een vergelijking van de resultaten van het Nederlandse en Duitse integratiebeleid en wat de WRR daaruit niet concludeert": In: Migrantenstudies, 18. Jg. 2002, S. 87-93.

19 Eine Evaluation der Zustände heute bei Cornel West: *Race Matters.* Boston 2001.

20 Vgl. Takashi Kibe/Dietrich Thränhardt: „Internationalisierung ohne Einwanderung: der japanische Weg". In: Verena Blechinger-Talcott/Christiane Frantz/Mark Thompson (Hg.): *Politik in Japan. Reformprozesse und Außenpolitik im internationalen Vergleich.* Frankfurt 2006, S. 251-268.

21 W. Herbert: *Ausländerkriminalität in Japan als Argument in der Diskussion um ausländische „illegale" ArbeitsmigrantInnen.* Phil. Diss, Wien 1992.

22 Frank den Hertog: *Die Ostdeutschen – eine Minderheit im eigenen Land?* Dissertation Universität Amsterdam, Institut für Geografie 2003.

23 *Zuwanderung gestalten, Integration fördern.* Bericht der unabhängigen Kommission „Zuwanderung", 4. Juli 2001, Berlin, S. 26.

24 Saskia Sassen: *The Global City.* New York/London/Tokyo/Princeton 1991.

25 Siehe für den deutsch-niederländischen Vergleich: Dietrich Thränhardt: *Einwanderungs- und Integrationspolitik* (siehe Anmerkung 13), für den Vergleich zwischen den Einwanderergruppen in Deutschland und zwischen Deutschland und der Schweiz: Dietrich Thränhardt: „Einwanderer-Kulturen und soziales Kapital. Eine komparative Analyse". In: Dietrich Thränhardt/Uwe Hunger: *Einwanderer-Netzwerke und ihre Integrationsqualität in Deutschland und Israel.* Münster und Freiburg 2000, S. 15-51.

26 Zum Beispiel „Waar ging fout? Waarom is geen beleid blijkbaar beter dan Nederlandse beleid?" in: *Het integratiefiasco ontled,* Tribune 9/2002; Ruud Koopmans, „Zachte heeelmasters" (siehe Anmerkung 18). Keines der Wahlprogramme der niederländischen Parteien im Januar 2003 außer dem von Linksgroen enthält mehr das Stichwort Multikulturalismus (*NRC Handelsblad,* Dokumentation, 11.1.2003); Ian Buruma: *Die Grenzen der Toleranz. Der Mord an Theo van Gogh.* München 2007.

27 Vgl., Hartmut Häußermann/Ingrid Oswald: *Zuwanderung und Stadtentwicklung (Leviathan-Sonderheft).* Ich übernehme nur die begriffliche Unterscheidung und bin selbst für die inhaltliche Füllung verantwortlich. Kritisch zur „Polarisierung zwischen der „guten" europäischen und der „verwerflichen" amerikanischen Stadt: Staphan Lenz: „Mythos europäische Stadt – Fallstricke aktueller Rettungsversuche". In: Wolf-Dietrich Bukow /Erol Yildiz (Hg.): *Der Umgang mit der Stadtgesellschaft. Ist die multikulturelle Stadt gescheitert oder wird sie zu einem Erfolgsmodell?* Opladen 2002, S. 74.

28 Bruce J. Schulman: „The New Public Spirit". In: *The Responsive Community,* Vol. 12, Issue 2, Spring 2002. www.gwu.edu/~ccps/rcq/Schulman.html. Zur Segregation in den amerikanischen Städten vgl. auch: David Rusk: *Cities without Suburbs.* Washington 1995.

29 Eine interessante theoretische Analyse von Regulierung und informeller Aktivität vgl. bei Gary P. Freeman/Nedim Ögelman: „State Regulatory Regimes and Immigrants' Informal Economic Activity". In: Jan Rath (Hg.): *Immigrant Businesses. The Economic, Political and Social Environment.* Houndmills/New York 2000, S. 107-123. Zu den Schwierigkeiten der Migration zwischen den europäischen Ländern („deep seated national organization of life") vgl. Adrian Fawell: *Eurostars and Eurocities: Towards a Sociology of Free Moving Professionals in Western Europe.* Research Paper, The Center for Comparative Immigration Studies, UCSD 2003.

30 Eine dichte ethnologische Beschreibung einer Tokyoter „jichikai" vgl. bei Theodore C. Bestor: *Neighborhood Tokyo.* Stanford 1989.

31 Eine Gesamtinterpretation der Einwanderungssituation bei: Dietrich Thränhardt: „Closed Doors, Back Doors, Side Doors: Japan's Nonimmigration Policy in Comparative Perspective". In: *Journal of Comparative*

4 On the development of the Netherlands to a leading trade nation in the 16th and 17th centuries and its background in immigration cp.: Jonathan Israel: *The Dutch Republic, Its Rise, Greatness and Fall 1477-1796*. Oxford 1995.

5 An earlier version of this essay was published in: Werner K Blessing/Heinrich Pehle (Ed.): *Die Zukunftsfähigkeit der Stadt in Vergangenheit und Gegenwart*. Erlangen: Universitätsbund Erlangen-Nuremburg 2004, p. 203-224.

6 Alfred Wendehorst: *Geschichte* (see note 3), p. 13.

7 Alfred Wendehorst: *Geschichte* (see note 3), p. 30.

8 Cp. Jens Libbe/Stephan Tomerius/Jan Hendrik Trapp (Ed.): *Liberalisierung und Privatisierung kommunaler Aufgabenerfüllung – soziale und umweltpolitische Perspektiven im Zeichen des Wettbewerbs*. Berlin 2002.

9 For the penetration of German decision-making structures by EU law see also Roland Sturm/ Heinrich Pehle: *Das neue deutsche Regierungssystem*. Opladen 2001.

10 The following analyses what a dramatic impact this has on developing countries and how unavoidable it is: Jürgen Wiemann et al.: *Vietnam – the 150th WTO-Member. Implications for Industrial Policy and Export Promotion*. Bonn 2006.

11 Cp. the coverage of the controversy between Faltlhauser and the city of Munich in January 2003 in the *Süddeutsche Zeitung*.

12 Karel van Miert: *Markt, Macht, Wettbewerb. Meine Erfahrungen als Kommissar in Brüssel*. Stuttgart 2000.

13 Hon-Chu Leung: „Reiche Talente statt arme Kinder: Bürgerrecht und Exklusion von Festland-Chinesen in Hongkong" In: Dietrich Thränhardt/Uwe Hunger (Ed.): *Migration im Spannungsfeld von Globalisierung und Nationalstaat. Leviathan*-Sonderheft 22, Wiesbaden 2003, p. 293-312.

14 Nancy Foner: *From Ellis Island to JFK*. New Haven 2000.

15 Cp. Paul Harris: "Jewish Migration to the New Germany: The Policy Making Process Leading to the Adaption of the 1991 Quota Refugee Law". In: Dietrich Thränhardt (Ed.): *Einwanderung und Einbürgerung in Deutschland, Jahrbuch Migration 1997/98*. Münster/London 1998, p. 105-148; Paul Harris: "An Unexpected Yet Welcome Development: Jewish Migration to Germany and the Rebirth of a Community" In: Uwe Hunger/Karin Meendermann/Bernhard Santel/Wichard Woyke (Ed.): *Migration in erklärten und unerklärten Einwanderungsländern*. Münster/London 2001, p. 121-148.

16 Cp. Jonathan Israel, *The Dutch Republic* (see note 4), p. 329.

17 As recently as 1994, the Dutch government found in an official paper that its integration policy had been „conspicuously successful", and „the Netherlands is currently well ahead of all other European countries in a number of respects" (Policy on the Integration of Ethnic Minorities, Lower House of the State General, Session 1993-1994, doc. 23684,17).

18 Dietrich Thränhardt: "Einwanderung und Integration in Deutschland und den Niederlanden". In: *Leviathan*, 2002, p. 220-49; Ruud Koopmans: "Zachte heelmeesters … Een vergelijking van de resultaten van het Nederlandse en Duitse integratiebeleid en wat de WRR daaruit niet concludeert": In: *Migrantenstudies*, 2002, p. 87-93.

19 An evaluation of the present day state in Cornel West: *Race Matters*. Boston 2001.

20 Cp. Takashi Kibe/Dietrich Thränhardt: "Internationalisierung ohne Einwanderung: der japanische Weg". In: Verena Blechinger-Talcott/Christiane Frantz/Mark Thompson (Ed.): *Politik in Japan. Reformprozesse und Außenpolitik im internationalen Vergleich*. Frankfurt 2006, p. 251-268.

21 W. Herbert: *Ausländerkriminalität in Japan als Argument in der Diskussion um ausländische „illegale" ArbeitsmigrantInnen*. Philosophy thesis, Vienna 1992.

22 Frank den Hertog: *Die Ostdeutschen – eine Minderheit im eigenen Land?* Dissertation Universität Amsterdam, Institut für Geografie 2003.

23 *Zuwanderung gestalten, Integration fördern*. Report by the Independent Commission on "Immigration". 4 July 2001, Berlin, p. 26.

24 Saskia Sassen: *The Global City*. New York/London/Tokyo/Princeton 1991.

25 For the German-Dutch comparison cp.: Dietrich Thränhardt: *Einwanderungs- und Integrationspolitik* (see note 13), for a comparison between immigrant groups in Germany and between Germany and Switzerland cp.: Dietrich Thränhardt: „Einwanderer-Kulturen und soziales Kapital. Eine komparative Analyse" In: Dietrich Thränhardt/Uwe Hunger: *Einwanderer-Netzwerke und ihre Integrationsqualität in Deutschland und Israel*. Münster and Freiburg 2000, p. 15–51.

26 For example "Waar ging fout? Waarom is geen beleid blijkbaar beter dan Nederlandse beleid?" in: *Het integratiefiasco ontled*, Tribune 9/2002; Koopmans, "Zachte heeelmasters :" (see note 18). Apart from the Linksgroen, none of the election manifestos of the Dutch parties in 2003 included the catchphrase multiculture (*NRC Handelsblad*, documentation, 11.1.2003); Ian Buruma: *Die Grenzen der Toleranz. Der Mord an Theo van Gogh*. Munich 2007.

27 Cp. Hartmut Häußermann/Ingrid Oswald: *Zuwanderung und Stadtentwicklung. Leviathan*-Sonderheft. I only take on the conceptual differentiation and am responsible for providing the content. Critique of the Polarisation between the "good" European and the "reprehensible" American city. Stephan Lenz: „Mythos europäische Stadt – Fallstricke aktueller Rettungsversuche". In: Wolf-Dietrich Bukow /Erol Yildiz (Hg.): *Der Umgang mit der Stadtgesellschaft. Ist die multikulturelle Stadt gescheitert oder wird sie zu einem Erfolgsmodell?* Opladen 2002, S. 74.

28 Bruce J. Schulman: "The New Public Spirit". In: *The Responsive Community*, Vol. 12, Issue 2, Spring 2002. www.gwu.edu/~ccps/rcq/Schulman.html. On the segregation of American cities see also: Rusk, David: *Cities without Suburbs*. Washington 1995.

Policy Analysis: Research and Practice, Vol. 1, 1999, S. 203-223.

32 Cf. Katherine Tegtmeyer Pak: *Towards Local Citizenship: Japanese Cities Respond to International Migration*, CCIS Working Paper Nr. 30, University of California San Diego, 2001; Interviews des Autors mit den Präfektur-Verwaltungen Shizuoka und Kanagawa und der Stadtverwaltung Mitaka; Dietrich Thränhardt: „Closed Doors" (siehe Anmerkung 31).

33 „Whether you spend your morning commute inhaling the fumes of a traffic jam or the muskier odours of a sardine-packed train, you have to go a long way to find a city with a worse transport system ... You are now four times as likely to be mugged in London as you are in New York." ("The best and worst of places". In: *The Economist*, 11.1.2003 (S. 14)).

34 Eine sehr eindringliche Beschreibung in: Nicolas Richter: „Der lange Weg zum kurzen Abschied. Die Banlieues galten einst als Symbol des Fortschritts, heute sind sie Nährboden des Unfriedens – Endstation für Großfamilien, Arbeitslose und Sozialfälle". In: *Süddeutsche Zeitung* 296, 23. 12. 2002, S. 3.

35 *NRC Handelsblad*, 5. November 2002.

36 *NRC Handelsblad*, 5. November 2002.

37 Herbert Rath: *Amsterdam wil segregatie van scholen aanpakken*. www.Amsterdam.nl/, 9.1.2003.

38 „Six senateurs de la majorité veulent assouplir l'obligation faite aux maires de construire des logements sociaux". In: *Le Monde*, 2. November 2002.

39 Dietrich Thränhardt, *Einwanderung* (siehe Anmerkung 25); Irena Kogan: *Labour Market Inclusion of Immigrants in Austria and Sweden: The Significance of the Period of Migration and the Effect of Citizenship Acquisition*, MZES Working Paper 44.

40 Bertelsmann-Stiftung (Hg.): *Auf Worte folgen Taten. Gesellschaftspolitische Initiativen zur Integration von Zuwanderern*. Gütersloh 2003. Neuere Beispiele vgl. auch in der Ende 2007 erscheinenden Dokumentation der SPD-Bundestagsfraktion zur Tagung „Integration geht uns alle an – gemeinsam für mehr Engagement".

41 Eine niederländische Studie wies auf, dass 90 Prozent der Zeitvertragsunternehmen vorhatten, die Antidiskriminierungs-Richtlinien zu missachten (Roger Zegers de Beijl (Hg.): *Documenting Discrimination against Migrant Workers in the Labour Market. A Comparative Study of Four European Countries*. Genf 2000, S. 19). Gleichzeitig wurde im öffentlichen Diskurs stark auf die Antidiskriminierungspolitik hingewiesen.

42 Eine ausgezeichnete Evaluation eines religiösen Schulsystems in: T*he Future of Jewish Schooling in the United Kingdom. A Strategic Assessment of a Faith-Based Provision of Primary and Secondary School Education*, JPR Report Nr. 2, 2001 (Institute for Jewish Policy Research).

43 „It has been said that 11. a. m. on Sunday is the most segregated hour in America. We all have a responsibility to break down the barriers that divide us. When a suburban church and an urban church become full partners, great things can happen." (*International Herald Tribune* Nr. 37302, 11.2.2003).

44 „Niemand zet zijn ...", *NRC Handelsblad*, 5. November 2002.

45 Ende 2002 kam es in den Niederlanden zu einer ironischen Entwicklung, als die öffentliche Skepsis gegenüber islamischen Schulen liberale Politiker dazu brachte, staatliche Aufsicht über die religiöse Erziehung in den konfessionellen Schulen zu verlangen. Die laizistischen Parteien waren dafür, die christlichen Parteien strikt dagegen. („Zet inspecteur ook bij godsdienstles'. De Tweede Kamer wil dat de onderwijsinspectie godsdienstles onderzoekt. Op islamitische en christelijke scholen". In: *NRC Handelsblad*, 11. November 2002).

29 An interesting theoretical analysis of regulation and informal activity. Cp.: Gary P. Freeman/ Nedim Ögelman: "State Regulatory Regimes and Immigrants' Informal Economic Activity". In: Jan Rath (Ed.): *Immigrant Businesses. The Economic, Political and Social Environment.* Houndmills/New York 2000, p. 107-123. On the difficulties of immigration between European countries ("deep seated national organization of life") cp. Adrian Fawell: *Eurostars and Eurocities: Towards a Sociology of Free Moving Professionals in Western Europe*, Research Paper, The Center for Comparative Immigration Studies, UCSD 2003.

30 For a solid ethnological description of a Tokyo "jichikai" cp. Theodore C. Bestor: *Neighborhood Tokyo.* Stanford 1989.

31 A comprehensive interpretation of the migration situation: Dietrich Thränhardt: "*Closed Doors, Back Doors, Side Doors: Japan's Nonimmigration Policy in Comparative Perspective*". In: *Journal of Comparative Policy Analysis: Research and Practice*, Vol. 1, 1999, p. 203-223.

32 Cf. Katherine Tegtmeyer Pak, *Towards Local Citizenship: Japanese Cities Respond to International Migration*, CCIS Working Paper Nr. 30, University of California San Diego, 2001; Interview by the author of the prefecture administrators of Shizuoka and Kanagawa and the city administration of Mitaka; Thränhardt: "Closed Doors" (see note 31).

33 "Whether you spend your morning commute inhaling the fumes of a traffic jam or the muskier odours of a sardine-packed train, you have to go a long way to find a city with a worse transport system (...) You are now four times as likely to be mugged in London as you are in New York." ("The best and worst of places". In: *The Economist*, 11 January 2003, p. 14).

34 An extremely powerful description in: Nicolas Richter: „Der lange Weg zum kurzen Abschied. Die Banlieues galten einst als Symbol des Fortschritts, heute sind sie Nährboden des Unfriedens – Endstation für Großfamilien, Arbeitslose und Sozialfälle". In: *Süddeutsche Zeitung*, 23 December 2002, p. 3.

35 *NRC Handelsblad*, 5 November 2002.

36 *NRC Handelsblad*, 5 November 2002.

37 Herbert Rath: *Amsterdam wil segregatie van scholen aanpakken.* www.Amsterdam.nl/, 9 January 2003.

38 "Six senateurs de la majorité veulent assouplir l'obligation faite aux maires de construire des logements sociaux". In: Le Monde, 2. November 2002.

39 Thränhardt, Einwanderung (see note 18); Irena Kogan: *Labour Market Inclusion of Immigrants in Austria and Sweden: The Significance of the Period of Migration and the Effect of Citizenship Acquisition*, MZES Working Paper 44.

40 Bertelsmann Foundation (Ed.): A*uf Worte folgen Taten. Gesellschaftspolitische Initiativen zur Integration von Zuwanderern.* Gütersloh 2003. For newer examples see also documentation by the SPD-Bundestagsfraktion on the congress, "Integration affects us all – for more common commitment" to be published in late 2007.

41 A Dutch study pointed out that 90 percent of temporary work agencies intended to violate anti-discrimination regulations (Roger Zegers de Beijl (Ed.): *Documenting Discrimination against Migrant Workers in the Labour Market. A Comparative Study of Four European countries.* Geneva 2000, p. 19). At the same time public debate drew much attention to anti-discrimination policy.

42 For an excellent evaluation of religious school systems cp. *The Future of Jewish Schooling in the United Kingdom. A Strategic Assessment of a Faith-Based Provision of Primary and Secondary School Education*, JPR Report Nr. 2, 2001 (Institute for Jewish Policy Research).

43 "It has been said that 11.a.m. on Sunday is the most segregated hour in America. We all have a responsibility to break down the barriers that divide us. When a suburban church and an urban church become full partners, great things can happen." (*International Herald Tribune*, 11. February 2003).

44 "Niemand zet zijn …", *NRC Handelsbla*d, 5 November 2002.

45 In late 2002 ironic developments occurred in the Netherlands when public scepticism towards Islamic schools led liberal politicians to call for state monitoring of religious education in denominational schools. The lay parties were in favour of it while the catholic parties rigorously opposed it. ("Zet inspecteur ook bij godsdienstles'. De Tweede Kamer wil dat de onderwijsinspectie godsdienstles onderzoekt. Op islamitische en christelijke scholen". In: *NRC Handelsblad*, 11 November 2002).

MARK TERKESSIDIS

Metropolen und Migration

Wenn in der Bundesrepublik Deutschland über Migration und Stadt nachgedacht wird, dann meist unter dem normativen Gesichtspunkt der Integration. Tatsächlich wird die Stadt bzw. die „europäische Stadt" oftmals als eine Art funktionierender Behälter betrachtet, in dem sich über Jahrhunderte ein stimmiges Verhältnis zwischen kompaktem Zentrum und lockerem Stadtrand sowie eine soziale und funktionale Mischung in den einzelnen Quartieren entwickelt hat. Nach diesem Verständnis der Stadt braucht die kommunale Verwaltung im Einklang mit nationalen Politiken nur durch geeignete Maßnahmen dafür zu sorgen, dass die „ursprüngliche Integration" stets wiederhergestellt wird. Nun stimmt jenes normative Bild der Stadt kaum noch mit der Realität überein. Dieser Widerspruch führt allerdings häufig nicht zur Korrektur des ideellen Anspruchs, sondern vielmehr zu einer Erzählung vom Niedergang der Stadt – illustriert mit Verweisen auf andere Orte: Wenn es um soziale Probleme, Segregation, „urban sprawl" etc. geht, dann hört man Warnungen vor „amerikanischen Verhältnissen" oder der Entwicklung von „Moloch-Städten" wie in der „Dritten Welt".

Nun begehren die einheimischen, bürgerlichen Bewohner der Städte zweifellos ein metropolitanes Flair, doch gleichzeitig erscheint ihnen die „Desintegration" der Stadt als höchst unangenehmer Kontrollverlust. Und nichts eignet sich zur Veranschaulichung dieses Kontrollverlustes besser als die Einwanderer. „Sie" sondern sich ab, hat man in den letzten Jahren vielfach gehört, „sie" kümmern sich nicht um die Bildungschancen ihrer Kinder, „sie" gründen sogenannte Parallelgesellschaften, „sie" wollen sich nicht integrieren.

Dieses Bild des Migranten gibt beträchtlichen Teilen der politischen und bürgerlichen Eliten die Möglichkeit, weiterhin Souveränität über die Stadt zu behaupten. Tatsächlich aber haben sie jene längst verloren. Neoliberale Strukturmaßnahmen und zunehmende Mobilität haben aus der Stadt ein höchst kompliziertes Gebilde gemacht, dessen „Gestalt" nur noch vage festzulegen ist – vor allem, weil die Verhältnisse von Nähe und Ferne nicht mehr von der rein geografischen Nachbarschaft bestimmt werden. Die Stadt ist in sich durchlöchert und beweglich und besitzt gleichzeitig eine Reihe von weit entfernten und quasi unsichtbaren Vororten. Das betrifft keineswegs nur Großstädte, in denen viele Millionen Menschen leben: Auch kleinere oder mittlere Städte können in dieser Hinsicht den Charakter von verzweigten, vielfältigen und durchaus mondänen Metropolen besitzen.

Was all das bedeutet, soll am Beispiel einer Stadt gezeigt werden, die dem Bild der „europäischen Stadt" noch weitgehend zu entsprechen scheint: Düsseldorf – ebenso gut könnte es Hamburg sein. In der Folge werden einige Bewohner und Bewohnerinnen aus Düsseldorf aufgesucht, um auszuloten, wie Migration, oder allgemeiner gesagt, wie Mobilität die Stadt real verändert.

Lebensentwürfe

Ahmed B. ist vor 41 Jahren nach Düsseldorf gekommen. Wie eine ganze Reihe Marokkaner aus

Flüchtlingsschiff *Siesta* im Hafenbecken C des Düsseldorfer Industriehafens, nur zwei Kilometer entfernt von der schönen neuen Dienstleistungswelt im „Medienhafen" mit dem Neuen Zollhof (Architekt: Frank O. Gehry). Refugee ship Siesta in harbour basin C of Düsseldorf's industrial harbour, just two kilometres from the lovely new service world in the „Medienhafen" with the Neuer Zollhof (architect: Frank O. Gehry)

MARK TERKESSIDIS

Metropolises and Migration

der Rif-Region hat er damals den Ruf der Bundesrepublik Deutschland nach Arbeitskräften vernommen – 1965 schloss sein Heimatland mit den Deutschen einen Anwerbevertrag. Obwohl er schon so lange in Düsseldorf lebt, ist Ahmed kein Deutscher. Kürzlich wollte er die deutsche Staatsangehörigkeit annehmen, aber das erwies sich als schwierig. Er musste nachweisen, dass er fünf Jahre Rentenbeiträge bezahlt hat, dass er sich und seine Familie ernähren kann, dass er ausreichend Wohnraum zur Verfügung hat und dass er nicht straffällig geworden war. Schließlich sollte es auch noch eine Regelanfrage beim Verfassungsschutz geben. Aber Ahmed ist unterdessen arbeitslos – das reichte als Grund für die Ablehnung.

Eigentlich wollte Ahmed nur ein oder zwei Jahre in Deutschland bleiben. Bereits in den Ferien in Marokko begann er daher, sich in seinem Heimatdorf in der Nähe der Stadt Nador ein Haus zu bauen. Richtig gewohnt haben er, seine Frau und seine drei Kinder dort nicht, aber die Familie verbringt in dem Haus mehrere Wochen im Jahr – gewöhnlich im Juli und August. Dort treffen sie die marokkanischen Familienmitglieder. Eine von Ahmeds Töchtern hat bei einem dieser Aufenthalte ihren späteren Mann kennengelernt. Viel Zeit verbringt die Familie mit anderen „Deutschen", weiteren Auswanderern, die in der Nähe gebaut haben. Ahmed ist zwar Marokkaner, aber mit dem Alltag, der Kommune oder der Politik hat er eigentlich nichts zu tun.

Lisa G. ist in Düsseldorf geboren und offiziell lebt sie auch weiterhin mit ihrem Mann im gemeinsamen Haus im Stadtteil Oberbilk. Aber tatsächlich wohnt Familie G. nur einige Wochen in Düsseldorf. Seit fünf Jahren besitzen sie ein Haus in Torrevieja an der spanischen Costa Blanca. Lisa und Ralf sind agile Frührentner und haben sich hier zur Ruhe gesetzt. Ihr Sozialleben verbringen sie vorwiegend mit Deutschen, Schweizern und einigen Skandinaviern. Viele der Nachbarn stammen freilich aus Düsseldorf oder dem Umland – den Tipp mit Torrevieja hatte Lisa von einer Freundin bekommen, die ebenfalls ein Haus dort besitzt. Mit den einheimischen Spaniern haben sie wenig Kontakt,

vom Alltagsleben bekommen sie nur wenig mit, die nationale Politik interessiert sie kaum. Beide sprechen kein Spanisch – so wie die meisten ihrer Nachbarn. Wie die anderen Residenten fliegt die Familie öfter mal „nach Hause". Seitdem ein „Billigflieger" die Strecke Düsseldorf-Alicante abdeckt, sogar noch öfter. Manchmal weiß Lisa gar nicht mehr, wo sie eigentlich zu Hause ist.

Charlotte T. ist seit zwei Jahren Managerin innerhalb der Strategic Information Technology Practice Central Europe im Büro von A. T. Kearney im Düsseldorfer „Medienhafen" – jener „Meile der Kreativen" im umgebauten Hafen der Rheinmetropole. Die Firma wurde 1926 in Chicago gegründet und Düsseldorf war der erste Standort in Europa. Charlotte kommt eigentlich vom Haupthaus in Chicago, aber die Versetzung nach Düsseldorf bedeutete für sie einen echten Karrieresprung. Nun berät sie deutsche Firmen in Sachen IT. Wie lange sie in Düsseldorf bleiben wird, weiß sie nicht genau. Ihre Arbeit ist außerordentlich zeitraubend und die meiste Zeit verbringt sie mit ihren Kollegen oder anderen US-„Expatriates", die bei benachbarten Firmen im „Medienhafen" arbeiten. Vom Alltagsleben in Düsseldorf bekommt sie daher nicht wirklich viel mit. Im letzten Sommer ist sie am Abend gerne noch auf ein Getränk hinüber gegangen zum *Monkey´s Island*, der Affeninsel. Der aufgeschüttete Strand befand sich gleich vis-à-vis von ihrem Büro auf einer kleinen Landzunge – leider wurde er wegen Streitigkeiten mit der Stadt geschlossen. An warmen Abenden war das Gefühl karibisch: Sie kam sich vor wie eine Urlauberin am eigenen Arbeitsplatz und Wohnort. Zumal der Ausblick wirklich spektakulär war. Gleich gegenüber, im Abendlicht, konnte sie die Linien, Schatten und Lichtreflexe dreier Gebäude betrachten, die in den 1990er Jahren vom Stararchitekten Frank O. Gehry entworfen wurden: die „tanzenden Bürotürme", der Neue Zollhof. Gerade mal zwei Kilometer weiter, im Hafenbecken C, sitzt **Mamadou K.** in seinem winzigen Zimmer auf einem Schiff. Es handelt sich um das fest vertäute ehemalige Hotelschiff *Siesta*. Dieses Schiff ist nicht leicht zu finden, es ist

Profilierung durch Architektur: dank des Guggenheim-Museums von Frank O. Gehry hat sich Bilbao einen Platz auf der Karte bekannter Städte gesichert.
Profiling through architecture: the Guggenheim Museum by Frank O. Gehry has secured Bilbao a place on the map of famous cities.

When thought is given to migration and the city in the Federal Republic of Germany, it is usually from the normative standpoint of integration. Indeed, the city or the "European city" is often regarded as a kind of functioning container, in which a coherent relation has developed over the centuries between compact centre and un-crowded periphery, as well as a social and func-tional mix in individual districts. According to this understanding of the city, the municipal ad-ministration – in harmony with national policies – only has to implement suitable measures to ensure that the "original integration" is always reconstituted. But these days, the normative image of the city bears little resemblance to reality. Often, however, this contradiction does not lead to a correction in ideal pretensions, but to the tale of the city's decline – illustrated with references to other places: when it is a matter of segregation, "urban sprawl" etc., warnings become loud against "American conditions", or the development of "Moloch-like cities" as in the Third World.

Today the local, bourgeois inhabitants of cities certainly aspire to metropolitan flair, but at the same time, the "disintegration" of the city ap-pears to represent an unpleasant loss of control to them. And nothing is better suited to illus-trating this loss of control than immigrants. In recent years, one frequently hears that „they" are not concerned about their children's education, "they" establish so-called parallel societies, and "they" don't want to integrate. This image of the migrant gives a considerable proportion of the political and bourgeois elites the chance to maintain their claim to sover-eignty over the city. But in fact they lost it long ago. Neo-liberal structural measures and increasing mobility have made the city into a highly complex constellation, the "shape" of which can only be determined vaguely – above all, because the relations of near and far are no longer defined by purely geographical proximity. The city in itself is perforated and mobile, and at the same time it has a number of far distant and quasi invisible suburbs. And this does not only apply to big cities with millions of inhabitants, by any means: in this respect, small or middle-sized cities may have the character of ramified, diverse and quite sophisticated metropolises.

The significance of all this will now be demon-strated using the example of a city that still seems to correspond, to a large extent, to the image of the "European city" – Düsseldorf – but it could just as easily be Hamburg. In the following, various residents of Düsseldorf will be visited in order to sound out the way that migration or more generally speaking, mobility, is changing the reality of the city.

Patterns of Life

Ahmed B. came to Düsseldorf 41 years ago. Like a large number of Moroccans from the Rif area, he responded to the Federal Republic of Germany's call for workers at that time – his home country concluded a recruitment contract with the Germans in 1965. Although he has al-ready lived in Düsseldorf for so long, Ahmed is not a German. Recently, he was eager to adopt German nationality, but it proved difficult. He had to provide evidence that he has paid pension contributions for five years, that he can support himself and his family, that he has sufficient available living space, and that he has never broken the law. Finally, there was to be regulation questioning by the Federal Office for the Protection of the Constitution. But Ahmed is unemployed these days – and that was suf-ficient reason for rejection.

Actually, Ahmed only wanted to stay in Germa-ny for one or two years. That is why he already began to build himself a house in his home vil-lage near the city of Nador during his holidays in Morocco. He, his wife and their three children have never lived there properly, but the fam-ily spends several weeks a year in the house – usually in July and August. There, they meet up with the members of the Moroccan family, and one of Ahmed's daughters even met her future husband on one of those stays. The fam-ily spends a lot of time with other "Germans"; other emigrants that have built houses nearby.

versteckt inmitten des Industriehafens. Bei der *Siesta* handelt es sich um die sogenannte Erst-aufnahmeeinrichtung des Landes Nordrhein-Westfalen. Mamadou stammt aus Kamerun und er hat in Deutschland einen Antrag auf Asyl wegen politischer Verfolgung gestellt. Auf dem Boot muss er eine Reihe von Formalitäten erledigen. Mamadous Hauptbeschäftigung ist Warten. Er wartet darauf, dass er erkennungs-dienstlich behandelt und befragt wird. Er wartet darauf, wie es mit ihm weitergeht in Deutschland. Mamadou weiß, dass nur ein Bruchteil der Asyl-anträge hierzulande positiv beschieden wird, wobei die Kameruner immerhin eine der größ-ten Gruppen darstellen. Und seine „Geschichte" ist gut. Tatsächlich wurde er gar nicht verfolgt. Er hatte sogar einen Job als Lastwagenfahrer in Yaoundé, doch das Geld reichte hinten und vorne nicht, um seine dreiköpfige Familie zu ernähren. Das Schlimmste an den Verhältnissen in seinem Heimatland war der komplette Mangel an Perspektive: Sozial, politisch, persönlich gab es einfach kein Weiterkommen. Und so ist er nach langer Überlegung gen Deutschland aufgebrochen – die deutsche Kolonialperiode liegt weit, weit zurück und die Deutschen haben in Kamerun heute einen guten Ruf.

Ahmed, Lisa, Charlotte und Mamadou leben alle auf die eine oder andere Weise in Düs-seldorf. Und auf den ersten Blick haben ihre Leben kaum etwas miteinander gemein. Doch das verbindende Element dieser Personen ist ihre Mobilität. Diese Mobilität ist nicht einfach eine Bewegung von A nach B. Die genannten Personen wohnen an einem Ort, aber „eigent-lich" noch an einem anderen, sie sind an einem Ort anwesend, doch zugleich auch abwesend – sie sind im Zustand der Bewegung gleichsam erstarrt. Um so zu leben, benötigen diese Perso-nen eine Infrastruktur der anwesenden Abwe-senheit. Und diese schlägt sich nicht zuletzt in der Architektur nieder. So unterschiedlich die „tanzenden Bürotürme" und die *Siesta* sein mögen: Beide Einrichtungen versuchen eine Im-mobilie in Bewegung zu halten und beide bilden so etwas wie Löcher im Gewebe der Stadt. Und so unterschiedlich die Siedlungen nahe Nador

und in Torrevieja sein mögen, auch sie haben etwas gemeinsam: Sie bilden geheime Außen-bezirke einer deutschen Stadt.

Mobilisierte Räume

Dass der Düsseldorfer Medienhafen Bewegung symbolisiert, garantiert allein schon der Ort – der Hafen verkörpert Handel und Wandel. Die ansässigen Unternehmensberatungen oder Produktionsfirmen sind nur lose mit dem „Standort" Düsseldorf verbunden – sie bilden eher kleine Knoten im Netz der globalen Wirt-schaft. Tatsächlich will dieser Hafen die oft nur vorübergehend tätigen *Flexicutives* gar nicht einheimisch werden lassen, sondern ihnen die Stadt, in der sie leben, als touristisches Objekt anbieten. Bauten wie jene von Gehry sollen nicht die Qualität des „Zuhause-Seins" erhöhen, sondern den Wiedererkennungswert der Stadt für „Fremde". Gemäß dem Vorbild Bilbao: Der vormaligen Industriestadt im Baskenland be-scherte das ebenfalls von Gehry geplante Gug-genheim-Museum eine erstaunliche Profilierung und einen ungeahnten Boom bei den Besucher-zahlen. Noch bis vor kurzem konnten die Ange-stellten in den Düsseldorfer Gehry-Türmen nach der Arbeit hinüber an den Strand wechseln, den Urlaubsort per se, wo sie brillantes *sight-seeing* auf den eigenen Arbeitsplatz genießen durften. Ein Arbeitsplatz, den sie vielleicht nicht mehr lange aufsuchen werden, denn der Ortswechsel ist etwa im Beratergeschäft eine Selbstver-ständlichkeit. Und so scheint es nur logisch, dass Frank O. Gehry dafür gesorgt hat, dass dieser Arbeitsplatz „tanzt".

Die Mobilität, die im Medienhafen ein Privileg darstellt, verwandelt sich auf der *Siesta* zu einer Verurteilung: Das Gefühl der Bewegung wird zu einem Menetekel, dass man nie ankommen darf. Leute wie Mamadou sind auf der Suche nach Arbeit in Deutschland zu Freizeit verurteilt worden. Das Ungewohnte der Umgebung wirkt hier nicht spektakulär, sondern beängstigend. Es ist eine böse Ironie, dass es in und rund um Europa oftmals ehemals touristische Infrastruk-turen sind, die zur Internierung von Flüchtlin-

Bauten wie jene von Gehry sol-len nicht die Qualität des „Zu-hause-Seins" erhöhen, sondern den Wiedererkennungswert der Stadt für „Fremde".

Although he is a Moroccan, actually Ahmed has nothing to do with everyday life there, with the community or with politics.

Lisa G. was born in Düsseldorf, and officially she continues to live there with her husband, in a shared house in the district of Oberbilk. In fact, however, the G. family only lives in Düsseldorf for a few weeks each year. For five years now, they have owned a house in Torrevieja on the Spanish Costa Blanca. Although still active, Lisa and Ralf retired early and have settled there. Their social life is spent primarily with Germans, Swiss and some Scandinavians. Admittedly, many of the neighbours come from Düsseldorf or the surrounding area – Lisa got the tip about Torrevieja from a friend who also owns a house there. They have very little contact with the local Spaniards; they register very little of everyday life there, and have little interest in national politics. Neither of them speaks any Spanish – like most of their neighbours. Like the other residents, the family often flies "home"; even more often since a cheap airline started to cover the route Düsseldorf–Alicante. Sometimes, Lisa no longer knows quite where she feels at home.

For two years now, **Charlotte T.** has been a manager in the Strategic Information Technology Practice Central Europe at the office of A. T. Kearney in Düsseldorf's "Media Port" – the "creative mile" of the Rhine metropolis' converted port area. The company was founded in Chicago in 1926, and Düsseldorf was its first location in Europe. Charlotte actually comes from the headquarters in Chicago, but the transfer to Düsseldorf signified a real career leap for her. She now advises German companies on IT matters. She does not know exactly how long she will be living in Düsseldorf. Her work is extremely time-consuming and she spends most time with her colleagues or other US expatriates who work for neighbouring companies in the "Media Port". She doesn't really experience much of everyday life in Düsseldorf for that reason. Last summer, she enjoyed going across to "Monkey´s Island" for an evening drink. The artificial beach was located directly across from

her office on a small peninsular – unfortunately it was closed down due to conflicts with the city. On warm evenings, it evoked a Caribbean feeling: she felt as if she was on holiday at her own domicile and workplace, especially as the view was quite spectacular. Directly opposite, in the evening light, she could see the lines, shadows and light reflexes of the three buildings designed by star architect Frank O. Gehry during the 1990s: the "dancing office towers" on the Neue Zollhof.

Only two kilometres away, in the port Basin C, **Mamadou K.** sits in his tiny shipboard cabin. It is the firmly-anchored, former hotel ship "Siesta". The ship is not easy to find; it is right in the middle of the industrial port. The "Siesta" is now the so-called "first intake establishment" of the state of North Rhine-Westphalia. Mamadou comes from Cameroon and has applied for asylum in Germany on the grounds of political persecution. On the boat, he has to complete a series of formalities. Mamadou's main occupation is waiting. He is waiting to be dealt with and questioned by the public records department. He is waiting to see how his life in Germany will continue.

Mamadou knows that only a fraction of the applications for asylum in this country are accepted, although those from Cameroon do represent one of the biggest groups among them, after all. And his "story" is a good one. In fact he was not persecuted at all. He even had a job as a truck driver in Yaoundé, but there was never enough money to feed his family of three. The worst thing about the conditions in his home country was the complete lack of perspective: socially, politically, personally – it was simply impossible to make any progress. And so after long deliberation, he set out for Germany – the age of German colonialism is now in the far, far distant past, and the Germans have a good reputation in Cameroon today.

In one way or another, Ahmed, Lisa, Charlotte and Mamadou all live in Düsseldorf. At first glance, their lives seem to have very little in common. But the element that connects these people is their mobility. This mobility is not

Siedlung im Bau bei Torrevieja, Costa Blanca, Spanien
Estate under construction near Torrevieja, Costa Blanca, Spain

gen genutzt werden. In Kroatien etwa ist das geschlossene Aufnahmelager für „Illegale" im ausrangierten Flachbau des Motels Jesevo untergebracht, in der Nähe einer Tankstelle an der Autobahn von Zagreb nach Belgrad. Eine der wichtigsten Einrichtung für den „temporären Aufenthalt" von Flüchtlingen in Italien, das Lager in Bari, besteht aus Wohnwagen, die auf der Landebahn eines ehemaligen Militärflughafens geparkt wurden. Solche Formen der Unterbringung (Hotels, Wohnwagen, Zelte oder in Deutschland oft auch Container) an Orten des Transits (Flüsse, Küsten, Flughäfen) sollen

den Bewohnern verdeutlichen, dass sie trotz ihrer derzeitigen Immobilität weiterhin unterwegs sind, dass sie nicht ankommen sollen und „eigentlich" woanders hin gehören. Bei solchen Wohnprovisorien handelt es sich um eine Infrastruktur und Architektur der Mobilisierung, oder genauer der „erstarrten Bewegung".
Die mobilisierten Räume innerhalb der Stadt liegen geografisch in der Nachbarschaft, aber tatsächlich sind sie sowohl von der Struktur ihrer Bewohner als auch vom architektonischen Anspruch eingebettet in globale Netzwerke. Diesen Räumen entsprechen solche außerhalb

Buildings like those by Gehry
are not intended to improve
the quality of "being at home",
but the city's identification
value for "strangers".

Ferienhaussiedlung bei Calpe an der Costa Blanca,
Spanien.   Holiday homes near Calpe on the Costa
Blanca, Spain

simply movement from A to B. The people
mentioned live in one place, but "actually" still
live in another; they are present in one place,
but simultaneously absent – it is as if they were
frozen in a state of movement. In order to live
this way, such people need an infrastructure of
present absence. And this is reflected, not least,
in the architecture. Different as the "dancing
office towers" and the "Siesta" may be, both
attempt to keep a real property in motion and
both represent something like holes in the
fabric of the city. And contrasting as the settlements near Nador and in Torrevieja may be,
they also have something in common: they are
secret suburbs of a German city.

Mobilised Spaces

The fact that the Düsseldorf Media Port
symbolises movement is guaranteed by the
location per se – a port embodies trade and
transformation. The resident business advisors or production companies are tied to the
"location" Düsseldorf only loosely – rather, they
represent a small knot in the network of the
global economy. Indeed, often this port does
not aim to make the "flexicutives" who work
there feel at home, but to present them the
city where they live as the object of tourism.
Buildings like those by Gehry are not intended
to improve the quality of "being at home", but
the city's identification value for "strangers".
This corresponds to the model of Bilbao: the
Guggenheim Museum, also planned by Gehry,
brought astonishing profile and an undreamt
of visitor boom to the former industrial city
in the Basque country. Until only a short time
ago, those employed in the Gehry towers in
Düsseldorf could go across to the beach after
work, to the holiday location, where they were
able to enjoy brilliant sight-seeing at their own
workplace. Workplaces that they will not be fre-
quenting much longer, perhaps, for changes of
location are a matter of course in the consult-
ing business, for example. And so it seems quite
logical that Frank O. Gehry has ensured that
this workplace "dances".

The mobility that constitutes a privilege in the
Media Port is transformed into condemna-
tion on the "Siesta": the sense of movement
becomes an omen indicating that one will never
be allowed to arrive. People like Mamadou,
searching for work in Germany, are condemned
to "leisure time". Here, the unfamiliar aspects
of their surroundings do not appear spectacular, but intimidating. There is an unholy irony
in the fact that often former tourist infrastructures in and around Europe are used for the
detention of refugees. In Croatia for example,
the closed reception complex for "illegal refugees" occupies the discarded, flat building of
Motel Jesevo, close to a filling station on the
motorway from Zagreb to Belgrade. One of the
most important institutions for the "temporary
residence" of refugees in Italy, the camp in Bari,
consists of caravans that have been parked on
the runway of a former military airport. Such
forms of accommodation (hotels, holiday caravans, tents or often containers in Germany) in
places of transit (rivers, coastlines, airports) are
intended to make clear to their inhabitants that
despite their present immobility, they continue
to be on the road; they are not supposed to arrive, for they "actually" belong elsewhere. This
provisional housing represents an infrastructure and architecture of mobilisation, or more
precisely of "frozen movement".
Geographically, the mobilised spaces within the
city are in the same neighbourhood, but in fact
they are embedded in global networks, both
with respect to the structure of their inhabitants and their architectonic pretensions. These
spaces correspond to places outside the city,
which are far away in geographical terms, but
actually function more like a neighbourhood.
The settlement where Ahmed B.'s house is situated is this kind of place. The emigrants' houses
are easy to recognise; the style of building
could be termed "emigrant post-modern". The
buildings are vaguely modernistic and functional, but sometimes spectacular ornamental
embellishments cause them to differ from their
surroundings: lines or forms painted in often
bright colours, striking decor, small towers or

der Stadt, die zwar geografisch weit entfernt liegen, doch tatsächlich eher wie eine Nachbarschaft funktionieren. So ein Ort ist die Siedlung, in der das Haus von Ahmed B. steht. Die Häuser der Auswanderer sind leicht zu erkennen. Den Baustil könnte man als „Auswanderer-Postmoderne" bezeichnen. Die Gebäude sind vage modernistisch, funktional, doch sie unterscheiden sich von der Umgebung durch teilweise spektakuläre ornamentale Verschönerungen: aufgemalte Linien oder Flächen in häufig grellen Farben, auffällige Verzierungen, kleine Türmchen oder auch prächtig gekachelte Eingangstüren. All diese Applikationen sollen einen Verweis auf das Regionale, auf „Arabizität" darstellen – freilich ohne eine spezifische architektonische Epoche anzusprechen.

Wie erwähnt halten sich die Bewohner oftmals nur einige Wochen im Jahr in ihren Häusern auf. Sie leben in einem Raum, der sehr stark innerhalb der dort lebenden Familie angesiedelt ist und mit dem realen Alltag kaum etwas zu tun hat. Man kann dieses paradoxe Raumgefühl als „touristische Intimität" charakterisieren. Die Auswanderer bilden mittlerweile eine eigene Gruppe in der marokkanischen Gesellschaft. Durch ihre Rücküberweisungen an die Familie und ihre Investitionen im Land stellen sie einen wichtigen sozialen Faktor dar – die Transferzahlungen der Auswanderer in Marokko übersteigen als Gesamtbetrag die Direktinvestitionen ausländischer Unternehmen im ganzen Nordafrika. Zugleich haben die Auswanderer bei den Einheimischen ein wenig das Image von Urlaubern: Sie gelten als Leute mit viel Geld und lockeren Sitten. Sie sind auf einflussreiche Weise anwesend und doch hauptsächlich abwesend – und eben das dokumentieren auch Wohnformen der Emigranten. In der Hafenstadt Tanger existieren am Stadtrand ganze Viertel, die nur im Sommer lebendig werden. Eines davon heißt „Hammet Belgique" und schon dieser Name signalisiert, dass es sich bei diesem und ähnlichen Quartieren um entfernte Vororte von Brüssel, Amsterdam, Paris oder auch Düsseldorf handelt. Solche Vororte werden aber nicht nur von

Auswanderern bewohnt, deren Grenze zum Touristen fließend geworden ist, sondern umgekehrt auch von Touristen, die wie Lisa G. immer mehr Migranten ähneln. Früher einmal war Tourismus eine Sache der „großen Ferien" – der Aufenthalt dauerte im Durchschnitt zwei oder drei Wochen im Sommer. Doch die touristische Anwesenheit hat sich flexibilisiert. „Billigflieger" sorgen dafür, dass viele Städte in und rund um Europa an den Wochenenden merklich anschwellen. Zugleich zeigt ein Blick in ein beliebiges Immobiliengeschäft, dass dort nicht nur Häuser in der regionalen Umgebung angeboten werden, sondern auch in Ferienregionen. Viele Westeuropäer besitzen wie Familie G. Wohnungen in Spanien, die sie mehrfach im Jahr ansteuern oder die sie den ganzen Winter hindurch bewohnen oder in denen sie gar ihren ganzen Lebensabend verbringen. An der spanischen Küste ist die verdichtete „Hotelburg" als Modell abgelöst worden durch eine großflächige, endlose Ansammlung von sogenannten Urbanisationen – Siedlungen eben für jene Residenten, die hier Wohneigentum besitzen. Solche Urbanisationen werden aus einem Guss von Developern geplant und gebaut. Angeordnet sind die Häuser stets in einer Art dörflicher Struktur, nach außen verschlossen, ohne Verbindung zu anderen Urbanisationen, aber angebunden an die nächste Schnellstraße und diese wiederum führt meist zum nahe gelegenen Flughafen. Obwohl die Developer versuchen, die Form von Dörfern nachzuahmen, gibt es kaum öffentlichen Raum – keine Plätze, Kirchen, Denkmäler und oft nicht einmal Kneipen. Die Störgeräusche der sozialen Realität wie Klassenkonflikte, Kriminalität oder Obdachlosigkeit bleiben ohnehin draußen. Daher kommen diese Orte auch ohne Gedächtnis aus. Hier herrscht die komplette Abwesenheit von Erinnerung. Die Fassaden sind immer neu, die Existenzform gänzlich privat und das Leben ohne Höhepunkte und Schwierigkeiten. Das bedeutet jedoch nicht, dass es an solchen Orten keine Gemeinschaft gibt. Zumeist bleiben die Briten, Niederländer oder Deutschen unter sich – sie bilden veritable „Parallelgesellschaften".

Die Postmoderne der Auswanderer: Wohnhäuser von Migranten bei Nador (Rif-Region), Marokko *The postmodernism of emigrants: migrants' dwellings near Nador (Rif region), Morocco*

Zentren der temporären Permanenz (CPT): Überdachte Wohnwagen im CPT von Bari, Italien   Centres of temporary permanence (CPT): covered caravans in the CPT at Bari, Italy

splendidly tiled entrances. All these additions are intended as pointers to the regional, to their "Arabness" – but without addressing a specific architectural epoch, of course.

The inhabitants, as already indicated above, often spend only a few weeks per year in their houses. They live in a space that is very much located within the local family and has very little to do with the region's true everyday life. One can characterise this paradoxical sense of place as "touristic intimacy". These days, such emigrants form a group of their own within Moroccan society. Due to the money that they transfer to their families and their investment in real estate, they represent an important social factor – the overall sum paid back into the Moroccan economy by emigrants exceeds the direct investments of foreign companies in the whole of North Africa. At the same time, the emigrants have developed something of the tourist image among the locals: they are seen as people with a lot of money and loose morals. They are present in an influential way and yet primarily absent – and precisely that is documented by the lifestyles among emigrants. On the edge of the port of Tangiers there are entire districts that only come to life in the summer months. One of them is called "Hammet Belgique" – and the name already indicates that this and similar districts represent distant suburbs of Brussels, Amsterdam, Paris or Düsseldorf.

But such suburbs are not only inhabited by emigrants who approximate to tourists, but the other way around, in other words by tourists who – like Lisa G. – increasingly resemble migrants. Once upon a time, tourism was a matter of the "long holiday" – on average, people's stay lasted two or three weeks in summer. But the tourist presence has become flexible. Cheap airlines ensure that many cities in and around Europe swell markedly at the weekends. At the same time, a look in the window of any real estate agent will show that not only houses in the surrounding area are offered, but also in holiday regions. Many western Europeans like the G. family own apartments in Spain, heading for them several times a year, living in them throughout the winter, or even spending all their retirement there.

On the Spanish coast, the model of the compact "hotel castle" has been replaced by a wide-scale, infinite collection of so-called urbanisations – settlements for those residents that own property here. Such urbanisations are planned and built "all of a piece" by developers. The houses are always arranged in a kind of village structure, self-contained and without any connections to other urbanisations, but with link roads to the nearest highway, and this in turn usually leads to the airport close by. Although the developers attempt to copy the village form, there is very little public space – no squares, churches, monuments and often not even pubs. Disturbing echoes of social reality like class conflict, crime or homelessness remain outside anyway. That is why such places also survive without memory; the complete absence of memory dominates. The façades are always new, the lifestyle is utterly private, and existence here has neither high points nor difficulties. But that does not mean that there is no community in such places. Usually the British, Dutch or Germans keep to themselves – they form veritable "parallel societies". Places like Torrevieja are made from an accumulation of suburbs of Manchester, Amsterdam, Hamburg or Düsseldorf.

Participation rather than Integration

Normative adherence to concepts such as integration or the "European city" appears contraproductive in face of this mobility, this shift in geographic relations of distance, the city's perforation and expansion, and finally the development of a new architectural morphology of "frozen movement". Indeed, it has already become difficult to imagine the entity into which a person is supposed to "integrate". Traditionally, it was the nation-state. But the exemplary biographies here speak of a different reality. More and more people are living in several places at the same time, and they are no longer "full" subjects of any of these places. The exercising of rights is still tied to permanent residence, but according to this understanding, none of

Orte wie Torrevieja sind zusammengesetzt aus einer Ansammlung von Vororten von Manchester, Amsterdam, Hamburg oder auch Düsseldorf.

Partizipation statt Eingliederung

Angesichts der Mobilität, der Verschiebung von geografischen Nähe- und Ferneverhältnissen, der Durchlöcherung und Erweiterung der Stadt sowie der Entwicklung einer neuen architektonischen Morphologie der „erstarrten Bewegung" erscheint die normative Bindung an Begriffe wie Integration oder die „europäische Stadt" kontraproduktiv. Tatsächlich ist es bereits schwierig geworden, sich jenes Gebilde vorzustellen, in das eine Person sich „integrieren" soll. Traditionell war das der Nationalstaat. Aber die biografischen Beispiele sprechen von einer anderen Realität. Immer mehr Menschen leben an mehreren Orten zugleich und an diesen Orten sind sie jeweils keine „vollen" Subjekte mehr. Die Ausübung der Rechte ist immer noch an Sesshaftigkeit gebunden, doch in diesem Sinne dürfen die erwähnten Personen jeweils an ihren aktuellen „Lebensmittelpunkten" nicht am Leben der Polis teilnehmen. Tatsächlich ist jene Polis längst auseinandergefallen. Die Stadt hat sich zu einer vielgliedrigen Para-Polis entwickelt. Letztlich ist die Bezeichnung Düsseldorf nur noch eine Art Label für einen losen Zusammenhang. Allerdings ist das kein Grund, den Niedergang der Stadt zu beschwören. In einer Zeit, in der urbane Probleme eher „gemanagt" als gelöst werden, ist es realistischerweise sinnvoll, die Paradoxa des Neoliberalismus zu entfalten. Nun birgt der Neoliberalismus ja auch ein positives Angebot – jenes der Eigenverantwortung. In diesem Sinne wäre die Ausgangsfrage für städtische, für metropolitane Politik nicht mehr die „Eingliederung", sondern jene der Partizipation. Der Zugang zu bestimmten Rechten darf wie hierzulande üblich nicht am Ende eines nebulösen Integrationsprozesses stehen. Je mobiler das Leben sich gestaltet, desto mehr Personen werden zu „Benutzern" des Gemeinwesens: Sie pendeln oder haben längere Phasen von Abwesenheit. Ihr Interesse gilt weniger der Teilnahme am „integralen" Leben der Gemeinde, sondern eher der Aufrechterhaltung einer für sie günstigen Infrastruktur. Das gilt für polnische Saisonarbeiter ebenso wie für „Expatriates" im globalen Unternehmen – ihr Bezugspunkt ist der „Standort".

Wenn Partizipation das Ziel wäre, dann muss diesen Menschen ein niedrigschwelliges Angebot gemacht werden. Das betrifft zunächst die Regelung des Aufenthaltes. Diese sollte in der Kommune für sämtliche Personen unproblematisch sein, die sich dort aufhalten – seien sie nun legal oder illegal eingereist. An das leicht zu erwerbende Aufenthaltsstatut sollten wiederum bestimmte Rechte gekoppelt sein, die keine permanente Anwesenheit nötig machen. Viele Kommunen haben bereits erkannt, dass die Staatsbürgerschaft ihrer Einwohner für die Gestaltung der lokalen Angelegenheiten überhaupt keine Bedeutung mehr hat. In diesem Sinne gibt es auch eine Renaissance der scheinbar vergessenen Forderung nach dem kommunalen Wahlrecht für „Ausländer". In vielen Städten dürfen 20 bis 30 Prozent der Bewohner nicht mitbestimmen, Tendenz steigend, und das gefährdet die Legitimation demokratischer Prozesse. Die großen und kleinen Metropolen der Zukunft lassen sich nur gestalten, wenn sie eine „Teilhabe im Vorübergehen" ermöglichen, das „Recht auf einen Ort".

> Immer mehr Menschen leben an mehreren Orten zugleich und an diesen Orten sind sie jeweils keine „vollen" Subjekte mehr.

More and more people are living in several places at the same time, and they are no longer "full" subjects of any of these places.

the people mentioned here are permitted to take part in the life of the polis in their current "homes". But that polis disintegrated long ago, anyway. The city has developed into a para-polis made up of many elements. Ultimately, the name Düsseldorf is only a kind of label signifying a loose interrelation.

However, this is not a reason to evoke the decline of the city. In an age when the urban problem is "managed" rather than solved, it is realistic and sensible to develop the paradoxes of neo-liberalism. Neo-liberalism also includes a positive proposition – that of individual responsibility. In this sense, the key question for urban, metropolitan politics would no longer be "integration" but participation. Access to certain rights ought not, as is customary in this country, to be available only after a nebulous process of integration. The more mobile life becomes, the more people will become "users" of the community: they either commute or have longer phases of absence. Their interest is centred less on participation in the "integral" life of the community and more on the maintenance of an infrastructure that benefits them. This is

true of Polish seasonal workers and "expatriates" in global companies alike – their point of reference is the "location".

If participation is the aim, a low-threshold offer can be made to such people. Initially, this applies to the regulation of their stay. In the community, it ought to be straightforward for everyone who is living there, whether he entered the country legally or illegally. This easily acquired residential status ought to be linked in turn to specific rights that do not necessitate permanent presence. Many communities have already recognised that their inhabitants' nationality no longer has any significance whatsoever for the organisation of local affairs. In this sense, there is also a renaissance of the apparently forgotten demand for local voting rights for "foreigners". In many cities, 20 to 30 percent of the inhabitants are not permitted to participate in decision making – the trend is an upward one – and this threatens the legitimisation of democratic processes. The big and small metropolises of the future can only be organised if they facilitate "participation in passing"; the "right to a place".

DIRK MEYHÖFER

Ein Interview mit Prof. Dr. Saskia Sassen

Schwerpunkte der Forschungsarbeiten und Publikationen von Prof. Dr. Saskia Sassen sind die Globalisierung (inkl. sozialer, wirtschaftlicher und politischer Dimensionen), Immigration, globale Städte, die neuen vernetzten Technologien sowie Veränderungen innerhalb des liberalen Staates, die aus den gegenwärtigen transnationalen Entwicklungen hervorgehen. In ihrer Forschung konzentriert sie sich auf das Unerwartete und das Kontraintuitive als Weg, um hinter etablierte „Wahrheiten" zu blicken. In ihren drei wichtigsten Büchern versucht sie, jeweils eine etablierte „Kernwahrheit" zu demontieren.

In ihrem ersten Werk, *The Mobility of Labor and Capital* (Cambridge University Press 1988), zeigt sie, wie ausländische Investitionen in weniger entwickelten Ländern die Wahrscheinlichkeit der Emigration tatsächlich erhöhen können. Diese These widerspricht der etablierten Vorstellung, solche Investitionen würden dazu beitragen, potentielle Emigranten im Land zu halten.

In ihrem zweiten Buch, *The Global City* (Princeton University Press 1991; 2. Auflage 2002), demonstriert sie, wie die globale Wirtschaft, die eben nicht ortsungebunden ist, sehr spezifische territoriale Eingaben hat und braucht. Dieser Zusammenhang sei am deutlichsten in so hochgradig globalisierten und elektronisch gesteuerten Sektoren wie der Finanzwelt vorhanden. Hiermit richtet sie sich gegen die damals etablierte Meinung, die globale Wirtschaft hätte territoriale Grenzen und ihre regulativen Apparate überwunden.

In ihrem jüngsten Werk, *Territory, Authority, Rights: From Medieval to Global Assemblages* (Princeton University Press 2006), zeigt sie, dass die Umwandlungsprozesse der heutigen Zeit größtenteils innerhalb zentraler, dichter Staatsgefüge stattfinden. Dies führt sie zu der Erklärung, dass es sich bei einigen Veränderungen innerhalb liberaler Staaten, am deutlichsten in den USA, aber zunehmend auch in anderen Ländern, nicht um Verzerrungen oder Anomalien handelt, sondern um das Ergebnis dieser größeren Umgestaltungen, einschließlich der Globalisierung. Sie demonstriert, wie sich die heutigen fundamentalen Umgestaltungen daher nicht nur aus Globalisierungsdynamiken, sondern auch aus Kräften der Entstaatlichung zusammensetzten: Wir sehen die Entstehung vieler, oft hoch spezialisierter Einheiten aus Territorium, Autorität und Rechten, die einst in einem nationalen Rahmen eingebunden waren. Heute überschreiten diese Einheiten globale und nationale Szenarien und entstaatlichen somit das, was historisch gesehen als staatliches Konstrukt entstanden war.

Nach zehnjähriger Tätigkeit an der University of Chicago und der London School of Economics ist Prof. Saskia Sassen heute Lynd Professor of Sociology und Mitglied des Committee on Global Thought an der Columbia University in New York.

Das folgende Interview fand in Hamburg am 15. September 2007 anlässlich der feierlichen Eröffnung der ersten beiden Ausstellungen der Internationalen Bauausstellung Hamburg statt.

DIRK MEYHÖFER

An Interview with Prof. Dr. Saskia Sassen

Prof. Dr. Saskia Sassen auf dem Weg zur Eröffnung der Werkstattschau der IBA Hamburg „IBA at WORK" am 15. September 2007   Prof. Dr. Saskia Sassen on her way to the opening of the IBA Hamburg's workshop exhibition „IBA at WORK" on 15 September 2007

Prof. Dr. Saskia Sassen's research and writing focus on globalisation (including social, economic and political dimensions), immigration, global cities, the new networked technologies, and changes within the liberal state, which result from current transnational conditions. In her research, she has focussed on the unexpected and the counterintuitive as a means of cutting through established "truths". Each of her three major books has sought to demolish a key established "truth".

Thus in her first book, *The Mobility of Labor and Capital* (Cambridge University Press 1988), she showed how foreign investment in less developed countries can actually raise the likelihood of emigration; this went against established notions that such investment would help retain potential emigrants.

In her second book, *The Global City* (Princeton University Press 1991; 2nd ed 2002), she showed how the global economy, far from being independent of place, has and needs very specific territorial insertions, and that this need is sharpest in the case of highly globalised and electronic sectors such as finance; this went against established notions at the time that the global economy transcended territory and its associated regulatory umbrellas.

In her most recent book, *Territory, Authority, Rights: From Medieval to Global Assemblages* (Princeton University Press 2006), she shows that the transformations afoot today take place largely inside core and thick national environments; this allows her to explain that some of the changes inside liberal states, most evi-

dent in the USA but also increasingly in other countries, are not distortions or anomalies, but are the result of these larger transformations, including globalisation. She shows how today's foundational transformations consist not only of globalising dynamics but also of denationalizing dynamics: we are seeing the formation of multiple often highly specialized, assemblages of bits of territory, authority, and rights that were once ensconced in national frameworks. Today these assemblages traverse global and national settings, thereby denationalizing what was historically constructed as national.

Prof. Saskia Sassen is now the Lynd Professor of Sociology and a Member of The Committee on Global Thought, Columbia University, New York following a decade at the University of Chicago and London School of Economics.

The following interview was recorded on 15 September 2007 in Hamburg on the occasion of the Grand Opening of the first two exhibitions of the Internationale Bauausstellung Hamburg.

Die wenigen glücklichen globalisierten Städte

Prof. Dr. Saskia Sassen, was ist diese globale Wirtschaft, die Städte zum Ende des 20. Jahrhunderts plötzlich wieder wichtig macht?

Ein Weg, sich der globalen Wirtschaft zu nähern, führt über die vielen hoch spezialisierten Kreisläufe, aus denen sie sich zusammensetzt. Verschiedene Kreisläufe enthalten verschiedene Gruppen von Ländern und Städten. So betrachtet wird die globale Wirtschaft konkret und spezifisch, mit einer gut definierten Geografie. Weltweit gehandelte Güter – Gold, Butter, Kaffee, Öl, Sonnenblumenkerne – werden an eine riesige Menge verschiedener Bestimmungsorte umverteilt, unabhängig davon, wie wenige Ausgangspunkte es teilweise gibt. Im Zuge der Globalisierung hat diese Fähigkeit der Umverteilung stark zugenommen. So kann es passieren, dass wir in einem der großen Butter produzierenden Länder leben, aber in unserem Supermarkt Butter aus Rumänien kaufen.

Dies hat jedoch nicht nur Auswirkungen auf die Verteilung und den Handel von Gütern. Wie sieht die finanzielle Weltkarte aus?

Die Weltkarte wird kleiner, wenn es nicht um den Handel von Butter oder Kaffee, sondern um finanzielle Instrumente geht, die auf diesem Güterhandel basieren. Die Weltkarte der Warentermingeschäfte zeigt uns, dass die meisten Finanzgeschäfte an 20 Terminbörsen abgewickelt werden. Zu diesen 20 gehören die üblichen Verdächtigen, New York und London, aber vielleicht in eher ungewöhnlichen Rollen. So wird in New York, wo nicht eine einzige Kaffeebohne wächst, die Hälfte der gesamten weltweiten Termingeschäfte mit Kaffee abgewickelt. London, nicht gerade bekannt für seinen Bergbau, ist der größte Terminhändler für Palladium, ein Metall, und auch der größte Händler für Kartoffeln. Ich finde das großartig – alle diese hypermodernen Finanzinstrumente, um womit zu handeln? Mit Kartoffeln!

Das heißt, London und New York dominieren selbst bei Gütern wie Kartoffeln und Kaffee? Keine anderen Städte?

Nun, im Bereich der Warentermingeschäfte gibt es noch ein paar andere, etwa 20. Tokio ist der größte Händler von Platin, São Paulo ist einer der wichtigsten Händler für Sojabohnen und Gold, Buenos Aires für Sonnenblumenkerne und Shanghai für Kupfer.

Welche anderen Städte in globalen Kreisläufen werden Teil ganz bestimmter, oft hoch spezialisierter Intercity-Geografien?

Wenn ich mir die globalen Kreisläufe für Gold als Finanzinstrument ansehe, dann dominieren London, New York, Chicago und Zürich. Aber wenn ich den Direkthandel von Metallen betrachte, erscheinen São Paulo, Johannesburg, Mumbai, Dubai und Sydney auf der Karte. Die Globalisierung durch die Linse dieser Spezifitäten zu sehen, ermöglicht es uns, die speziellen, unterschiedlichen Rollen der Städte innerhalb der globalen Wirtschaft wieder zu entdecken. Jede Großstadt ist Teil einer spezifischen Gruppe globaler Kreisläufe. Nicht alle Weltkarten sind so engmaschig gestrickt wie die der Finanzen. Beispielsweise haben die 100 weltweit führenden Dienstleistungsfirmen zusammen Tochtergesellschaften in 315 Städten weltweit. Hierzu zählen Städte wie Turin und Lagos, die nicht als globale Städte bezeichnet werden können, auch wenn ausländische Firmen dort ihren Sitz haben. Eine globale Stadt ist eine globale Plattform für die Verwaltung und spezialisierte Serviceabwicklung der globalen Operationen von Unternehmen und Märkten, ob inländisch oder ausländisch. Diese spezifische Funktion geht oft in der Diskussion über Größe unter – eine kleine Stadt wie Frankfurt ist dennoch eine wichtige globale Stadt. Dies ist eine zentrale Eigenschaft globaler Städte: sie fungieren als Plattformen. Ich bin auch der Meinung, dass globale Städte Plattformen für eine neue Art der Politik sind – Orte, an denen Menschen, oft benachteiligte Gruppen, auf eine Art und Weise zusammentreffen, die in ihrem Heimatland nicht vorstellbar wäre. Ich hoffe, dass wir in diesem Interview noch dazu kommen.

> Ich bin auch der Meinung, dass globale Städte Plattformen für eine neue Art der Politik sind – Orte, an denen Menschen, oft benachteiligte Gruppen, auf eine Art und Weise zusammentreffen, die in ihrem Heimatland nicht vorstellbar wäre.

> I also argue that global cities are a platform for a new type of politics – places where people, often disadvantaged, get together in ways they would never in their home countries.

The Lucky Few Globalized Cities

Prof. Dr. Saskia Sassen, what is this global economy that made cities important again at the end of the twentieth century?

One way of thinking about the global economy is in terms of the many highly specialised circuits that make it up. Different circuits contain different groups of countries and cities. Viewed this way, the global economy becomes concrete and specific, with a well-defined geography. Globally traded commodities – gold, butter, coffee, oil, sunflower seeds – are redistributed to a vast number of destinations, no matter how few the points of origin are in some cases. With globalisation, this capacity to redistribute globally has grown sharply. Thus we may live in one of the great butter-producing countries and yet find ourselves buying Romanian butter in the local grocery store.

But this doesn't just affect the distribution and trade of goods. What does the financial map look like?

The global map tightens when what is being traded is not the butter or coffee as such, but financial instruments based on those commodities. The map of commodity futures shows us that most financial trading happens in twenty financial futures exchanges. These twenty include the usual suspects, New York and London, but in perhaps not so familiar roles. Thus, New York, which does not grow a single coffee bean, accounts for half of the world's trading in coffee futures. London, not necessarily famous for its mining, is the largest futures trader in palladium, a metal, and also the largest trader for potatoes. I love that – all this state of the art financial gear to trade … potatoes!

So even when it comes to such goods as potatoes and coffee, London and New York dominate? No other cities?

Oh, well, there are a few others, about twenty, when it comes to trading commodity futures. Tokyo is the largest trader in platinum, São Paulo is one of the major traders in soy beans

and gold, Buenos Aires is the major trader in sunflower seeds, and Shanghai in copper.

Which other cities, located on global circuits, become part of distinct, often highly specialized, intercity geographies?

If I were to track the global circuits of gold as a financial instrument, they would be dominated by London, New York, Chicago, and Zurich. But if I track the direct trading in metal, São Paulo, Johannesburg, Mumbai, Dubai, and Sydney all appear on the map. Looking at globalisation through the lens of these specificities allows us to recover the particular and diverse roles of cities in the global economy. Each major city is part of a specific set of global circuits. Not all global maps are as tight as those of finance. For instance, the top 100 global service firms together have affiliates in 315 cities worldwide; this includes cities such as Torino and Lagos which cannot be said to be global cities, even when they have foreign firms.

A global city is a global platform for the management and specialised servicing of the global operations of firms and markets – whether these are national or foreign. This specific function is often submerged under talk of size – a small city like Frankfurt is a major global city. This is a central characteristic of global cities; they act as platforms. I also argue that global cities are a platform for a new type of politics – places where people, often disadvantaged, get together in ways they would never in their home countries; I hope we get to that in this interview.

Harbor Cities

Let's talk about harbor cities; let's talk about the "gates of the world"!

An important aspect of global city status, typically submerged under talk of size and competition, has to do with the specialized knowledge a city – a complex city – can derive from its deep economic history. I have made this argument for Chicago. Precisely because Chicago had a past as a heavy industry and heavy agribusiness center, it has had to develop specialized

Hafenstädte

Lassen Sie uns über Hafenstädte sprechen, zum Beispiel über die „Tore zur Welt"!
Ein wichtiger Aspekt des Status „globale Stadt", der normalerweise in der Diskussion über Größe und Wettbewerb untergeht, hat mit dem spezialisierten Wissen zu tun, das eine Stadt aus ihrer langen wirtschaftlichen Geschichte ableiten kann. Das zeigt sich zum Beispiel in Chicago. Aufgrund der langen Geschichte der Stadt als Zentrum für die Schwer- und Agrarindustrie musste sie spezialisierte Dienstleistungen in den Bereichen Recht, Buchhaltung und Versicherung entwickeln, um diese Wirtschaftssektoren abdecken zu können. Diese Dienstleistungen unterscheiden sich sehr von jenen, die beispielsweise Handelsunternehmen benötigen. Diese Spezialisierung gibt Chicago ihren besonderen Vorteil. Ein Stahlunternehmen, das sich auf dem Weltmarkt etablieren möchte, sucht nicht in New York nach spezialisierten Dienstleistungen, sondern in Chicago. Dasselbe gilt für eine Stadt, die eine lange wirtschaftliche Geschichte als wichtiger Hafen hat. Ihr spezialisierter Vorteil kommt aus der Vergangenheit. Ihr Fachwissen (einschließlich hoch spezialisierter Dienstleistungen) darüber, wie man einen Welthafen organisiert, ist sehr speziell. Als Beobachterin von Singapur, nicht als Expertin, denke ich: Die Stellung von Singapur in der globalen Wirtschaft muss nicht durch die geringe Größe ihrer Wirtschaft oder den Mangel an produzierender oder anderer Schwerindustrie beschränkt sein.

Meinen Sie den Status von Singapur als Plattform für die Abwicklung globaler Operationen in anderen wichtigen Bereichen?
Ja, einige seiner Spitzenfirmen haben gelernt, Nischenmärkte für sich zu finden, die weit über die Grenzen des Stadtstaates hinausgehen. Hervorzuheben ist hier der Hafen von Singapur, der eine große Zahl von Umschlagplätzen auf der ganzen Welt verwaltet. Hafenmanagement, eine zunehmend komplexe Branche, ist eine der größten Stärken von Singapur. Sie ist von großer Bedeutung für die Stellung der Stadt als Plattform für die Abwicklung globaler Operationen externer Organisationen. Dies verschafft Singapur eine extrem starke Position in der globalen Wirtschaft, auch wenn die Macht der Reedereien in den letzten Jahren stark zugenommen hat.

Glauben Sie, auch Hamburg könnte eine globale Stadt sein, selbst wenn das Geld in London, Zürich oder Frankfurt gemacht wird? Welche Rolle spielt Hamburg auf dem internationalen Finanzparkett?
Hamburg hat einen Weltklasse-Hafen. Heute geht es bei einem erstklassigen Hafen nicht nur um Frachtgut. Eine wichtige Frage dreht sich um die Fähigkeit, globales Routing sowie spezialisierte Dienstleistungen in Buchhaltung, Finanzen, Recht und Versicherungen im Zusammenhang mit Güterverkehr anbieten zu können. Außerdem stellt sich die Frage, ob Hamburg sein Fachwissen im Hafenmanagement auch exportiert. Es gibt etwa 40 globale Städte auf der Welt, und Hamburg ist eine davon. Ich würde gerne wissen, ob Hamburg eine Plattform für die globalen Operationen nicht nur deutscher, sondern auch ausländischer Handelsfirmen ist. Hamburg ist auch Deutschlands Medienzentrum. Die Stadt ist Sitz wichtiger Medienkonzerne, wenn auch nicht in dem Maßstab wie in Hollywood.
Je mehr man Hamburg vor dem Hintergrund seiner spezialisierten Fähigkeiten sieht, die sich aus seiner Wirtschaftsgeschichte herleiten, desto weiter entfernt man sich von der Auffassung, Städte würden einfach gegeneinander konkurrieren – je größer die Stadt, desto besser.

Was bedeutet das für die Stadtentwicklung von Hamburg im Allgemeinen und besonders für die Internationale Bauausstellung Hamburg? Gibt es eine Verbindung zwischen diesen Punkten?
Ich bin nicht sicher, ob es da jetzt schon eine Verbindung gibt. Die IBA ist im Wesentlichen ein soziales Projekt und behandelt nicht die eben angesprochenen Themen. Ich finde aber, es sollte Verbindungen geben.

Ein wichtiger Aspekt des Status „globale Stadt", der normalerweise in der Diskussion über Größe und Wettbewerb untergeht, hat mit dem spezialisierten Wissen zu tun, das eine Stadt aus ihrer langen wirtschaftlichen Geschichte ableiten kann.

legal, accounting, and insurance services to handle these types of economic sectors. These are quite different from the services needed by trading companies, for instance. This specific specialisation is what gives Chicago (today one of the leading global cities in the world) its advantage. If you are a steel firm that wants to go global, you do not go to New York for your specialised services, you go to Chicago. Similarly, for a city whose deep economic history lies in being a major port. Its specialized advantage comes out of this past. The specialised knowledge (including highly specialised services) needed to handle a global port are very specific.

For example, as an observer (not an expert!) of Singapore, I think that Singapore's position in the global economy need not be confined by the small size of its economy or the lack of manufacturing and other heavy industry.

An important aspect of global city status, typically submerged under talk of size and competition, has to do with the specialized knowledge a city – a complex city – can derive from its deep economic history.

Are you referring to Singapore's status as a platform for handling the global operations of several other significant sectors?
Yes, some of its top firms have learned how to carve out niche markets that go well beyond the territory of the city-state. Notable here is Singapore's port, which manages a large number of terminals around the world. This is a major, enormously specialised capability which Singapore exports through APL Limited (among others), part of Temasek Holdings Ltd., the investment arm of Singapore's government, which also owns PSA International Pte., the world's second-largest port company. Port management, an increasingly complex and specialised service economy, is one of the great strengths of Singapore. It forms a critical dimension of its status as a global platform for the management and servicing of the global operations of non-Singaporean entities. This gives Singapore an extremely strong position in the global economy, even if the power of the shipping lines has grown sharply in recent years.

Do you think that Hamburg could also be a global city while the money is made in London, Zurich or Frankfurt? What's the role of Hamburg in the international financial concert?
Hamburg has a world-class port. Nowadays a top-class port is not only about cargo. One critical question to ask concerns the capacity to offer global routing as well as the specialized accounting, financial, legal, and insurance services needed to handle cargo. The second question I would ask is whether Hamburg is also exporting its expertise in port management. We have about forty global cities of the world and Hamburg is one of them. I would want to know whether Hamburg is a platform for the global operations not only of German but also of foreign firms specialized in trading. And secondly, whether Hamburg exports its know-how in managing ports.

Hamburg is also the media capital of Germany. You have major media companies, not the industrial format of Hollywood, but very much part of the global knowledge economy. Thinking of Hamburg in terms of its specialised capabilities coming out of its deep economic history also gets us out of the notion that cities simply compete with each other and that the bigger the city the better.

Okay, to sum up: Hamburg has an important port and the media industry. What does that mean for urban development in Hamburg in general and specially for the Internationale Bauausstellung Hamburg? Is there a connection between these points?
I am not sure whether there is a connection yet. You may know much more about this than I do. The IBA is essentially a social project and does not consider the kinds of issues we are talking about. But I think there ought to be connections.

Rethinking the Notion of Locality

While there is of course enormous time pressure on the IBA project there is also enough time to research and explore. What is the potential connection between the IBA and the strong sectors in Hamburg's economy?

Umdenken beim Begriff der Lokalität

Obwohl im Hinblick auf das IBA-Projekt großer Zeitdruck besteht, bleibt dennoch genug Zeit für Forschung und Recherche. Was ist die potentielle Verbindung zwischen der IBA und den starken Sektoren der Hamburger Wirtschaft?

Nun, ich will nicht so tun, als wüsste ich das – ich bin keine Expertin für Hamburg und lebe auch nicht in dieser Stadt. Jede Stadt hat ihre Komplexitäten, Spezifitäten und Imaginarien. Hier sind einige Gedanken dazu: Ich denke, es wird nicht lange dauern, bis viele Stadtbewohner das „lokale Umfeld" sowohl als etwas Lokales wie auch etwas Globales erfahren werden. Vieles von dem, was wir als lokal verstehen – ein Gebäude, ein Stadtraum, ein Haushalt, eine Bürgerinitiative in der Nachbarschaft – ist tatsächlich nicht nur an der konkreten Stelle angesiedelt, wo wir es sehen können, sondern auch in digitalen Netzwerken, die die Welt umspannen. Sie sind mit anderen lokalisierten Gebäuden, Organisationen oder Haushalten verbunden, die vielleicht am anderen Ende der Welt liegen. Vielleicht haben sie sogar einen engeren Bezug zu diesen anderen Orten als zur unmittelbaren Umgebung. Denken Sie an das Finanzzentrum einer globalen Stadt, oder das Büro einer Menschenrechts- oder Umweltorganisation - ihr Bezugspunkt ist nicht ihre Umgebung, sondern ein globaler Prozess. Ich verstehe diese lokalen Entitäten als Mikro-Umfelder mit globaler Spannweite.

Können Sie dies bitte genauer erläutern?
Eine Herangehensweise ist über die „Spatializations" verschiedener Projekte – wirtschaftlich, politisch, kulturell. Hierbei entstehen spezifische Gruppen von Interaktionen in der Beziehung einer Stadt zu ihrer Topografie. Die so entstandene neue urbane Räumlichkeit ist in doppeltem Sinne unvollständig: Sie erklärt nur einen Teil dessen, worum es in Städten geht und was in ihnen passiert, und sie bewohnt nur einen Teil dessen, was wir als Stadtraum begreifen, ob dies nun hinsichtlich solch unterschiedlicher Aspekte wie administrativer Grenzen oder im Sinne multipler Visionen verschiedener Bevölkerungskreise einer Stadt verstanden wird. Wenn wir urbanen Raum als produktiv begreifen, fähig, neue Konfigurationen zu schaffen, dann deuten diese Entwicklungen auf vielerlei Möglichkeiten hin.

Können Sie uns aus Ihrer Sicht Ratschläge zur Situation in Wilhelmsburg geben?
Wenn sie wirklich das soziale und wirtschaftliche Umfeld verbessern wollen, und ich glaube, das wollen sie, dann müssen sie nach Wegen suchen, um alle jungen Menschen der „Insel" mit einzubeziehen. Es wäre großartig, wenn sie Teil einer größeren Stadt, eines regionalen Netzwerks anderer junger Menschen werden könnten. Und auf der wirtschaftlichen Seite: Wie wäre es mit einem Ort für neue Medien und Kunst, der mit eher konventionellen Medienunternehmen verbunden ist und die spezielle Logistik der „Insel" berücksichtigt? Oder Spezialprogramme in Schulen, um Kindern zu helfen, eine Verbindung zu den besonderen Aspekten des Hafens herzustellen? Die Olympischen Spiele 1992 in Barcelona waren eine Chance zur Neugestaltung von Barcelona, sowohl im Zentrum wie in den Außenbezirken. Wäre ich hier, würde ich versuchen, die „Insel" mit den wirklich wichtigen Sektoren in der Stadt und der Region zu verbinden. Das bedeutet eine Umstrukturierung aller Ressourcen der „Insel" – Schulen, Ferienlager und andere Institutionen, elektronisch und im Hinblick auf die Menschen und die tatsächlichen Räume, sodass jeder dieser einzelnen Aspekte der „Insel" Teil der größeren Stadt Hamburg, der ganzen Region wird. Dies jedoch auf ganz spezielle Weise, sodass junge Leute, die sich besonders für den einen oder anderen Sektor interessieren, effektiv miteinander in Kontakt treten können. Hierdurch würden nicht nur eine, sondern viele elektronische und institutionelle Brücken zwischen der „Insel" und den spezialisierten Sektoren der Hafenlogistik, der Medien und aller anderen Welten von Hamburg entstehen.

Prof. Dr. Saskia Sassen bei der Eröffnung der Werkstatt-schau „IBA at WORK" der IBA Hamburg am 15. September 2007 (v.l.n.r.: Senator Axel Gedaschko, Präses der Behörde für Stadtentwicklung und Umwelt der FHH; Uli Hellweg, Geschäftsführer der IBA Hamburg GmbH; Prof. Dr. Saskia Sassen; Dr. Engelbert Lütke-Daldrup, Staatssekretär im Bundesministerium für Verkehr, Bau und Stadtentwicklung) Prof. Dr. Saskia Sassen at the opening of the IBA Hamburg workshop exhibition „IBA at WORK" on 15 September, 2007 (from left to right: Senator Axel Gedaschko, President of the State Ministry for Urban Development and Environment, Hamburg; Uli Hellweg, managing director of IBA Hamburg GmbH; Prof. Dr. Saskia Sassen; Dr. Engelbert Lütke-Daldrup, State Secretary in the Federal Ministry of Transport, Building and Urban Development)

Well, I would not want to presume to know – I am not an expert about, nor do I live in, Hamburg. Every city has its complexities, specificities, imaginaries. Here are some thoughts: I do think it will not be long before many urban residents begin to experience the "local" as both local and global. Much of what we keep representing and experiencing as something local – a building, an urban space, a household, an activist organisation right there in our neighborhood – is actually located not only in the concrete places where we can see them, but also on digital networks that span the globe. They are connected with other such localised buildings, organisations, households, possibly on the other side of the world. They may indeed be more oriented to those other areas than to their immediate surrounding. Think of the financial center in a global city, or the human rights or environmental activists' homes or offices – their orientation is not towards what surrounds them but to a global process. I think of these local entities as microenvironments with global span.

Can you please explain this issue in more detail?
One way of thinking about this is in terms of spatialisations of various projects – economic, political, cultural. This produces a specific set of interactions in a city's relation to its topography. The new urban spatiality thus produced is partial in a double sense: it accounts for only part of what happens in cities and what cities are about, and it inhabits only part of what we might think of as the space of the city, whether this be understood in terms as diverse as a city's administrative boundaries or in the sense of the multiple visions that may be present in different sectors of a city's people. If we consider urban space as productive, as enabling new configurations, then these developments signal multiple possibilities.

Can you give us some advice from your point of view on the situation in Wilhelmsburg?
If they really want – as I think they do – to improve the social and economic environment

they ought to be looking for ways to involve and include all of the young people of the "Insel". It would be great if they could become part of a larger city, or regional network of other young people. Further, on the economic side, how about creating a space for new media and art that is linked up to more conventional media businesses and connecting to the specialised logistics of the "Insel"? How about specialised programs within schools to help kids relate to the specialised aspects of the harbor? The 1992 Olympic Games in Barcelona created the opportunity to redevelop Barcelona, both in the center and in the peripheries. If I were here I would try to connect the "Insel" to the key sectors in the city and region. That means redeploying whatever the "Insel" has – schools, summer camps, other institutions, etc. – electronically and in terms of people and actual spaces, so that each of those parts of the "Insel" becomes part of the larger city of Hamburg, the region, but in very particular ways. So young people especially interested in one or another sector can connect in effective ways. This would be creating not one but many bridges (electronic and institutional) from the "Insel" to the specialised sectors of harbor logistics, media, and all the other worlds that Hamburg has.

Do we bring all these things together – the global and the local problems of Wilhelmsburg?
In most global cities two worlds exist. There are conflicts, there is gentrification, but there is also real contact between these worlds. The only way to connect in a good way for the disadvantaged is to understand which institutional settings and components of the Hamburg economy can be used to create these connections in ways that bring people in. Thus, you can begin to address the notion of connecting the world of the "Insel" with the deeper economy of Hamburg. One has to recognise that Hamburg itself contains multiple circuits, some very specialised, some general, some particular. How does the world of the Insel get articulated with

Bringen wir all diese Dinge, die globalen und die lokalen Probleme von Wilhelmsburg, zusammen?

In den meisten globalen Städten existieren zwei Welten. Es gibt Konflikte, es gibt Gentrifizierung, aber es gibt auch echten Kontakt zwischen diesen Welten. Die einzige Möglichkeit, um die Welt der Benachteiligten in positiver Weise anzubinden, ist zu verstehen, welche institutionellen Konfigurationen und Komponenten der Hamburger Wirtschaft genutzt werden können, um Verbindungen herzustellen und die Menschen einzubeziehen. Dann kann man darüber nachdenken, die Welt der „Insel" mit der stärkeren Wirtschaft von Hamburg zu verbinden. Man muss verstehen, dass Hamburg selbst aus verschiedenen Kreisläufen besteht, einige davon sehr spezialisiert, andere eher allgemein. Wie lässt sich die Welt der „Insel" an immer mehr dieser Kreisläufe angliedern? Mit einigen ist sie schon verbunden, aber wie vervielfältigen wir die Zahl dieser Kreisläufe, wie steigern wir die Zahl sehr verschiedener Kreisläufe, und nicht nur einiger weniger? Eine Art, die alten Ghettos amerikanischer Städte zu verstehen, ist zu sagen, sie seien nur mit einigen wenigen der vielen möglichen Kreisläufe verbunden.

Was bedeutet das?

Jede Großstadt enthält viele Städte. New York ist zum Beispiel eine internationale Geschäfts- und Finanzstadt, eine alte Arbeiterstadt, eine Standard-Mittelklassestadt, eine Diplomatenstadt und eine Immigrantenstadt. Am deutlichsten sichtbar sind das Geschäftszentrum und die Immigrantenstadt. Sie sind zum Sinnbild für die globale Stadt überall auf der Welt geworden. Die Geschäftsstadt strahlt Macht, Präzision, Technologie aus – die Zukunft! Die Immigrantenstadt wird normalerweise mit einer bereits vergangenen Wirtschaftsepoche identifiziert, mehr mit der Vergangenheit als mit der Gegenwart. Aber ich denke, beide sind die Zukunft.

Zu welcher Art von Kreislauf gehört Hamburg?

Wir sprechen jetzt von den Kreisläufen, an denen Hamburg beteiligt ist. Diese sind regional, national und global. Wenn ich in Hamburg Forschung betreiben würde, würde ich dies auf sehr spezifischen Ebenen tun. Welche spezialisierten Eigenheiten bringt Hamburg in die regionale, nationale und globale Wirtschaft ein? Wie sieht das im Vergleich zu Rotterdam oder Antwerpen aus? Die Mischung aus Kreisläufen, denen Hamburg angehört, macht die Stadt zu einer Plattform für die Region, das Land, die Welt. Eine Schlussfolgerung für das weitere Vorgehen ist, dass diese Kreisläufe auch für die „Insel", wie auch für Hamburg, vervielfacht werden müssen. Dies ist nicht nur eine Frage von „größer" oder „Nummer 1" oder „Top Ten", sondern es geht um ein vernetztes System, das eine Stadt mit einer Vielzahl von Städtegruppen verbindet, je nach Sektor. Ich spreche nicht von den Vereinten Nationen der Städte. Nein, es geht vielmehr um etwas sehr Spezielles, Spezifisches. Zu den Kreisläufen, die durch den Hafen von Hamburg entstehen, gehören andere Gruppen von Städten (in der Region, im Land, auf der Welt) als im Mediensektor.

Was können wir tun, um diese Welten miteinander zu verbinden? Und wenn uns dies gelingt, wird das für Hamburg von Vorteil sein?

Ich denke, dass große Unternehmen und Immigrantengemeinschaften heute tatsächlich auf ihre eigene Weise mehr Macht haben, um der Stadt einen Charakter zu verleihen. Wir glauben vielleicht, Immigranten seien diesbezüglich machtlos, aber das sind sie nicht! Und das wird durch die Stadt möglich: auch die Benachteiligten haben Einfluss auf ihre Gestaltung. Die Regierung gibt uns Infrastruktur, Transport und andere Dinge, die in gewisser Weise alle diese verschiedenen Sektoren und Räume einer Stadt durchdringen. Das ist einer der großartigen Aspekte von Städten: dass sie die Privilegierten und die Benachteiligten, zumindest in einigen Räumen, miteinander vermischen.

Hierin liegt auch die Quelle einer neuen Form von Politik: Beispielsweise kann der Kampf gegen die Gentrifizierung ganz lokal erscheinen, wie der Kampf gegen einen bestimmten Hausbesitzer an einer ganz bestimmten Ecke. Tatsächlich

In den meisten globalen Städten existieren zwei Welten. Es gibt Konflikte, es gibt Gentrifizierung, aber es gibt auch echten Kontakt zwischen diesen Welten. Die einzige Möglichkeit, um die Welt der Benachteiligten in positiver Weise anzubinden, ist zu verstehen, welche institutionellen Konfigurationen und Komponenten der Hamburger Wirtschaft genutzt werden können, um Verbindungen herzustellen und die Menschen einzubeziehen.

In most global cities two worlds exist. There are conflicts, there is gentrification, but there is also real contact between these worlds. The only way to connect in a good way for the disadvantaged is to understand which institutional settings and components of the Hamburg economy can be used to create these connections in ways that bring people in.

more and more of these circuits? It is already connected with a few, of course, but how do we multiply the number of these circuits, how do we maximise the number of very different circuits, rather than a few? One way of thinking about the old ghettoes of American cities is to say that they are connected only to a few of all the possible circuits.

What does that mean?
Any large city contains many cities. New York, for example, is an international corporate and financial city, an old working class city, a standard middle class city, a diplomatic city and an immigrant city. The most visible of these are the corporate center and the immigrant city. They have become emblematic of the global city around the world. The corporate city exudes power, precision, technology – the future! The immigrant city is typically seen as belonging to an earlier economic era, more the past than the present. But I think both are the future.

What kinds of circuit does Hamburg belong to?
Now we are speaking of the circuits on which Hamburg is located, which are both regional, national, and global. I would guess that Hamburg is located on many. If I were to conduct research in Hamburg, I would look into this at very specific levels. What are the specialised differences Hamburg brings to the regional, national and global economy? How does this compare to Rotterdam or Antwerp? The mix of circuits that articulate Hamburg makes the city into a platform for the region, the country, the world. One policy implication is, as with the "Insel" and Hamburg, to multiply these circuits. It is not just a question of being bigger and number one or in the top ten, it is rather a networked system that connects a city to a variety of groups of cities, depending on the sector. I am not speaking of a United Nations of cities. No, rather something very particular, specific. The circuits that arise out of Hamburg's ports are going to contain different groups of cities (in the region, the country, the world) than those of the media sector.

What can we do to connect these worlds? And if we manage to do this, will this give Hamburg an advantage?
I do think that today, the large corporations and immigrant communities have the power, each in their own way, to give the cities their character. We may think that because immigrants are powerless that they don't. But they do! And that is what a city makes possible: that the disadvantaged also mark its landscape. The government gives us infrastructure, transport, etc., which cut somewhat (but only somewhat) across all these different sectors and spaces in a city. That is one of the great aspects of cities – that they mix up the privileged and the disadvantaged, at least in some spaces. Here also lies a source of a new type of politics. For instance, an anti-gentrification struggle may seem to be completely local: a fight against this building owner on this particular corner. In fact, it is part of a new global politics for the right to the city. What makes it global is that it recurs in city after city, and is especially acute in global cities, though it also happens in milder forms in cities that are not global. Again, here corporate capital and the immigrant encounter each other in the streets of the global city. It is not easy to have such an encounter: the poor and the disadvantaged often have no access to the powerful. But the streets of the global city, and its built environments, enable this encounter.

You have also written that the informal economy that is spreading nowadays throughout the global cities isn't imported through immigrants from third-world countries. Could New York, a city with a long history of immigration, be an example of this? In which way is the informal economy present, for example, in New York?
Much of today's informalisation is actually linked to key features of advanced capitalism. They are new types of informal economies. This in turn also explains the particularly strong presence of informal economies in global cities – New York, Paris, London – which all have new informal economies. But also new global cities

ist er jedoch Teil einer neuen globalen Politik für die Rechte der Stadt. Was den Kampf global werden lässt, ist die Tatsache, dass er sich in einer Stadt nach der anderen wiederholt, in besonderer Schärfe in globalen Städten. Und wieder begegnen sich hier die Welten der Großunternehmen und der Immigranten auf den Straßen globaler Städte. Die Armen und Benachteiligten haben oft keinen Zugang zu den Mächtigen. Aber auf den Straßen der globalen Stadt und in ihren bebauten Umgebungen wird dies möglich.

Sie schrieben, dass die informelle Wirtschaft, die sich in den globalen Städten ausbreitet, nicht durch Immigranten aus Drittweltländern eingeführt wird. Könnte New York, eine Stadt mit einer langen Geschichte der Einwanderung, ein Beispiel hierfür sein? In welcher Form existiert die informelle Wirtschaft beispielsweise in New York?
Große Teile der heutigen Informalisierung sind mit Hauptmerkmalen des modernen Kapitalismus verbunden. Es sind neue Formen der informellen Wirtschaft. Dies wiederum erklärt die besonders starke Präsenz informeller Wirtschaftszonen in globalen Städten – New York, Paris, London, alle diese Städte haben eine neue informelle Wirtschaft. Aber auch neue globale Städte wie São Paulo und Mumbai, die lange alte Formen der informellen Wirtschaft hatten, habe nun eine neue informelle Wirtschaft. Weil diese Mega-Cities immer schon eine informelle Wirtschaft zu haben schienen, wird nicht erkannt, dass es dort auch eine neue informelle Wirtschaft in Verbindung zum modernen Kapitalismus gibt. Diese Verbindung zum modernen Kapitalismus erklärt auch eine meist übersehene Entwicklung: die Ausbreitung einer informellen Wirtschaft in diesen Städten durch kreative Berufsgruppen – Künstler, Architekten, Designer, Software-Entwickler.

Warum gibt es eine neue informelle Wirtschaft?
Die neue informelle Wirtschaft in globalen Städten ist die kostengünstige Variante einer formellen Deregulierung im Finanz- und Tele-

kommunikationssektor sowie in den meisten anderen Wirtschaftsbereichen im Namen der Flexibilität und Innovation. Der Unterschied ist: Während die formelle Deregulierung teuer war und Steuereinnahmen sowie privates Kapital verschlang, ist die Informalisierung kostengünstig und wird größtenteils von den Arbeitnehmern und Unternehmen selbst getragen.

Was ist mit der informellen Gemeinschaft der Kreativen? Müssen sie dafür bezahlen?
Im Falle der neuen informellen Wirtschaft der kreativen Berufsgruppen bestehen diese negativen Eigenschaften meist nicht. Die Informalisierung trägt eher zur Erweiterung der Möglichkeiten und Netzwerkpotentiale bei. Dennoch gibt es wichtige Gründe dafür, dass diese kreativ Tätigen zumindest teilweise informell arbeiten. Es ermöglicht ihnen ein Arbeiten in den Zwischenräumen urbaner und organisatorischer Räume und es gelingt ihnen, der Vereinnahmung der kreativen Arbeit durch große Unternehmen zu entkommen. In diesem Prozess tragen sie ein sehr spezifisches Merkmal zur neuen urbanen Wirtschaft bei: Innovativität und eine bestimmte Form von Abenteuerlust. In vielerlei Hinsicht ist dies eine Wiederentdeckung der urbanen wirtschaftlichen Kreativität nach Jane Jacobs.

Welche Rolle kann die IBA spielen?
Möglicherweise ist dies eine vielschichtige Rolle. Die IBA schafft einen Ort für Experimente. Jedoch ist es ein Ort mit Reichweite, eine Projektion die viel größer ist, als der Ort der Ausstellung selbst. Zweitens hat sie eine komplexe Agenda: sie will die Kommunikation des Physischen und Visuellen mit dem Sozialen herstellen. Dies öffnet sie für verschiedene Praktiken und Imaginarien. Drittens verwendet diese IBA, wie alle anderen zuvor, ein anderes Format. Indem sie zu einem experimentellen Raum für Hamburg wird – das Innere der Stadt, die Verbindung der Stadt mit der „Insel" und die Verbindung der Stadt mit globalen kulturellen und menschenbezogenen Kreisläufen –, kann dieses komplexe Projekt viele Signale aussenden und neue Erkenntnisse liefern.

In diesem Prozess tragen sie (die kreativen Berufsgruppen) ein sehr spezifisches Merkmal zur neuen urbanen Wirtschaft bei: Innovativität und eine bestimmte Form von Abenteuerlust. In vielerlei Hinsicht ist dies eine Wiederentdeckung der urbanen wirtschaftlichen Kreativität nach Jane Jacobs.

like São Paulo and Mumbai, which have long had old types of informal economies, now have new informal economies. Because these megacities are so large and have had what seems like a permanent informal economy, people do not realise there is also a new informal economy linked to advanced capitalism.

This link to advanced capitalism also explains a mostly overlooked development: the proliferation of an informal economy of creative professional work in these cities – artists, architects, designers, software developers.

Why is there a new informal economy?
The new informal economy in global cities is the low-cost equivalent of formal deregulation in finance, telecommunications and most other economic sectors in the name of flexibility and innovation. The difference is that while formal deregulation was costly, and tax revenue as well as private capital went into paying for it, informalisation is low-cost and largely on the backs of the workers and firms themselves.

What about the informal creative class – do they pay a price?
In the case of the new creative professional informal economy, these negative features are relatively absent, and informalisation greatly expands opportunities and networking potentials. Nonetheless, there are strong reasons why these artists and professionals operate at least partly informally. It allows them to function in the interstices of urban and organisational spaces often dominated by large corporate actors and to escape the corporatising of creative work. In this process they contribute a very specific feature of the new urban economy: innovativeness and a certain type of frontier spirit. In many ways this represents a reinvention of Jane Jacobs' urban economic creativity.

What can the role of IBA be?
Potentially this is a multi-facetet role. IBA creates a place to experience. But it is a place with scope, a projection that is far larger than the place itself of the exhibit. Secondly, it has a complex agenda: making the physical and the visual speak to the social. This opens it up to different practices and imaginaries – an opening for explorers and experimenters, figuratively speaking. Thirdly, this IBA, as each IBA before it, uses a different format. By becoming an experimental space for Hamburg – the city's inside, the city's articulation with the "Insel", and the city's articulation with the global economy and with global cultural and people circuits – this complex project can send multiple signals and can educate.

In this process they (the creative professionals) contribute a very specific feature of the new urban economy: innovativeness and a certain type of frontier spirit. In many ways this represents a reinvention of Jane Jacobs' urban economic creativity.

DIETER LÄPPLE

Das deutsche Metropolensystem - eine Alternative zur Global City?

Eine Trendwende der Stadtentwicklung

In Deutschland wird gegenwärtig die Stadt neu entdeckt. Die Krisen- und Verfallsgeschichten, die lange Zeit den Diskurs über die Stadt dominiert haben, werden überlagert von einer neuen Lust auf Stadt.

Über Jahrzehnte hinweg haben deutsche Städte Einwohner, aber auch immer mehr Arbeitsplätze verloren. Besonders zugespitzt waren die Problemlagen in den ostdeutschen Städten nach dem deutschen Einigungsprozess. Verlust der Arbeitsplätze, Bevölkerungsrückgang und Abwanderung der jungen, qualifizierten Bevölkerung konfrontierten die ostdeutschen Städte mit dramatischen Schrumpfungsprozessen. In der Folge neuer Formen internationaler Arbeitsteilung und eines beschleunigten wirtschafts- und siedlungsstrukturellen Wandels konzentriert sich in den Städten die seit Jahrzehnten anhaltende Massenarbeitslosigkeit mit ihren vielfältigen sozialen und sozialräumlichen Folgeproblemen. Die Arbeitsmarktentwicklung führte in den letzten zwei Jahrzehnten offensichtlich nicht nur zu einer Verschärfung sozialer Ungleichheit und der Verfestigung struktureller Armut, sondern auch zu einer dauerhaften Ausgrenzung sozialer Gruppen aus einer regelmäßigen Erwerbsarbeit und damit tendenziell auch aus der Teilhabe an dem sozialen, kulturellen und politischen Leben. Besonders problematische Folgen für die Stadtgesellschaft haben dabei die *zeitliche Verfestigung* der Arbeitslosigkeit in der Form von Dauerarbeitslosigkeit sowie deren selektive *sozialräumliche Konzentration* in bestimmten Stadtquartieren.[1]

Spätestens seit Anfang des 21. Jahrhunderts gibt es jedoch in Deutschland deutliche Zeichen für eine Trendwende in der Stadtentwicklung. Beschleunigt durch die Megatrends der Globalisierung und der Informatisierung, vollzog sich eine tief greifende Wandlung der ökonomischen Basis der Städte. Vor allem in den großen westdeutschen Stadtregionen München, Hamburg, Frankfurt oder Köln ist mit der Verschiebung von einer Industrie- zur wissens- und kulturbasierten Dienstleistungsökonomie eine neue städtische Dynamik entstanden. Unter den Städten gibt es jedoch auch eindeutige Verlierer. Dazu gehören traditionelle Industriestädte im Westen, wie die Ruhrgebietsstädte oder Braunschweig/Salzgitter, und vor allem die ostdeutschen Städte einschließlich Berlin. Hier ist in der Folge von Systemproblemen aus der DDR-Zeit sowie der spezifischen Bedingungen des Transformationsprozesses ein großer Teil der wirtschaftlichen Basis weggebrochen, was zu einer schwerwiegenden Krise der Beschäftigung und zu selektiven Abwanderungsprozessen geführt hat.[2] Der Wandel von einer Industrie- zu einer Wissensökonomie geht offensichtlich einher mit einer deutlichen Polarisierung der Stadtentwicklung, die geprägt ist durch eine Gleichzeitigkeit von Wachstum und Schrumpfung zwischen den Stadtregionen und innerhalb der Stadtregionen.

Inzwischen scheint sich allerdings auch in den ostdeutschen Städten eine Trendwende abzuzeichnen - zumindest bei der Bevölkerungsentwicklung. Nach einer langen Phase des ökonomischen Niedergangs und der Schrump-

Abb. 1: Re-Urbanisierung und Polarisierung des deutschen Städtesystems

Ausdifferenzierung des Städtesystems Veränderung in der Beschäftigtenzahl in deutschen Kernstädten 1997-2006 (Westdeutschland ohne Hannover)		
	+	-
München	7,2	
Hamburg	2,7	
Frankfurt	2,0	
Köln	0,5	
Stuttgart	0,5	
Westdeutschland		0,1
Bremen		3,6
Dresden		7,2
Essen		5,2
Leipzig		7,8
Berlin		13,1
Ostdeutschland		18,8

DIETER LÄPPLE

The German Metropolis System - an Alternative to the Global City?

A trend reversal in urban development

Image 1: Re-urbanisation and polarisation of the German system of cities

Differentiation of the German system of cities — Change of the number of persons employed in German cities West (Germany without Hanover)		
	+	**-**
Munich	7.2	
Hamburg	2.7	
Frankfurt	2.0	
Cologne	0.5	
Stuttgart	0.5	
West Germany		0.1
Bremen		3.6
Dresden		7.2
Essen		5.2
Leipzig		7.8
Berlin		13.1
East Germany		18.8

The city is currently being rediscovered in Germany. The layers of crises and dilapidation, which have dominated public dialogue about the city, are overlaid by a new inclination towards the city.

For decades German cities have been losing residents and more and more workplaces. This situation came to developed intoa particular crisis in East German cities, after the process of German unification. Loss of workplaces, recession of workforce and migration of the young, qualified population confronted East German cities with dramatic shrinkage processes. Subsequently, new forms of international division of labour and an accelerated change in the economy and the structure of settlement were concentrated in cities. For decades these faced problems of continuous mass unemployment and were consequently confronted with multifacetet social and social space-related problems. Job market developments over the last two decades have not only led to an intensification of the social disparity and the consolidation of structural poverty but also to a permanent exclusion of social groups from regular employment and as a result, from participation in social, cultural and political life. In the process the problematic results for cities are this consolidation of unemployment, making it permanent, and its selective social space-based concentration in certain urban quarters.[1] However, since the beginning of the 21st century, there have been clear indications of a trend reversal in Germany's urban development. Far-reaching changes have been put into effect in the economic foundation of cities, accelerated by the mega-trend of globalisation and informatisation. New urban dynamics have emerged, particularly in the big West German city regions of Munich, Hamburg, Frankfurt or Cologne, with the shift from an industry-based service economy to a culture-based economy. There are also indisputable losers among the cities. These include traditional industrial cities in the West such as the Ruhr area or Braunschweig/Salzgitter, and in particular East German cities, including Berlin. A large part of the economic base has broken away as a result of problems from the GDR system, and due to specific conditions of the transformation process leading to a grave employment crisis and to selective migration processes.[2] The transformation from an industrial economy to a knowledge-based economy appears to be accompanied with a definite polarisation of urban development, characterised by simultaneous growth and shrinkage between urban regions and within urban regions.

In the meantime however, a trend reversal may be detected, even in East German cities – at least in the development of the population. After a long phase of economic downfall and shrinkage, new population growth can be observed in big cities such as Berlin, Leipzig and Dresden.

The transformation from an industrial to a knowledge-based economy in German cities and urban regions has created conditions for new economic dynamics to develop. At the same time, the job market has become less secure.

fung steigen in den großen Städten wie Berlin, Leipzig und Dresden die Bevölkerungszahlen wieder an.

Es kann festgestellt werden, dass die Transformation von einer industriellen zu einer wissensbasierten Ökonomie auch in deutschen Städten und Stadtregionen Voraussetzungen für eine neue ökonomische Dynamik hat entstehen lassen. Gleichzeitig ist der Arbeitsmarkt unsicherer geworden. Feste Vollzeitstellen werden bald die Ausnahme sein. Vor allem Höherqualifizierte arbeiten heute länger und in unregelmäßigen Zeitrhythmen. Durch die gestiegene Frauenerwerbstätigkeit und die Erosion des gesellschaftlichen Zeitgefüges wird familiäres Alltagsleben an suburbanen Standorten mit langen Wegen und Pendlerzeiten immer komplizierter. Vor diesem Hintergrund entdecken viele die Vorteile der Stadt wieder: Die Stadt bietet nicht nur ein breites Angebot an Beschäftigungsmöglichkeiten, sondern auch vielfältige Dienstleistungen und Gelegenheiten vor Ort, die die Alltagsorganisation in der neuen urbanen Arbeitsgesellschaft erleichtern. Dadurch gewinnt die Stadt nicht nur als Arbeitsort, sondern auch als Wohnort und Lebensraum wesentlich an Attraktivität.[3]

Der Arbeitsmarkt für Hochqualifizierte als städtischer Magnet

Wie in vielen anderen Ländern zeigt sich auch im deutschen Städtesystem, dass Globalisierung und Informatisierung nicht – wie von vielen Experten prophezeit – zu einer Auflösung der Städte, sondern zu einer Neubewertung der Stadt und zur Herausbildung einer *neuen Form städtischer Zentralität* führen, die in Deutschland die Form eines *Metropolisierungsprozesses* annimmt. Von der neuen städtischen Dynamik profitieren vor allem Dienstleistungsmetropolen wie München, Frankfurt (Rhein-Main), Hamburg, Köln/Düsseldorf (Rhein) oder Stuttgart mit ihren großen Arbeitsmärkten. Mit dem Übergang zu einer wissensbasierten Dienstleistungsökonomie wird intellektuelle Arbeit und menschli-

che Kreativität zu einem zentralen Produktionsfaktor, wodurch Arbeitsmärkten – insbesondere für Hochqualifizierte – die Rolle von städtischen „Magneten" zukommt, die Betriebe und qualifizierte „Professionals" gleichermaßen anziehen. In diesem Sinne funktioniert die Stadt als ein zentraler *(„Hub"-)Arbeitsmarkt*, der zwei Bedingungen zu erfüllen hat: Für die Unternehmen soll er einen ausreichend konzentrierten und diversen Arbeitspool bieten für eine Wissen- und Kulturproduktion, die geprägt ist durch volatile Märkte, sich schnell verändernde Produkte und eine starke Nachfrage nach hochqualifizierter Arbeit. Für die Erwerbstätigen soll er auf der anderen Seite eine sehr breite Vielfalt an Beschäftigungsgelegenheiten bieten – für professionelle Karrieren (möglichst von einem einzigen Wohnort aus), unter Bedingungen oft wechselnder Beschäftigungsverhältnisse, der Notwendigkeit permanenter Weiterqualifikation und vielfach auch von Zweiverdiener-Lebensgemeinschaften, wobei vielfach beide Partner eine egalitäre Teilhabe am Erwerbsleben anstreben. Unternehmen werden sich in ihrer Standortwahl zunehmend an der Verfügbarkeit qualifizierter Arbeitskräfte orientieren und qualifizierte Beschäftigte werden sich nach Orten mit einer großen Vielfalt an Beschäftigungsmöglichkeiten, einem breiten Angebot an Dienstleistungen sowie urbanen Lebensbedingungen umsehen. Dadurch wird eine sich gegenseitig verstärkende Dynamik zwischen Arbeitskräftenachfrage und Arbeitskräfteangebot ausgelöst. In dieser kumulativen Dynamik bilden städtische Arbeitsmärkte den Kontext für gemeinsame Lernprozesse und damit die Herausbildung spezialisierter Wissens- und Qualifikationspools.

Der „Exportweltmeister" Deutschland – ohne Global City?

Die bekannteste Erscheinungsform der neuen städtischen Zentralität ist die Global City. Wie Saskia Sassen[4, 5] in vielen Publikationen eindrücklich dargestellt hat, kommt dem neuen Stadttyp der Global City in unserer globalisierten Welt eine strategische Rolle zu: Hier

Die Stadt bietet nicht nur ein breites Angebot an Beschäftigungsmöglichkeiten, sondern auch vielfältige Dienstleistungen und Gelegenheiten vor Ort, die die Alltagsorganisation in der neuen urbanen Arbeitsgesellschaft erleichtern. Dadurch gewinnt die Stadt nicht nur als Arbeitsort, sondern auch als Wohnort und Lebensraum wesentlich an Attraktivität.

Permanent full-time positions of employment will soon be the exception. Particularly higher qualified people now work longer hours and have irregular time patterns. Increasing employment of women and the erosion of society's time framework are leading suburban family life to become more and more complicated, which is also due to longer commuter distances and times. In this context, many people are rediscovering the advantages of the city: not only does it offer a broad range of employment options, it also provides multifacetet on-the-spot services and opportunities, which relieve the organisation of everyday life in the new urban working society. The city is thus reclaiming its attractiveness not only as place of work, but also as a place of residence.[3]

The job market for highly qualified people as a city magnet

It appears that globalisation and informatisation have not lead to a disorganisation of the cities, as numerous experts prophesied, in many countries including Germany. The city has rather been re-evaluated and a *new form of urban centrality* has emerged, which takes its shape in a *process of the formation of metropolises* in Germany. Service metropolises such as Munich, Frankfurt (Rhein-Main), Hamburg, Cologne/Düsseldorf (Rhein), or Stuttgart with their large job markets are particularly profiting from the new urban dynamics. With the transition to a knowledge-based service economy, intellectual work and human creativity become central production factors, through which job markets – especially for the higher qualified – corresponding to the role of urban "magnet", draw companies and qualified "professionals" in the same manner. In this sense, the city functions as a central *("hub") job market*, which has to fulfil two conditions: to companies, it should provide a sufficiently concentrated and diverse work pool for knowledge and culture production, which is characterised by volatile markets, products that change quickly and an

intense demand for highly qualified work. To employees, it should on the other hand offer a very broad variety of employment options – for professional careers (as much as possible from one single place of residence); under conditions of ever-changing employment, the need for permanent further qualification, and often the cohabitation of two working people, where both partners strive towards equal participation in working life.

In their selection of location, companies are increasingly orienting themselves on the availability of a qualified workforce, while employees search for areas with a greater diversity of employment options, a broad range of services and urban quality of life. This triggers mutually intensifying dynamics between employee seeker and employment seeker. As part of these cumulative dynamics, urban job markets form the context for a joint learning process and thus, the development of specialised knowledge and qualification pools.

The "export world champion" Germany – with no global city?

The best known phenomenon of new urban centrality is the global city. As Saskia Sassen[4,5] has impressively depicted in many publications, a strategic role lies ahead for the new global city-type in our globalized world; where the elements governing value creation are monitored, integrated and controlled in one place. At the same time, global cities are central production locations and transnational market places for high-value, knowledge-based services. While a single, dominant global city has developed in most other countries, with increased globalisation of the economy, Germany has a multipolar urban system rather than one veritable global city.

How can it be explained, that there is not one German city in the top tables of global cities within the hierarchy of the global urban system? In spite of the fact that Germany has had the position of "export world champion" for the past several years and almost no other

konzentrieren sich die Kontroll-, Integrations- und Steuerungsfunktionen der über den Globus verteilten Wertschöpfungsketten. Zugleich sind die Global Cities zentrale Produktionsstandorte und transnationale Marktplätze für hochwertige, wissensbasierte Dienstleistungen. Während sich in den meisten anderen Ländern mit der zunehmenden Globalisierung der Ökonomie eine einzige, dominante Global City herausgebildet hat, verfügt Deutschland über keine veritable Global City, sondern über ein multipolares städtisches System.

Wie lässt sich erklären, dass in der Hierarchie des globalen Städtesystems keine deutsche Stadt in der Spitzengruppe der Global Cities zu finden ist? Und dies, obwohl Deutschland seit vielen Jahren die Position des „Export-Weltmeisters" einnimmt und kaum eine andere Wirtschaft so stark in den Weltmarkt integriert ist wie die deutsche.

Bei der Beantwortung dieser Frage wird meist auf die Besonderheiten und Brüche der deutschen Geschichte verwiesen. Deutschland, die „verspätete Nation" (Plessner), bestand aus einer Vielzahl von Kleinstaaten, Fürstentümern und Freien Reichsstädten und hat erst 1871 mit der preußisch-deutschen Reichsgründung eine gemeinsame Hauptstadt bekommen. Berlin wurde Regierungssitz und in den folgenden Jahrzehnten die dominante deutsche Wirtschafts- und Kulturmetropole, die allerdings nie den Zentralitätsgrad von London oder Paris erreichte. Nach den historischen Katastrophen von Naziregime und Zweitem Weltkrieg erfolgte mit dem Zusammenbruch des Deutschen Reiches und der Aufteilung Deutschlands in vier Besatzungszonen eine Demontage der zentralen Metropolenrolle von Berlin. Viele Unternehmen verlagerten ihren Sitz aus Berlin in die westdeutschen Regionalmetropolen Frankfurt, Hamburg, München, Köln, Düsseldorf und Stuttgart.

Auf Beschluss der amerikanischen Besatzungsregierung wurde nach der Schließung der Reichsbank in Berlin die neue „Bank deutscher Länder" (Vorgängerin der Deutschen Bundesbank) in Frankfurt gegründet. Im Gefolge dieser Gründung verlagerten die Deutsche Bank und die Dresdner Bank ihre Zentralen nach Frankfurt. Gleichzeitig entschied die amerikanische Besatzungsregierung, den Flughafen Frankfurt zum zentralen Stützpunkt der US-Luftwaffe in Deutschland auszubauen. Die heutige Gateway-Funktion Frankfurts und seine zentrale Rolle als internationale Finanzmetropole sind die unmittelbaren Folgen dieser Entscheidungen.

Münchens Aufstieg zur entscheidenden deutschen Technologiemetropole wurde eingeleitet durch die Verlagerung der Zentrale des größten deutschen Technologiekonzerns der Nachkriegszeit, Siemens, aus dem unsicheren Berlin in das ebenfalls unter der Kontrolle der amerikanischen Besatzung stehende München. Die großen Versicherungsgesellschaften von nationaler Bedeutung wurden von Berlin nach München und Köln verlagert.

Hamburg übernahm Berlins Rolle als Nachrichten- und Medienzentrum. Die liberale britische Lizenz-Politik begünstigte nach 1945 die Entstehung eines Printmedien-, Rundfunk- und Film-Clusters. Die britische Besatzungsregierung erteilte politisch unbelasteten Personen Zeitungslizenzen: unter anderem Rudolf Augstein („Der Spiegel"), Axel Springer („Die Welt") und Gerd Bucerius („Die Zeit"). In Hamburg entstanden die wichtigste deutsche Nachrichtenagentur dpa, der NWDR (später NDR) als Pionier der regionalen Rundfunkanstalten Deutschlands sowie eine Reihe kleiner, unabhängiger Studios zur Filmsynchronisation und Filmproduktion.

Mit der Gründung der Bundesrepublik Deutschland wurde 1949 der Sitz der Regierung nach Bonn verlagert. Nach der deutschen Einheit übernahm zwar Berlin wieder die Rolle der politischen Hauptstadt, aber es ist kaum davon auszugehen, dass Berlin seine frühere zentrale ökonomische Rolle zurückgewinnen wird.

Diese historische Skizze klassifiziert das deutsche Städte- oder Metropolen-Netzwerk implizit als einen singulären Sonderfall in der Hierarchie des globalen Städtesystems. Ist Deutschland tatsächlich ein defizitärer Sonderfall?

Eine alternative Erklärung bietet die Diskussion über „Varieties of Capitalism".[6] Wenn es richtig

Während sich in den meisten anderen Ländern mit der zunehmenden Globalisierung der Ökonomie eine einzige, dominante Global City herausgebildet hat, verfügt Deutschland über keine veritable Global City, sondern über ein multipolares städtisches System.

While a single, dominant global city has developed in most other countries, with increased globalisation of the economy, Germany has a multipolar urban system rather than one veritable global city.

economy is so strongly integrated into the world market as the German economy. The answer to this question is largely linked to the distinctiveness and destructiveness of German history. Germany, the "delayed nation" (Plessner), originally consisted of a huge number of microstates, principalities and free imperial cities. It has only had a common capital city since 1871 with the foundation of the Prussian-German Empire. Berlin became the seat of government and Germany's dominant economic and cultural metropolis, which never quite reached the status of London or Paris. After the historical catastrophe of the Nazi regime and the Second World War, Berlin lost its role as a central metropolis, the German Empire fell apart and Germany was divided into four occupied zones. Many companies relocated their offices from Berlin to the West German regional metropolises of Frankfurt, Hamburg, Munich, Cologne, Düsseldorf and Stuttgart.

A decision taken by the occupying American government led the new "Bank deutscher Länder" (Bank of the German States, the forerunner to the Deutsche Bundesbank) being founded in Frankfurt, after the closing of the Reichsbank (Imperial Bank) in Berlin. As a result of this, the Deutsche Bank and the Dresdner Bank relocated their main offices to Frankfurt. At the same time, the American government decided to upgrade Frankfurt airport to the central base of the US air force in Germany. Frankfurt's current gateway function and its central role as an international financial metropolis are immediate results of these decisions.

Munich's ascent to a decisive German technological metropolis came about when Siemens, one of the biggest of German technological companies of the post-war period, moved its headquarters from insecure Berlin to Munich, which was also under American control. The largest national insurance companies also relocated from Berlin to Munich and Cologne. Hamburg took over Berlin's role as centre for news and media. Liberal British license policies favoured the development of a print media, radio broadcasting, and film cluster after 1945.

The occupying British government issued newspaper licenses to politically unencumbered people including Rudolf Augstein ("Der Spiegel"), Axel Springer ("Die Welt"), and Gerd Bucerius ("Die Zeit"). As pioneer of regional broadcastig in Germany, the NDWR (later NDR) emerged in Hamburg as well as the most important news agency (dpa) and a series of small, independet studios for film synchronisation and film production. With the establishment of the Federal Republic of Germany, the seat of government relocated to Bonn. After the unification of Germany, admittedly Berlin took over the role of the political capital city again, but it could hardly be assumed that Berlin would win back its earlier central economic role. This historic study confirms the network of the cities or the metropolises implicitly as a unique special case in the hierarchy of the global urban system. Is Germany really a deficit special case?

The discussion on "varieties of capitalism"[6] offers an alternate explanation. If it is right that the present capitalism does not display any homogenous units, but instead that varying models of capitalism have formed on the basis of varying historic conditions, then this thesis suggests that these models also correspond to a variety of urbanization samples.

The "delayed" industrial nation Germany had already developed a liberal production system at the end of the 19th century, which can be characterised as a regulated, corporate market economy.[7] This model of "capitalism from the Rhine" forms the basis for the economic and social order of West Germany, connected with a strong federal structure of state-owned organisation. It is suggested that Germany not only has an alternate model of production but also that an alternate and definitely high-performance model of urbanisation has emerged. The poly-centrality of the metropolis system with its characterised complementary division of work between the metropolises, all specialised in certain clusters of high-value services is not the only feature of this model of urbanisation. This model is also characterised by the phenomenon of regional services production groups.[8]

ist, dass der gegenwärtige Kapitalismus keine homogene Einheit darstellt, sondern dass sich auf der Grundlage unterschiedlicher historischer Bedingungen unterschiedliche Modelle des Kapitalismus herausgebildet haben, dann liegt die These nahe, dass diesen Modellen auch unterschiedliche Urbanisierungsmuster entsprechen.

Die „verspätete" Industrienation Deutschland hat bereits Ende des 19. Jahrhunderts eine Alternative zum liberalen Produktionssystem entwickelt, die sich als regulierte, korporative Marktwirtschaft charakterisieren lässt.[7] Verbunden mit einer stark föderalen Struktur der staatlichen Organisation, bildete dieses Modell des „rheinischen Kapitalismus" die Grundlage für die Wirtschafts- und Sozialordnung Westdeutschlands. Es liegt nahe, dass sich in Deutschland nicht nur ein alternatives Produktionsmodell, sondern auch ein alternatives und durchaus leistungsfähiges Urbanisierungsmodell herausgebildet hat. Kennzeichen dieses Urbanisierungsmodells sind nicht nur die Polyzentralität des Metropolensystems mit seiner ausgeprägten komplementären Arbeitsteilung zwischen den einzelnen, jeweils auf bestimmte Cluster hochwertiger Dienstleistungen spezialisierten Metropolen. Dieses Modell ist auch geprägt durch das Phänomen regionaler Dienstleistungs-Fertigungs-Verbünde.[8]

Während in den angelsächsischen Ländern der Globalisierungsschub der 1980er und 1990er Jahre zu einer starken globalen Dispersion industrieller Funktionen führte, zeigt sich in den deutschen Stadtregionen immer noch eine stark interaktive Entwicklungsdynamik von wissensintensiven Industrie- und unternehmensnahen Dienstleistungen. Seit Mitte der 1990er Jahre zeichnen sich zwar sektorale und regionale Entkopplungen dieser interaktiven Entwicklung ab. Die interaktiven Bezüge zwischen Industrie- und Dienstleistungsentwicklung werden damit aber nicht aufgehoben, sondern nur weiträumiger. Gleichzeitig zeigt sich bei den Entwicklungen der einzelnen Metropolen eine zunehmende Spezialisierung auf bestimmte Cluster hochwertiger Dienstleistungen.[9]

Mit dieser Spezialisierung vollzieht sich einerseits eine zunehmende räumliche *Entbettung* aus lokalen Kundenbeziehungen und andererseits eine *Rückbettung* dieser auf überregionale und globale Märkte ausgerichteten Dienstleistungen in die Produktionszusammenhänge der jeweiligen städtischen Ökonomie. Bei dieser Form der Rückbettung nehmen die städtischen Arbeitsmärkte für „Professionals" eine zentrale Rolle ein. Die jeweils spezifische Funktionsweise dieser „postfordistischen" Arbeitsmärkte mit ihrem – vielfach in der Tradition der Region wurzelnden – Qualifikationsrepertoire prägen in hohem Maße die sich gegenseitig verstärkenden Prozesse einer Metropolisierung und Spezialisierung.

Das deutsche Metropolensystem als Teil eines vielschichtigen Netzwerkes von Städten

Um die Besonderheit des deutschen Städtesystems und die spezifische Rolle des Netzwerks von komplementären Metropolregionen zu verdeutlichen, habe ich in meinen bisherigen Ausführungen den Fokus auf die städtische, stadtregionale und nationale Ebene gerichtet. Es ist jedoch klar, dass bei der Analyse von Global Cities oder globalisierten Stadtregionen primär eine globale und nicht eine nationale Perspektive eingenommen werden muss. Abschließend soll deshalb noch kurz auf die Frage der transnationalen Verflechtung der deutschen Metropolregionen eingegangen werden. Bei der starken Ausrichtung der deutschen Wirtschaft auf die globale Ökonomie und angesichts der weit fortgeschrittenen europäischen Integration ist es offensichtlich, dass das deutsche Stadtsystem in hohem Maße eingebunden ist in das europäische und globale Netzwerk von Städten. Dies betrifft mehr oder weniger alle deutschen Städte. Allerdings nehmen die deutschen Metropolregionen in besonderem Maße eine „Schnittstellenfunktion zwischen den globalen und nationalen Systemen der Wirtschaft mit ihren besonderen Institutionen, Organisationsformen und infrastrukturellen

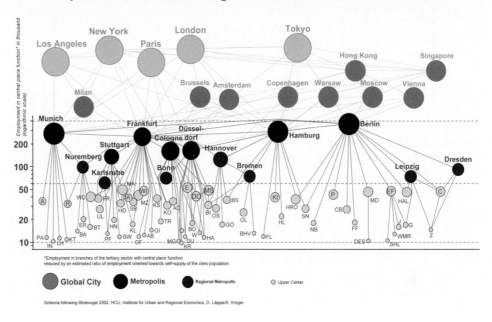

Abb. 2: das deutsche Metropolensystem
Image 2: The German Metropolitan System

While in the 1980s and 1990s globalisation lead to an intense dispersion of industrial functions in Anglo-Saxon countries, German urban regions were characterised by a strong interactive development of knowledge-intensive industry and company services. Admittedly, a sectoral and regional isolation of this interactive development has taken place since the mid 1990s. This makes the interactive connections between industry and service development long-range but does not remove them. Simultaneously, an increased specialisation of certain clusters of high-value services[9] may be observed in the development of the individual metropolises.

On the one hand, this leads to an increasing spatial *distancing* from local customer relationships, and on the other hand, these services, oriented towards nationwide and global markets, are *re-embedded* into the production infrastructure of the respective urban economy. The urban job markets for "professionals" are central to this re-embedding process. The respective specific functionality of these "post-Fordist" job markets and their qualification rep-

ertoires (in many case rooted in the traditions of the region) characterise the processes of metropolis and specialisation formation, which mutually strengthen one another.

The German metropolis system as part of a multi-layered network of cities

In order to illustrate the uniqueness of the German urban system and the specific role of the network of complementary metropolis regions, I have so far focussed on the urban, the urban-regional and the national levels. It is however clear that in the analysis of global cities or globalised urban regions primarily a global rather than a national perspective must be examined. Therefore, in conclusion, the question of the transnational interlocking of the German metropolis regions will be briefly addressed.

The German economy's powerful orientation towards the global economy and the country's far-developed European integration shows that the German urban system must be linked to the European and global network of cities at a high

Transport- und Kommunikationsangeboten"[10] ein. Nur über starke internationale Vernetzungen und Kooperationen können die einzelnen Metropolen ihre Leistungs- und Innovationsfähigkeit in ihrer jeweiligen Spezialisierung weiter entwickeln.

In Abbildung 2 wird die Darstellung des nationalen Städtesystems, wie es Blotevogel[11] für das Jahr 1995 dargestellt hat, durch eine heuristische Skizze transnationaler Verflechtungs- und Kooperationszusammenhänge ergänzt. Mit dieser schematischen Darstellung soll die vielschichtige Einbettung der deutschen Metropolregionen in globale, europäische, aber auch nationale und regionale Zusammenhänge verdeutlicht werden.

Betrachtet man das deutsche Stadt- und Metropolensystem unter der Perspektive seiner Einbindung in dieses vielschichtige Netzwerk, so muss die Abwesenheit einer deutschen Metropole in der Hierarchie der veritablen Global Cities wie New York oder London nicht notwendigerweise als ein Defizit erscheinen. Aus dieser vielschichtigen Einbindung des deutschen Metropolensystems resultiert eine hohe Leistungs- und Innovationsfähigkeit und zugleich eine sehr große Flexibilität und Anpassungsfähigkeit. In diesem Sinne könnte sich das deutsche Metropolensystem als eine zukunftsfähige Alternative zu dem stark zentralisierten Modell der Global Cities erweisen.

Literaturhinweise

1 Hartmut Häußermann: „Desintegration durch Stadtpolitik?" In: Aus Politik und Zeitgeschehen. Beilage zur Wochenzeitung "Das Parlament", Heft 40-41/2006.

2 Christine Hannemann/Dieter Läpple: „Zwischen Reurbanisierung, Suburbanisierung und Schrumpfung. Perspektiven der Stadtentwicklung in West und Ost." In: Kommune, Heft 5/2004 (S. V-X).

3 Dieter Läpple: „Phönix aus der Asche: Die Neuerfindung der Stadt". In: H. Berking/M. Löw (Hg.): Soziale Welt. Sonderband 16: Die Wirklichkeit der Städte. Baden-Baden 2005 (S. 397-413).

4 Saskia Sassen: Cities in a World Economy. Thousand Oaks CA 2000 (aktualisiert; ursprünglich veröffentlicht: 1994

5 Saskia Sassen: The Global City. New York, London, Tokyo, Princeton NJ 2001 (aktualisiert; ursprünglich veröffentlicht: 1991 .

6 Peter A. Hall/David Soskice (Hg.): Varieties of Capitalism. The Institutional Foundations of Comparative Advantage. Oxford 2001.

7 Werner Abelshauser: Deutsche Wirtschaftsgeschichte seit 1945. München 2004.

8 Dieter Läpple/Joachim Thiel: Advanced Producer Services in the German Metropolitan Regions: Towards a Dynamic Understanding of the Spatial Pattern of Service-Manufacturing Links. Aktualisierte Version eines Arbeitspapiers der VIII. RESER-Konferenz (Berlin, 8.-10. Oktober 1998). Technische Universität Hamburg-Harburg 2000.

9 Hans H. Blotevogel: „Gibt es in Deutschland Metropolen? Die Entwicklung des deutsche Städtesystems und das Raumordnungskonzept der ‚Europäischen Metropolregionen'". In: D. Matejovski (Hg.): Metropolises: Laboratorien der Moderne. Frankfurt/Main 2000 (S. 179-208).

10 Hans Joachim Kujath: Leistungsfähigkeit von Metropolregionen in der Wissensökonomie. Die institutionentheoretische Sicht. Arbeitspapier. Leibniz-Institut für Regionalforschung und Strukturplanung. Erkner 2006 (http://www.irs-net.de/download/wp wissenoekonomie.pdf).

11 Hans H. Blotevogel: „Städtesysteme und Metropolregionen". In: K. Friedrich/B. Hahn/H. Popp (Hg.): Nationalatlas Bundesrepublik Deutschland – Dörfer und Städte. München 2002 (S. 40-43).

level. This applies to more or less all German cities. However, the German metropolis regions have an "Interface function between the global and the national systems of the economy with their special institutions, organisational forms and infrastructure-based transport and communication facilities"[10]. The individual metropolis can only further develop its performance and innovation capacity in its respective field of specialisation through strong international networks and cooperation.

Image 2, shows a depiction of the national system of cities, as Blotevogel[11] has produced for the year 1995. A heuristic sketch of transnational interlocking and cooperation relations has been added to it. This schematic drawing aims to illustrate the multi-layered embedding of German metropolis regions into global, European, national and regional contexts.

If you consider the German urban and metropolis systems from the perspective of their links to this multi-layered network, the absence of one particular German metropolis does not necessarily appear to be a deficit in the hierarchy of the veritable global cities such as New York or London. This multi-layered linking of the German metropolis system provides a high capacity for performance and innovation and at the same time, great flexibility and ability to re-adjust. In this sense, the German metropolis system could prove to be an alternative in the future for the strongly centralised model of global cities.

Literature

1 Hartmut Häußermann: „Desintegration durch Stadtpolitik?" In: Aus *Politik und Zeitgeschehen.* supplement of "Das Parlament", Issue 40-41/2006.

2 Christine Hannemann/Dieter Läpple: „Zwischen Reurbanisierung, Suburbanisierung und Schrumpfung. Perspektiven der Stadtentwicklung in West und Ost." In: *Kommune,* Issue 5/2004 (S. V-X).

3 Dieter Läpple: „Phönix aus der Asche: Die Neuerfindung der Stadt". In: H. Berking/M. Löw (Ed.): *Soziale Welt. Sonderband 16: Die Wirklichkeit der Städte.* Baden-Baden 2005 (p. 397-413).

4 Saskia Sassen: *Cities in a World Economy.* Thousand Oaks CA 2000 new updated edition; originally published in 1994).

5 Saskia Sassen: *The Global City.* New York, London, Tokyo, Princeton NJ 2001 new updated edition; originally published in 1991).

6 Peter A. Hall/David Soskice (Ed.): *Varieties of Capitalism. The Institutional Foundations of Comparative Advantage.* Oxford 2001.

7 Werner Abelshauser: D*eutsche Wirtschaftsgeschichte seit 1945.* München 2004.

8 Dieter Läpple/Joachim Thiel: *Advanced Producer Services in the German Metropolitan Regions: Towards a Dynamic Understanding of the Spatial Pattern of Service-Manufacturing Links.* 8 to 10 octobrer 1998). Technische Universität Hamburg-Harburg 2000.

9 Hans H. Blotevogel: „Gibt es in Deutschland Metropolen? Die Entwicklung des deutsche Städtesystems und das Raumordnungskonzept der ‚Europäischen Metropolregionen'". In: D. Matejovski (/Ed.): Metropolises: *Laboratorien der Moderne.* Frankfurt/Main 2000 (p. 179-208).

10 Hans Joachim Kujath: *Leistungsfähigkeit von Metropolregionen in der Wissensökonomie. Die institutionentheoretische Sicht.* Working paper. Leibniz-Institut für Regionalforschung und Strukturplanung. Erkner 2006 (http://www.irs-net.de/download/wp wissenoekonomie.pdf).

11 Hans H. Blotevogel: „Städtesysteme und Metropolregionen". In: K. Friedrich/B. Hahn/H. Popp (Ed.): *Nationalatlas Bundesrepublik Deutschland – Dörfer und Städte.* München 2002 (p. 40-43).

BETTINA KIEHN
Leiterin des Bürgerhauses Wilhelmsburg und Sprecherin des IBA/IGS-Beteiligungsgremiums

Seit Februar 2006 ist Bettina Kiehn Leiterin des Bürgerhauses Wilhelmsburg. Als Diplomkauffrau war sie unter anderem Geschäftsführerin in einem Buchverlag, bevor sie in die Verwaltung des goldbekHauses und von dort nach Wilhelmsburg wechselte. Bettina Kiehn lebt selbst nicht im Stadtteil. Sie kommt jeden Tag aus Curslack im Südosten Hamburgs.

Frau Kiehn, was lässt den Stadtteil Wilhelmsburg so dynamisch wirken?
Dafür gibt es verschiedene Ursachen. Durch das Senatsprogramm „Sprung über die Elbe" ist der Stadtteil im Fokus der Hamburger Stadtentwicklung. Damit fließen erhebliche ökonomische Ressourcen in das Gebiet. Die IBA ist dafür ein besonderer Motor. Besonders wichtig für Wilhelmsburg und die Veddel finde ich in diesem Zusammenhang die Bildungsoffensive und die Förderung von Kunst und Kultur. Gleichzeitig trifft die IBA auf den Elbinseln auf außergewöhnlich vielfältige Strukturen der aktiven Personen, Vereine und Institutionen vor Ort.

Wie würden Sie bei einer Momentaufnahme von Wilhelmsburg den Stadtteil beschreiben?
Es fällt mir nicht leicht, das einzuschätzen, aber ich sehe eine Mischung aus fest eingefahrenen traditionellen Strukturen und einer starken Segregation von deutschen Bewohnern und solchen mit Migrationshintergrund. Unter der vielleicht heil wirkenden Oberfläche knistert und brodelt es bisweilen, aber der Stadtteil ist besser als sein Ruf. Es gibt hier einen gutbürgerlichen Mittelstand, der sowohl aus Deutschen als aus Migranten besteht. Das prägt den Charakter der Elbinsel eben auch, nicht nur die Siedlung Kirchdorf-Süd. Bemerkenswert finde ich hier auch die große Bereitschaft der Bevölkerung, sich an Diskussionen über die Zukunft Wilhelmsburgs zu beteiligen. Dieser Gemeinsinn ist schon etwas Besonderes in Wilhelmsburg. Es gibt eine hohe Identifikation mit dem Ort.

Beteiligen sich alle Menschen im Stadtteil oder schlummern irgendwo noch stille Reserven?
Es herrscht Offenheit vor. Wobei man sagen muss, dass es nur wenig Beteiligung von Menschen mit Migrationshintergrund gibt. Das liegt sicher auch an den sehr von deutschen Bürgern geprägten Beteiligungstrukturen, die für manche Migranten nicht passen. Sie haben andere Erwartungen und schlicht andere Diskussionskulturen. Wir arbeiten gerade an neuen Konzepten, um auch diese Menschen anzusprechen. Es gibt auf den Elbinseln erhebliche kulturelle Potenziale der Bewohner, die gehoben und nicht verschüttet oder verdrängt werden sollten. Auch die Vielfalt der Kulturen und Nationalitäten, die hier leben, trägt dazu bei. Beispielsweise gibt es in Wilhelmsburg schon seit Jahrzehnten eine Siedlung von Sinti. Dort leben großartige Musiker. Das ist nur eines vieler möglicher Beispiele.

Braucht Wilhelmsburg nach Ihrer Auffassung Veränderung oder birgt das auch Gefahren?
Veränderungen sind natürlich nicht nur positiv zu sehen. Gentrifizierung kann auch zum Problem werden. Aber die Bedingungen, die jetzt in einigen Teilen Wilhelmsburgs herrschen, sind es auch nicht wert, konserviert

zu werden. Als erstes sollten die Lebensumstände der Menschen verbessert und alle Maßnahmen daraufhin geprüft werden, ob sie diesem Ziel dienlich sind. Da habe ich bei der einen oder anderen Maßnahme meine Bedenken. Ich fürchte, dass es dabei doch zu einer Verdrängung kommt, die die Probleme nicht löst, sondern nur in den nächsten Stadtteil verlagert.

Wie könnten begleitende Maßnahmen dafür konkret aussehen?
Grundsätzlich muss die Bevölkerung auch mit neuen Methoden beteiligt werden. Positiv sehe ich die Bedarfserhebungen im IBA-Projekt „Weltquartier". Dort sind vielsprachige Studenten als „Heimat-Forscher" sehr direkt auf die Menschen zugegangen und haben sie nach ihren Bedürfnissen gefragt. Das ist sicher ein guter Ansatz direkter Beteiligung. Die Arbeit im IBA/IGS-Beteiligungsgremium hat eine relativ hohe Schwelle. Dieses Gremium ist natürlich wichtig und auch geeignet, erreicht aber nicht wirklich alle. Für viele Menschen hier sind schriftliche Bewerbungen eine Hürde. Entscheidend aber ist, dass die IBA und die IGS die Beteiligung wirklich ernst nehmen, die Ergebnisse der Befragungen direkt in die Planung einfließen lassen und sie nicht erst durch ein paar Filter schicken.

Was sollte sich nach Ihrer Meinung baulich in Wilhelmsburg ändern?
Wilhelmsburg braucht Fährverbindungen zu den Landungsbrücken und zur Alster. Ich begrüße die Planung, den Aßmannkanal zu verlängern. Ich möchte auch einen Fähranleger am Bürgerhaus haben. Und auf jeden Fall braucht Wilhelmsburg neue Raum- und Baukonzepte für die Bedürfnisse der Menschen die hier leben wollen.

Sie meinen, da könnten wirklich ganz neue Dinge entstehen?
Ja, wann, wenn nicht jetzt? Die Behörde für Stadtentwicklung und Umwelt will hier ja in Wilhelmsburgs Mitte neu bauen. Das finde ich grundsätzlich wichtig. Ich wünsche mir, dass dieser Bau deutlich innovative Impulse setzt. Auch für die geplanten Wohnbauten hoffe ich auf sehr neue Konzepte. Ich zucke nur zusammen, wenn mit hochwertiger Architektur auch hohe Preise oder hohe Mieten verbunden werden. Die Preise dürfen das soziale Gefüge nicht sprengen. Gute Architektur ist für mich eine in jeder Hinsicht angemessene Architektur.

BETTINA KIEHN

Director of the Bürgerhaus Wilhelmsburg (Wilhelmsburg community centre) and speaker of the IBA/IGS participation committee

Bettina Kiehn has been the director of the Wilhelmsburg community centre since February 2006. A business graduate, her past posts include that of managing director of a publishing house, after which she joined the administration of the goldbekHaus before moving to Wilhelmsburg. However, Bettina Kiehn does not live in the quarter herself: she travels daily from Curslack in southeast Hamburg.

Ms. Kiehn, what is it that makes Wilhelmsburg so dynamic?
There are a number of reasons for this. The senate programme "Leap across the Elbe" is at the heart of Hamburg's urban development activities. It has brought extraordinary economic resources into the area. The IBA is a particular engine for this. In addition, I believe the education offensive and the support of art and culture are of particular importance for Wilhelmsburg and the Veddel. In the case of the Elbe islands, the IBA is encountering an unusual variety of parallel structures of actors, societies and institutions on location.

Imagine a snapshot of Wilhelmsburg; how would you describe the quarter?
Well, that's not too easy, but I see a combination of well-established traditional structures and a strong segregation of German residents and those with a migrational background. Although things look calm on the surface, they can be different underneath, but the area is better than its reputation. There is also a bourgeois middle class that is made up of Germans and migrants. This is a part of the island's character, not just the Kirchdorf-Süd settlement. I also find the population's willingness to join the discussions about the future of Wilhelmsburg very special. This public spirit is quite something in Wilhelmsburg. There is a high level of identification with the area.

Does everyone in the area get involved, or are there some hidden reserves tucked away?
It's very open, very public. Although it has to be said that there is generally little involvement by those with a migrational background. That is due to the participation structures that are dominated by the German citizens, that are not suited to some of the migrants. They have other expectations, and simply have other discussion cultures. We are currently working on new concepts to address these people. The residents of the Elbe islands also have a considerable cultural potential, and this should be elevated rather than scattered or buried. For instance, there have been Sinti residing in Wilhelmsburg for several decades including some wonderful musicians. That's only one possible example.

Do you think Wilhelmsburg needs change, or does that bring its own dangers?
Of course, change isn't always positive. Gentrification can also be a problem. But the conditions in some parts of Wilhelmsburg at the moment are not worth preserving. First of all, people's living conditions should be improved and all measures checked to see that they really serve this purpose. I have my doubts about some of them. I am afraid that there will be an amount of displacement, and this won't solve problems but simply shift them to the next area.

What specific accompanying measures could there be?
The population needs to be involved in new methods, too. I think the first survey of demand of the IBA project "Global Quarter" is very positive. Multilingual students approached people directly as "home researchers", and asked them what they wanted. That's definitely a good approach to direct involvement. The work of the IBA/IGS participation committee has a relatively high threshold. Of course, this measure is also important and appropriate, but it doesn't really get to everyone. Written applications and questionnaires are an obstacle for many people here. But I think it is most important that participation is really be taken seriously by IBA and IGS and that the results of the surveys be included in the planning, rather than being sent through a couple of filters.

What structural changes do you think there should be in Wilhelmsburg?
Wilhelmsburg needs ferry connections to the jetties and to the Alster. I welcome the plans to extend the Aßmannkanal. I would also like there to be a ferry stop at the community centre. And Wilhelmsburg definitely needs new building concepts to suit the needs of the people who want to live here.

So do you think new things really could be created?
Yes, right now. The department for urban development and environment protection wants to build in Wilhelmsburg Mitte. I hope that this development will provide significant new impulses. I also hope for very new concepts with the planned residential buildings. However, I flinch when high quality architecture is also associated with high prices or high rents. Prices should not ruin the social structure. To me, good architecture is architecture that is appropriate in every respect.

MICHAEL GRAU
Unternehmer

Michael Grau ist Inhaber der Firma Mankiewiecz, die hochspezialisierte Industrielacke herstellt. Er leitet in dritter Generation das Unternehmen und ist unter anderem Mitglied im IBA/IGS-Beteiligungsgremium.

Herr Grau, ist Ihr Betrieb an diesen Standort gebunden oder könnten Sie überall auf der Welt produzieren?
Wir könnten überall in Europa produzieren. Die Logistikketten sind heute so kurz, dass der Ort dafür eigentlich keine Rolle spielt. Entscheidend sind die Menschen, mit denen wir arbeiten. Für die muss der Standort attraktiv sein. Das spielt heute eine große Rolle, wenn man hoch qualifizierte Mitarbeiter motivieren will. Es ist deshalb wichtig für uns, in einer Stadt wie Hamburg zu sein, und Wilhelmsburg ist der Stadtteil mit der besten verkehrstechnischen Anbindung. Das gilt für den Lieferverkehr wie für die Anreise unserer etwa 700 Mitarbeiter.

Wohnen Ihre Mitarbeiter auch in Wilhelmsburg?
Ein ganz großer Teil wohnt hier, einige aber auch in den im Norden und im Süden angrenzenden Gebieten Hamburgs.

Wohnen Sie selbst auch in Wilhelmsburg?
Nein, ich wohne nördlich der Elbe. Dort lebt meine Familie schon seit Generationen.

Wie würden Sie Wilhelmsburg charakterisieren?
Die Industrie hat sich hier in den letzten Jahren nur langsam entwickelt. Das mag daran liegen, dass man nicht genügend Flächen zur Verfügung stellt, obgleich es in und um den Stadtteil herum noch viele Brachen gibt, die dafür ausgewiesen werden könnten. Wilhelmsburg hat sich mehr zu einer Wohnstadt entwickelt.

Ist der Wohnstandort Wilhelmsburg auch ein Potenzial für ihr Unternehmen?
Ich bin ein ganz großer Verfechter von Wilhelmsburg als Wohn- und als Industriestandort. Wir haben hier einen sehr grünen Stadtteil, hier lassen sich schöne Wohngebiete entwickeln. Und wir haben eine sehr interessante multikulturelle Gesellschaft. Man muss nur gegen viele Vorurteile kämpfen, die es über Wilhelmsburg gibt. Ich sehe auch, dass es Probleme gibt. Aber es ist doch so: Ein junger Mensch, der in einem rauen Umfeld aufwächst, kann sich, wenn er gut geführt wird, auch überall in der Welt durchschlagen. Ich glaube, viele Gymnasiasten aus Blankenese haben es schwerer, sich in Shanghai oder anderswo zu bewähren als die, die aus Wilhelmsburg kommen.

Wie soll es für Wilhelmsburg weitergehen?
Man sollte weitermachen wie bisher: Wohnmöglichkeiten, das heißt kleinteiliges, leicht erwerbbares Eigentum für gute, tüchtige Familien schaffen, die Schulausbildung verbessern. Man sollte eine sozial verträgliche Trennung zulassen, sodass die, die lernen wollen, auch etwas lernen können und nicht von denen, die es nicht wollen, auch noch behindert werden. Wir können auch in Wilhelmsburg Eliten bilden, da bin ich mir ganz sicher.

Was wären andere Maßnahmen, die das Image Wilhelmsburgs heben könnten?
Also die IBA und die IGS sind ja schon Highlights, für die wir dankbar sein sollten. Das wird garantiert zu einem besseren Image der Elbinseln führen.

Zählt hochwertige Architektur auf Weltniveau in Ihren Augen auch dazu?
Man muss sehen, ob diese Art von Architektur hier angenommen wird. Teilweise gibt es das Umfeld nicht her. Hier in Wilhelmsburg braucht man eher kluge Gebrauchsarchitektur im klassischen Wohnungsbau mit ökologisch-ökonomisch interessanten Beispielen.

Wie kann man die Insellage Wilhelmsburgs überwinden?
Wilhelmsburg ist ein Teil von Hamburg. Mit dem kleinen Unterschied zu anderen Stadtteilen, dass wir den „Sprung über die Elbe" zur besseren Anbindung brauchen. Es gibt das technische Nadelöhr der Anbindung nach Norden. Eine „Living Bridge" könnte das umgehen. Schade, dass das Projekt auf Eis liegt. Es gibt in der Stadt ein paar quer laufende Achsen, die von Norden nach Süden schwer zu überwinden sind. Die Insellage hat zwar auch ihren Charme, aber wir brauchen die Anbindung des Stadtteils. Darüber habe ich selbst auch schon einmal nachgedacht. Es gibt in verschiedenen Städten der USA ein umfangreiches Netz sogenannter Multipurpose-Wege, auf denen Radfahrer und Skater fahren, aber auch Fußgänger und Dauerläufer unterwegs sind. Die werden durch schöne Teile der Stadt geführt, verbinden kulturell interessante Orte und erschließen so auch unbekannte Gebiete. Für die Verbindung der IBA/IGS-Objekte wären diese Wege gut einsetzbar. Es muss eine Verbindung Wilhelmsburgs möglichst über die HafenCity mit dem Rathaus geben. Auf diesen Wegen müssten alle Nutzer aufeinander Rücksicht nehmen, wir hätten damit sozusagen auch einen sozialpädagogischen Effekt und wir hätten auch für den Breitensport etwas getan.

MICHAEL GRAU
Businessman

Michael Grau is the owner of the Mankiewicz company, which produces highly specialised industrial paints. He is the CEO in third generation and also a member of the IBA/IGS participation committee.

Mr. Grau, is your company tied to this location, or can you manufacture your products anywhere in the world?
We can produce anywhere in Europe. Today's logistics chains are so short that the actual location is irrelevant. What do matter are the people we work with. The location has to be pleasant for their sakes. That's something that is really important today if you want to motivate highly qualified employees. So it's important for us to be in a city like Hamburg, and Wilhelmsburg is the area with the best traffic connections. That applies both to delivery traffic and to the commutes of our approximately 700 employees.

Do your employees also live in Wilhelmsburg?
A great number of them live here, but some also live in areas to the north and south of Hamburg.

Do you live in Wilhelmsburg yourself?
No; I live north of the Elbe. My family has lived there for generations.

How would you characterise Wilhelmsburg?
Industrial development hasn't been too good here in recent years. That could be because there isn't enough space available, although there is plenty of wasteland in and around the area that could be utilised. Wilhelmsburg is almost a residential town.

Does the residential town of Wilhelmsburg also have potential for your company?
I'm a great defender of Wilhelmsburg as a residential and an industrial location. It's a very green part of town, and we could build some beautiful residential areas. Plus we have a very interesting multicultural society. We just have to fight the many prejudices that exist about Wilhelmsburg. I can see that there are problems. But it's a fact: a young person growing up in a tough environment can, with the right guidance, make a success of life wherever he is. I think a lot of the grammar school students from Blankenese find it more difficult to prove themselves in Shanghai or elsewhere than their counterparts from Wilhelmsburg do.

How is life to continue in Wilhelmsburg?
We should continue as before: create housing, and by that I mean small, affordable homes for decent, hard-working families, and improve education. We should also allow a form of socially compatible separation, so that those who want to learn can, and are not prevented from doing so by those who aren't interested. We also can form elites in Wilhelmsburg.

What other measures could improve Wilhelmburg's image?
Well, the IBA and IGS are already two highlights that help to improve the image of the island.

Does this include high quality world-class architecture in your opinion?
We have to see whether it's accepted here. We don't always have the right setting for it. Here in Wilhelmsburg, we do need well-planned, ecological and economic utility architecture.

How can the fact that Wilhelmsburg is on an island be overcome?
Wilhelmsburg is a part of Hamburg, except for the small difference from other parts of the city that we have to make the "Leap across the Elbe" for better connection. There is the technical eye of the needle of connection to the north. This could be overcome by a "living bridge". It's a great shame that the project has been put on the back burner for now. There are a few diagonal axes in the town that are difficult to cross from north to south. Although the island situation has its attractions, we need the areas to be connected. I have given this some thought. A number of states in the USA have a comprehensive network of so-called multi-purpose paths that are used by cyclists and skaters, but also by pedestrians and joggers. The paths take them through the prettier parts of the town or city; they connect culturally interesting places, and so also develop areas that are less well known. These paths could easily be used to connect the IBA/IGS projects. Ideally, Wilhelmsburg should be connected with the town hall via the HafenCity. The users of these paths would all have to show consideration towards each other; there would be a socio-pedagogic effect – and we would do something for mass exercise.

IBA MEETS IBA

IBA MEETS IBA

THOMAS SIEVERTS

Das Entwerfen Großer Projekte

Drei Generationen von *Projekten großen Maßstabs* und ihr unterschiedliches Verhältnis zu den Wissenschaften

Die Internationale Bauausstellung Hamburg ist, wie jede Internationale Bauausstellung bisher, ohne Zweifel ein *Projekt großen Maßstabs*: Sie besitzt alle Merkmale, die sie nicht nur als umfangreiches, sondern auch als faszinierendes Großprojekt kennzeichnen. Im Folgenden wird versucht, den Wandel der *Projekte großen Maßstabs* und ihres sich ebenso wandelnden Verhältnisses zu den Wissenschaften nachzuzeichnen, wobei der letzten abgeschlossenen Internationalen Bauausstellung, der IBA Emscher Park (1989–1999), ein eigenes Kapitel gewidmet ist. Dabei wird deutlich, dass jede Internationale Bauausstellung ihre geistige, ökonomische und politische Stellung im Zeitgeschehen neu definieren muss, um sich damit in die Geschichte einzuordnen und um einen zeitgemäßen Beitrag leisten zu können. Von einer IBA wird ein hohes Maß an Selbstreflexion erwartet, dazu gehört auch das Nachdenken über Kontinuität einerseits und abgrenzende Innovation andererseits. Dieses Nachdenken ist niemals abgeschlossen – der Essay ist also als ein Baustein zu einer nachdenklichen Standortbestimmung zu verstehen.

Was ist unter *Projekten großen Maßstabs* zu verstehen?

In diesem Beitrag geht es um das sich wandelnde Verhältnis der räumlichen Planung zur Wissenschaft, beispielhaft erläutert an *Projekten großen Maßstabs*. Der Begriff *großer Maßstab* soll dabei nicht nur für die Planung geografisch großer Gebiete stehen, sondern auch für „große

Bedeutung", also nicht nur für *large* sondern auch für *great projects*.

Große Projekte in diesem Sinne strahlen eine gewisse Faszination aus, sie sind also kein Fall von Verwaltungsroutine. Sie regen die Phantasie an und entfalten eine Wirkung in der Gesellschaft. Solcherart Projekte haben – bei aller Verschiedenheit – nach meinem Verständnis bestimmte gemeinsame Eigenschaften:

- Das Projekt hat einen komplexen Sinn mit einem Bedeutungsüberschuss (ist also mehr als nur technisches Mittel für einen eindimensional bestimmten Zweck).
- Das Projekt steht in der Verantwortung vieler Beteiligter (es gibt also keinen eindeutigen „Bauherrn").
- Das Projekt hat in der Regel einen regionalen Maßstab (es gibt also keinen klar umrissenen Planungsperimeter).
- Das Projekt hat einen in weiten Grenzen offenen Zeithorizont (es gibt also keinen eindeutigen Bauablauf).
- Das Projekt besteht aus bestimmten, realisierungsreifen Elementen und unbestimmten, zeitfernen Elementen (es gibt also keine zu Anfang erstellbare technische Planung für das Ganze).
- Das Projekt hat eine große Kapazität mit großen Spielräumen für unterschiedliche Nutzungen und Bedeutungen (es ist also nicht „funktionalistisch" im engeren Sinn).
- Das Projekt ist prägnant (es geht also nicht um eine neutrale, beliebige „Offenheit").

Kurz: Es handelt sich um Projekte großer Komplexität, sowohl in sachlicher wie in zeitlicher

Kokerei Zollverein, Essen, mit einer Lichtinszenierung von Speirs & Major   Former coking plant Zollverein shaft XII in Essen with lighting concept designed by Speirs & Major

THOMAS SIEVERTS

The Design of Great Projects

Three generations of projects on a *grand scale* and their differing relations to the sciences

Like every international building exhibition to date, the Internationale Bauausstellung Hamburg is without doubt a *project on a grand scale*: it displays all the features that characterise it not only as a comprehensive, but also as a fascinating large-scale project. In the following, an attempt will be made to outline the change in *projects on a grand scale* and their equally changeable relation to the sciences, whereby a separate chapter is devoted to the last completed international building exhibition, the IBA Emscher Park (1989–1999). Here it becomes clear that every international building exhibition is compelled to redefine its intellectual, economic and political position within the contemporary context, in order to adopt its place in history and so make an up-to-date contribution. A large degree of self-reflection is expected from an IBA, and this includes consideration of continuity on the one hand and distinguishing innovation on the other. This reflection is never fully complete – and so this essay should also be seen as part of a thoughtful assessment of position.

What are *projects on a grand scale*?

This essay will concern the changing relations of spatial planning to science, explained in an exemplary way using the model of *projects on a grand scale*. Here, the concept of a grand scale is not only used to refer to planning for geographically large areas, but also to signify "great importance"; in other words, not only for *large* but also for *great projects*.

Great projects in this sense radiate a certain fascination and are consequently never a matter of administrative routine. They stimulate the imagination and develop an impact in society. According to my understanding, these kinds of projects have specific, shared characteristics despite their diversity:

- The project has complex significance with a surplus of meaning (and so it is more than a mere technical means towards a one-dimensional end).
- A large number of participants are responsible for the project (so there is no obvious "principal").
- As a rule, the project is on a regional scale (so there are no clearly outlined perimeters to planning).
- The project has a time-scale that is open within broad limits (so there is no absolutely defined construction sequence).
- The project consists of specific elements already mature enough for realisation and vague elements unrelated to time (meaning that there is no overall technical plan that can be drawn up at the outset).
- The project has great capacity, with considerable freedom for different usages and impacts (and so it is not "functionalist" in the narrowest sense).
- The project is compact (meaning that it is not a matter of a neutral, arbitrary "openness").

In short: this is a matter of projects of great factual, temporal and political complexity. The characteristics of a *project on a grand scale* outlined here are not equally pronounced

und politischer Hinsicht. Die skizzierten Eigenschaften eines *Projekts großen Maßstabs* sind zwar nicht in jedem Fall gleichermaßen ausgeprägt, aber sie sind bei einem Großen Projekt immer vorhanden. Es sind solcherart Projekte, die auch neuen Widerhall in den Medien finden und mit denen man junge Leute für die Raumplanung und das *urban design* begeistern kann.

Die mehrfachen Brüche im Charakter der Großen Projekte seit dem Zweiten Weltkrieg aus persönlicher Sicht

Das Wesen dieser Art von Projekten hat sich im Verlauf der Zeit gewandelt: Diesen Wandel im Verlauf des letzten halben Jahrhunderts habe ich in meinem Studium und in meinem Berufsleben als praktischer Planer und Hochschullehrer miterlebt, begleitet und aktiv mitgestaltet. Die folgende Darstellung ist deswegen auch eine Reflexion meiner Studien- und Arbeitsbiografie und damit meiner praktischen Erfahrung ebenso wie meiner wissenschaftlichen Tätigkeit als Hochschullehrer. Als Zeitzeuge war ich jeweils als „Kind meiner Zeit" in ihre Auffassungen und Leidenschaften verstrickt. Erst im langen Rückblick entsteht die notwendige Distanz der Reflexion.[1]
Im Wandel der Großen Projekte spiegeln sich die wandelnden politischen und ökonomischen Verhältnisse ebenso wie die sich wandelnden Auffassungen der Wissenschaft über das Wesen der Welt: In der Zeit des Heranwachsens nach dem Zweiten Weltkrieg habe ich, wie viele in anderen europäischen Ländern auch, einen unabweisbaren Mangel an Wohnraum und Nahrung erlebt, der als frühe Erfahrung das Bewusstsein geprägt hat. Ich bin der Überzeugung, dass es zum Verständnis der Großen Projekte wichtig ist, sich vor Augen zu halten, dass sie nach dem Zweiten Weltkrieg Träger der Verheißungen des Wohlfahrtsstaats waren, diesen Mangel ein für alle Mal zu beheben. Ich habe besonders die Politik der Labour-Party in England als einen Ansatz zu einer umfassenden Gesellschaftsreform mit Begeisterung aufgenommen. Die Großen Projekte waren Teil

der „Großen Erzählungen" der Gesellschaftsreformen. Dazu gehörten insbesondere das „New Town Program", „The National Health Service" und die neuen Comprehensive Schools. Die Großen Projekte jener Zeit hatten fast alle einen „heroischen" utopischen Kern.[2]
Dieser Glaube an die gesellschaftsverändernde Kraft der Großen Projekte hat mein Studium geprägt, das ich für ein Jahr in England verbracht habe. Bei aller Begeisterung kamen wir freilich schon vor dem Ende des Studiums zu der Überzeugung, dass die segensreichen Projekte des staatsinterventionistischen Wohlfahrtsstaats einer viel besseren wissenschaftlichen Fundierung bedürfen.
In meinen ersten Berufsjahren in den frühen 60er Jahren des vorigen Jahrhunderts habe ich mich deshalb intensiv um die Entwicklung von umfassenden, wissenschaftlich begründeten Planungsmethoden bemüht, von einer semiotisch fundierten Stadtbild-Analyse[3] bis zur Entwicklung geschlossener, komplexer mathematischer Modelle, die mit den Methoden der „Systems Dynamics" (James Forrester) auf der Grundlage eines allgemeinen systemtheoretischen Ansatzes komplexe Stadtentwicklungen zu simulieren versuchten.[4]
Das Bemühen um eine Verwissenschaftlichung der Raumplanung zeigt sich auch in der Gründung der ersten eigenständigen Raumplanungsfakultäten mit eigenen Studiengängen Anfang der 60er Jahre an den Universitäten in Dortmund, Berlin und Kaiserslautern. Auch die Gründung der Fachzeitschrift *Stadtbauwelt* 1964 ist in diesem Zusammenhang zu sehen. Alle diese Bemühungen waren eingebettet in den Glauben an einen starken, wohltätigen Staat und an eine unbegrenzt wirksame Wissenschaft. Daran änderte auch die Studentenrevolte von 1968 nichts, die ich als frischgebackener Hochschullehrer erlebte. Diese thematisierte zwar die ungleichen politischen Wirkungen und die Interessenbedingtheit von Stadtplanung und damit die Notwendigkeit der Demokratisierung und Mitbestimmung, aber die linke Studentenbewegung teilte mit den Rechten den Glauben an die Kraft wissenschaftlicher Argumente und

Im Wandel der Großen Projekte spiegeln sich die wandelnden politischen und ökonomischen Verhältnisse ebenso wie die sich wandelnden Auffassungen der Wissenschaft über das Wesen der Welt.

in every case, but in a great project they will always exist. These kinds of projects are also the ones with a new echo in the media, capable of triggering young people's enthusiasm for spatial planning and *urban design*.

Divergence in the nature of great projects since the Second World War; a personal view

The nature of this kind of project has changed in the course of time: during my studies and my professional career as a practical planner and university lecturer, I have seen, experienced and helped to actively shape this change over the course of the last fifty years. The following description, therefore, also reflects my biography as a student and professional, and thus my own practical experience and my academic activity as a university lecturer. As a witness to the times and as a "child of the times" in each case, I was always enmeshed myself in their attitudes and passions. It is only possible to develop the necessary distance for reflection when looking back over a longer period.[1]

The change in great projects reflects the changing political and economic conditions, as well as the sciences' changing opinions concerning the nature of the world: while I was growing up after the Second World War, like many people in other European countries as well, I experienced an irrefutable shortage of living space and nourishment, and this early experience shaped my awareness. I am convinced that in order to understand the great projects, it is important to bear in mind that after the Second World War they bore the welfare state's promise to abolish these deprivations once and for all. In particular, I enthusiastically adopted the politics of the English Labour Party as a starting point for comprehensive social reform. The great projects were part of the "great narratives" of social reforms. Specifically, they included the "New Town Programme", the "National Health Service" and the new comprehensive schools. Almost all the great projects of that time were essentially "heroic", utopian.[2]

This belief in the great projects' power to change society characterised my time as a student; a year of which I spent in England. Despite all our enthusiasm, however, before the end of our studies we came to the firm conclusion that the beneficial projects of the interventionist welfare state required a much better scientific foundation.

In my first professional years in the early 1960s, therefore, I was intensely concerned to develop extensive, scientifically argued planning methods; from a semiotics-based analysis of the townscape[3] to the development of complex, self-contained mathematical models that attempted to simulate complex urban developments using the methods of "systems dynamics" (James Forrester) from a general system theoretical starting point.[4]

Effort to increase the scientificity of spatial planning was also demonstrated by the establishment of the first independent departments of urban planning with their own courses at the universities of Dortmund, Berlin and Kaiserslautern at the beginning of the 1960s. The foundation of the specialist journal *Stadtbauwelt* in 1964 should also be seen in the same context.

All these efforts were embedded in the belief in a strong, charitable state and the unlimited effectiveness of science. The student revolts of 1968 did nothing to change this; I experienced them as a newly appointed university teacher. Certainly, they examined urban planning's unbalanced political impact and its definition by interests – and thus underlined the necessity for democratisation and codetermination – but the left-wing student movement shared with the right its belief in the power of scientific arguments and the efficacy of scientific methods in planning the world.

But then came the 1970s with their fundamental criticism of modern architecture and urban planning: the growth crisis in many western cities led to a conservative view of the future, seeing salvation in comprehensive deregulation and a monetarist economic policy with big tax reductions. That meant abandonment of

die Planbarkeit der Welt mit wissenschaftlichen Methoden.

Aber dann kamen die 70er Jahre und die fundamentale Kritik an moderner Architektur und Stadtplanung: Die Wachstumskrise in vielen westlichen Staaten führte zu einer konservativen Zukunftssicht, die ihr Heil in einer umfassenden Deregulierung und einer monetaristischen Wirtschaftpolitik mit kräftigen Steuersenkungen sah. Das bedeutete weitgehend Verzicht auf Planung und Bekenntnis zu geringeren Staatseinnahmen und geringerem Staatseinfluss. Damit wurden

der Entwicklungsplanung und den sie fundierenden Wissenschaften die methodischen und finanziellen Ressourcen entzogen.

Aber nicht nur von rechts, auch von links entzog die Kritik der erstarkenden Ökologiebewegung und der politisch erstarkenden „Grünen" in Form einer fundamentalen Wachstumskritik der Entwicklungsplanung einen wesentlichen Teil der Legitimation. So von links und rechts in die Zange genommen, fand die Stadtplanung eine Zuflucht - markiert durch das Europäische Jahr des Denkmalschutzes 1975 - in einem neuen Historismus.[5]

Richard Serra: Bramme auf der Schurenbachhalde
Richard Serra: Slab on the Schurenbachhalde

planning to a great extent, and a commitment to lower state income and less state influence. The methodical and financial resources were thus withdrawn from developmental planning and those sciences upon which it was founded.

Not only criticism from the right, but also from the left – from the building ecology movement and the politically establishing "Greens" – robbed developmental planning of a considerable part of its legitimisation by fundamentally censuring growth. Heckled from both left and right, therefore, urban planning took refuge – marked by the European Year of the Protection of Monuments in 1975 – in a new Historicism.[5]

"Naturally", this far-reaching change in attitude had large-scale effects on the nature and design of urban developmental projects. The beginnings of comprehensively science-based, integrated developmental planning were already over – before they had truly begun. The science of urban planning became the practical trade of urban development once again, limited to small-scale urban redevelopment for around fifteen years; there was no further call for great projects. This led to a serious change in its relation to science: the scientific emphasis shifted to the accompanying business of case-related social research. A main field of work was individual case comparison; for the time being, the "great narratives" were over and their place was taken by the "small narratives" of individual sites and districts.

The picture did not change again until the radical changes in Europe around 1990: the disruptions in the East and their repercussions for the West demanded large-scale planning for bigger areas once more. But the globalisation that accelerated after the end of the Cold War and the European Union made an economic policy within national borders increasingly difficult. As a consequence, narrower limits were set for national state interventionism with large-scale projects. While the planners in one camp bemoaned urban planning's loss of power and influence due to dwindling public funds, another

faction sought completely different ways to relate to the significantly altered situation and the new understanding of the state that was developing from it.

Indeed, the general situation has changed quite decisively in the final 25 years of the 20th century, and this has led to an epochal caesura that is becoming increasingly noticeable: in Germany in particular, but also in other European industrial nations, there is stagnation or even shrinking in the population and a material, quantitative need for housing scarcely exists now. Globalisation is leading to massive shifts in the location of production and workplaces, and reliable prognoses of development are becoming more and more impossible; further development is determined by uncertainty. In important fields, the state is compelled to withdraw to the role of stimulator and catalyst, organiser and viable guarantor of services: thus the historical epoch of the welfare state and an urban planning based on powerful state interventionism is obviously heading towards its end. The new tasks – qualifying what already exists – are of a different nature, as I will explain using the example of the IBA Emscher Park. Looking back at the last fifty years, the various far-reaching changes in spatial planning and the nature of great projects are reflected by change in my own practice.

Three generations of *projects on a grand scale* and their differing relations to the sciences

The developments sketched from personal experience above can be generalised and attributed to specific historical phases and concepts. The welfare state of the "social democratic age", in which I grew up, presupposes the Industrial Revolution: this could be described as a "first modern age", making the welfare state a "second modern age" and the present day into a "third, reflexive modern age".[6] Each of these phases of the modern age corresponds to a specific form of great projects and a specific relation between planning and science.

The change in great projects reflects the changing political and economic conditions, as well as the sciences' changing opinions concerning the nature of the world.

Dieser tiefgreifende Auffassungswandel hatte „natürlich" breite Auswirkungen auf Art und Zuschnitt städtebaulicher Projekte. Die Ansätze zu einer umfassend wissenschaftlich basierten integrierten Entwicklungsplanung waren – kaum dass sie begonnen worden waren – schon wieder zu Ende. Die Wissenschaft von der Stadtplanung wurde wieder zum Handwerk des Städtebaus und beschränkte sich für etwa eineinhalb Jahrzehnte auf kleinteiligen Stadtumbau, Große Projekte waren nicht angesagt. Das führte zu gravierenden Veränderungen im Verhältnis zur Wissenschaft: Der wissenschaftliche Schwerpunkt verlagerte sich auf das Handwerk der begleitenden, fallbezogenen Sozialforschung. Einzelfälle im Vergleich waren ein Hauptarbeitsgebiet; die „Großen Erzählungen" waren erst einmal zu Ende und an die Stelle traten die „Kleinen Erzählungen" individueller Orte und Quartiere.

Erst mit der großen europäischen Wende um 1990 änderte sich das Bild wiederum: Die Umbrüche im Osten und ihre Rückwirkungen auf den Westen erforderten wieder großflächige Planungen. Die sich nach Ende des Kalten Krieges beschleunigende Globalisierung und die Europäische Union machten aber eine Wirtschaftspolitik innerhalb nationaler Grenzen immer weniger möglich. Damit wurden einem nationalen Staatsinterventionismus mit Großen Projekten immer engere Grenzen gesetzt. Während das eine Lager der Stadtplaner den Verlust an Macht und Einfluss der Stadtplanung aufgrund schwindender öffentlicher Mittel beklagte, suchte eine andere Fraktion nach ganz anderen Wegen, sich auf die einschneidend veränderte Situation und das sich herausbildende veränderte Verständnis des Staates zu beziehen.

Die allgemeine Situation hatte sich in den letzten 25 Jahren des vorigen Jahrhunderts in der Tat wesentlich verändert und hat zu einem Epochenbruch geführt, der immer sichtbarer wird: In Deutschland besonders, aber auch in den europäischen Industrieländern herrscht Bevölkerungsstagnation oder gar Schrumpfung, und materielle quantitative Wohnungsnot gibt es kaum noch. Die Globalisierung führt zu großen Produktions- und Arbeitsplatzverlagerungen, sichere Entwicklungsprognosen sind kaum noch möglich, die weitere Entwicklung ist durch Unbestimmtheit geprägt. Der Staat muss sich in wichtigen Teilbereichen zurückziehen auf eine Rolle als Anreger und als Impulsgeber, Organisator und haftender Leistungsgarant: Die historische Epoche des Wohlfahrtsstaats und einer auf starkem Staatsinterventionismus basierenden Stadtplanung geht damit offensichtlich ihrem Ende entgegen. Die neuen Aufgaben der Qualifizierung des Bestands sind anderer Natur, wie ich am Beispiel der IBA Emscher Park erläutern werde. Im Rückblick auf das letzte halbe Jahrhundert spiegelt sich der mehrfache, tiefgreifende Wandel der räumlichen Planung und des Wesens der Großen Projekte im Wandel der eigenen Praxis.

Drei Generationen von *Projekten großen Maßstabs* und ihr Verhältnis zu den Wissenschaften

Die oben aus persönlicher Erfahrung skizzierten Entwicklungen lassen sich generalisieren und bestimmten historischen Phasen und Begrifflichkeiten zuordnen. Der Wohlfahrtsstaat des „sozialdemokratischen Zeitalters", in den ich hineingewachsen war, setzt die Industrielle Revolution voraus: Diese könnte man als „Erste Moderne" bezeichnen, der Wohlfahrtsstaat wäre dann eine „Zweite Moderne" und die Gegenwart könnte einer „Dritten oder reflexiven Moderne" zugeordnet werden.[6] Jeder dieser Phasen der Moderne entspricht eine bestimmte Form Großer Projekte und ein bestimmtes Verhältnis zwischen Planung und Wissenschaft.

Die Großen Projekte der Industriellen Revolution

In der Industriellen Revolution dienten die Großen Projekte vorwiegend der Zähmung, Kontrolle und Indienstnahme der „wilden", ursprünglichen Natur und der technischen

The great projects of the Industrial Revolution

In the Industrial Revolution, the great projects served primarily to tame, take control over and engage the "wild" forces of nature and to overcome long distances by technical means. Typical examples are projects to regulate rivers and reclaim land, as well as the building of railway networks, roads and canals. It was the age of the engineering sciences, based on mechanics, physics and chemistry. This "first modern age" with its great projects interests us no further here – it is only important to establish that it laid the functional foundation for the "second modern age" of the welfare state.[7]

The great projects of the welfare state

A response to mass impoverishment as a consequence of the Industrial Revolution and the great economic crisis of 1929, the Labour Movement led to a "social democratic era" of considerable state interventionism, for which John Maynard Keynes developed new foundations in economic theory. The economic crisis and war destruction had lead to great need. Great projects with a complex aim were not only to redress this obvious need; they were also intended to advance comprehensive social reforms. These great projects were, so to speak, the "flagships" of the welfare state.

Some early examples are the projects of the "New Deal" in the USA under Roosevelt after the Great Depression, like the Hoover Dam and the Tennessee Valley Project, which aimed to create new social opportunities through irrigation and energy generation. After the Second World War, they included the programmes of the "new towns" and the large-scale, subsidised council estates, as well as big new universities and comprehensive schools.

The relationship to science was obvious: after the primacy of the natural science-based engineering sciences in the "first modern age", the social and economic sciences were now called upon to found the necessary programmes on reliable (statistics-based) diagnoses and prognoses, and indicators and models based on objective measurements of social, economic and technical structural data. On the basis of science-immanent standards, the sciences provided input for politics. The social and economic sciences with their positivist development were a kind of *social engineering*, employing some extremely sophisticated methods and extensive, analytically developed indicators. This was most noticeable and successful in traffic planning. Often, the task of spatial planning was compared to the workings of medicine: anamnesis – diagnosis – therapy, whereby the scientific emphasis was seen to lie in anamnesis and diagnosis.

During this second generation of great projects, grand-scale urban developmental design also worked within a well-defined conceptual framework and with a clear programmatic foundation: people were still relatively certain that it was possible to foresee the development of the city and its citizens' future needs by employing scientific models, if only sufficient research and analysis was carried out. Urban developmental design demonstrated a tendency towards a kind of "derivation-planning", attempting to derive every step in design from analytical findings: the more comprehensive the analysis, the better the planning! The designs for the great projects were complete proposals.

In the late 1960s, early 1970s, the problems of this quasi naive-instrumental relation between politics, planning and science were expounded increasingly by a social science that regarded itself as socially critical. It revealed the hidden, immanent impact on power and distribution, and the socially and ecologically damaging side effects of many great projects and "politicised" such issues: a typical example of this was criticism of the big housing estates.[8] However, these side effects in the context of the great projects were regarded as unavoidable in principle, but still manageable, although the issues of revision and "fault tolerance" were being discussed more and more – an anticipation of the "small steps" of the next epoch: for the next ten to twenty years, the key slogan was "small is beautiful".[9]

Überwindung großer Distanzen. Typische Beispiele sind die großen Flussregulierungen und die großen Landgewinnungen ebenso wie der Bau der Eisenbahnnetze und der Landstraßen sowie der Kanäle. Es war das Zeitalter der Ingenieurwissenschaften, aufgebaut auf Mechanik, Physik und Chemie. Diese „Erste Moderne" mit ihren großen Projekten interessiert uns hier nicht weiter – aber wichtig ist es festzuhalten, dass hier die funktionale Grundlage gelegt wurde für die „Zweite Moderne" des Wohlfahrtsstaats.[7]

Die Großen Projekte des Wohlfahrtsstaates

Die Arbeiterbewegung als Antwort auf die Verelendung breiter Massen als Folge der Industriellen Revolution und die große Wirtschaftskrise von 1929 führten zu einem „sozialdemokratischen Zeitalter" des starken Staatsinterventionismus, für das John Maynard Keynes neue wirtschaftswissenschaftlich-theoretische Grundlagen erarbeitet hatte. Durch Wirtschaftskrise und Kriegszerstörung war ein großer Mangel entstanden. Mit Großen Projekten komplexer Zielrichtung sollten nicht nur der offensichtliche Mangel beseitigt, sondern sollten auch umfassende gesellschaftliche Reformen vorangetrieben werden: Diese Großen Projekte waren sozusagen die „Flaggschiffe" des Wohlfahrtsstaates.

Hierzu gehören als frühe Beispiele die Projekte des „New Deal" in den USA unter Roosevelt nach der Großen Depression, wie der Hoover-Damm und das Tennessee-Valley-Project, die über Bewässerung und Energiegewinnung neue gesellschaftliche Chancen schaffen wollten. Nach dem Zweiten Weltkrieg gehörten die Programme der „New Towns" und der sozial-subventionierten Großsiedlungen dazu, ebenso wie die großen neuen Universitäten und die Gesamtschulen.

Das Verhältnis zur Wissenschaft war eindeutig: Nach der Vorherrschaft der naturwissenschaftlich begründeten Ingenieurwissenschaften in der „Ersten Moderne" waren jetzt die Sozial- und Wirtschaftswissenschaften gefordert, mit verlässlichen (statistisch begründeten) Diag-nosen und Prognosen und mit auf objektiven Messungen gesellschaftlicher, ökonomischer und technischer Strukturdaten beruhenden Indikatoren und Modellen die erforderlichen Programme zu begründen. Die Wissenschaften lieferten nach wissenschaftsimmanenten Standards Vorleistungen für die Politik. Sozial- und Wirtschaftswissenschaften waren in ihrer positivistischen Ausprägung Teil einer Art von *social engineering*, mit zum Teil äußerst ausgefeilten Methoden und umfangreichen analytisch gewonnenen Indikatoren. Am ausgeprägtesten und erfolgreichsten war dies in der Verkehrsplanung der Fall. Häufig wurde der Auftrag der Raumplanung mit der Medizin verglichen: Anamnese – Diagnose – Therapie, wobei der Schwerpunkt der Wissenschaft in der Anamnese und Diagnose gesehen wurde.

In dieser Zweiten Generation der Großen Projekte hatte das städtebauliche Entwerfen auch im großen Maßstab einen wohldefinierten konzeptionellen Rahmen und eine klare programmatische Grundlage: Man war sich noch ziemlich sicher, die Entwicklung der Stadt und die zukünftigen Bedürfnisse der Menschen mit wissenschaftlichen Modellen voraussagen zu können, wenn man nur genügend forschen und analysieren würde. Städtebauliches Entwerfen zeigte eine Tendenz zu einer Art von „Ableitungs-Städtebau", der jeden Entwurfsschritt aus einem analytischen Befund abzuleiten suchte: Je umfangreicher die Analyse, desto besser die Planung! Die Entwürfe der Großen Projekte waren abgeschlossene Projekte.

Dieses quasi naiv-instrumentelle Verhältnis zwischen Politik, Planung und Wissenschaft wurde Ende der 60er, Anfang der 70er Jahre des vorigen Jahrhunderts zunehmend von einer sich als gesellschaftskritisch begreifenden Sozialwissenschaft problematisiert, die die verdeckten, immanenten Macht- und Verteilungswirkungen und die sozial und ökologisch schädlichen Nebenwirkungen vieler Großer Projekte aufdeckte und „politisierte": Die Kritik an den Großsiedlungen war hierfür ein typisches Beispiel.[8] Noch aber wurden die Nebenwirkungen als zwar prinzipiell unvermeidlich, jedoch

Der Wohlfahrtsstaat des „sozialdemokratischen Zeitalters" setzt die Industrielle Revolution voraus: Diese könnte man als „Erste Moderne" bezeichnen, der Wohlfahrtsstaat wäre dann eine „Zweite Moderne" und die Gegenwart könnte einer „Dritten oder reflexiven Moderne" zugeordnet werden.

The great projects of the reflexive modern age

It was not until radical European change in 1990 that dynamism returned to the planning discussion. In the meantime, the world's fundamental features had altered. Stagnating or even shrinking populations meant that the construction of the urban world appeared more or less complete: planning had no more growth to distribute and no more obvious material shortages to deal with. Globalisation led to tremendous shifts in production and workplaces, bringing a structural unemployment that national economic policies proved powerless to combat. Long-existent structural weaknesses could no longer be concealed.

Hope for scientifically assured, analytically developed security had dissolved completely, and in the meantime, this dissolution has been satisfactorily explained by cognitive science. Some key words here: in principle, the development of highly-complex, non-linear systems is impossible to predict, the relation between sought-after effects and undesired side effects in the interplay of different technical-social systems cannot be foreseen, and - not least - prosperity goes hand in hand with an increasing satisfaction of basic needs, which leads to freer, scarcely predictable "investment possibilities" for both time and money. In addition, ever new scientific inventions lead to new and unpredictable constellations. This new situation is also characterised by a great degree of uncertainty, because the spatial-social situation has become so complex that future behaviour is almost impossible to predict. On the one hand, this uncertainty generates fear of a future that can obviously no longer be controlled by science, on the other hand, together with an open, experimental attitude it opens up new fields for experiment and innovation. The decisive factor is a positive interpretation of uncertainty as an open, hopeful space, a space that cannot be fully defined and fixed, certainly, but may be pre-formed by the possible activation of interpretation and given a specific "tendency", as a positively tuned sphere of possibility.

Now the deficits no longer lie in obvious shortages, but in quite different fields: the destruction of landscape through heavy industry is bemoaned, for example, and associated with many workers' lack of qualification. There are complaints that the state of the growing regional urban agglomerations no longer corresponds in any qualitative sense to the new life and business spheres and cannot be competitive under global conditions. Society faces the problem of integrating other cultures, and at the same time, the ageing of the population poses new tasks for our cities. In short: the problems faced today are primarily qualitative rather than quantitative and the target is therefore a systematic transformation of the already existent. It is no longer a matter of engaging original natural forces (as in the "first modern age"), nor of managing material shortages and massive growth (as in the "second modern age"); the main task now has become the transformation and adaptation of man-made, quasi "second nature" to the new socio-economic conditions.

In this situation, there was a need to "reinvent" spatial planning and the concept of great projects along with it.[10] This "reinvention" can be explained on the basis of the concept of the international building exhibition (IBA) Emscher Park, one of the great projects seeking to find new answers to the historically altered situation.

The Concept of the IBA Emscher Park

In the following, the concept of the IBA Emscher Park, as an example of the great projects of the reflexive modern age, will be outlined to the extent that seems necessary to argue my analysis of the relation between spatial planning and science in great projects. The strategies and methods of the IBA Emscher Park will be described along with its character as an intermediary organisation.[11]

im Rahmen der Großen Projekte als noch beherrschbar angesehen, obwohl die Frage der Revidierbarkeit und der „Fehlerfreundlichkeit" zunehmend diskutiert wurde – ein Vorgriff auf die „kleinen Schritte" der nächsten Epoche: Es galt nun für ein bis zwei Jahrzehnte der Slogan „Small is beautiful".[9]

Die Großen Projekte der reflexiven Moderne

Erst mit der europäischen Wende um 1990 kam wieder Bewegung in die Planungsdiskussion. Inzwischen hatte sich die Welt in ihren Grundzügen verändert. Bei stagnierender oder sogar schrumpfender Bevölkerung schien die städtische Welt mehr oder weniger fertig gebaut zu sein: Planung hatte kein Wachstum mehr zu verteilen und auch keine offensichtlich materiellen Mängel mehr zu beheben. Die Globalisierung führte zu gewaltigen Verschiebungen der Produktion und der Arbeitsplätze, mit einer strukturellen Arbeitslosigkeit, gegenüber der sich nationale Wirtschaftspolitik als machtlos erwies. Schon lange vorhandene Strukturschwächen konnten nicht mehr verdeckt werden.

Die Hoffnung auf wissenschaftlich abgesicherte, analytisch gewonnene Sicherheit hatte sich gründlich aufgelöst, und diese Auflösung ist inzwischen auch erkenntnistheoretisch gut begründet. Hierzu einige Stichworte: Die Entwicklung hochkomplexer, nichtlinearer Systeme ist prinzipiell nicht prognostizierbar, das Verhältnis von angezielten Wirkungen und unerwünschten Nebenfolgen im Zusammenwirken unterschiedlicher technisch-sozialer Systeme lässt sich nicht vorhersehen, und nicht zuletzt ist mit dem Wohlstand eine steigende Sättigung von Basisbedürfnissen festzustellen, mit der Folge freierer, kaum prognostizierbarer „Anlagemöglichkeiten" von Zeit und Geld. Ständig neue, wissenschaftliche Erfindungen führen zudem zu ständig neuen, unvorhersehbaren Konstellationen. Diese neue Situation ist auch deswegen durch ein hohes Maß von Unbestimmtheit geprägt, weil die räumlich-gesellschaftliche Situation so komplex geworden ist, dass das zukünftige Verhalten kaum vorauszusagen ist.

Diese Unbestimmtheit erzeugt einerseits Angst vor einer offensichtlich wissenschaftlich nicht mehr beherrschbaren Zukunft, andererseits eröffnet sie bei einer offenen, experimentellen Einstellung auch neue Felder für Experimente und Innovationen. Entscheidend ist die positive Besetzung von Unbestimmtheit, als offener Raum von Hoffnung, als ein Raum, der sich zwar nicht vollständig bestimmen und festlegen lässt, der aber durch die Deutung und aktivierbare Interpretation vorgeprägt und in eine bestimmte „Neigung" gebracht werden kann, als ein positiv gestimmter Möglichkeitsraum. Die Defizite liegen jetzt nicht mehr im Bereich offensichtlichen Mangels, sondern auf ganz anderen Feldern: Es wird zum Beispiel eine Zerstörung der Landschaft durch die Schwerindustrie beklagt, verbunden mit mangelnden Qualifikationen vieler Beschäftigter. Es wird beklagt, dass der Zustand der im regionalen Maßstab gewachsenen Stadtagglomeration qualitativ den neuen Lebens- und Wirtschaftsräumen nicht mehr entspreche und unter globalen Bedingungen nicht mehr konkurrenzfähig sei. Die Gesellschaft steht vor dem Problem der Integration anderer Kulturen, gleichzeitig stellt die starke Alterung der Bevölkerung neue Aufgaben an die Städte. Kurz: Es geht vorwiegend um qualitative, nicht mehr um quantitative Probleme und damit um eine gezielte Transformation des Bestands. Nicht mehr die Indienstnahme der ersten, ursprünglichen Natur (wie in der „Ersten Moderne"), auch nicht mehr die Bewältigung von materiellem Mangel und großem Wachstum (wie in der „Zweiten Moderne"), sondern die Umwandlung und Anpassung der menschengemachten, sozusagen der „Zweiten Natur" an neue sozioökonomische Bedingungen wurde zur Hauptaufgabe.

In dieser Situation musste Raumplanung und mit ihr das Konzept der Großen Projekte quasi neu erfunden werden.[10] Diese „Neuerfindung" lässt sich am Konzept der IBA Emscher Park erläutern, als eines Großen Projekts, das neue Antworten auf die historisch veränderte Situation gesucht hat.

The welfare state of the "social democratic age" presupposes the Industrial Revolution: this could be described as a "first modern age", making the welfare state a "second modern age" and the present day into a "third, reflexive modern age".

The strategy of the IBA Emscher Park

In the "memorandum" to the IBA Emscher Park dated 1988[12] we read: "The intention of the international building exhibition Emscher Park is to give forward-looking impulses to ecological, economic and social redevelopment. This international building exhibition aims to prepare for a task that all highly-developed industrial societies face sooner or later: renaturation following the damage of industrialisation as a prerequisite to new developments (...). Ours is an ambitious vision: to reconstruct nature and create new urban qualities along the Emscher between Duisburg and Dortmund, in the midst of a densely populated and highly contaminated industrial landscape, in order to open up new possibilities for work, culture and housing as a result. This vision is symbolised by the term 'Park'."

Around 1989, when the IBA Emscher Park began work, the situation was shaped by the following features: a landscape scourged and destroyed by heavy industry, high unemployment and a dwindling population. The predominant economic structure was rigid, "sclerotic", still characterised by coal and steel, with an extreme paucity of innovative, business-related services and a labour market of below-average qualifications. Traditional instruments of economic support, designed for direct and short-term effect, proved unsuitable and ineffective in this situation: there was a superfluity of commercial plots, access was excellent, and modern higher education had been developed in the meantime.

In this situation, the IBA Emscher Park followed a different strategy, designed for more long-term, indirect effects:

- Construction of a new cultural landscape incorporating the area's industrial heritage from ecological, social and cultural points of view. This also involved technical, economic and cultural management of contamination, as well as the restriction of settlement and use of large areas of wasteland to plan new landscapes with new networks employing the tracks of the old mining railways.

- Impulses for the development of new housing forms that take into account the changes in society: e.g., homes for single parents, intergeneration housing, ecologically oriented housing (use of rain water, solar energy, etc.).
- Impulses for new forms of culture, preferably using old industrial buildings and industrial monuments: this creation of cultural qualities in the urban landscapes was one of the most important targets of qualification!

Ultimately, all these partial strategies were intended to create the preconditions – in a "sclerotic-non innovative milieu" – for an innovation-friendly milieu with a positive, "stimulating climate" and to provide the necessary regional area with great, inviting capacities for unpredictable innovation.

Methods and principles of the IBA Emscher Park

An approach to this aim called for planning processes differing from those previously customary. To quote the memorandum: "Plans lose significance, and individual projects and their rapid realisation move into the foreground. The projects are no longer derived from complexly developed plans, polished in the course of long discussion and decision processes. Those collaborating on the projects subordinate ideologies, form temporary coalitions, and wish to put something into effect through mutual effort. Willingness to realise an unusual project is not tied to any need to alter the general modalities immediately. State subsidy programmes remain rigid in principle, merely becoming open and flexible in individual cases. Constellations of personnel below the level of institutions and organisations become important. They cross the boundaries and hurdles that usually exist between municipal district corporations, bureaucratic institutions, the state and companies, or between regions and specialist spheres."

This starting point may seem thoroughly pragmatic, but it was also theoretically deliberated.[13] The methodic construction principles can be described in the following way:

Das Konzept der Internationalen Bauausstellung Emscher Park

Im Folgenden wird das Konzept der IBA Emscher Park als Beispiel eines Großen Projekts der reflexiven Moderne soweit skizziert, wie es für den Argumentationsgang einer Analyse des Verhältnisses von Raumplanung und Wissenschaft bei Großen Projekten erforderlich erscheint. Es werden die Strategien, die Methoden der IBA Emscher Park und ihr Charakter als intermediäre Organisation beschrieben.[11]

Die Strategie der IBA Emscher Park

Im „Memorandum" zur IBA Emscher Park von 1988[12] heißt es: „Die Internationale Bauausstellung Emscher Park soll dem ökologischen, wirtschaftlichen und sozialen Umbau zukunftsweisende Impulse geben. Mit dieser Internationalen Bauausstellung soll eine Aufgabe vorbereitet werden, die sich früher oder später in allen hochentwickelten Industriegesellschaften stellt: Der Rückbau von Industrialisierungsschäden als Voraussetzung für neue Entwicklungen (...). Die Vision ist ambitioniert, entlang der Emscher zwischen Duisburg und Dortmund, inmitten einer dicht besiedelten und stark belasteten Industrielandschaft, Natur wieder aufzubauen und neue Stadtqualitäten zu schaffen, um auf dieser Grundlage neue Möglichkeiten für Arbeit, Kultur und Wohnen zu eröffnen. Diese Zielsetzung wird durch den Begriff ‚Park' symbolisiert."
Die Situation um 1989, als die IBA Emscher Park mit ihrer Arbeit begann, war durch folgende Merkmale geprägt: Eine durch die Schwerindustrie geschundene und zerstörte Landschaft, hohe Arbeitslosigkeit und Bevölkerungsrückgang. Vorherrschend war eine starre, „sklerotische", noch immer von Kohle und Stahl geprägte Wirtschaftsstruktur mit viel zu wenigen innovativen, wirtschaftsbezogenen Dienstleistungen und einem unterdurchschnittlich qualifizierten Arbeitsmarkt. In dieser Lage erwiesen sich herkömmliche, auf kurzfristige, unmittelbare Wirkung ausgelegte Instrumente der Wirtschaftsförderung als untauglich und wirkungslos: Gewerbeflächen gab es im Über-

fluss, die Erschließung war hervorragend, auch das Hochschulwesen war inzwischen ausgebaut und modern.
Die IBA Emscher Park verfolgte in dieser Situation eine andere Strategie, die eher auf langfristige, eher indirekte Wirkungen angelegt war:

- Aufbau einer neuen Kulturlandschaft unter Einbeziehung des industriellen Erbes unter ökologischen, gesellschaftlichen und kulturellen Gesichtspunkten. Hierzu gehörte eine technische, wirtschaftliche und kulturelle Bewältigung der Altlasten ebenso wie die Begrenzung der Siedlungsflächen und die Nutzung von Großbrachen für die Gestaltung neuer Landschaften, mit neuen Vernetzungen unter Verwendung der Trassen der alten Zechenbahnen.
- Impulse für die Entwicklung neuer Wohnformen, die dem Gesellschaftswandel gerecht werden: zum Beispiel Wohnen für Alleinerziehende, Intergenerationen-Wohnen, ökologisch ausgerichtetes Wohnen (Regenwassernutzung, Solarenergie, etc.).
- Impulse für neue Formen von Kultur, vorzugsweise unter Verwendung von alten Industriebauten und Industriedenkmälern: Das Schaffen kultureller Qualitäten in der urbanen Landschaft gehörte zu den wichtigsten Zielen der Qualifizierung!

Letztlich sollten alle diese Teilstrategien dazu dienen, langfristig in einem „sklerotisch-nicht innovativen Milieu" Voraussetzungen für ein innovationsfreundliches Milieu mit einem positiven „Reizklima" zu schaffen und dafür einen regionalen Raum mit großen, einladenden Kapazitäten auch für unvorhersehbare Innovation zu kreieren.

Methoden und Prinzipien der IBA Emscher Park

Um diesem Ziel näher zu kommen, waren andere Planungsprozesse als bisher gefordert. Aus dem Memorandum zitiert: „Die Bedeutung von Plänen tritt zurück, die einzelnen Projekte und deren rasche Realisierung rücken in den Vordergrund. Die Projekte werden nicht mehr aus aufwendig ausgearbeiteten und in langen

1. *General stipulated aims*
   The stipulated aims remain at the level of basic social values, which may be expressed differently in detail, according to emphasis and new value orientation. For that reason, further operationalising of the perspective aims is consciously avoided. This facilitates understanding and the generation of consensus.

2. *Adherence to principles in individual cases*
   The commitment to basic social values is demonstrated by means of symbolic individual case decisions. This increases credibility and explains the principles of the sought-after development.

3. *Projects rather than programmes*
   Concrete projects take the place of abstract programme structures. The instruments of planning and financing are oriented on the "needs" of these projects. The programme emerges quasi empirically through a concentration of essentially similar projects.

4. *Manageable steps*
   The dominance of long-term programme structures is replaced by middle-term, manageable periods of activity. Rather than breaking down a long-term programme into mid-term realisation stages, which is difficult, the IBA sets out from mid-term realisability – with the chance to build on this.

5. *Rejection of area-wide realisation*
   Together with integrated planning, the area-wide regionalisation common in spatial planning in particular "provisionally" settles many conflicts that will never actually emerge in that form (e.g., undeveloped areas are protected nationwide, even in places where use is never made of them). This "full regionalisation" draws people into unnecessary political "ghost debates", misleading concentration and exhausting participants. A regionalisation corresponding to the relevant intended action suffices for the project principle.

6. *Integration of instruments rather than integration of programmes*
   Complex programmes that bundle quite different types of assignment cannot be realised using separate, unconnected and specialised instruments; that is why such programmes often remain no more than paper! The sometimes highly specialised instruments of law and finance must therefore be dismantled and their "suitable" parts correspondingly bundled to meet the complexity of the programme. This is the more efficient way to a policy oriented on integration and perspectives.

7. *Economic rather than legal intervention*
   In the practice of planning and administration, economic intervention is underdeveloped by comparison to legally codified regulations and prohibitions. Alteration of a project's economic framework data usually leads to success more quickly than case development within a complicated system of legal norms and administrative regulations.

This planning concept defined the principal methodical approach of the international building exhibition Emscher Park.

The IBA Emscher Park as an intermediary institution

In terms of its organisational form, this "workshop to renew past industrial areas" was an "intermediary institution": limited to a ten-year period from the outset, it had no power of its own in the form of investment funds or permissive authority. Its influence was of an indirect nature: as offspring and political instrument of the state of North Rhine-Westphalia, the IBA influenced the state's funding priorities by accepting a project. In addition, the acceptance of a project by the IBA was associated with prestige and publicity. Not least, the IBA offered valuable services for municipalities and building clients through its intense advisory activity and the promotion of complex processes of qualification such as competitions, workshops, project supervision, help with organisation, etc.

With its persuasive and qualifying work, the IBA – as a "qualification agency" – aimed to mobilise the potentials for innovation already inherent and endogenous in the region, potentials that had been paralysed by the decline of the coal and steel industry and not yet been applied to

Abstimmungsprozessen blank geschliffenen Plänen abgeleitet. An den Projekten finden sich diejenigen zusammen, die Ideologien zurückstellen, Koalitionen auf Zeit schließen und gemeinsam etwas bewirken wollen. Die Bereitschaft, ein ungewöhnliches Projekt zu machen, ist nicht daran gebunden, sofort die generellen Modalitäten zu ändern. Staatliche Förderprogramme bleiben im Prinzip zwar starr, werden im Einzelfall aber offen und flexibel. Personale Konstellationen werden unterhalb von Institutionen und Organisationen wichtig. Sie überschreiten Grenzen und überspringen Hürden, die üblicherweise zwischen kommunalen Gebietskörperschaften, zwischen bürokratischen Institutionen, zwischen Staat und Unternehmen, zwischen Regionen und zwischen Fachwelten bestehen."

Dieser durch und durch pragmatisch erscheinende Ansatz war durchaus theoretisch durchdacht.[13] Die methodischen Konstruktionsprinzipien lassen sich wie folgt beschreiben:

1. *Allgemeine Zielvorgaben*
   Die Zielvorgaben bleiben auf dem Niveau von gesellschaftlichen Grundwerten, die sich im Einzelnen, je nach Gewichtung und neuen Wertorientierungen, unterschiedlich ausdrücken können. Auf eine weitergehende Operationalisierung der Zielperspektiven wird deshalb bewusst verzichtet. Dies erleichtert Verständlichkeit und Konsensbildung.

2. *Prinzipientreue am Einzelfall*
   Die Verpflichtung auf gesellschaftliche Grundwerte wird an symbolischen Einzelfallentscheidungen nachgewiesen. Dies erhöht die Glaubwürdigkeit und erläutert die Prinzipien der angestrebten Entwicklung.

3. *Projekte statt Programme*
   Konkrete Projekte treten an die Stelle abstrakter Programmstrukturen. Die Planungs- und Finanzierungsinstrumentarien orientieren sich am „Bedarf" dieser Projekte. Das Programm entsteht sozusagen empirisch durch das Bündeln wesensgleicher Projekte.

4. *Überschaubare Etappen*
   Die Dominanz langfristiger Programmstrukturen wird durch einen mittelfristig überschaubaren Handlungszeitraum ersetzt. Statt des mühsamen Zerlegens eines langfristigen Programms in mittelfristige Realisierungsabschnitte steht das mittelfristig Realisierbare am Anfang – verbunden mit der Möglichkeit, darauf aufzubauen.

5. *Verzicht auf flächendeckende Realisierung*
   Neben der integrierten Planung regelt insbesondere die in der räumlichen Planung übliche flächendeckende Regionalisierung viele Konflikte „auf Vorrat", die so nie auftreten werden (zum Beispiel werden Freiflächen landesweit und flächendeckend auch da geschützt, wo sie nie in Anspruch genommen werden). Diese „Vollregionalisierung" verführt zu „politischen Geisterdebatten", lenkt die Aufmerksamkeit fehl und ermüdet auch. Dem Projektprinzip genügt eine Regionalisierung, die den jeweils angepeilten Handlungsabsichten entspricht.

6. *Integration der Instrumente statt Integration der Programme*
   Komplexe Programme, die ganz unterschiedliche Aufgabenstellungen bündeln, lassen sich nicht mit einzelnen, unverbundenen und spezialisierten Instrumenten realisieren; die Programme bleiben deswegen so häufig Papier! Deswegen müssen die zum Teil hochspezialisierten Rechts- und Finanzinstrumente zerlegt und in ihren „passenden" Teilen der Komplexität des Programms entsprechend gebündelt werden. Dies ist der effizientere Weg zu einer perspektivisch und integriert ausgerichteten Politik.

7. *Ökonomische statt rechtliche Intervention*
   In der Praxis der Planung und Verwaltung ist die ökonomische Intervention im Vergleich zu rechtlich kodifizierten Geboten und Verboten stark unterentwickelt. Die Veränderung der wirtschaftlichen Rahmendaten eines Projekts führt meist schneller zum Erfolg als die Verwicklung eines Falls in ein kompliziertes System von Rechtsnormen und Verwaltungsvorschriften.

Diese Planungsauffassung bestimmte im Prinzip die Vorgehensweise der Internationalen Bauausstellung Emscher Park.

Lichtung im Industriewald Zollverein, Essen, mit einer Plastik von Ulrich Rückriem Clearing in the Industrial Forest Zollverein, Essen, with a sculpture by Ulrich Rückriem

relevant new tasks. The experience with the methods of the IBA Emscher Park outlined here involves many levels, highlighting specific parallels with "product orientation" in modern economic management: the bundling of a range of subsidy programmes to realise complex projects presupposes close, project-related cooperation between people from entirely different organisations and disciplines. Certainly, the project activities of these people could end up contradicting the hierarchy and working structure of their "home organisation": while bureaucracy in general involves separate state-

ments from different offices, integrated project work presupposes the meshing of standpoints and debate around a "round table", where the old hierarchies and responsibilities must be subordinated to the project's aims: this leads to new forms of cooperation, and the awareness of working on an integrated, attractive, "tangible yet visionary" project motivates and lends wings to procedural imagination.

Besides the "objective creativity" of planning, there emerges a "procedural creativity" of intelligently combining subsidy programmes and procedural approaches, tracking down

Die IBA Emscher Park als intermediäre Institution

Diese „Werkstatt zur Erneuerung alter Industriegebiete" gehörte ihrer Organisationsform nach zu den „intermediären Institutionen": Von vornherein auf einen Zeitraum von zweimal fünf Jahren begrenzt, besaß sie keine eigene Macht in Form von Investitionsmitteln bzw. Genehmigungs-/Verbotskompetenz. Ihr Einfluss war indirekter Art: Als Tochter und politisches Instrument des Landes Nordrhein-Westfalen beeinflusste die IBA mit der Aufnahme eines Projekts die Förderungsprioritäten des Landes. Darüber hinaus war die Aufnahme eines Projekts in die IBA mit Prestige und Publizität verbunden. Nicht zuletzt bot die IBA über ihre intensive Beratungstätigkeit und die Förderung von aufwendigen Qualifizierungsprozessen wie Wettbewerben, Workshops, Projektbegleitungen, Organisationshilfen usw. wertvolle Dienstleistungen für Kommunen und Bauträger an. Die IBA strebte mit ihrer Überzeugungs- und Qualifizierungsarbeit als „Qualifizierungsagentur" die Mobilisierung der in der Region angelegten, endogenen Innovationspotentiale an, die mit dem Niedergang der Montanindustrie erlahmt sind und sich noch nicht wieder ausreichend den neuen Aufgaben gestellt haben: Die Erfahrungen mit der skizzierten Arbeitsweise der IBA Emscher Park sind vielschichtig, sie verweisen auf bestimmte Parallelen zur „Produktorientierung" im modernen Management der Wirtschaft: Die Bündelung von verschiedenen Förderprogrammen zur Realisierung komplexer Projekte setzt die enge, projektbezogene Zusammenarbeit von Personen aus ganz verschiedenen Organisationen und Disziplinen voraus. Dabei konnten die Projekttätigkeiten dieser Personen durchaus in Widerspruch zur Hierarchie und Arbeitsstruktur ihrer „Heimatorganisation" geraten: Während die Bürokratie im allgemeinen je nach Dienststelle getrennte Stellungnahmen abgibt, setzt die integrierte Projektarbeit das Ineinandergreifen der Gesichtspunkte und die argumentative Auseinandersetzung am „runden Tisch" voraus, an dem die alten Hierarchien und Zuständigkeiten den

Projektzielen untergeordnet werden müssen: Es kommt zu neuen Formen der Kooperation, das Bewusstsein, an einem ganzheitlichen und schönen, „anfassbaren und bildträchtigen" Projekt mitzuarbeiten, motiviert und beflügelt die Verfahrensphantasie.

Neben die „Sachkreativität" des Entwerfens tritt so die „Verfahrenskreativität" des intelligenten Kombinierens von Förderprogrammen und Verfahrenswegen, des Aufspürens und des Zusammenbringens von engagierten Persönlichkeiten und der Mobilisierung der Öffentlichkeiten als komplexe Innovationsstrategie: Diese „Werkstatt zur Erneuerung alter Industriegebiete" versucht auf immer neue Weise, ein jeweils der Aufgabe angemessenes, innovatives Milieu zu organisieren.

Durch komplexe Projekte mit prinzipiellen und konkreten Fragen wird auf diese Weise ein großer Kreis von Menschen gleichermaßen an komplexe Probleme herangeführt und „ausgebildet": Die Arbeit mit den Menschen ist genauso wichtig wie die Arbeit an den „Sachen". Dieser Planungsauffassung entspricht das praktische Vorgehen, das auch bei den kleineren Nachfolgern der IBA Emscher Park in Nordrhein-Westfalen, den REGIONALEN[14], angewendet wird.

- Am Anfang steht eine öffentliche Aufforderung, Projektideen vorzuschlagen, eine Aufforderung, die sich an jedermann richtet: Ämter, Bürgermeister, Hochschulen, freiberufliche Architekten, Planer und Ingenieure, aber auch Bürgerinitiativen und einzelne Bürger. Dieser Projektaufruf ist ein wichtiges Instrument zur Mobilisierung „brachliegender" Initiativen.
- Aus diesen Projektvorschlägen wählt eine Kommission diejenigen Vorschläge aus, die von regionaler Wirkung, vielversprechend, innovativ und machbar erscheinen.
- Alle diese Projektvorschläge bedürfen weiterer Qualifizierung. In der Organisation, Finanzierung und Durchführung verschiedenster Qualifizierungsprozeduren, wie Wettbewerbe, Workshops, Konferenzen, Bürgerwerkstätten etc., sah die IBA-Agentur eine Hauptaufgabe.

Die Internationale Bauausstellung Emscher Park soll dem ökologischen, wirtschaftlichen und sozialen Umbau zukunftsweisende Impulse geben.

and bringing together committed individuals, and mobilising the general public as a complex strategy of innovation: in ever new ways, this "workshop to renew past industrial areas" attempts to organise a milieu that is innovative and suited to the specific task.

Through complex projects raising fundamental, concrete questions, a large circle of people are thus introduced to complex problems and "qualified"; this work with people is as important as the work on "things".

The practical approach that was employed for those smaller-scale successors to the IBA Emscher Park in North Rhine-Westphalia, the REGIONALS[14], also complies with this attitude to planning.

- At the beginning, the public is called upon to suggest project ideas; a call directed towards everyone – public offices, mayors, universities, independent architects, planners and engineers, but also citizens' initiatives and individual citizens. This call for projects is an important instrument to mobilise initiative that is "lying waste".
- From these project suggestions, a commission selects those suggestions that appear to be of regional significance, promising, innovative and realisable.
- All these project suggestions require further qualification. The IBA office saw its main task in the organisation, financing and realisation of a wide range of qualification procedures such as competitions, workshops, conferences, citizens' workshops, etc. Aside from objective qualification, these qualification procedures also provided further training for the large number of participating experts, office representatives, local councillors and citizens.
- Parallel to this qualification, a second commission decides on final acceptance as an IBA project.
- After this decisive step, the IBA concludes a "qualification contract" with the investors or operators. The purpose of this is to guarantee that the qualities attained in the qualification procedure will be realised in fact.

Very few projects of the IBA Emscher Park served narrow functional purposes; they had a great capacity for changing forms of usage. In my opinion, the IBA Emscher Park and the REGIONALS in North-Rhine Westphalia are representative of the most modern form of current regional management.

A New Relation to Science

During the "long break" in *projects on a grand scale* from ca. 1975 to 1990, many things had altered a great deal, influencing the nature of spatial planning and its relation to science. I will concentrate on only three areas: changes in "the craft of science", changes in its self-understanding, and finally the merging of science, planning and communication to an expanded form of design for great projects.

Changes in the craft of science

Besides their theories, the "old" disciplines also had an honourable aspect of craftsmanship: social scientists for example, had to learn the craft of calculation "by hand", using statistics. Geographers had to learn to draw maps "by hand" and architects had to spend a long time training their ability in technical and free-hand drawing, and the construction of models. The computer has now taken over almost all these aspects of craftsmanship. As a result, it has become incomparably easier to cross over the borders of the disciplines – in practice, this leads to a blurring of those borders in transdisciplinary work, which corresponds rather well to the new tasks outlined here. In the meantime, there are many professional teams of social and economic scientists as well as architects, landscape planners and traffic engineers; teams that regularly tackle fundamentally new, complex tasks in a highly competent way, whereby their roles alternate. The discipline once learned is no longer paramount, but the mastery of specific methods and instruments, which are almost always interdisciplinary. Above all, however, it is important to have the ability to conceptualise questions and problems so that

Diese Qualifizierungsverfahren dienen neben der Sachqualifizierung auch der Fortbildung der Vielzahl beteiligter Fachleute, Amtsvertreter, Gemeinderäte und Bürger.

- Neben der Qualifizierung entscheidet eine weitere Kommission über eine endgültige Aufnahme als IBA-Projekt.
- Nach diesem entscheidenden Schritt schließt die IBA mit den Investoren bzw. Betreibern einen „Qualifizierungsvertrag" ab, der garantieren soll, dass die in den Qualifizierungsverfahren erreichten Qualitäten auch tatsächlich realisiert werden.

Kaum ein Projekt der IBA Emscher Park diente eng-funktional gefassten Aufgaben, sondern sie besaßen eine große Kapazität für sich wandelnde Nutzungs- und Gebrauchsformen. Die IBA Emscher Park und die REGIONALEN in NRW stellen meines Erachtens die zurzeit modernsten Formen des Regionalmanagements dar.

Ein neues Verhältnis zur Wissenschaft

In der „Großen Pause" der *Projekte großen Maßstabs* von ca. 1975 bis 1990 hat sich vieles stark verändert, mit Einfluss auf das Wesen der räumlichen Planung und ihr Verhältnis zur Wissenschaft. Ich beschränke und konzentriere mich auf drei Bereiche: Auf Veränderungen im „wissenschaftlichen Handwerk", auf Wandlungen im Selbstverständnis von Wissenschaft und schließlich auf das Verschmelzen von Wissenschaft, Planung und Kommunikation zu einer erweiterten Form des Entwerfens Großer Projekte.

Veränderungen im wissenschaftlichen Handwerk

Die „alten" Disziplinen hatten neben ihren Theorien auch je einen ehrwürdigen handwerklichen Teil: Sozialwissenschaftler zum Beispiel mussten lernen, handwerklich sauber „von Hand" mit Statistiken zu rechnen. Geografen mussten lernen, Karten „von Hand" zu zeichnen und Architekten mussten viel Zeit darauf verwenden, ihre Fähigkeiten im technischen

und im Freihandzeichnen sowie im Modellbau zu trainieren. Inzwischen übernimmt der Computer fast alle diese ehrwürdigen handwerklichen Fähigkeiten. Dadurch erleichtert er außerordentlich ein Überspringen von Disziplingrenzen – in der Praxis führt das zu einer Verwischung dieser Grenzen in einem transdisziplinären Arbeiten, das den skizzierten neuen Aufgaben ziemlich gut entspricht. Es gibt inzwischen viele professionelle Teams aus Sozial- und Wirtschaftswissenschaftlern sowie Architekten, Landschaftsplanern und Verkehrsingenieuren, die hochkompetent immer wieder grundsätzlich neue komplexe Aufgaben bearbeiten, wobei die Rollen – fast unabhängig von der einmal gelernten Disziplin – wechseln. Nicht mehr die gelernte Disziplin steht im Vordergrund, sondern die Beherrschung bestimmter Methoden und Instrumente, die fast immer disziplinübergreifend sind. Vor allem aber ist die Fähigkeit von besonderer Bedeutung, Fragen und Probleme so zu konzeptionalisieren, dass sie einer Bearbeitung mit wissenschaftlichen Methoden zugänglich werden. Dabei kommt es regelmäßig zu gegenseitigen Grenzüberschreitungen zwischen den Disziplinen.

Mit einer solchen Konzeptionalisierung ist fast immer eine hermeneutische Interpretation verbunden, die den Untersuchungsgegenstand als gesellschaftlich definiert begreift, der zudem noch so kommuniziert werden muss, dass er in seiner so definierten Form politisch, gesellschaftlich und ökonomisch akzeptiert wird: Der „Forschungsgegenstand" entsteht in der neuen gesellschaftlichen Situation erst als in öffentlicher Kommunikation verhandeltes und vermitteltes soziales Konstrukt![15]

Wandlungen im Selbstverständnis von Wissenschaft

Die *Projekte großen Maßstabs* der „Ersten Moderne" der Industriellen Revolution beruhten fast vollständig auf dem Erfolgsmodell der exakten Naturwissenschaften. Die Sozialwissenschaften als „Leitwissenschaften" des Wohlfahrtsstaates der „Zweiten Moderne" bemühten sich um eine vergleichbare Exakt-

The intention of the International Building Exhibition Emscher Park is to give forward-looking impulses to ecological, economic and social redevelopment.

they can be tackled using scientific methods. Here, mutual border-crossing between disciplines emerges on a regular basis.

This type of conceptualisation is almost always associated with hermeneutic interpretation, seeing the object of investigation as socially defined; in addition, it must be communicated so that it is politically, socially and economically accepted with its thus defined form. In the new social situation, the "object of research" first emerges as a social construct negotiated and mediated through public communication![15]

Changes in the self-understanding of science

The *projects on a grand scale* of the "first modern age", the Industrial Revolution, were based almost entirely on the successful model of exact natural sciences. The social sciences – the "leading sciences" of the welfare state of the "second modern age" – strove for a comparable exactitude and for models that predestined them for the economic and social analyses, the indicators and prognoses which were necessary for the complex great projects of the welfare state. And even in those cases where the social sciences saw their main task in the constructive highlighting of problems, they saw their conceptualising work mostly in the service of the great projects of the welfare state, nevertheless.[16]

But science was very concerned to keep its own sphere and its specific methods and insights free from the contamination of practice: the scientific view of the world was something categorically different from the practical view of the world – it was directed towards "truth".

Today, this division no longer appears possible wherever science strives to exercise an influence on society: in most cases, science has developed from a pure truth-finding method to a direct productive force in the economic system. As a result, the neat division between science, the economy and society no longer seems possible. For some decades now, there appears to have been something like a "co-evolution" of society and science, which Nowotny et al.[17] refer to as "mode 2 society" and "mode 2 science": in the meantime, society is so permeated by

science that almost all social agents have long since begun to argue scientifically. The other way around, the problems in the "reflexive modern age" – even when they appear to be natural scientific, "objective-economic" or demographic in nature – are so inextricably interwoven with general social problems that "pure" science only seems possible now in fields absolutely separate from society. Wherever and whenever science aims to be "effective" in society, it has to become deeply involved with it – and mutual border crossing is typical of this new relation between planning and science.

This is not only a matter of changed practice, however, but also of altered paradigms within science itself: from the "reductionist" model that strives to attribute all natural and social phenomena to the smallest possible number of factors (also attempted with the general system-theoretical approach to spatial planning at the time) to an attitude that sees the world as complex by nature, meaning that insights are always dependent on context and that all processes are principally open to the future and cannot be fully predicted as a result. Certainly, this change within the sciences themselves means paying farewell to an absolute concept of truth, independent of time and space, but it opens up an alternative new wealth of perspective insights, together with tolerance and acceptance of many different rationalities and thus productive perspectives for transdisciplinary work.

The merging of science, planning and communication to an expanded form of design for great projects

The thesis of the co-evolution of "society in mode 2" and "science in mode 2" means that socially relevant science – and that is always a science of the complex – works in and for a society that is already permeated by science. In addition, this thesis means that all socially relevant insight is dependent on context, and thus temporary. Not least, it means that all insights are dependent on processes and that results cannot be predicted – in other words, they are basically open.

heit und um Modelle, die sie prädestinierten für die wirtschaftlichen und gesellschaftlichen Analysen, die Indikatoren und Prognosen, die für die komplexen Großen Projekte des Wohlfahrtsstaates erforderlich waren. Auch dort, wo die Sozialwissenschaften ihre Hauptaufgabe in einer konstruktiven Problematisierung sahen, sahen sie sich doch meist mit ihrer Arbeit des Konzeptionierens auch im Dienste der Großen Projekte des Wohlfahrtsstaats.[16] Die Wissenschaft war aber sehr darauf bedacht, ihre eigene Sphäre mit ihren je spezifischen Methoden und Erkenntnissen von den Kontaminationen der Praxis frei zu halten: Die wissenschaftliche Weltsicht war etwas kategorial anderes als die praktische Weltsicht, sie war auf „Wahrheit" ausgerichtet.

Diese Trennung scheint gegenwärtig überall dort, wo Wissenschaft Einfluss auf die Gesellschaft nehmen will, nicht mehr möglich zu sein: Wissenschaft ist in den meisten Fällen von einer Methode der reinen Wahrheitsfindung zu einer unmittelbaren Produktivkraft im System der Wirtschaft geworden. Damit scheint die säuberliche Trennung zwischen Wissenschaft, Wirtschaft und Gesellschaft nicht mehr möglich zu sein. Es scheint seit einigen Jahrzehnten so etwas wie eine „Ko-Evolution" von Gesellschaft und Wissenschaft zu geben, die Nowotny et al.[17] „Modus 2 Gesellschaft" und „Modus 2 Wissenschaft" nennen: Die Gesellschaft ist inzwischen so durchdrungen von Wissenschaft, dass fast alle gesellschaftlichen Agenten längst wissenschaftlich argumentieren. Umgekehrt sind die Probleme in der „reflexiven Moderne" – auch dort, wo sie scheinbar naturwissenschaftlicher oder „objektiv-wirtschaftlicher" bzw. demografischer Natur sind – so unentwirrbar mit gesellschaftlichen Problemen allgemeiner Art verflochten, dass „reine" Wissenschaft nur noch in absolut gesellschaftsfernen Gefilden möglich erscheint, während überall dort, wo Wissenschaft in der Gesellschaft „wirksam" werden will, sie sich tief auf die Gesellschaft einlassen muss: Die gegenseitige Grenzüberschreitung ist für dieses neue Verhältnis von Planung und Wissenschaft typisch.

Aber es ist nicht nur die veränderte Praxis, es geht darüber hinaus um einen Paradigmenwechsel in der Wissenschaft selbst, vom „reduktionistischen" Modell, das möglichst alle Natur- und Gesellschaftserscheinungen auf möglichst wenige Faktoren zurückführen will (wie es seinerzeit mit dem allgemeinen systemtheoretischen Ansatz auch in der Raumplanung versucht wurde), zu einer Auffassung, die Welt als in ihrem Wesen komplex zu begreifen, und das bedeutet, dass Erkenntnisse immer kontextabhängig sind und dass alle Prozesse prinzipiell in die Zukunft hinein offen und damit nicht vollständig voraussagbar sind. Diese Wandlung innerhalb der Wissenschaften selbst bedeutet zwar einen Abschied von einem absoluten, zeit- und raumunabhängigen Wahrheitsbegriff, eröffnet aber dafür einen neuen Reichtum an Erkenntnisperspektiven mit einer Toleranz und Akzeptanz vieler unterschiedlicher Rationalitäten und damit produktive Perspektiven für eine transdisziplinäre Arbeit.

Das Verschmelzen von Wissenschaft, Planung und Kommunikation zu einer erweiterten Form des Entwerfens Großer Projekte

Die These von der Ko-Evolution von „Gesellschaft in Modus 2" und „Wissenschaft in Modus 2" bedeutet, dass gesellschaftlich relevante Wissenschaft, und das ist immer eine Wissenschaft des Komplexen, in und für eine schon von Wissenschaft durchdrungene Gesellschaft arbeitet. Diese These bedeutet weiterhin, dass alle gesellschaftlich relevante Erkenntnis kontextabhängig ist und somit vorläufig. Sie bedeutet nicht zuletzt, dass alle Erkenntnisse prozessabhängig und dass Ergebnisse nicht vorhersagbar, also grundsätzlich offen sind. In dieser These könnte der Begriff der Wissenschaft des Komplexen fast ganz durch den Begriff eines Entwerfens komplexer Projekte ausgetauscht werden: Das Entwerfen Großer Projekte findet in der „reflexiven Moderne" immer in einem schon von wissenschaftlich fundierter Technik geprägten Kontext und Raum statt sowie in der Auseinandersetzung

Landschaftspark Duisburg-Nord (Entwurf: Latz und Partner, Kranzberg) mit den Hochöfen der ehemaligen Meidericher Hütte   Landschaftspark Duisburg-Nord (design: Latz und Partner, Kranzberg) with the blast furnaces of the former Meiderich steelworks

In this thesis, the concept of complex science could almost be replaced completely by the concept of design for complex projects: the design of great projects in the "reflexive modern age" always takes place in a context and sphere already shaped by scientifically based technology, as well as in debate with a "living fabric". Complex design is always extremely context-related. The results of complex design, in principle, are not causally defined, but always specific and simultaneously open in their outcome. Seen in this way, the responsible, complex design of great projects is a form of up-to-date knowledge production.[18]

This scientific-theoretical definition of position is complemented well by a change in the understanding of politics:[19]

- Politics has stopped merely denying its limitations and now permits research to examine them, so altering the function of research: besides its nature as a service, there is now a demand for illuminating, clarifying advice.

mit „lebendem Gewebe". Komplexes Entwerfen ist immer auf intensive Weise kontextbezogen. Komplexes Entwerfen ist in seinen Ergebnissen grundsätzlich nicht kausal definiert, sondern immer spezifisch und zugleich ergebnisoffen. Das verantwortungsbewusste, komplexe Entwerfen Großer Projekte ist, so gesehen, eine Form zeitgemäßer Wissensproduktion.[18]
Diese wissenschaftstheoretische Standortbestimmung lässt sich gut ergänzen durch ein verändertes Politikverständnis:[19]

- Politik verleugnet nicht ausschließlich ihre Grenzen, sondern lässt Forschung auch diese thematisieren; das verändert die Funktion von Forschung: Neben der dienenden wird die erhellende, aufklärende Beratung nachgefragt. Forschung arbeitet mit und im politischen Kontext und verändert diesen.
- Politik verlangt nicht nur wissenschaftliche Endprodukte, sondern ein Spektrum verschiedenster Leistungen. Das verändert die Form der Forschung: vom Vorleistungsprodukt zur Dienstleistungspalette. Forschung wird in die politischen Entscheidungsprozesse integriert.
- Politik verlagert Entscheidungs- und Willensbildung in Fach- und Laienöffentlichkeiten. Das ändert die Organisation und Rollen von Forschung: Politik, Planung und Forschung kooperieren im Dialog.

Auch in dieser Perspektive lässt sich komplexe Wissenschaft durch komplexen Entwurf ersetzen: Das komplexe Entwerfen Großer Projekte ist ein Instrument der Kommunikation bei der soziokulturellen Konstruktion neuer Wirklichkeiten. Nowotny et al. sprechen von der Notwendigkeit „robuster" Erkenntnisse, die auch sich wandelnden, unterschiedlichen gesellschaftlichen Anforderungen standhalten. Diesem wissenschaftlichen Begriff der großen Robustheit entspricht der Begriff „großer Kapazität" im komplexen Entwerfen Großer Projekte, in Bezug auf den Wandel der Funktionen und der symbolischen Bedeutungen.[20] Somit kann man im systematischen komplexen Entwerfen Großer Projekte eine Verschmelzung von Wissenschaft, Planung und Kommunikation erkennen.

Abschließende Bemerkungen

Am Anfang stand die Faszination durch Große Projekte auf den Heranwachsenden und Studierenden, wobei die Faszination im Wesentlichen in den utopischen Aspekten lag. Nach dem Miterleben und Miterleiden der tief greifenden Brüche der Raumplanung und des Wesens Großer Projekte, wie ich sie in meiner ca. 50-jährigen Berufspraxis erlebt habe, steht am Ende dieses Weges eine Perspektive, die wieder genauso fasziniert wie die Verheißungen der Großen Projekte am Anfang meiner Berufstätigkeit. Diese Perspektive lässt eine Verschmelzung von Information und Imagination[21], von strenger Methode und freiem Spiel sowie von Experiment und öffentlicher Kommunikation zu einer neuen Form des Entwerfens komplexer Großer Projekte erahnen. Nach der Utopie einer materiell und sozial befriedeten Gesellschaft vielleicht jetzt die Utopie der Synthese von Wissenschaft, gesellschaftlichem Handeln und Kunst mit dem Ziel einer langfristig befriedeten Übereinstimmung der Gesellschaft mit ihrer Umwelt?

Anmerkungen

1 Vgl.: Thomas Sieverts: *Fünfzig Jahre Städtebau, Reflexion und Praxis.* Stuttgart 2001.

2 Vgl.: Ilza Irion/Thomas Sieverts: *Neue Städte als Experimentierfelder der Moderne.* Stuttgart 1989.

3 Vgl.: Thomas Sieverts: „Stadtvorstellungen". In: Stadtbauwelt, Heft 6, 1965. – Vgl.: Thomas Sieverts: „Information einer Geschäftsstraße". In: *Stadtbauwelt*, Heft 20, 1968.

4 Vgl.: Thomas Sieverts/Andreas Volwahsen: „Dynamisches Simulationsmodell des Wohnungsmarktes". In: *Bauwelt*, Heft 46, 1973.

5 Vgl.: Thomas Sieverts/Karl Ganser: „Vom Aufbaustab Speer bis zur Internationalen Bauausstellung und darüber hinaus". In: Kreibich/Schmid/Siebel/Sieverts/Zlonicky (Hg.): *Bauplatz Zukunft, Dispute über die Entwicklung von Industrieregionen.* Essen 1994 (S. 247-259).

6 Vgl.: Ulrich Beck: *Risikogesellschaft. Auf dem Weg in eine andere Moderne.* Frankfurt 1986.

7 Ein exemplarisches Projekt, das noch im Geiste der „Ersten Moderne" als reines Ingenieurprojekt konzipiert und begonnen wurde und dann wegen Protest der Öffentlichkeit weiterentwickelt wurde zu einem vorbildlichen Großen Projekt der „Zweiten Generation", stellen Neue Donau und Donauinsel in Wien dar. Vgl.: Kurt Freisitzer/Jacob Maurer (Hg): *Das Wiener Modell.* Wien 1985.

Neben die „Sachkreativität" des Entwerfens tritt so die „Verfahrenskreativität" des intelligenten Kombinierens von Förderprogrammen und Verfahrenswegen, des Aufspürens und des Zusammenbringens von engagierten Persönlichkeiten und der Mobilisierung der Öffentlichkeiten als komplexe Innovationsstrategie.

Besides the "objective creativity" of planning, there emerges a "procedural creativity" of intelligently combining subsidy programmes and procedural approaches, tracking down and bringing together committed individuals, and mobilising the general public as a complex strategy of innovation.

Research works with and in the political context and changes it.

- Politics not only demands scientific end products, but also a spectrum of services. This alters the forms of research from a product of input to a range of services. Research is integrated into political decision-making processes.
- Politics shifts the responsibility for decision- and policy-making to public circles of experts and laymen. This changes the organisation and roles of research: politics, planning and research cooperate in dialogue.

Within this perspective, too, complex science may be replaced by complex design: the complex design of great projects is an instrument of communication within the socio-cultural construction of new realities. Nowotny et al. speak of the necessity for "robust" insights that can stand up to changing, different social demands. With reference to the change of functions and symbolic meanings, this scientific concept of great robustness corresponds to the concept of "great capacity" in the complex design of great projects.[20] Thus it is possible to recognise a merging of science, planning and communication in the systematic, complex design of great projects.

Concluding Remarks

I started out with the fascination that great projects exercised over a young man and student, whereby the essential fascination lay in their utopian aspects. After experiencing and suffering the far-reaching changes in spatial planning and the nature of great projects over the course of 50 years of professional practice, the perspective at the end of the road is as fascinating as the promises held by those great projects at the start of my professional life. This perspective admits a sense of the merging of information and imagination[21], stringent methods and free play, experiment and public communication to create a new form of design for complex great projects. After the utopia of a materially and socially pacified society, perhaps now we have the utopia of a synthesis of science, social activity and art directed towards a long-term, pacified agreement between society and its environment?

Notes

1 Cf.: Thomas Sieverts: *Fünfzig Jahre Städtebau, Reflexion und Praxis*. Stuttgart 2001.

2 Cf.: Ilza Irion/Thomas Sieverts: *Neue Städte als Experimentierfelder der Moderne*. Stuttgart 1989.

3 Cf.: Thomas Sieverts: "Stadtvorstellungen". In: Stadtbauwelt, issue 6, 1965. – Cf.: Thomas Sieverts: "Information einer Geschäftsstraße". In: *Stadtbauwelt*, issue 20, 1968.

4 Cf.: Thomas Sieverts/Andreas Volwahsen: "Dynamisches Simulationsmodell des Wohnungsmarktes". In: *Bauwelt*, issue 46, 1973.

5 Cf.: Thomas Sieverts/Karl Ganser: "Vom Aufbaustab Speer bis zur Internationalen Bauausstellung und darüber hinaus". In: Kreibich/Schmid/Siebel/Sieverts/Zlonicky (eds.): *Bauplatz Zukunft, Dispute über die Entwicklung von Industrieregionen*. Essen 1994 (pp. 247-259).

6 Cf.: Ulrich Beck: *Risikogesellschaft. Auf dem Weg in eine andere Moderne*. Frankfurt 1986.

7 The new Danube and Danube Island in Vienna represent an exemplary project that was conceived and begun, still in the spirit of the "first modern age", as a project of pure engineering and later redeveloped due to public protest as a model great project of the "second generation".
Cf.: Kurt Freisitzer/Jacob Maurer (eds): *Das Wiener Modell*. Vienna 1985.

8 Cf.: Claus Offe: "Politische Herrschaft und Klassenstrukturen. Zur Analyse spätkapitalistischer Gesellschaftssysteme". In: Gisela Kress/Dieter Senghaas (eds.): *Politikwissenschaften*. Frankfurt 1973 (pp. 135-164).

9 Cf.: Ernst Friedrich Schumacher: *Small is Beautiful. Study of Economics as if People Mattered*. London 1973.

10 Cf.: Frey/Keller/Klotz/Selle: "Rückkehr der großen Pläne?" In: *DISP* 153, 2003 (pp. 13-18). – Cf.: Thomas Sieverts/Michael Koch/Ursula Stein/Michael Steinbusch (eds.): *Zwischenstadt – Inzwischen Stadt? Entdecken, Begreifen, Verändern*. Wuppertal 2005. This cross-section represents an introduction to the multidisciplinary research project "Mitten am Rand, Zwischenstadt. Zur Qualifizierung der verstädterten Landschaft" sponsored by the Gottlieb-Daimler-und-Karl-Benz Stiftung 2002-2005, and its twelve publications.

11 Cf.: Kreibich/Schmid/Siebel/Sieverts/Zlonicky (eds.): *Bauplatz Zukunft* (see note 5).

12 Cf.: Memorandum zu Inhalt und Organisation der Internationalen Bauausstellung Emscher Park. Gelsenkirchen 1988.

13 Cf. also for the following section: Thomas Sieverts/

8 Vgl.: Claus Offe: „Politische Herrschaft und Klassenstrukturen. Zur Analyse spätkapitalistischer Gesellschaftssysteme". In: Gisela Kress/Dieter Senghaas
   (Hg.): *Politikwissenschaften*. Frankfurt 1973 (S. 135-
   164).

9 Vgl.: Ernst Friedrich Schumacher: *Small is beautiful.
   Study of Economics as if People Mattered*. London
   1973.

10 Vgl.: Frey/Keller/Klotz/Selle: „Rückkehr der großen
   Pläne?" In: *DISP* 153, 2003 (S. 13–18). – Vgl.: Thomas
   Sieverts/Michael Koch/Ursula Stein/Michael Stein-
   busch (Hg.): *Zwischenstadt – Inzwischen Stadt? Entde-
   cken, Begreifen, Verändern*. Wuppertal 2005. Dieser
   Querschnittsband führt ein in das von der Gottlieb-
   Daimler-und-Karl-Benz-Stiftung 2002-2005 geförderte
   multidisziplinäre Forschungsprojekt „Mitten am Rand,
   Zwischenstadt. Zur Qualifizierung der verstädterten
   Landschaft" und in die zwölf Veröffentlichungen.

11 Vgl.: Kreibich/Schmid/Siebel/Sieverts/Zlonicky (Hg.):
   Bauplatz Zukunft (siehe Anmerkung 5).

12 Vgl.: Memorandum zu Inhalt und Organisation der
   Internationalen Bauausstellung Emscher Park. Gelsenkirchen 1988.

13 Vgl. auch für den folgenden Abschnitt: Thomas
   Sieverts/Karl Ganser: „Vom Aufbaustab Speer zur
   Internationalen Bauausstellung und darüber hinaus"
   (siehe Anmerkung 5).

14 Die REGIONALEN sind die kleineren Nachfolger der
   IBA Emscher Park: Im Land Nordrhein-Westfalen können sich alle zwei Jahre Regionen darum bewerben,
   Träger einer REGIONALE zu werden, mit bestimmten
   thematischen Schwerpunkten. Sie sind ähnlich organisiert wie die IBA Emscher Park.

15 Vgl.: Hille von Seggern/Julia Werner: „Verstehen oder:
   Wie kommt das Neue in die Welt?" In: *Anthos*, Heft
   4/2003, S. 48-57. Die beiden Verfasserinnen überset-
   zen Hans-Georg Gadamers Begriff des Verstehens in
   ein produktives Element einer neuen Entwurfsme-
   thode.
   Vgl. auch: Ursula Stein: „Verständnisprozesse über
   Zwischenstadt". Wuppertal 2006, und: Ursula Stein:
   „Planning with all your senses learning to cooperate
   on a regional scale". In: *DISP* Heft 162, 2005. Die
   Verfasserin hat wesentliche Beiträge zur lernenden
   Region und damit zum kulturellen Charakter des
   Planens und Entwerfens beigetragen.

16 Ein Beispiel hierfür ist die ambivalente Rolle von Alexander Mitscherlich zwischen Fundamentalkritik und
   konzeptioneller Beratung: Seine Fundamentalkritik hat
   er in seiner berühmten Schrift *Die Unwirtlichkeit der
   Städte* (Frankfurt/Main) 1965) veröffentlicht. Gleichzeitig hat er als Berater am Entwurf der umstrittenen
   Großsiedlung „Emmertsgrund" (Wohnungsbaugesellschaft Neue Heimat) in Heidelberg mitgewirkt.

17 Vgl.: Helga Nowotny/Peter Scott/Michael Gibbons: *Wis-
   senschaft neu denken* (2. Auflage). Weilerswist 2004.
   – Vgl. Michael Gibbons et al: The New Production of
   Knowledge. London 1994.

18 Vgl.: Martin Prominski: *Landschaft Entwerfen. Zur Theorie aktueller Landschaftsarchitektur*. Berlin 2004.

19 Vgl.: Uwe-Jens Walther: „Über Restriktionen hinaus.
   Räumliche Planung und Politik-Beratung heute". In:
   Uwe Altrock/Dieter Frick/Thomas Kuder: *Zwischen-
   bilanz, Standortbestimmung und Perspektiven der
   Stadt- und Regionalplanung*, Heft 61. Berlin 1998.

20 Vgl.: Alban Janson/Sophie Wolfrum: „Spielraum und
   Prägnanz". In: *Der Architekt*, Heft 5/2006.

21 Vgl.: Thomas Sieverts: „Bild und Berechnung im
   Städtebau". In: *Information und Imagination. Vorträge
   von Carl-Friedrich v. Weizsäcker, Golo Mann, Harald
   Weinrich, Thomas Sieverts und Leszek Kolakowski*.
   München 1973.

Karl Ganser: "Vom Aufbaustab Speer zur Internationalen Bauausstellung und darüber hinaus" (see note 5).

14 The REGIONALS are smaller-scale successors to the IBA Emscher Park: In the state of North Rhine-Westphalia, every two years regions can apply to be the organisers of a REGIONAL with specific thematic emphases. They are organised in a similar way to the IBA Emscher Park.

15 Cf.: Hille von Seggern/Julia Werner: "Verstehen oder: Wie kommt das Neue in die Welt?" In: *Anthos*, issue 4/2003, pp. 48-57. The two authors translate Hans-Georg Gadamer's concept of understanding into a productive element of a new design method.
Cf. also: Ursula Stein: "Verständnisprozesse über Zwischenstadt". Wuppertal 2006, and: Ursula Stein: "Planning with all your senses, learning to cooperate on a regional scale". In: *DISP*, issue 162, 2005. The author has made essential contributions to the learning region and thus to the cultural character of planning and designing.

16 One example of this is Alexander Mitscherlich's ambivalent role between fundamental criticism and conceptual advice: he published fundamental criticism in his famous work *Die Unwirtlichkeit der Städte* (Frankfurt/Main) 1965). At the same time, he worked as an advisor on the planning of the controversial large-scale estate "Emmertsgrund" (housing construction company Neue Heimat) in Heidelberg.

17 Cf.: Helga Nowotny/Peter Scott/Michael Gibbons: *Wissenschaft neu denken* (2nd edition). Weilerswist 2004. – Cf. Michael Gibbons et al: *The New Production of Knowledge*. London 1994.

18 Cf.: Martin Prominski: *Landschaft Entwerfen. Zur Theorie aktueller Landschaftsarchitektur*. Berlin 2004.

19 Cf.: Uwe-Jens Walther: "Über Restriktionen hinaus. Räumliche Planung und Politik-Beratung heute". In: Uwe Altrock/Dieter Frick/Thomas Kuder: *Zwischenbilanz, Standortbestimmung und Perspektiven der Stadt- und Regionalplanung,* Issue 61. Berlin 1998.

20 Cf.: Alban Janson/Sophie Wolfrum: "Spielraum und Prägnanz". In: *Der Architekt*, Issue 5/2006.

21 Cf.: Thomas Sieverts: "Bild und Berechnung im Städtebau". In: *Information und Imagination. Vorträge von Carl-Friedrich v. Weizsäcker, Golo Mann, Harald Weinrich, Thomas Sieverts und Leszek Kolakowski*. Munich 1973.

RUDOLF SCHEUVENS, KUNIBERT WACHTEN

IBA Meets IBA

Die Internationale Bauausstellung Hamburg im Spiegel der Bauausstellungen des 20. Jahrhunderts

Ein Rückblick auf die Bauausstellungen des 20. Jahrhunderts

Die Tradition der Bauausstellungen ist bereits über 100 Jahre alt: Schon Mitte des 19. Jahrhunderts wurde es üblich, bautechnische Neuerungen auch in Weltausstellungen zu präsentieren. Die Tradition eigenständiger Bauausstellungen wurde 1901 mit der Darmstädter Mathildenhöhe als Dokument von Baukunst und Wohnkultur begründet. Seither hat es insgesamt fünf Internationale Bauausstellungen in unregelmäßigen Abständen gegeben, drei weitere sind inzwischen auf den Weg gebracht worden. Gemeinsam ist allen, dass sie immer Spiegel ihrer Zeit gewesen sind, bezogen auf gesellschaftliche, technische und kulturelle Strömungen und Entwicklungen. Und sie verfolgten jeweils programmatische Ansprüche, wollten modellhafte Lösungen für drängende Fragestellungen der Baukultur, des Wohnens und der Stadt- und Regionalentwicklung im internationalen Maßstab aufzeigen.

Die Unterschiede der IBAs finden sich in ihrer Zielsetzung und vor allem in ihrer Methodik. So durchzieht ein tiefgreifender Paradigmenwechsel die Geschichte der Bauausstellungen des 20. Jahrhunderts: weg vom reinen Ausstellungskonzept, hin zu strategischen Ansätzen städtischer und regionaler Entwicklung und Profilbildung. Die Bauausstellungen haben Zeichen gesetzt und die Architektur- und Städtebaudebatte entscheidend mitgeprägt. Auf der internationalen Bühne bau- und planungskultureller Auftritte

RUDOLF SCHEUVENS, KUNIBERT WACHTEN

IBA Meets IBA

The Internationale Bauausstellung Hamburg as Reflected in Other 20th Century Building Exhibitions

Karte vom Haus des Autodidakten-Architekten Peter Behrens, dem einzigen nicht von Joseph Maria Olbrich entworfenen Gebäude der Künstlerkolonie auf der Darmstädter Mathildenhöhe Map of the house of the self-taught architect Peter Behrens, the only building in the artists' colony on Darmstadt's Mathildenhöhe not designed by Joseph Maria Olbrich

Eröffnungszeremonie der Ausstellung Mathildenhöhe 1901 vor dem von Olbrich entworfenen Ateliergebäude (Ernst-Ludwig-Haus) Opening ceremony of the exhibition Mathildenhöhe 1901 outside the studio building (Ernst-Ludwig-Haus) designed by Olbrich

A Review of 20th Century Building Exhibitions

The tradition of building exhibitions is already more than 100 years old. As early as the mid-19th century, it was customary to present innovations in structural engineering at world exhibitions, but the tradition of separate building exhibitions was established in 1901 with Mathildenhöhe in Darmstadt, which documented architecture and home decor. Since then, there have been five completed international buildings exhibitions at irregular intervals, and three more have been initiated. One common feature of these exhibitions is that they all reflected the social, technical and cultural trends and developments of their times. And each of them pursued programmatic aspirations, striving to demonstrate model solutions for urgent questions of architectural culture, housing, and urban and regional development on an international scale.

The differences between the IBAs can be found in their aims and above all in their methods. A far-reaching change in paradigms runs through the history of 20th century building exhibitions: away from the pure exhibition concept towards strategic approaches to urban and regional development and the creation of profile.

The building exhibitions have set the tone and exercised a decisive influence on debate concerning architecture and urban planning. On the international stage of architectural and planning culture, the IBAs represent an instrumental speciality, which has been adopted with increasing frequency, especially in recent times. This special set of instruments for urban development is currently meeting with increased interest from various cities and regions at home and abroad – evidence that it is able to respond to the demands of the times despite its "age", being in fact extremely up-to-date, and reason enough to take a quick look back at the history of building exhibitions and reflect upon perspectives.

Mathildenhöhe in Darmstadt 1901 – "A document of German art"

A building exhibition took place on the Mathildenhöhe in Darmstadt in 1901, on the threshold of the new century and almost also as a symbolic start to the modern age. Here, the distinction between what was built and exhibited, between the building and its surroundings was revoked for the first time. In the context of the Life Reform Movement, this first building exhibition met with considerable international recognition.

The speciality of this building exhibition, realised on the initiative of Grand Duke Ernst Ludwig ("May my Hessenland thrive, and art with it"), lay in its comprehensive concept, from urban planning to housing, interior decor and everyday necessities – as if presenting a counter world to explosive, relatively uncontrolled urban growth and the increasing industrial mass production of objects for everyday use. Architects, painters and sculptors cooperated to give shape to the environment – their aspiration being to reconcile art and everyday life, city and nature. Thus the artists' colony on Mathildenhöhe strove for a concept of design that was to

sind die Internationalen Bauausstellungen eine instrumentelle Besonderheit, auf die gerade in letzter Zeit immer häufiger zurückgegriffen wird. Zur Zeit stößt dieses besondere Instrumentarium der Stadtentwicklung auf weiteres Interesse verschiedener Städte und Regionen im In- und Ausland – ein Beleg, dass dieses Instrumentarium trotz seines „Alters" auf die Anforderungen der Zeit reagieren kann und von hoher Aktualität ist, und Grund genug, die Geschichte der Bauausstellungen schlaglichtartig Revue passieren zu lassen und Perspektiven zu reflektieren.

Mathildenhöhe in Darmstadt 1901 – „Ein Dokument Deutscher Kunst"

An der Schwelle zwischen zwei Jahrhunderten und gleichermaßen auch als symbolischer Auftakt der Moderne fand im Jahr 1901 auf der Darmstädter Mathildenhöhe erstmals eine Bauausstellung statt, bei der die Trennung zwischen Gebautem und Ausgestelltem, zwischen Bauwerk und Umgebung aufgehoben wurde. Im Zuge der Lebensreformbewegung fand diese erste Bauausstellung große internationale Anerkennung. Die Besonderheit dieser, auf Initiative des Großherzogs Ernst Ludwig („Mein Hessenland blühe und mit ihm die Kunst") durchgeführten Bauausstellung lag im umfassenden Entwurf vom Stadtplan über die Häuser bis hin zur Inneneinrichtung und zu den Gegenständen des alltäglichen Bedarfs – gleichsam als Gegenwelt zu dem explosionsartigen und relativ ungesteuerten Städtewachstum und einer zunehmenden industriellen Massenfertigung der Gegenstände des alltäglichen Gebrauchs.

In gemeinsamer Arbeit gaben Architekten, Maler und Bildhauer der Umwelt Gestalt – mit dem Anspruch einer Versöhnung von Kunst und Alltag, Stadt und Natur. Die Künstlerkolonie auf der Mathildenhöhe strebte damit ein Gestaltungskonzept an, welches alle Lebensbereiche berühren sollte. Als „Markstein auf dem Wege der Lebenserneuerung" suchten die Mitwirkenden nach einer neuen Form, „welche nicht der heutigen gewohnten Art entspricht, sondern weit vorauseilt und Zukünftiges miteinschließt" (Joseph Maria Olbrich).

Weißenhofsiedlung in Stuttgart 1927 – Zeugnis des „Neuen Bauens"

Die Stuttgarter Weißenhofsiedlung ist eines der bedeutendsten Zeugnisse des „Neuen Bauens". Als Bauausstellung mit dem Titel „Die Wohnung" führte sie 1927 erstmals national und international die vom Deutschen Werkbund geforderten und geförderten neuen Formen des Wohnens beispielhaft vor. Unter der künstlerischen Leitung von Ludwig Mies van der Rohe schufen die an der Ausstellung beteiligten 17 Architekten, darunter Le Corbusier, Gropius und Scharoun, mustergültige Wohnungen für den modernen Großstadtmenschen.

Wie unter einem Brennglas zeigte die Bauausstellung Weißenhofsiedlung die damals aktuelle Entwicklung der Architektur und des Wohnungsbaus. Ein Mindestmaß an formalem Zusammenhang wurde durch die grundsätzlich ähnlichen Architekturauffassungen der mitwirkenden Architekten und die Vorgabe der „revolutionären" Flachdächer erreicht. Schmuck- und ornamentlos repräsentierte die kubische Architektur der Weißenhofsiedlung die Baukunst der Moderne.

Die Arbeiten der Architekten aus fünf europäischen Ländern in einer Siedlung sollten demonstrieren, dass das Neue Bauen eine „Internationale Architektur" sei. Ihre Befürworter feierten die Siedlung als Blick in die Zukunft, Kritiker hingegen diffamierten sie als „Araberdorf". Die Siedlung polarisierte – Flachdach gegen Satteldach, aufgeschlossene gegen konservative Kräfte, Moderne gegen Heimatverbundenheit.

Apartmenthaus von Ludwig Mies van der Rohe
Apartment building by Ludwig Mies van der Rohe

Interbau in West-Berlin 1957 und Stalinallee in Ost-Berlin 1952 – Wettstreit der Systeme

1948 war die politische Spaltung Berlins durch die Währungsreform und die Blockade vollzogen. Die Stadtentwicklung in Ost und West begann unterschiedliche Wege zu gehen. Während Ost-Berlin zur Hauptstadt der DDR wurde, formierte sich das isolierte West-Berlin zum „propagandistischen" Demonstrationsprojekt des Westens. Unterstützt durch Mittel des Marshall-Plans, vollzog sich in den 50er Jahren ein

Weißenhofsiedlung, Luftbild von 1927
Weissenhofsiedlung, aerial photograph of 1927

touch all areas of life. As a "milestone on the path to life renewal" the participants sought a new form, "which does not correspond to that customary today, but anticipates well ahead, incorporating aspects of the future" (Joseph Maria Olbrich).

Weißenhofsiedlung in Stuttgart 1927 – Testimony to "New Building"

The Weißenhofsiedlung in Stuttgart is one of the most important testimonies to "New Building". As a building exhibition entitled "The Apartment" in 1927, it was the first exemplary national and international presentation of the new housing forms demanded and promoted by the German Werkbund. Under the artistic direction of Ludwig Mies van der Rohe, the 17 participating architects, including Le Corbusier, Gropius and Scharoun, created exemplary apartments for modern big-city dwellers. The building exhibition Weißenhofsiedlung concentrated its complete attention on the development of architecture and housing construction at the time. A minimum of formal cohesion was achieved by the participating artists' fundamentally similar concepts of architecture and the specification of "revolutionary" flat roofs. Without decoration or ornament, the cubic buildings of the Weißenhofsiedlung represent the architectonic art of Modernism. The works of architects from five European countries within one settlement estate aimed to demonstrate that New Building was also an "international architecture". Its champions celebrated the estate as a preview of the future, while critics defamed it as an "Arab village". It certainly polarised the camps – flat roof versus saddle roof, open-minded versus conservative forces, Modernism versus close local or regional ties.

Interbau in West-Berlin 1957 and Stalinallee in East-Berlin 1952 – Competition between the systems

In 1948, the political division of Berlin was consummated by currency reform and the blockade. Urban development in East and West began to follow different paths. While East-Berlin became the capital city of the GDR, the isolated city of West-Berlin recreated itself as a demonstrative, "propagandist" project of the West. Supported by funds from the Marshall Plan, changes took place, including much-needed repairs and the reconstruction of the city in the course of the 1950s. The vision was of a subdivided, decentralised city.

This new model found a visible expression in the first international building exhibition of the post-war era, the Interbau Berlin in 1957. Laid out as a demonstrative project with model character, the aim was – after the demolition and new building of the bourgeois Hansa district, badly damaged in the war – to present an example of "the city of tomorrow". Under the patronage of the Berlin Senate, 53 internationally known architects were selected to realise individual buildings in a park-like landscape. The pedagogic aspirations of the Interbau meant that it was directed towards post-war architects, aiming to introduce them to the new models of an international Modernism. Conceived as the biggest ever show of the building industry and architecture, the Interbau was also intended to demonstrate the superiority of the West over the East. West-Berlin employed the instrument of an international building exhibition to respond to East-Berlin's prestige object Stalinallee, the "first socialist street" in Germany. Monumental "palatial homes for workers" with historical stylistic elements were built there, oriented on the basic principles of traditional urban architecture, from 1953 onward. In the context of the GDR's national construction programme, Stalinallee was celebrated as the "foundation stone for the construction of Socialism in the capital of Germany" (Walter Ulbricht).

IBA Berlin 1984/87 – The "critical reconstruction" of the city

By way of a conscious contrast to the Interbau in 1957, the central theme of the IBA Berlin 1984/87 was the rediscovery of the historical inner city in Berlin, which had been largely destroyed by the war and the building of the Wall; on the western side, this was now to be recon-

Wandel von der Reparatur zum Wiederaufbau der Stadt. Geträumt wurde von einer gegliederten und aufgelockerten Stadt.

Seinen sichtbaren Ausdruck fand dieses neue Leitbild in der ersten Internationalen Bauausstellung der Nachkriegszeit, der Interbau Berlin von 1957. Als Demonstrationsvorhaben mit Modellcharakter angelegt, sollte – nach Abriss und Neubau des stark kriegszerstörten großbürgerlichen Hansaviertels – ein Exempel für „die Stadt von Morgen" präsentiert werden. Unter der Schirmherrschaft des Berliner Senats wurden 53 international bekannte Architekten ausgewählt, einzelne Gebäude in einer parkähnlichen Landschaft zu realisieren.

In ihrem pädagogischen Anspruch richtete sich die Interbau an die Architekten der Nachkriegszeit, um diese an die neuen Leitbilder einer internationalen Moderne heranzuführen. Geplant als größte bauwirtschaftliche und architektonische Schau, sollte die Interbau auch die Überlegenheit des Westens gegenüber dem Osten demonstrieren. Mit dem Instrument einer Internationalen Bauausstellung antwortete West-Berlin auf das Prestigeobjekt Ost-Berlins, die Stalinallee als „erste sozialistische Straße" Deutschlands. Orientiert an Grundprinzipien der traditionellen Stadtbaukunst entstanden dort ab 1953 monumentale „Wohnpaläste für Arbeiter" mit historischen Stilelementen. Im Rahmen des nationalen Aufbauprogramms wurde die Stalinallee als „Grundstein des Aufbaus des Sozialismus in der Hauptstadt Deutschlands" (Walter Ulbricht) gefeiert.

IBA Berlin 1984/87 – die „kritische Rekonstruktion" der Stadt

Im bewussten Kontrast zur Interbau von 1957 war das zentrale Thema der IBA Berlin 1984/87 die Wiederentdeckung der durch Krieg und Mauerbau weitgehend zerstörten historischen Innenstadt in Berlin, die auf westlicher Seite kritisch rekonstruiert und neu gestaltet werden sollte. Bis dato erstmals in der Geschichte der Bauausstellungen machte die IBA Berlin die Erneuerung der Altbaubestände und das Einfügen von Neubauten in den Bestand – also die

Reparatur der Stadt – zum zentralen Anliegen. 30 Jahre nach der Interbau stellte sich die IBA Berlin gegen den Nachkriegsstädtebau. Ihr Motto „Die Innenstadt als Wohnstadt – Rettet die kaputte Stadt" beschrieb eindrücklich den komplexen Prozess des Wiederentdeckens der traditionellen Stadt und die Neubewertung der Bedingungen für soziales Wohnen.

Die vom Senat der Stadt Berlin 1979 ins Leben gerufene Bauausstellung lebte von zwei unterschiedlichen, teils komplementären und teils konträren Ansätzen der Stadtentwicklung: der IBA-Neubau und der IBA-Altbau. Während sich die IBA-Neubau unter der Leitung von Josef Paul Kleihues mit der „kritischen Rekonstruktion" der Stadt auseinandersetzte, fokussierte die IBA-Altbau unter der Leitung von Hardt-Waltherr Hämer auf die Erhaltung, Stabilisierung und Weiterentwicklung der vorhandenen sozialen und funktionalen Strukturen der Stadt. Ihr Ziel war die Versorgung der Bewohner mit bezahlbarem Wohnraum. Nicht mehr der Abriss, sondern die Instandsetzung der vorhandenen Bausubstanz und die Durchsetzung von Prozessen wie Selbsthilfe- und Mietermodernisierung standen im Vordergrund der „behutsamen Stadterneuerung". Für eine Internationale Bauausstellung ein vollkommen neuer Weg, der die Planungs- und Verfahrenskultur in Deutschland in eine neue Epoche führte.

IBA Emscher Park im nördlichen Ruhrgebiet 1999 – Werkstatt für die Zukunft von Industrieregionen

Die von der nordrhein-westfälischen Landesregierung im Jahr 1989 initiierte Internationale Bauausstellung Emscher Park trat mit dem Ziel an, der altindustrialisierten Emscherregion im nördlichen Ruhrgebiet mit ihren 17 Städten auf 70 Kilometern Länge und 15 Kilometern Breite konzeptionelle und praktische Impulse für den ökologischen, wirtschaftlichen und kulturellen Umbau zu geben. Im Gegensatz zu früheren Bauausstellungen war die IBA Emscher Park erstmals von regionaler Ausdehnung und thematisch sehr breit gefächert. An die Stelle

Blick auf die Stalinallee in Ost-Berlin, die „erste sozialistische Straße" Deutschlands   View of the Stalinallee in East Berlin, Germany's „first socialist street"

Hansaviertel in West-Berlin, Schauplatz der Interbau 1957   Hansa quarter in West-Berlin, venue of the Interbau 1957

Impulsgeber für die Hinwendung der IBA Berlin 1984/87 zum Thema Altbau: Hausbesetzungen in Kreuzberg, 1981   Why the IBA Berlin 1984/87 was dedicated to old buildings: building occupancy in Kreuzberg, 1981

structed and critically redesigned. For the first time in the history of building exhibitions to that date, the IBA Berlin made its central aim the renewal of existing old buildings and the insertion of new buildings into existing blocks – in other words, the repair of the city. Thirty years after the Interbau, the IBA Berlin opposed the urban planning of the post-war period. Its motto "The inner city as living space – rescue the run-down city" quite clearly described the complex process of rediscovering the traditional city and re-evaluating conditions for social forms of housing.

Initiated by the Senate of Berlin in 1979, the building exhibition drew its dynamics from two different, partially complementary but partially contrary approaches to urban development: the IBA-Neubau and IBA-Altbau. While the IBA-Neubau under the direction of Josef Paul Kleihues examined the "critical reconstruction" of the city, the IBA-Altbau under the direction of Hardt-Waltherr Hämer focused on the preservation, stabilisiation and further development of existing social and functional urban structures. Its aim was to provide the city's inhabitants with affordable housing. The foremost elements of "cautious urban renewal" were no longer demolition, but restoration of existing build-

ings, and the realisation of processes such as self-help and tenants' modernisation. This was an entirely new approach for an international building exhibition, and it led Germany's planning and procedural culture into a new epoch.

IBA Emscher Park in the Northern Ruhr Area 1999 – Workshop for the future of industrial regions

Initiated by the state government of North Rhine-Westphalia in 1989, the international building exhibition Emscher Park aspired to give the previously industrialised Emscher region in the northern Ruhr – with 17 cities within an area 70 kilometres long and 15 kilometres wide – conceptual and practical impulses for ecological, economic and cultural redevelopment. By contrast to earlier building exhibitions, the IBA Emscher Park was the first with a regional compass and addressed extremely wide-ranging themes. A pointillist strategy of perspective incrementalism took the place of a comprehensive master plan. Abstract programmes were replaced by 100 projects for individual tasks and manageable periods of time, and the IBA Emscher Park focused on emphases in various fields rather than on area-wide realisation.

The thematic range of the IBA Emscher Park, therefore, went far beyond the programmes and projects of previous building exhibitions. Industrial wasteland was turned into new business locations, former industrial buildings became unique locations for events and tourist destinations, and the renaturation process of the Emscher system was set in motion. The source of the exhibition's name and one of its key projects is the Emscher Landscape Park: along 75 kilometres, right across the region, there were more than 50 projects concretising this project of landscape development. Industrial nature encompassed mine forests and artistically designed slag heaps. It was the first time in the history of international building exhibitions that the topic of "landscape planning and architecture" had been so much in the foreground.

With respect to its exhibiting principle as well, a fundamental change came about with the

eines umfassenden Masterplans rückte die pointillistische Strategie des perspektivischen Inkrementalismus. An die Stelle abstrakter Programme traten über 100 Projekte für Einzelaufgaben und überschaubare Zeiträume, statt flächendeckender Realisierungen fokussierte die IBA Emscher Park auf Schwerpunktthemen in unterschiedlichen Bereichen.

Die Themenbreite der IBA Emscher Park ging dabei weit über Programmatik und Projekte bisheriger Bauausstellungen hinaus. Aus Industriebrachen wurden neue Gewerbestandorte, ehemalige Industriegebäude wurden zu einzigartigen Veranstaltungsorten und touristischen Zielen, der Prozess der Renaturierung des Emschersystems wurde eingeleitet. Namensgeber und wichtiges Schlüsselprojekt der Bauausstellung war der Emscher Landschaftspark: Auf 75 Kilometer Länge quer durch die Region gab es gut 50 Projekte, die dieses Projekt der Landschaftsentwicklung konkretisierten. Die Industrienatur umfasste Zechenwälder und künstlerisch gestaltete Halden. Erstmals in der Geschichte der Bauausstellungen rückte das Thema „Landschaftsplanung und -architektur" derart stark in den Vordergrund.

Auch im Ausstellungsprinzip vollzog sich mit der IBA Emscher Park ein grundlegender Wandel. An die Stelle eines finalen Konzepts rückte ein prozessorientierter Ausstellungsgedanke. Dessen Wert ging weit über die Qualität der ausgestellten Architektur hinaus. Die Ausstellung umfasste die Auseinandersetzung mit der Entstehungsgeschichte der Projekte, mit neuen Formen der Beteiligung und dem Einsatz qualitätssichernder Verfahren, mit Fragen in der Bewältigung der Altlastenproblematik oder mit dem Aufbrechen von Widerständen in innovationsträgen Milieus.

IBA Fürst-Pückler-Land 2000–2010 in der Lausitz – Werkstatt für neue Landschaften

Diese Bauausstellung geht zurück auf die Idee einer „IBA von unten" ortsansässiger Planerinnen und Planer sowie Studenten für einen durch den Abbau der Braunkohle geprägten Landschaftsraum. 1999 fiel dann der Start-

schuss für die IBA Fürst-Pückler-Land mit Projekten in der gesamten Niederlausitz.

In Anlehnung an die Prinzipien der IBA Emscher Park verleiht die IBA Fürst-Pückler-Land dem gewaltigen Landschafts- und Strukturwandel ökonomische, ökologische und gestalterische Impulse: Industriedenkmäler werden erhalten und neu genutzt, Stadtumbauprojekte gefördert und die „Mondlandschaften" des Braunkohleabbaus touristisch erschlossen. Das einstige Braunkohlerevier wandelt sich sichtbar zum Lausitzer Seenland: Aus Tagebaugruben wird Deutschlands außergewöhnlichste Wassertourismusregion und Europas größte künstliche Seenlandschaft mit rund 30 Seen und ca. 14.000 Hektar Wasserfläche.

IBA Stadtumbau 2010 in Sachsen-Anhalt – Stadtumbau als Bürgerprojekt

Mit dem Instrument der Internationalen Bauausstellung verfolgt die Landesregierung Sachsen-Anhalt das Ziel, die vor allem in Ostdeutschland vorherrschenden Probleme des Leerstands, des Verfalls und des finanziellen Notstands der Kommunen mittels eines radikalen und konsequenten Stadtumbauprozesses umzusteuern. Als erste Internationale Bauausstellung in Deutschland befasst sie sich mit einem ganzen Bundesland. 17 Städte in Sachsen-Anhalt sind mit ihren spezifischen Themen an der IBA beteiligt. Ziel dieser IBA ist es, auf staatlicher und kommunaler Ebene in Sachsen-Anhalt eine besondere Expertise für die Praxis des Umbaus zu erstellen und dabei modellhafte Projekte der Stadtentwicklung unter den Bedingungen des demografischen Wandels und wirtschaftlicher Transformation zu erarbeiten.

Das Bauen nimmt bei dieser Bauausstellung nur noch eine Nebenrolle ein. Im Zentrum der Arbeit steht die inhaltliche Unterstützung und Beratung der beteiligten Städte bei der Weiterentwicklung und Umsetzung ihrer Ideen. Dazu werden neue, auf die jeweiligen Gegebenheiten abgestimmte Methoden der Finanzierung, des Flächenmanagements, der Raumplanung und der Planungskultur entwickelt.

IBA Emscher Park 1999: Duisburger Innenhafen
IBA Emscher Park 1999: Duisburg's inner harbour

IBA Emscher Park. A process-oriented exhibition idea replaced the notion of the ultimate concept. Its significance extended far beyond the quality of the exhibited architecture. The exhibition encompassed debate on the projects' history of emergence, on new forms of participation and the use of quality-ensuring procedures, on questions concerning the management of contamination problems, and on the breakdown of resistance in milieus lethargic towards innovation.

IBA Fürst-Pückler-Land 2000–2010 in Lusatia – Workshop for new landscapes

This building exhibition is founded on the idea of an "IBA from below" conceived by local planners and students for a landscape area shaped by the excavation of lignite. The starting signal for the IBA Fürst-Pückler-Land with its projects in the whole of Lower Lusatia came in 1999.
Based on the principles of the IBA Emscher Park, the IBA Fürst-Pückler-Land lends economic, ecological and planning impulses to the area's huge upheaval in landscape and structure: industrial monuments are being preserved and used in new ways, urban redevelopment projects

subsidised, and the "lunar landscapes" of opencast lignite mining made accessible to tourists. The former lignite mining area is being visibly transformed into the Lusatian Lake Land: opencast mines are being turned into Germany's most unusual region for water tourism and Europe's largest artificial lake landscape with around 30 lakes and ca. 14,000 hectares of water.

IBA Stadtumbau 2010 in Saxony-Anhalt – Urban redevelopment as a citizens' project

The state government of Saxony-Anhalt is using the instrument of the international building exhibition to pursue its aim to reverse the prevailing – particularly in Eastern Germany – urban problems of vacancy, decline and financial shortages by means of a radical, consistent process of urban redevelopment. It is the first international building exhibition in Germany to be concerned with an entire federal state. 17 cities in Saxony-Anhalt are participating in the IBA, each with its own specific theme. The aim of this IBA is to create a special expertise for the practice of redevelopment on state and municipal levels in Saxony-Anhalt, thereby developing exemplary projects of urban redevel-

Erkenntnisse aus den bisherigen Bauausstellungen

Der zeitraffer-ähnliche Überblick über die jeweilige Ausgangslage, die wesentlichen Zielsetzungen, thematischen Ausrichtungen und Projekte macht deutlich, dass bisher jede Bauausstellung anders war, jede ihren eigenen Weg gegangen ist und jede in anderer Art und Weise nachgewirkt hat. Es werden aber auch Gemeinsamkeiten deutlich, die erst im Rück- und Überblick sichtbar werden. Sie zeigen in der Summe einen außerordentlichen und weltweit einmaligen bau- und planungskulturellen Erfahrungsschatz, der bisher nur bruchstückhaft aufgearbeitet und „zugänglich" ist.

Erstmals in der Geschichte hat die IBA Hamburg den Know-how-Austausch zwischen einzelnen IBAs organisiert, um aus den Erfahrungen anderenorts zu lernen, vor allem aber um sich der eigenen planungskulturellen Rolle im Kontext der bisherigen Bauausstellungen zu vergewissern. Im Rückblick auf die fünf Bauausstellungen, die im Verlauf der vergangenen hundert Jahre ausgerichtet wurden, und im Seitenblick auf die drei in der Vorbereitung befindlichen Ausstellungen lassen sich acht Erfahrungen festhalten,

die für das heutige und künftige Verständnis des besonderen Instruments der Internationalen Bauausstellungen bedeutsam sind.

Notwendigkeit des „Ausnahmezustands"

Bisher waren alle Bauausstellungen Leistungsschau und Innovationsprogramm zugleich. Beides konnten sie nur sein, weil sie mit dem Privileg befristeter Sonderkonditionen ausgestattet waren. Dies gilt auch für die in der Zeit nach dem Zweiten Weltkrieg überwiegend kommunal oder staatlich initiierten Bauausstellungen. Auch sie besaßen die politische und administrative „Rückendeckung" für einen „Ausnahmezustand", bei dem auf Zeit die alltäglichen Rahmensetzungen, Handlungsmuster und Kräfteverhältnisse für ein begrenztes Territorium aufgehoben werden. Der „Ausnahmezustand" war und ist die zwingende Voraussetzung für einen Frei- und Experimentierraum für modellhafte Lösungen, die für ihre Entwicklung und Ausreife Sonderkonditionen benötigen. Dies ist auch das Geheimnis innovativer Produktentwicklung in großen Unternehmen. Die gesicherte Chance für das „Neue" und „Experimentelle" ist das wesentliche Privileg der Bauausstel-

IBA Fürst-Pückler-Land 2000–2010 in der Lausitz: Tagebauwanderung IBA Fürst-Pückler-Land 2000–2010 in the Lusatia: walk through the mine

opment under the conditions of demographic change and economic transformation.
Building plays only a secondary role in this building exhibition. Its work centres on concrete support and advice for the participating cities concerning the further development and realisation of their ideas. New methods of funding, land management, spatial planning and planning culture – adapted to the relevant conditions – are being developed for this purpose.

Insights from Previous Building Exhibitions

This fast-motion survey of their various starting positions, key aims, thematic orientations and projects makes clear that every building exhibition to date has been different; every one followed its own path and continues to make an impact in different ways. But common features also emerge quite obviously in this retrospective survey. Taken in conjunction, they display an extraordinary and internationally unique wealth of experience in building and planning culture, only a fraction of which has been fully reviewed and made "accessible" to date.
For the first time in history, the IBA Hamburg

has organised an exchange of know-how between individual IBAs; to learn from experiences elsewhere, but above all to clarify its own planning-cultural role in the context of past building exhibitions. Reviewing the five building exhibitions that took place in the course of the last hundred years and observing the three exhibitions now in preparation, it is possible to denote eight significant points of experience for the present and future understanding of the specific instrument of international building exhibitions.

The necessity of the "exceptional circumstance"

Up until now, every building exhibition was both a show of achievements and an innovation programme. This dual function was only possible because they enjoyed the privilege of special conditions for a limited period of time. This also applies to the largely municipally or state-initiated building exhibitions in the period after the Second World War. They also had the political and administrative "backing" for an "exceptional circumstance", in which – for a specified period – everyday frameworks, patterns of action and power relations within a limited area were abolished.

lungen und ihre Besonderheit gegenüber dem Alltag.

Wandel zum Strukturprogramm

Im Verlauf des Jahrhunderts haben sich die Bauausstellungen zu umfassenden Strukturprogrammen mit einem breiteren Themenspektrum und regionaler Reichweite entwickelt. Sie sind zu einem Instrumentarium der „letzten Rettung" in Problemlagen geworden, das „Not- und Innovationsprogramme" geschickt kombiniert. Überhaupt sind Bauausstellungen im Laufe der Zeit durchweg immer komplexer, mehrdimensionaler, weniger hardware- als softwareorientierter, großräumiger und strukturpolitischer geworden. Sie sind weniger Ereignisse, sondern Prozesse, sind nicht mehr Ausstellungen, sondern Werkstätten, Labors und Experimentierräume.

Grenzen einer Ausstellung

Die ersten Bauausstellungen waren von ganzheitlichen Reformideen geprägt, die fokussiert auf wenige Themen und örtlich überschaubar umgesetzt und gebaut wurden. Sie waren Bauausstellungen im „klassischen Sinn". Doch spätestens die neueren IBAs verstehen sich weniger als Ausstellung, sondern vorrangig als langjährige Prozesse der schrittweisen Veränderung von Stadt und Landschaft mit einem zeitlich definierten Präsentationsereignis. Die Präsentationsformen sind keine traditionellen Ausstellungen mehr, sondern temporäre, interaktive Museen einer städtischen/regionalen Gesellschaft mit dem Ziel einer reflexiven Veränderung ihrer selbst unter internationaler Beobachtung. Und je komplexer, mehrdimensionaler, großräumiger und strukturpolitischer eine Bauausstellung ist und sein will, umso schwieriger gerät auch die Ausstellbarkeit und Vermittlungsfähigkeit ihrer Projekte.

Gefahr der Festivalisierung

Mit zunehmender thematischer Komplexität, größer werdendem Demonstrationsgebiet und sinkender Bedeutung des „Ausstellbaren" wird die Unterscheidbarkeit vom Alltäglichen immer schwieriger. Deshalb ist auch der mediale Aufwand bei den jüngsten Bauausstellungen und die Notwendigkeit der Festivalisierung und begleitender Events stets größer geworden – teilweise mit dem Ergebnis, dass die Botschaft der Innovation und der modellhaften Problemlösung vom Glanz der Events verdrängt wird.

„Internationalität" in einer globalen Welt

In unterschiedlicher Weise haben alle Bauausstellungen die Ambition auf „Internationalität" verfolgt. Einige haben die internationale Fachwelt angesprochen, renommierte Experten aus dem Ausland als Architekten oder Berater engagiert. Andere haben international relevante Fragestellungen der Stadtentwicklung aufgegriffen. Wiederum andere wollten Qualitätsmaßstäbe einlösen, die sich international sehen und messen lassen können.

Nun ist heute und noch verstärkt in Zukunft „Internationalität" kein besonderes Qualitätsmerkmal mehr. Zumal sich im Alltag die weltweite Konkurrenz um die besten Ideen und Köpfe, der ständige Im- und Export von Vorsprung verheißenden Innovationen als gängig durchgesetzt hat. Neu ist allerdings die Chance, sich mit einem wesentlich geringeren Aufwand dem Weltpublikum mit seinen Vorhaben und Ambitionen stellen zu können und darüber den Diskurs zu eröffnen.

Dilemma des Altwerdens von Neuerungen

Ohne Konvention haben alle Bauausstellungen das Selbstverständnis entwickelt, nicht nur Leistungsschau, sondern auch Innovationsprogramm sein zu wollen. Mit fachlichen Neuerungen, mit neuen Ideen, Wertsetzungen, Konzepten und Verfahren Zeichen zu setzen sowie Vorlagen für die alltägliche Praxis der Stadtentwicklung zu schaffen, war für alle Bauausstellungen Triebkraft ihres Entstehens. Erst der Anspruch auf Neuerung hebt die Bauausstellungen von der gängigen Praxis ab.

Nun verblasst der Glanz des einstmals Neuen sehr schnell und ist nur noch Eingeweihten erinnerbar. Dieses generelle Dilemma des Altwerdens von Neuerungen steigert sich mit zunehmender Komplexität und Vorbereitungs-

IBA Stadtumbau Sachsen-Anhalt 2010: Geführter Spaziergang durch landschaftliche Zonen in Dessau
IBA Urban Redevelopment Saxony-Anhalt 2010: guided public walk through landscaped zones in Dessau

IBA Stadtumbau Sachsen-Anhalt 2010: DRIVE THRU Gallery Aschersleben   IBA Urban Redevelopment Saxony-Anhalt 2010: DRIVE THRU Gallery Aschersleben

This "exceptional circumstance" was and remains an urgent prerequisite to a free and experimental space for exemplary solutions, which demand special conditions for their development and maturity. This is also the secret of innovative product development in big companies. A guaranteed chance for the "new" and "experimental" is the building exhibition's key privilege and represents their special nature by comparison to the everyday.

Change towards a structural programme

In the course of these hundred years, the building exhibitions have developed into comprehensive structural programmes with a wider thematic range and a regional impact. They have turned into a "final resource" in problem situations, ingeniously combining "programmes of necessity and innovation".

Overall, in the course of time and through the board, the building exhibitions have become more complex, multi-dimensional, less hardware and more software-oriented, larger in scale and more concerned with structural politics. They are less of an event and more of a process today; no longer exhibitions, but workshops, laboratories and experimental fields.

Limitations of an exhibition

The first building exhibitions were shaped by integral reform ideas, focused on only a few topics, and were realised and constructed within a spatially manageable area. They were building exhibitions in the "classical sense". But the recent IBAs, at the latest, see themselves less as an exhibition and primarily as a long-term, step-by-step process of urban and landscape change with a predefined date for a presentation event. The presentation form is no longer that of the traditional exhibition, but a temporary, interactive museum of an urban/regional society aiming towards its own reflexive change under international observation. And the more complex, multidimensional, large-scale and structural-political a building exhibition is and strives to be, the more difficult it becomes to exhibit and mediate its projects.

The danger of "festivalisation"

Increasing thematic complexity, a growing area of demonstration and the dwindling significance of what "can be exhibited" are making things more difficult to distinguish from the everyday. This is one of the reasons why media efforts and the necessity of "festivalisation" and accompanying events to recent building exhibitions have steadily increased – as a consequence, the innovatory message and exemplary problem-solving are occasionally supplanted by the glamour of the event.

"Internationality" in a global world

In different ways, all the building exhibitions have pursued an aspiration to "internationality". Some have addressed the international specialist world, engaging experts from abroad as architects or advisors. Others have taken up internationally relevant questions of urban development. Still others sought to honour quality standards that can stand up and be measured against those of the entire world. Today "internationality" is no longer such an outstanding sign of quality, and it will become even less so in future. Especially now that world-wide competition for the best ideas and minds, and the constant import and export of innovations that promise a competitive edge has established itself as customary in everyday life. However, there is also a new opportunity to present one's plans and ambitions to a world public, opening up discourse on them with considerably less effort and complexity.

The dilemma of innovations growing old

Without any formal convention, all the building exhibitions have developed an understanding of themselves as not only a show of achievements, but also an innovation programme. The motor behind the development of all the building exhibitions was the desire to set a trend with specialist innovations, new ideas, the establishment of values, concepts and procedures, and to create models for the everyday practice of urban development. This claim to innovation is all that distinguishes the

„IBA meets IBA": Treffen von Vertretern diverser Internationaler Bauausstellungen in Hamburg, Frühjahr 2007
"IBA meets IBA": Meeting of representatives from various building exhibitions in Hamburg, spring 2007

V.l.n.r. /left to right:
Wolfgang Pehnt, René Reckschwardt, Dieter Hoffmann-Axthelm, Dirk Lohaus, Brigitte Scholz, Dieter Läpple, Peter Zlonicky, Michael Koch, Rolf Kuhn, Walter Siebel, Gerti Theis, Wolfgang Roters, Uli Hellweg, Frédéric Duvinauge, Manfred Sack, Dietmar Steiner, Kunibert Wachten, Jan Roters, Thomas Sieverts, Jörg Dettmar, Thomas Knüvener, Jürgen Nottmeyer, Werner Durth, Regina Sonnabend, Cornelius van Geisten, Peter ARöddermann, Rudolf Scheuvens

zeit der Bauausstellungen, weil es schwierig ist, über einen langen Zeitraum der Zeit voraus zu sein. Und es wiegt besonders schwer in Zeiten, in denen Innovationen weltweit und rund um die Uhr beinahe inflationär gehandelt werden.

Veränderte Bedeutung des Bauens

Die Versorgung mit ausreichendem und gutem Wohnraum und die Klärung städtebaulicher Fragen zieht sich wie ein roter Faden durch die meisten der bisherigen Internationalen Bausstellungen. Doch schon die IBA-Altbau in Berlin und die IBA Emscher Park waren im engen Sinne keine „Bau"-Ausstellungen mehr, sondern verfolgten zum Teil sogar explizit Bauverhinderungsstrategien. Verstärkt bestimmen der Rückbau und das Neucodieren vorhandener Bausubstanz, die Entwicklung und Gestaltung der Stadtlandschaft in ihrer engen Durchdringung von gebauten und freien Räumen sowie soziokulturelle Fragestellungen und Herausforderungen den Charakter der Bauausstellungen. Das Bauen steht längst nicht mehr im Mittelpunkt, sondern ist eine eher tendenziell abnehmende Funktion von Sozial-, Struktur-, Kultur-, Umwelt- und Wirtschaftspolitik.

Schwierigkeit „normierter Qualitätsansprüche"

Bauausstellungen sind bislang ohne festen Kalender, ohne vorgegebene Regeln und Programme entstanden - anders als Weltausstellungen, Biennalen und Kulturhauptstädte. Oftmals waren sie Ergebnis einer beinahe zufälligen Konstellation aus spezifischen Problemlagen, günstigen Zeitfenstern und experimentierfreudigen, charismatischen Personen. Trotz oder gerade wegen ihrer Regellosigkeit besitzen sie einige Gemeinsamkeiten im Reform-, Innovations- und Qualitätsanspruch.

Es gibt keine Konvention über das, was eine Bauausstellung ausmacht. Jede für sich ist immer wieder eine neue Erfindung gewesen und dies hat ihr Wesen bestimmt und ihre Innovationskraft ausgemacht. Dennoch besteht die Gefahr, dass dieses formal ungeschützte Instrumentarium missbraucht wird, der Innovationsanspruch der Festivalisierungschance geopfert wird. Dies wäre ein erheblicher planungskultureller Verlust, weil die Planungsgeschichte zeigt, wie bedeutsam die Bauausstellungen als Impulsgeber für den Alltag waren.

building exhibitions from customary practice. However, the gleam of the once-new fades very quickly, and soon only the initiated can remember it. This general dilemma of innovations growing old is magnified by the exhibitions' increasing complexity and preparation times, because it is difficult to be ahead of the times over a long period. This is particularly significant in an age when innovations are traded in an almost inflationary way; world-wide and around the clock.

The altered importance of building

Provision of sufficient, good housing and the clarification of urban planning issues is a thread running through most of the previous international building exhibitions. But even the IBA-Altbau in Berlin and the IBA Emscher Park were no longer "building" exhibitions in the narrowest sense; indeed, they even pursued some strategies to explicitly prevent building. The character of the building exhibitions is being defined increasingly by demolition and the re-conversion of existing buildings, the development and design of the urban landscape with its close permeation of built-up and free spaces, and socio-cultural questions and demands.

It is a long time since they centred on building, which has become a rather dwindling function of social, structural, cultural, ecological and economic policies.

The difficulty of "standardised aspirations to quality"

Up until now, building exhibitions have emerged without any fixed calendar, without prescribed rules and programmes – unlike world exhibitions, biennials and "cultural capitals". Often they have resulted from an almost chance constellation of specific problematic situations, positive time frames and charismatic individuals with a delight in experiment. But despite or perhaps because of their lack of regulations, they have a number of shared features with respect to their aspirations to reform, innovation and quality.

There is no convention concerning what constitutes a building exhibition. Each one has always been a new invention in itself, and this has determined its nature and constituted its innovative strength. Nonetheless, there is a danger that this formally unprotected instrument will be misused, that the aspiration to innovation will be sacrificed to the chance for "festivalisation". This would represent a considerable loss to planning culture, since the history of planning demonstrates the building exhibitions' importance as a source of stimuli to everyday practice.

The IBA Hamburg as Reflected in Past Building Exhibitions

The IBA Hamburg is joining this tradition of German building exhibitions and so accepting the challenge to realise a programmatically oriented presentation focusing on innovations in urban planning and new impulses for building and planning culture. The privilege of the "politically legitimised exceptional circumstance" also applies to the IBA Hamburg as a temporary laboratory. This brings an obligation to respond, in an exemplary way, to questions concerning the advantage of the international urban society for the development of metropolises, the design of the "inner urban peripheries", and finally the challenge to manage and plan the city in a changing climate. In particular, this calls for an examination of the particular situation in Wilhelmsburg, and the development of model-like processes and suggested solutions; these must be capable of providing strong, forward-looking impulses that enhance discourse on the development of metropolises and the evolution of planning and building culture.

In its own way, every IBA positioned itself in an international context with its great aspirations to innovative content and top-quality procedures and projects, as well as with the associated form and content of its presentation. Here too, the IBA Hamburg intends to tread new paths to win over – by means of the city contract – the protagonists relevant to urban

Die IBA Hamburg im Spiegel der Bauausstellungen

Die IBA Hamburg reiht sich ein in die Tradition der Deutschen Bauausstellungen und unterwirft sich damit dem Anspruch an die Durchführung einer programmatisch orientierten Präsentation, in deren Mittelpunkt Innovationen in der Stadtplanung und neue Impulse für die Bau- und Planungskultur stehen. Als Laboratorium auf Zeit gilt auch für die Hamburger IBA das Privileg eines „politisch legitimierten Ausnahmezustands". Dieser verpflichtet dazu, die Fragen nach dem Gewinn der internationalen Stadtgesellschaft für die Metropolenentwicklung, nach der Gestaltung der „inneren Stadtränder" und letztlich nach den Herausforderungen zur Bewältigung und Gestaltung der Stadt im Klimawandel beispielgebend zu beantworten. In besonderer Weise verlangt dies den Blick auf das Besondere in Wilhelmsburg ebenso wie die Entwicklung modellhafter Prozesse und Lösungsvorschläge, die in der Lage sein müssen, den Diskurs um die Entwicklung der Metropolen und um die Entwicklung der Planungs- und Baukultur mit kräftigen und zukunftsweisenden Impulsen zu beleben. Jede IBA stellte sich auf ihre Weise den mit dem Instrument verbundenen hohen Ansprüchen an Innovationsgehalt und Qualität der Verfahren und Projekte ebenso wie der Auseinandersetzung um die Form und die Inhalte ihrer Präsentation in einem internationalen Kontext. Auch hier will und wird die IBA Hamburg mittels des Stadtvertrages neue Wege gehen, die stadtentwicklungsrelevanten Akteure als Partner für ihre ambitionierten Ziele zu gewinnen. Das Bauen wird bei der IBA Hamburg eine wichtige Rolle einnehmen – nicht als Selbstzweck, sondern als sichtbares Zeichen des Gestaltwillens und der Kreativität einer internationalen Stadtgesellschaft.

Der Beitrag geht zurück auf eine Recherchearbeit zur Ausstellung „IBA meets IBA", die im Auftrag der IBA Hamburg GmbH und des Museums für Architektur und Ingenieurkunst NRW in Zusammenarbeit des Lehrstuhls für Städtebau und Landesplanung der RWTH Aachen, des Instituts für Städtebau und Architektur der FH Oldenburg/Ostfriesland/Wilhelmshaven und des Fachgebietes Geschichte und Theorie der Architektur der TU Darmstadt durchgeführt wurde. Die Eröffnung fand statt am 15. September 2007, die zweisprachige (Deutsch/Englisch) Ausstellung läuft voraussichtlich bis Ende Februar 2008 und wird dann als Wanderausstellung zunächst nach Basel gehen. Als Ausstellungsraum dient ein ehemaliges EDEKA-Ladenlokal in Hamburg-Wilhelmsburg, wo auch die Werkstattschau „IBA at WORK" der IBA Hamburg beheimatet ist.

development as partners for its ambitious aims. Building will play an important part in the IBA Hamburg – not as an end in itself, but as a visible sign of the desire to shape things and the creativity of an international urban society.

This essay is based on research completed for the exhibition "IBA meets IBA", which was commissioned by the IBA Hamburg GmbH and the Museum für Architektur und Ingenieurkunst NRW in collaboration with the Chair of Urban Development and Land Planning of the RWTH Aachen, the Institute for Urban Planning and Architecture at the FH Oldenburg/Ostfriesland/Wilhelmshaven, and the Department of Architectural History and Theory at the TU Darmstadt. The opening took place on 15th September 2007. The bilingual (German/English) exhibition is expected to run until the end of February 2008 and subsequently tour, with a first venue in Basel. The exhibition space is a former EDEKA shop in Hamburg-Wilhelmsburg, also home to the workshop show "IBA at WORK" of the IBA Hamburg.

CORNELIUS VAN GEISTEN, ERHART PFOTENHAUER

Abschied von der Doktrin des Städtebaus der Moderne

Internationale Bauausstellung Berlin 1984/87

Im Jahre 1979 gründete der Senat von West-Berlin nach längerer Vorbereitung und nach ersten Querelen mit dem Bund „Die Bauausstellung Berlin GmbH". Er stattete sie mit finanziellen Planungsmitteln aus und wies ihr einen räumlichen Arbeitsbereich zu. Explizit sollte die Bauausstellung keine verwaltungsmäßigen Zuständigkeiten erhalten, sondern allein mit ihren Planungen und Ideen überzeugen.

Die Bauausstellung stand unter dem programmatischen Titel „Kaputte Stadt retten – die Innenstadt als Wohnort". Die ihr zugewiesenen Gebiete waren das südliche Tiergartenviertel, die südliche Friedrichstadt sowie zu Beginn sechs Blöcke im Sanierungsgebiet Kottbusser Tor im Bezirk Kreuzberg. Dazu kamen einzelne kleinere Gebiete in Tegel, Wilmersdorf und Spandau.

Vordergründig ging es um zwei regionale Aufgaben: Die Bebauung der Brachen zwischen Landwehrkanal und Berliner Mauer sollte anspruchsvoll gestaltet werden. Mehrere Anläufe dazu waren im Vorfeld gescheitert, Teilergebnisse städtebaulich unbefriedigend ausgefallen. Zudem sollte die stecken gebliebene Sanierung großer und dicht bebauter Quartiere in Kreuzberg SO 36 möglichst konfliktfrei beendet werden, denn hier hatte sich ein wachsendes Widerstandspotenzial gegen die in Berlin bis dahin herrschende Praxis der „Abrisssanierung" gebildet.

Behutsame Stadterneuerung und kritische Rekonstruktion

Bereits in der ersten Pressekonferenz der neuen Gesellschaft wurde deutlich, dass die Protagonisten der Internationalen Bauausstellung, Hardt-Waltherr Hämer und Josef Paul Kleihues, ein viel weitergehendes Verständnis von der Aufgabe hatten. Sie strebten mit den Begriffen „behutsame Stadterneuerung" und „kritische Rekonstruktion" jeweils eine gesamtstädtische Vorgehensweise an und griffen damit die stadtplanerischen Leitlinien der Moderne in ihren Kernaussagen an.

Zu den Defiziten des Nachkriegsstädtebaus und zur Zerstörung ganzer Quartiere durch die Sanierung und die Vertreibung der ansässigen Bevölkerung gab es keine legitimierten Alternativen. Offensichtlich war die Berliner Städtebaupolitik gegenüber anderen europäischen Entwicklungen rückständig. Dies lag vordergründig an der Besonderheit und Größe der Altbaugebiete und deren jahrzehntelanger Vernachlässigung. In der Realität war diese Rückständigkeit durch die Insellage der Stadt und ihre besondere wirtschaftliche Situation begründet. Die Bauwirtschaft galt unter diesen Voraussetzungen als wirtschaftlicher Stabilitätsfaktor ersten Ranges. Zwischen Bauwirtschaft, gemeinnützigen Wohnungsunternehmen, die zugleich Sanierungsträger waren, den freien Wohnungsunternehmen und der Berliner Politik bestand ein enges Interessengeflecht. Dieses manifestierte sich in der herrschenden Doktrin, die verhasste „Mietskasernenstadt"

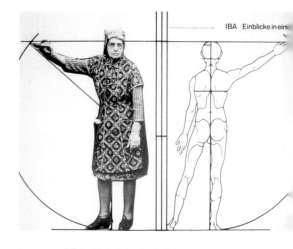

Der menschliche Maßstab, abgeleitet aus Le Corbusiers „Modulor" und auf Berlin-Kreuzberger Verhältnisse übertragen   The human scale, taken from Le Corbusier's "Modulor" and applied to the situation in the Kreuzberg district of Berlin

CORNELIUS VAN GEISTEN, ERHART PFOTENHAUER

Parting from the Doctrine of Modernist Urban Development

Berlin International Building Exhibition 1984/87

Kommentare zur Altbausanierung in Berlin Comments on the regeneration of old buildings in Berlin

West-Berlin's Senate founded "The Berlin International Building Exhibition plc." in 1979, after a long phase of preparation and initial dispute with the federal government. The Senate provided financing for planning and allocated certain fields of action. The Building Exhibition was explicitly intended to have no administrative responsibilities but rather to deliver persuasive planning and ideas. Its programmatic title was "Save the derelict city – the inner-city as a place to live". The areas allocated to it were the southern Tiergarten district, the south Friedrichstadt and, initially, six blocks in the Kottbusser Tor redevelopment area in the Kreuzberg district. Also included were individual smaller areas in the districts of Tegel, Wilmersdorf and Spandau.

The two main tasks of local nature were as follows: To sensitively redevelop the wasteland between the Landwehr Canal and the Berlin Wall; several previous attempts to do so had failed and the partial results were unsatisfying from an urban development point of view. And to peacefully finish refurbishing the large densely built SO 36 area of Kreuzberg; the process had come to a halt due to growing resistance to the "demolition redevelopment" which was being widely practised in Berlin at the time.

Sensitive urban renewal and critical reconstruction

It was apparent in the first press conference given by the new plc that the protagonists of the International Building Exhibition, Hardt-

Waltherr Hämer and Josef Paul Kleihues, understood their task to be an expansive one. They used the terms "sensitive urban renewal" and "critical reconstruction" to describe an approach to the city as a whole, thus causing an affront to the core declarations of Modernist urban planning.

Until that point, there did not seem to be any legitimate alternatives to the deficits of post-war planning which included demolishing whole areas and expelling their inhabitants.

It was obvious that Berlin's urban development policies were far behind those of its European counterparts; a situation primarily caused by the size and singularity of its old urban areas and their neglect for decades. In fact, this backwardness was also due to the city's island-like position and its unique economic position. In that context, the building industry provided an important degree of economic stability to the city. The building industry, non-commercial housing companies (who were also responsible for urban redevelopment), commercial housing companies and Berlin's politicians all formed a tight network of parties with vested interests in the reconstruction process. This manifested itself in the dominant doctrine to get rid of the despised "tenement city" (Werner Hegemann) and to remain true to the principles of Modernist urban planning and its "light, air and sun" policies.

Deviations from this doctrine were considered hostile to the system and were vehemently rejected. Personal attacks, denunciation and defamation show how tough conflicts on the

(Werner Hegemann) beiseite zu räumen und traditionsgemäß dem modernen Städtebau mit seinem Leitsatz „Licht, Luft und Sonne" verpflichtet zu sein.

Jede Abweichung von dieser Doktrin galt als systemfeindlich und wurde vehement bekämpft. Persönliche Angriffe, Denunziationen und Verleumdungen zeigten die Härte dieser Auseinandersetzungen. Ansätze zu einer schrittweisen Erneuerung und weitergehenden Bestandserhaltung, die es in Europa bereits gab, wie zum Beispiel den „Piano Centro Storico" in Bologna und die Sanierung im „Oude Westen" in Rotterdam oder auch die vorsichtigen Versuche der „Stadterneuerung in kleinen Schritten" in Hamburg wurden nicht zur Kenntnis genommen. Selbst ein Berliner Modellfall, in dem Hardt-Waltherr Hämer in einem gründerzeitlichen Wohnblock am Klausener Platz in Charlottenburg gemeinsam mit den Bewohnern die Erneuerung geplant und umgesetzt hatte, wurde ignoriert. Das Beiseiteräumen der gründerzeitlichen Stadt nach der sonst in Berlin üblichen „Sanierungs"-Methode Abriss und Neubau hatte jedoch gleichzeitig eine zunehmende Kostenlawine zur Folge, die die finanziellen Möglichkeiten der Stadt überstieg.

Zwölf Grundsätze der behutsamen Stadterneuerung

Die politischen Parteien blieben den Neuansätzen der IBA gegenüber skeptisch, die Verwaltung verharrte auf ihren eingefahrenen Wegen. Bauwirtschaft und Wohnungsgesellschaften arbeiteten aktiv dagegen. Zwei bis drei Jahre lang blockierten sich die traditionelle Abrisssanierung und die behutsame Stadterneuerung gegenseitig. Eine tiefe Vertrauenskrise zwischen der betroffenen Bevölkerung und der städtischen Politik wurde immer deutlicher. Intern reduzierte die Mannschaft der Bauausstellung – vor allem die der „Altbau-IBA" – ihre Ziele zunächst auf ein „Aufhalten der Abrisslawine" für wenige Jahre. Sie arbeitete aber an ersten Projekten beharrlich weiter und erprobte eine neue Vorgehensweise, bei der die Bewohner und

Nutzer weitgehendes Mitspracherecht hatten. Hierbei stand der Erhalt der Häuser und deren Instandsetzung und schlichte Modernisierung im Vordergrund. Der Verbleib der Bewohner in den Häusern bzw. in direkter Nachbarschaft wurde zur Leitlinie dieser Arbeit.

In der Konsequenz des Kampfes der beiden kontroversen Richtungen kamen die alte Sanierung und die damit verbundene Stadtzerstörung zum Erliegen. Jetzt war es der Widerstand von großen Teilen der Bevölkerung, der in der Instandbesetzerbewegung ihren Höhepunkt fand. Rund 160 Häuser waren Anfang der 1980er Jahre in West-Berlin besetzt. Mit der Unterstützung der städtischen Öffentlichkeit, insbesondere aber auch der internationalen Fachöffentlichkeit für die Thesen der Altbau-IBA, wurden die Beteiligten zum Einlenken gezwungen. Die gewachsene Theorie der IBA, festgehalten in den „Zwölf Grundsätzen der behutsamen Stadterneuerung", wurde schrittweise zur offiziellen Stadtpolitik, die Sackgasse der Abrisssanierung wurde verlassen, der IBA wurden Realisierungschancen eingeräumt.

Behutsame Stadterneuerung – Gesamtplan für Kreuzberg SO 36   Sensitive urban regeneration – general plan for the SO 36 part of Kreuzberg

Bürgerberatungsbüro in Kreuzberg   Citizen's advice office in Kreuzberg

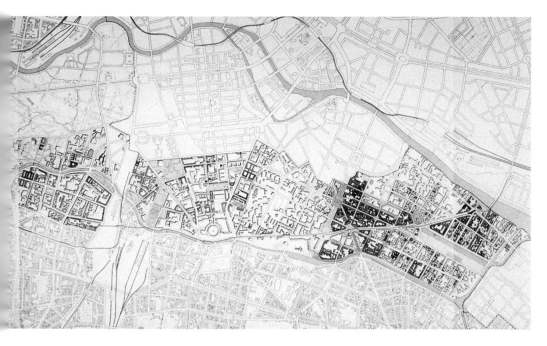

Untersuchungsgebiete der IBA Berlin 1984/87
Area covered by the IBA Berlin 1984/87

Selbsthilfe bei der Altbausanierung   Self-help as part
of regeneration programme

issue sometimes became. Attempts at gradual
renewal and extensive sustainment of existing
structures, as was already happening in Europe
– e.g., in the "Piano Centro Storico" in Bologna
and the renewal of "Oude West" in Rotterdam
or cautious attempts at "Urban renewal in small
steps" in Hamburg – were ignored.

Even a pilot project in Berlin, planned and carried out by Hardt-Waltherr Hämer, in collaboration with the residents, to renew a Wilhelminian-style residential block at Klausener Platz in
the Charlottenburg district, was not acknowl-
edged. However, the policy of getting rid of
the Wilhelminian city using the Berlin-typical
method of demolishing the old and erecting
new buildings, was causing an avalanche of
expenses that far exceeded the city's budget.

Twelve basics of sensitive urban renewal

Politicians were sceptical of the new approaches suggested by the IBA and the city administration insisted on sticking to its old ways.
The building industry and housing companies
actively worked against the new ideas. For a
period of two to three years, the traditional
demolition fraction and the sensitive urban

renewal fraction remained in deadlock. A deep
crisis and lack of trust emerged between the
urban population and city politicians. Amongst
themselves the team working on the Building
Exhibition – especially those responsible for old
building stock, the "old building IBA" – reduced
their expectations to at least "stop the wave
of demolition" for a few years. However, they
persevered with their first projects, trying out
new approaches such as allowing residents and
users of the buildings to participate in the planning process. Their first priority was to preserve
the buildings, to maintain them and to upgrade
them with as little interference as possible. One
of the main principles was to allow residents to
remain in the buildings, or at least in the direct
neighbourhood, during renovation.

As a result of the battle between the two op-
posing sides, the old urban redevelopment and
its demolition of the city came to a halt. At this
stage resistance to the policies by large parts of
the population reached its peak, culminating in
the Squatters Restoration Movement. Around
160 buildings were being squatted in Berlin in
the early 1980s. Public opinion and the international planning press backed the ideas and
theses of the "old building IBA" finally knocking the balance in their favour and ending the
conflict. The IBA's theory, defined in the "Twelve
basics of sensitive urban renewal" gradually became official city policy. Urban demolition and
subsequent construction, which had become
a dead end road, was abandoned and the IBA
was given the opportunity to put its ideas into
practice.

From demolition and subsequent construction to process-oriented urban renewal

In 1984 the IBA showed its planning and first
completed projects in an exhibition of its works.
The Building Exhibition staff and resident initiatives from the project areas campaigned for the
projects and their specially developed process-
oriented practices in guided tours, in lectures,
on committees and at meetings. It now became

Von der Abrisssanierung zur prozesshafte Stadterneuerung

1984 zeigte die IBA in einer Werkausstellung ihre Planungen und erste realisierte Projekte. In vielen Führungen und Referaten, in Gremien und Versammlungen warben die Mitarbeiter der Bauausstellung und die Bürgerinitiativen aus den Gebieten für die Projekte und die dafür entwickelte prozesshafte Vorgehensweise. Nun wurde in aller Öffentlichkeit deutlich, dass es sich bei der Bauausstellung nicht um „Spinner und Linksradikale" handelte, sondern dass in ihrer Arbeit eine Fülle von Ideen und Vorgehensweisen angedacht war, die zu realistischen und hochwertigen Ergebnissen führten. Es begann ein Umdenken zunächst in der Fachpresse, dann in der Öffentlichkeit und bei vielen Vertretern in Politik und Verwaltung. Im Ergebnis veränderte sich auch die starre personelle und politische Position der Stadtregierung.

Der Neubau-IBA wurde die Chance eröffnet, bis 1987 ihre Pläne und Projekte umzusetzen. Die Altbau-IBA wurde umgeformt in eine private Gesellschaft, die S.T.E.R.N. Gesellschaft der behutsamen Stadterneuerung mbH. Sie sollte als Sanierungsbeauftragte langfristig für die Erneuerung der Berliner Quartiere zur Verfügung stehen. Die Demonstrationsgebiete der S.T.E.R.N. GmbH wurden auf ganz Kreuzberg SO 36 erweitert, ein Areal mit rund 50.000 Einwohnern und ca. 20.000 Arbeitsplätzen. Ein gigantischer Bau- und Erneuerungsprozess zwischen 1984 und 1987 machte die Demonstrationsgebiete zeitweise zur größten Baustelle Europas.

Wohnbebauung am Fraenkelufer (Neubau von 87 Wohnungen und Modernisierung von 60 Altbauwohnungen; Architekten: Inken und Hinrich Baller, Berlin)
Apartment building on Fraenkelufer (Erection of 87 apartments and rejuvenation of 60 existing apartments; Architects: Inken and Hinrich Baller, Berlin)

Kindertagesstätte Dresdner Straße 128-130 (Umbau eines ehemaligen Parkhauses; Architekten: Dieter Frowein, Gerhard Spangenberg, Berlin) Nursery school Dresdner Strasse 128-130 (Conversion of a former car park building; Architects: Dieter Frowein, Gerhard Spangenberg, Berlin)

clear to the general public that this Building Exhibition movement was not just a collection of "leftwing radicals and freaks" and that their work was full of ideas and approaches that yielded realistic high-quality results. Attitudes began to change, first in the professional planning press, then in the general public and then in many representatives of politics and administration. The city government's rigid personal and political position also changed as a result. Until 1987 the part of the IBA responsible for constructing new buildings, the "new building IBA" was given the opportunity to realise its plans and projects. The "old building IBA" was reshaped and made into a private body called S.T.E.R.N., Society for Sensitive Urban Renewal. It was to act as a long-term coordinator of the renewal of Berlin's old districts. S.T.E.R.N.'s area of responsibility was extended to include the whole of Kreuzberg SO 36, an area with around 50,000 inhabitants and 20,000 in employment. A huge building and renewal programme between 1984 and 1987 made the area the largest building site in Europe for a time. A quick overview of the IBA's balance sheet between 1984 and 1987 reads as follows:

- 10,000 refurbished flats
- 3000 new flats
- 13 schools, mostly conversions
- 27 day-care centres, also mostly conversions
- 90,000 m² of commercial premises
- Around 370 greened backyards
- New instalment of small parks, public playgrounds and open spaces
- Multi-faceted social and cultural projects throughout the whole area.

The Building Exhibition spent around Euro 42 million on planning, thus kicking off investments of nearly Euro 2 billion.

Structural, social, cultural and ecological renewal

However, the quantitative aspects alone of these projects do not express their essence. Structural renewal usually went hand in hand with content-related, social and cultural devel-

opments. It all took place in areas with high proportions of foreign citizens, since even to this day a large number of different ethnicities live in Kreuzberg. Many students and young families, usually part of the alternative scene, replaced the original population who had left the area or were forced to move to the outskirts of the city as a result of demolition redevelopment policies.

With the IBA's support squats were transformed into self-help projects. The self-helpers put in a lot of work themselves to refurbish their buildings and do them up as they wanted them. In the process they learned about construction and construction management as well as social, cultural and ecological skills. A series of companies and educational initiatives emerged from the former squatting scene.

A new planning culture based on broad debate

The above-mentioned content-related, social and cultural developments affected the whole redevelopment process. Financial parameters were not the only ones to be considered in the planning of day-care centres. Smaller units were developed in line with the wishes of parents and educators. Diverse educational models, e.g., bilingual upbringing, mixed-age groups and the integration of ethnic needs, called for differentiated organisation and the adaptation of buildings to suit this. The process was accompanied by much debate. It was up to the IBA to moderate the discussions on each project and to fit them into existing structures as a new building volume or a conversion. The result was that social facilities were integrated into Wilhelminian blocks, into old abandoned shed buildings, into old factory buildings and into the ground floors of front and side facing buildings. Even an unused multi-storey car park was converted into a day-care centre of high spatial quality. These projects demonstrated at what a high standard the mainly Wilhelminian buildings in the area could be converted and upgraded.

Die bauliche Bilanz der IBA 1984/87 umfasst in Stichworten:

- 10.000 erneuerte Wohnungen
- 3.000 Neubauwohnungen
- 13 Schulen, die meisten davon Umbauprojekte
- 27 Kindertagesstätten, ebenfalls meist Umbauten
- 90.000 m² Gewerbeflächen
- rund 370 begrünte Höfe
- Neuanlagen von kleinen Parks und öffentlichen Spiel- und Freiflächen
- vielseitige soziale und kulturelle Projekte im gesamten Gebiet

Hierfür wandte die Bauausstellung ca. 42 Millionen Euro Planungsmittel auf, die Investitionen von fast zwei Milliarden Euro auslösten.

Bauliche, soziale, kulturelle und ökologische Erneuerung

Die rein quantitative Auflistung spiegelt jedoch nicht das Wesentliche dieser Projekte. Mit der baulichen Erneuerung waren zumeist inhaltliche, soziale und kulturelle Entwicklungen verbunden. Dies geschah in Quartieren, die einen sehr hohen Anteil ausländischer Bevölkerung hatten, da bis heute in Kreuzberg eine große Zahl verschiedener Ethnien vertreten ist. Viele Studenten und junge Familien, zumeist der alternativen Szene zugehörig, ersetzten überdies die angestammte Bevölkerung, die das Gebiet verlassen hatte bzw. infolge der Abrisssanierung an die Peripherie umziehen musste.
Mit Unterstützung der IBA wurden aus den besetzten Häusern nun Selbsthilfeprojekte. Die Selbsthelfer setzten ihre Häuser mit einem hohen Anteil Eigenarbeit instand und richteten sie für sich her. Sie erwarben dabei viele fachliche Kenntnisse, Fähigkeiten der baulichen Organisation sowie soziale, kulturelle und ökologische Kompetenz. Eine Reihe von Unternehmen und Ausbildungsprojekten ging aus dem Kreis der ehemaligen Hausbesetzer hervor.

Eine neue Planungskultur auf der Basis breiter Diskussionen

Die erwähnten inhaltlichen, sozialen und kulturellen Entwicklungen betrafen den gesamten Erneuerungsprozess. So wurden die Kindertagesstätten nicht nach den primär wirtschaftlichen Vorgaben der zuständigen Verwaltung gebaut. Vielmehr entstanden zumeist kleinere Einheiten, weil dies von den Pädagogen und Eltern gewünscht wurde. Verschiedene pädagogische Modelle wie zweisprachige Erziehung, altersgemischte Gruppen oder die Einbeziehung ethnischer Besonderheiten erforderten auch differenzierte organisatorische und bauliche Ausprägungen. Eine breite Diskussion begleitete diesen Prozess. Aufgabe der IBA war es, diese Diskussion um jedes Projekt zu moderieren und es in die Struktur der vorhandenen Bebauung als Neubau oder Umbau einzupassen. So entstanden soziale Einrichtungen, die in die Gründerzeitblöcke integriert wurden, in alten verlassenen Remisen, in Fabrikgebäuden, in den Erdgeschossen der Vorderhäuser oder Seitenflügel. Selbst ein ungenutztes Parkhaus wurde zu einer Kindertagesstätte mit hoher Aufenthaltsqualität ausgebaut. Die im Gebiet vorhandene vorwiegend gründerzeitliche Bebauung zeigte auch bei diesen Projekten ihre hohen Umbau- und Ausbauqualitäten.
Die Doppelköpfigkeit der Bauausstellung mit der auf den Neubau ausgerichteten „Kritischen Rekonstruktion" und der auf die Erneuerung der Altbauquartiere projizierten „Behutsamen Stadterneuerung" löste zwar viele interne und externe Diskussionen aus, erwies sich aber als sehr schlagkräftig. Während die Neubau-IBA das Monopol der heimischen Architekten und Baugesellschaften entmachtete und wichtige neue städtische Siedlungsformen ebenso wie hochwertige international anerkannte Architekturen zur Realisierung brachte, gelang es der Altbau-IBA, das Kartell aus Bauwirtschaft, Wohnungsbaugesellschaften und Politik zu durchbrechen und eine neue Planungskultur zu begründen.

Block 121, Kreuzberg (Architekt: Álvaro Siza, Porto): Wohngebäude („Bonjour Tristesse", linke Seite), Kindertagesstätte in der Schlesischen Straße 3-4 (rechte Seite, oben) und Seniorenfreizeitstätte in der Falckensteinstraße 6 (unten)   Block 121, Kreuzberg (Architect: Álvaro Siza, Porto): Apartment building ("Bonjour Tristesse", left), Kindergarten in Schlesische Strasse 3-4 (above right) and senior citizen day-care centre in Falckensteinstrasse 6 (below)

Although the double status of the Building Exhibition, being involved in both old and new buildings, caused much internal and external debate, it turned out to be extremely effective; on the one hand the "critical reconstruction" of those concerned with new buildings and on the other hand the "sensitive urban renewal" practised by those involved with old building stock. While the "new building IBA" disempowered the monopoly held by local architects and building companies and introduced important new types of settlement into the city as well as realizing high-class, internationally acclaimed architecture, the "old building IBA" managed to break up the cartel of building industry, housing companies and politics and to establish a new planning culture.

The main building blocks of that planning culture are:

1. An understanding of the city as a social organism. Every change, every intervention affects both dimensions.

2. A perception of the processes involved in all urban planning as well as the resulting awareness that such procedures never really come to an end.

3. The participation of all parties affected by such planning processes and the negotiation of and search for compromise ("Eye-level Planning").

4. A perception of the neighbourhood as a social and cultural urban frame of reference. A sense of the city as a vast number of diverse social backgrounds and cultures goes hand in hand with that.

5. The idea of expanding the city while at the same time respecting its current state and structure and using the resources that are already there as natural building blocks for each neighbourhood and city development.

6. An attitude to the city that is based on the idea of reconciliation with nature and the prerequisite that future developments revolve around economical, social and ecological upgrading.

New model of the European city

Through the Building Exhibition, Berlin leapt to the forefront of European urban debate from its former position in the back rows. Without the IBA experience, Berlin's capital city planning after the fall of the Berlin Wall in 1989 would not have been so successful, neither from an urban planning point of view, nor as far as the quality of the new buildings was concerned, and certainly not in regard to the refurbishment of the old building stock which characterizes much of East Berlin. Prenzlauer Berg, the largest urban area in need of redevelopment, was taken over by S.T.E.R.N. after the Wall came down.

The "old building IBA" had co-determined the policies of urban redevelopment in Berlin and had had a massive influence on federal policy. For several years it was a Mecca for European urban developers from Palermo to Helsinki and from Lisbon to Kiev.

The most important contribution that the IBA made to contemporary urban planning was to get rid of Modernist city planning and its "light, air, sun" policies. It was replaced by a model of the hybrid European City organized into differentiated neighbourhoods. At the same time it connected to its substantial cultural tradition since as Walter Siebel put it, "European urban history is the history of emancipation: emancipation of the political citizen from (...) being ruled and dominated to the self-rule of a municipality of free citizens."

Wesentliche Bausteine für diese Planungskultur sind:

1. Das Verständnis von Stadt als einem sozialen Organismus. Jede Veränderung, jeder Eingriff betrifft beide Dimensionen.
2. Das Wissen um die Prozesshaftigkeit aller städtebaulichen Planungen sowie die daraus folgende Erkenntnis, dass derartige Vorgänge in der Regel niemals abgeschlossen sind.
3. Die Beteiligung aller Betroffenen in solchen Planungsprozessen und die Aushandlung und Suche nach Kompromissen („Planen auf Augenhöhe").
4. Das Quartier als sozialer und kultureller städtebaulicher Bezugsrahmen. Damit verknüpft ist die Wahrnehmung der Stadt als eine Vielzahl unterschiedlicher Milieus und Kulturen.
5. Der Begriff des Weiterbauens der Stadt, der auf Respekt vor ihrem Bestand und ihrer Struktur aufbaut und die Nutzung der vorhandenen Ressourcen als selbstverständliche Bausteine jeder Quartiers- und Stadtentwicklung sieht.
6. Ein auf die Versöhnung mit der Natur gerichtetes Verständnis von Stadt und deren auf zukünftige Erfordernisse ausgerichteter ökonomischer, sozialer und ökologischer Umbau.

Neues Leitbild der Europäischen Stadt

Mit der Bauausstellung sprang Berlin in wenigen Jahren aus einer nachhängenden Stellung in der Städtebaudiskussion in die Spitzengruppe der europäischen Debatte. Ohne den Vorlauf der IBA wäre die Hauptstadtplanung für Berlin nach dem Fall der Mauer 1989 nicht so erfolgreich verlaufen, weder was die städtebauliche Grunddisposition noch was die Qualität der Bauten angeht und erst recht nicht was die Erneuerung der Altbauquartiere im Osten betrifft. Von der S.T.E.R.N. GmbH wurde nach der Maueröffnung das größte Sanierungsgebiet in Berlin-Prenzlauer Berg übernommen. Die Altbau-IBA hat die Inhalte der Berliner Sanierungspolitik für die kommenden Jahrzehnte mitbestimmt und die des Bundes stark beeinflusst. Sie wurde für einige Jahre zum Mekka der europäischen Stadterneuerer von Palermo bis Helsinki und von Lissabon bis Kiew.

Der wichtige Beitrag der IBA zum aktuellen Städtebau war die Abschaffung des Städtebaus der Moderne mit seinem Leitbild „Licht, Luft und Sonne". Dagegen setzte sie das Leitbild der nutzungsgemischten und in differenzierten Quartieren organisierten Europäischen Stadt. Und sie knüpfte zugleich an deren bedeutende kulturelle Tradition an, denn „Europäische Stadtgeschichte" – so formulierte es Walter Siebel – „ist Emanzipationsgeschichte: Emanzipation des politischen Bürgers von (…) Herrschaftsverhältnissen hin zur Selbstverwaltung einer Stadtgemeinde freier Bürger."

Wohnhaus am Checkpoint Charlie (Friedrichstraße; Architekten: Office for Metropolitan Architecture (OMA), Rotterdam: Matthias Sauerbruch, Elia Zenghelis)
Apartment building at Checkpoint Charlie (Friedrichstrasse; Architects: Office for Metropolitan Architecture (OMA), Rotterdam: Matthias Sauerbruch, Elia Zenghelis)

Wohnanlage mit Atelierturm, Charlottenstraße 96-98
(Architekten: John Hejduk, New York, und Moritz
Müller, Berlin) Apartment complex with studio tower,
Charlottenstrasse 96-98 (Architects: John Hejduk,
New York, and Moritz Müller, Berlin)

MANFRED SACK

Werkstatt für die Zukunft von Industrieregionen

Internationale Bauausstellung Emscher Park 1989–1999 im Ruhrgebiet

Eines Tages wird das Kürzel IBA womöglich so flott von der Zunge gehen wie Expo, IGA oder BUGA – als eine Veranstaltung von (hoffentlich) nachhaltiger Bedeutung. Vielleicht ist es schwer, mit der schillernden Häufung von Attraktionen zu konkurrieren, wie sie eine Weltausstellung versammelt, und gewiss auch nicht leicht, gegen die betäubenden Blütenmeere all der Gartenschauen anzukommen: mit einer IBA, zum Beispiel mit der Internationalen Bauausstellung Emscher Park im Ruhrgebiet. Tatsächlich ist die Bezeichnung Bauausstellung ein wenig irreführend, weil es im „Emscher Park" um viel mehr als um Gebäude, um Gebautes im landläufigen Sinne ging. Dort war selbst alles Gebaute stets Bestandteil eines oft verzweigten Beziehungsgefüges an Ideen und Vorsätzen, in dem das Wort Park eine große Rolle spielte – schon um dem Bestreben einen Namen zu geben, aus einem 150 Jahre lang hemmungslos verbrauchten, ramponierten und verseuchten Gebiet endlich wieder ein bewohnbares, mehr: ein liebenswertes Land mit einer wieder in Zusammenhang gebrachten Landschaft und neuen Hoffnungen zu machen. Niemals zuvor war eine Internationale Bauausstellung dermaßen vielfältig, mit ihren weit über 100 Projekten noch niemals so umfangreich und so komplex, so verflochten, so allumfassend wie diese, wie die IBA Emscher Park. Sie hat das etwa 70 mal 16 Kilometer messende Gebiet beiderseits von Emscher und Rhein-Herne-Kanal natürlich nicht vollständig in ein paradiesisches Land verzaubert; sie hat

dennoch viel mehr zustande gebracht, als sie zu Anfang hatte vermuten lassen – auch wenn man es nicht auf einen Blick erkennt. Wie denn auch, da sich die Interventionen auf das ganze Gebiet zwischen Duisburg im Westen und Kamen im Osten, zwischen Recklinghausen im Norden und Bochum im Süden verteilen, eine jede davon ein Versuch, die notwendige Verwandlung wenigstens punktuell und beispielhaft anzupacken – anders wäre es auch gar nicht möglich gewesen.

Impulse für den wirtschaftlichen und sozialen Strukturwandel

Die IBA wirkte wie eine Agentur, die hauptsächlich Impulse gab. Hätte es sie und die 17 beteiligten Städte nicht gegeben, wäre das, was man den Strukturwandel nennt, eine diffuse Erscheinung geblieben. Bauausstellungen bieten Chancen, etwas Außergewöhnliches geballt und demonstrativ in Gang zu setzen und die Ergebnisse als Ereignisse zu präsentieren – und damit zugleich den Ruf der Städte und der Region zu verbessern. Der Erfolg solcher Unternehmungen freilich hängt weniger von der Art ihrer rechtlichen Konstruktion ab oder vom Zwang, der damit auf die Kommunen ausgeübt wird, sich aktiv zu beteiligen, sondern zuallererst von Personen, vor allem von ihrem Chef. Die IBA Emscher Park hatte mit Karl Ganser unglaubliches Glück: denn erstens ist er versiert, zweitens ist er wissenschaftlich gebildet und als ein aus der Geografie stammendes Planer-

Tetraeder auf der Halde Beckstraße in Bottrop (Ingenieurgemeinschaft Christ und Bollinger, Darmstadt/Frankfurt), Landmarke mit Lichtkunst von Jürgen LIT Fischer.
Tetrahedron on the Halde Beckstrasse in Bottrop (Ingenieurgemeinschaft Christ und Bollinger, Darmstadt/Frankfurt), landmark with light art by Jürgen LIT Fischer

MANFRED SACK

Workshop for the Future of Industrial Regions

International Building Exhibition Emscher Park 1989–1999 in the Ruhr Area

One day, perhaps, the abbreviation IBA will trip off the tongue as smoothly as Expo, IGA or BUGA – as an event with (hopefully) lasting importance. For an IBA like the International Building Exhibition Emscher Park in the Ruhr Area, it may be difficult to compete with a dazzling accumulation of attractions like those gathered in a world exhibition, and it is certainly not easy to match the stunning sea of flowers at garden shows.

In actual fact, the name "building exhibition" is a little misleading, because it was a matter of far more than buildings, things constructed in the customary sense, in the "Emscher Park". Even everything that was actually built there was always a component of an often ramified network of ideas and resolutions, in which the word "park" played an important part – simply by giving a name to the efforts to renew an area that had been uncontrollably exploited, damaged and contaminated for 150 years into an inhabitable – more than that, a lovable-stretch of country with a landscape that had been pulled back together, and new hopes for the future. Never before had an international building exhibition been as multi-facetet or as extensive, with its well over a hundred projects, or as complex, interwoven, and comprehensive as this one; the IBA Emscher Park.

Of course, it was not a wand waved over the 70 by 16 kilometre area on both sides of the Emscher and Rhein-Herne Canal, that transformed it into a completely paradisal stretch of land. Nonetheless, far more was achieved than one might have supposed at the outset – even though this cannot be discerned at first glance. How could it be, since the interventions are scattered across the entire area between Duisburg in the West and Kamen in the East, between Recklinghausen in the North and Bochum in the South; each one of them an attempt to tackle the necessary transformation, at least in a selective and exemplary way. Anything else would have been impossible.

Impulses for Economic and Social Structural Change

The impact of the IBA was like that of an agency; primarily, it provided impulses. If the IBA and its 17 participating towns and cities had not existed, what is commonly referred to as structural change would have remained a diffuse phenomenon. Building exhibitions offer opportunities to set the unusual in motion, in a concentrated and demonstrative way, and to present the results as events – so improving the reputation of the cities and the region. Of course, the success of such undertakings is less dependent on their legal structure or the force that this exerts upon municipalities to participate actively; first and foremost, it is dependent on individuals and above all, on the person in charge. The IBA Emscher Park was remarkably fortunate with Karl Ganser: first of all, he is adept, secondly he has an academic background and – as a planning talent with a background in geography – he is also capable of developing

talent auch fähig, Vorstellungen zu entwickeln; er ist drittens ein guter Organisator, viertens hochbegabt in der Fähigkeit, mit Menschen umzugehen, mehr: Menschen anzuleiten, zu führen, zu mahnen, anzustiften, zu provozieren, ihnen manchmal auch zu drohen (etwa mit Geldentzug). Und er ist fünftens ein erfahrener, mit allen Wassern gewaschener Beamter, der im Stadtentwicklungsministerium als Abteilungsleiter unter anderem gelernt hat, in welche Geldtöpfe er langen konnte.

Die Basis aller Überlegungen Gansers und seiner Mitarbeiter ist in dem Allerweltsbegriff des wirtschaftlichen und sozialen Strukturwandels versammelt, dem das Ruhrgebiet unterworfen ist, seit die Montanindustrie mit Kohle und Stahl rapide verfallen ist und sie eine verdorbene Landschaft und Hunderttausende von Arbeitslosen zurückgelassen hat. Der IBA Emscher Park ging es auch um neue, diesmal freilich um möglichst zukunftsweisende Arbeitsplätze. Dies wiederum verlangte, Unternehmen zu finden und zu unterstützen, deren Produkte oder Dienstleistungen in die (elektronisch und ökologisch geprägte) Zukunft zeigen, und Firmengründer zu ermutigen. Also gibt es nun in Oberhausen ein Technologiezentrum, in Gelsenkirchen einen Wissenschaftspark, in Herne eine Fortbildungsakademie und vielerorts Gründerzentren für junge couragierte Unternehmer. Schon um ihnen die Ansiedlung zu versüßen, galt die Sorge der IBA einer ausgesuchten Architektur ebenso wie einer freundlich revidierten, landschaftlich verlockenden Umgebung, jedenfalls einer unvergleichlich freundlicheren Ansiedlungsatmosphäre, als die Schwerindustrie sie hinterlassen hatte. Also lautete diese IBA-Rubrik denn auch „Arbeiten im Park".

Regenerierung von Landschaft und Fließgewässern

So erklärt sich ja auch der programmatisch gemeinte Name Emscher Park. Park diesmal wortwörtlich verstanden als eine erholsame, anmutige, lebenswerte Daseinswelt und nicht als ihre Verhunzung wie in all den unredlichen, Stadt und Landschaft verderbenden Gewerbe-, Industrie- und Erlebnisparks an den ausgefransten Stadträndern. Hauptziel der IBA war deshalb die Wiederherstellung der ausgeräuberten und zerfetzten Landschaft, die Wiederentdeckung ihrer Reize und die Verknüpfung ihrer unzähligen Reste zu einem halben Dutzend quer untereinander verbundener Nord-Süd-Grünzüge. Dabei war deren umgehende Erschließung für Radfahrer und Wanderer außerordentlich wichtig. Denn um eine dermaßen ramponierte, als Ganzes gar nicht mehr zu begreifende Landschaft, genauer: um diese endlich wieder in einen Zusammenhang gebrachten Landschaftsreste sinnlich überhaupt wieder erfahren zu können, musste man genau dies möglich machen: mit Rad- und Wanderwegen.

Alles dies wiederum setzte die Regenerierung des ganzen sogenannten Emscher-Systems voraus. Dazu gehörte es, all die muffigen Abwasserkanäle, die das ganze Land durchzogen und ihren Unrat jahrzehntelang ungeklärt in die Emscher, die cloaca maxima des Ruhrgebiets ergossen, nach und nach wieder in Bäche zurückzuverwandeln. Man befreite die kleinen Fließgewässer aus ihren betonierten Ufern und bettete sie nach Kräften auf natürliche Weise neu. Die Emscher selbst bekam ihr eigenes Klärwerk bei Bottrop. Es versteht sich, dass es nicht nur seines Effekts wegen rühmenswert ist, sondern auch wegen seiner ehrgeizigen Architektur (die von Jochem Jourdan und Bernhard Müller aus Frankfurt/Main entworfen wurde). Meist kommt man nicht darum herum, gleichzeitig von vielem zu sprechen, weil bei zahlreichen Projekten nahezu alles miteinander verknüpft war: die Sanierung von Industriebrachen etwa mit Landschaftsgestaltung, mit Stadtentwicklung, Wohnungsbau und Industrieansiedlung, mit Beschäftigungs- und Fortbildungspolitik, mit Denkmalpflege und Industriekultur. Die Kunst half dabei, die Orientierung zwischen den ineinander übergehenden Orten durch weit sichtbare, des Nachts leuchtende Landmarken zu erleichtern und diese zugleich wie schöne Hoffnungszeichen zu feiern.

Bogenbrücke (Entwurf: Jörg Schlaich, Stuttgart) über den Rhein-Herne-Kanal zum ökologischen Gehölzgarten Ripshorst in Oberhausen   Arched bridge (design: Jörg Schlaich, Stuttgart) over the Rhein-Herne canal to the Gehölzgarten Ripshorst ecological arboretum in Oberhausen

Kokerei Zollverein, Essen (Architekt: Fritz Schupp, 1958-61), 1993 stillgelegt   Coking plant Zollverein, Essen (architect: Fritz Schupp, 1958-61), closed down in 1993

ideas. Thirdly, he is a good organiser, fourthly exceptionally gifted in personal interaction and more than this, in guiding, leading, warning, motivating, provoking and sometimes even threatening people (with the retraction of payment, for example). And fifthly, he is an experienced civil servant, a master of all the tricks, who – as a departmental head in the Ministry of Urban Development – had also learned how to locate and take advantage of funding opportunities. Ganser's and his colleagues' deliberations were founded in the everyday concept of economic and social structural change, which the Ruhr

Area has been going through since the coal and steel industries rapidly declined, leaving behind a ruined landscape and hundreds of thousands of unemployed workers. The IBA Emscher Park was also concerned with new, and this time – if possible – future-oriented jobs. In turn, this required the location and support of companies whose products or services are oriented towards the future (characterised by electronics and ecology), and encouragement for entrepreneurs. Now, therefore, there is a technology centre in Oberhausen, a science park in Gelsenkirchen, an academy of further

Konsens- statt Konkurrenz-verfahren, Beteiligung statt Bevormundung

Ausnahmslos für alle Projekte galt der Vorsatz einer außerordentlich anspruchsvollen Gestaltung. Fast kein Projekt wurde ohne – oftmals international besetzten – Wettbewerb unter Architekten, Landschaftsplanern, Künstlern, auch unter Bauherren ins Werk gesetzt. Viel mehr noch: Man mied ausdrücklich die allgemein übliche, nicht selten in Querelen mündende Praxis kurzatmiger Konkurrenzverfahren, in denen die prämierten Entwürfe letztlich der Bauherren-Willkür unterliegen. Hier war es statt dessen allgemein Übung, die preisgekrönten Architekten, Landschaftsplaner, Künstler zusammen mit Juroren, Bauherren, auch mit Politikern und Verbandsvertretern zu unmittelbar folgenden Werkstattsitzungen zu versammeln, in denen unter der sehr strengen Qualitätskontrolle der IBA-Leute die Ergebnisse für die Praxis ausgearbeitet, notfalls modifiziert und beschlossen wurden.

Wie schon bei der Hamburger „Stadtsanierung in kleinen Schritten" von etwa 1970 an oder bei der „behutsamen Stadterneuerung" der Berliner IBA-alt 1984/87, wurden auch bei der IBA Emscher Park diejenigen, die man gemeinhin die Betroffenen nennt, in etliche Verfahren einbezogen: Menschen, um deren Wohnstatt es ging. Es ist, gerade hier, eine Menge anders ausgegangen als erträumt. Immerhin hat man Wohnungen für Alleinerziehende und andere benachteiligte Menschen (in Recklinghausen-Süd) zustande gebracht, man hat ausdrücklich Architektinnen für Familien entwerfen lassen (in Bergkamen), hat das ungemein sympathische, an jedwedem Ort nachahmenswerte Projekt „Einfach und selber Bauen" gleich an mehreren Orten mit merklichem Erfolg inszeniert, hat Bergarbeitersiedlungen sorgfältig restauriert (zum Beispiel Welheim in Bottrop und Teutoburgia in Herne), vorsichtig modernisiert und ebenso sensibel wie beherzt weiter gebaut, eigenwillig und betont modern (wie die Siedlung Schüngelberg in Gelsenkirchen-Buer durch den Schweizer Architekten Rolf Keller).

Es lohnt sich sehr, sich diese ungewöhnlichen Beispiele eines auf Menschen oft sehr persönlich eingehenden sozialen Wohnungsbaus genau anzuschauen, vor allem diejenigen, welche unter der Devise „Einfach und selber Bauen" errichtet worden sind. Gedacht für Menschen, die für ihr eigenes Haus monatlich nicht mehr bezahlen können als für eine öffentlich geförderte Mietwohnung, plante man mit ihrem „Muskelkapital", mit der Bauarbeit, die sie selber an Feierabenden, Wochenenden, in den Ferien zu verrichten aufgerufen waren. Die Architekten haben ihre Entwürfe genau dafür entwickelt – und gleichwohl eine erstaunlich adrette, gute Architektur zuwege gebracht. Nicht nur sieht man ihr den Selbstbau kein bisschen an, diese Häuser werden auch sehr geliebt. Das trifft ebenso für die ähnlichen Prinzipien gehorchende Evangelische Gesamtschule in Gelsenkirchen-Bismarck (von Peter Hübner, Neckartenzlingen) zu: Sie wurde unter tätiger Anteilnahme der Schüler und Lehrer, aber auch der Stadtteilbewohner entwickelt, an Modellen studiert, mitgebaut und ist wie keine andere zugleich als öffentlich zugängliches Kulturzentrum des Ortes prädestiniert.

Architektur mit ökologischen und städtebaulichen Effekten

Unter den neuen Siedlungen ist vor allem diejenige der Rede wert, die das Grazer Architektenpaar Michael Szyszkowitz und Karla Szyszkowitz-Kowalski auf dem ehemaligen Gelände der Küppersbusch-Fabrik in Gelsenkirchen zustande brachte. Errichtet wurde sie von vier, interessanterweise in einem Bauherrenwettbewerb ermittelten Wohnungsbaugesellschaften. Die Architektur ist innen wie außen von sehr ungewohnter formaler Mannigfaltigkeit. Das Zentrum der Siedlung bildet ein langer mandelförmiger Park, der – weil die Stadt kein Geld für seine Pflege hatte – nun eine mit Gras bewachsene Regenrückhaltemulde bildet, in die das Wasser von den Dächern ringsum über ein von Pfeilern getragenes Rinnensystem hinabgeleitet wird. Eben dies ist typisch für viele IBA-Projekte:

Küppersbusch-Siedlung, Gelsenkirchen (Entwurf: Büro Szyszkowitz-Kowalski, Graz) Küppersbusch estate, Gelsenkirchen (design: Büro Szyszkowitz-Kowalski, Graz)

Die Arkade des Technologiezentrums im Wissenschaftspark Rheinelbe, Gelsenkirchen (Architekten: Uwe Kiessler + Partner, München) mit Neon-Kunst von Dan Flavin Arcade of the technology centre in the Rheinelbe Science Park, Gelsenkirchen (architects: Uwe Kiessler + Partner, Munich) with neon art by Dan Flavin

education in Herne and start-up centres for young, bold entrepreneurs in many towns. In order to make the idea of setting up in business here more tempting, the IBA strove for select architecture and a pleasantly modified environment with attractive landscapes, or certainly for an incomparably a more pleasant atmosphere than the one left behind by heavy industry. This IBA category thus read "Working in the Park".

Regeneration of Landscape and Flowing Waters

This also explains the name Emscher Park, which was intended as a programme. In this case, park is to be understood quite literally as a restorative, charming, liveable environment and not as the mangled version found in all the base commercial, industrial and theme parks that spoil both city- and landscapes on the frayed urban peripheries. The main aim of the IBA, therefore, was to reconstruct the sacked and damaged landscape, to rediscover its charms and to reconnect its innumerable remains into half a dozen green corridors from North to South, with cross links. Immediate access to these for cyclists and walkers was extremely important. For, in order to facilitate a sensual experience of such a damaged landscape, which can no longer be grasped as a whole – or more precisely, in order to facilitate sensual experience, the remains of that landscape must be brought back into a context – precisely that must be made possible, with cycle tracks and footpaths.

This all presupposed the regeneration of the entire so-called Emscher system. Part of this involved gradually transforming all the smelly sewage channels that had permeated the area for decades and poured their unclean refuse into the Emscher, the cloaca maxima of the Ruhr Area, back into streams and brooks. The smaller flowing waters were rescued from their concrete banks and, wherever possible, provided with new, natural beds. The Emscher itself was given its own sewage-treatment plant near Bottrop. Of course, this is not only noteworthy

because of its effect, but also for its ambitious architecture (designed by Jochem Jourdan and Bernhard Müller from Frankfurt/Main). Generally, one cannot avoid talking about several things simultaneously, because almost everything was interlinked in a great many projects: for example, the redevelopment of industrial waste land was connected to landscape design, to urban development, housing construction and industrial settlement, to employment and further education policies, to the protection of monuments and industrial culture. Art helped to facilitate orientation between the merging locations by providing landmarks that were visible from afar and illuminated at night, and also celebrating these as attractive symbols of hope.

Consensus rather than Competition, Participation rather than Paternalism

The resolution made for all projects, without exception, was to adopt the best-quality design. Very few projects were set in motion without a competition – often with international participation – among architects, landscape planners, artists, and even among builders. Far more than this: the customary practice of short-winded competition procedure was expressly avoided, for it often leads to fierce argument and the ultimate subjection of prize-winning designs to builders' despotism. Instead, it was customary IBA practice to bring together the prize-winning architects, landscape planners and artists for subsequent workshop sessions with the jurors, builders, politicians and representatives of associations. Here the competition results were developed for realisation, modified where necessary and finalised, all under the strict quality supervision of the IBA representatives.

As had already been the case in Hamburg's "urban redevelopment in small steps" from ca. 1970 onwards or in the "cautious urban renewal" of the old Berlin IBA in 1984/87, the IBA Emscher Park involved the people generally

dass architektonische Gestaltung mit ökologischen Effekten und künstlerischen Beiträgen zusammengebracht wurde – und bisweilen weit darüber hinaus in die Stadtplanung reichte. Gemeint ist damit nicht nur die inspirierende städtebauliche Komposition von Siedlungen, sondern der Entwurf ganzer Stadtteile auf dem Terrain von Zechen und Hütten. So wurde in Bottrop auf der Zeche Prosper III ein neues, mit dem alten Ort korrespondierendes großes Quartier mit Sozial- und Seniorenwohnungen, einer Reihenhaussiedlung, mit Stadtteilpark und einem Komplex mit Läden, Praxen und dergleichen, mit Firmen-Gründerzentrum und Gewerbebauten errichtet (Städtebau: Trojan, Trojan + Neu, Darmstadt). Desgleichen geschah auf der ehemaligen Zeche Holland im Bochumer Stadtteil Wattenscheid, am facettenreichsten aber am jahrelang missachteten Duisburger Innenhafen. Dort ist inzwischen, nach einem Masterplan von Foster + Partners aus London, ein komplexer neuer Stadtteil gleich neben der alten Mitte entstanden: Die wunderbaren stattlichen Getreidespeicher und Getreidemühlen wurden nicht, wie ursprünglich von der Stadt geplant, abgerissen, sondern behutsam umgebaut und neu genutzt für Unternehmen aller Art, aber auch für die Ausstellung von Kunst (wie die von Herzog & de Meuron, Basel, umgebaute Küppersmühle); nebenan entstanden Wohnungen verschiedener Art von allererster architektonischer Güte (unter anderem von Auer + Weber und Otto Steidle aus München sowie von Ingenhoven und Overdiek aus Düsseldorf); ein Stück weiter, in einem von dem Bildhauer Dani Karavan gestalteten, mit den Resten der industriellen Vergangenheit spielenden, sehr ungewöhnlichen „Park der Erinnerungen", steht das neue jüdische Gemeindehaus mitsamt der neuen Synagoge, entworfen von Zvi Hecker aus Berlin.

Neue und wiederentdeckte Raumwunder

Natürlich drückt sich die Hoffnung auf den fortschreitenden Strukturwandel mit neuartigen Arbeitsplätzen in etlichen imposanten Bauwerken

aus. Als erstes erregte der „Wissenschaftspark Rheinelbe" in Gelsenkirchen Aufsehen, ein imposanter Bau des Münchner Architekten Uwe Kiessler. Der eine Clou des 300 Meter langen Gebäudes, an das auf der Rück-, der Eingangsseite, neun Büroflügel angedockt sind, ist eine über die ganze Länge reichende, zehn Meter breite, schräge Glasarkade, die dem Bau wie ein monumentaler Wintergarten vorgefügt ist und sich in einem (als Regenrückhaltebecken fungierenden) Teich eines neuen kleinen Parks spiegelt. Der andere Clou ist obenauf das seinerzeit größte Dach-Solarkraftwerk der Welt, das den Strombedarf von 125 Wohnungen zu decken vermag. Das Gebrechen dieses Bauwerks ist seine abseitige Lage.

In Herne-Sodingen, auf dem Terrain der Zeche Mont Cenis, errichteten Françoise-Hélène Jourda und Gilles Perraudin aus Lyon für die Fortbildungsakademie des Landes Nordrhein-Westfalen eine kleine „Stadt unter Glas": eine 176 Meter lange, 72 Meter breite und 15 Meter hohe verglaste Halle, die Sonnenlicht photovoltaisch in elektrischen Strom verwandelt. Darin bauten sie, an einer Allee und Querstraßen angeordnet, die zwei- und dreistöckigen Gebäude dieses „Forums für Verwaltung und Wirtschaft", das zugleich als Stadtteilzentrum dient. Gelegentlich mussten Raumwunder in den alten Industriearealen des Emschergebietes nur entdeckt, aber oft rabiat gegen ihren Abriss verteidigt werden: Aus vielen Bauwerken, deren bauhistorischer Rang selbst bei Denkmalpflegern jahrzehntelang unerkannt geblieben war, aus monströsen, sperrigen Industrieanlagen, in denen die Bewohner ringsum nur verachtenswerten Schrott glaubten erkennen zu können, wurden auf einmal bestaunte Preziosen der Industriekultur. Viele dieser Bauten wurden aufmerksam restauriert, für dauerhaften Gebrauch ergänzt, auf meist überraschende Weise neu genutzt. Dazu gehörten die gewaltigen Maschinen- und Gebläsehallen in Duisburg und Bochum, auch der Oberhausener Gasometer, der mit 130 Metern der höchste in Europa ist und sich längst einen Ruf als die ungewöhnlichste Ausstellungshalle des Konti-

Fortbildungsakademie und Stadtteilzentrum Mont-Cenis in Herne-Sodingen (Architekten: Jourda et Perraudin, Lyon, mit HHS, Kassel)   Academy of continuing education and district centre of Mont-Cenis in Herne-Sodingen (architects: Jourda et Perraudin, Lyon, with HHS, Kassel)

Firmensitz von Manufactum in der Werkstatt der ehemaligen Zeche Waltrop I/II (Umbau: Büro Luckmann, Coesfeld) Manufactum headquarters in the workshop of the former Waltrop I/II mine (conversion: Büro Luckmann, Coesfeld)

referred to as "those hit" in various procedures; the people whose home area it concerned. In this context in particular, many things turned out quite differently to the way that they had been imagined. Nevertheless, apartments for single parents and other disadvantaged groups were created (in Recklinghausen-Süd), female architects were specifically commissioned to design homes for families (in Bergkamen), the remarkably positive project – one worth copying anywhere – "Einfach und selber Bauen" (Build simply and yourself) was successfully staged in several locations, and mineworkers' estates (Welheim in Bottrop and Teutoburgia in Herne, for example) were carefully restored, cautiously modernised and extended with sensitive, dauntless new building, in an idiosyncratic and emphatically modern fashion (e.g. the Schüngelberg estate in Gelsenkirchen-Buer by Swiss architect Rolf Keller).

It is worth taking a detailed look at these unusual examples of council housing – often very responsive to people's individual needs – and especially at those which were built according to the principle "Einfach und selber Bauen". Intended for people who are unable to pay more each month for their own house than the rent for a state-subsidised apartment, the planning for these homes included the owners' "muscle capital"; the building work that they were required to do themselves after work, at the weekends and in their holidays. The architects developed their designs with this in mind – and arrived at surprisingly neat, good-quality architecture. Not only is it not possible to see that these houses were built by their owners, they are also much-loved. And that is equally true of the Protestant comprehensive school based on the same principles in Gelsenkirchen-Bismarck (by Peter Hübner, Neckartenzlingen): with the active participation of pupils and teachers, but also of other local inhabitants, it was developed, studied on the basis of models, and built in cooperation. Like no other school, it is predestined to become a cultural centre for the area, open to all residents.

Architecture with Ecological and Urban-Developmental Effects

Among the new estates, attention should be drawn to the one conceived on the former grounds of the Küppersbusch factory in Gelsenkirchen by the architect couple Michael Szyszkowitz and Karla Szyszkowitz-Kowalski from Graz. It was built by four housing construction companies, which were – interestingly enough – selected in a competition between prospective builders. The architecture has a most unusual formal diversity, both inside and out. The estate's centre is a long, almond-shaped park, which – because the city had insufficient money to maintain it – now forms a depression grown over with grass for rainwater containment. Water is diverted into it from the surrounding roofs using a system of elevated guttering. And this was typical of many IBA projects – the fact that architectonic design was combined with ecological effects and artistic contributions, and sometimes had an influence extending far beyond them into urban planning.

By this, I mean not only the inspiring urban developmental layout of estates, but the design of entire city districts on the land of former mines and steelworks. In Bottrop, for example, a large new district was built to correspond to the old site of the Prosper III mine; it includes council apartments and apartments for pensioners, an estate of terrace houses, a district park and a complex including shops, doctors' practices and the like, with a start-up centre and commercial buildings (urban planning: Trojan, Trojan + Neu, Darmstadt). The same thing occurred on the site of the former Holland mine in the Bochum district of Wattenscheid, and beside the multi-facetet, yet long-ignored inland port of Duisburg. A complex new city district has now emerged there, right next to the old centre, based on a master plan by Foster + Partners from London: the wonderful, handsome corn warehouses and mills were not demolished – as originally planned by the city – but carefully converted and reused for companies of all kinds, and also to exhibit art (like the Küp-

nents erworben hat. Man muss die wunderbare
Anlage der Zeche Zollverein Schacht XII in
Essen nennen, eine von den Architekten Fritz
Schupp und Martin Kremmer Ende der 1920er
Jahre geschaffene kantige Gebäudeversamm-
lung von barocker Strenge, in der neben einem
(von Sir Norman Foster ins Kesselhaus einge-
bauten) Designzentrum viele andere kulturelle
und wirtschaftliche Institutionen eingezogen
sind, nicht zuletzt ein gutes Restaurant. Alles
dies ist von den Essener Architekten Heinrich

Böll und Hans Krabel auf kongeniale Weise
in die Gegenwart transportiert worden. Dort
angekommen, ist die industrielle Kulturlandschaft Zollverein im Dezember 2001 zur
UNESCO-Welterbestätte erklärt worden. Unter
Denkmalschutz stehen der Schacht XII, die
Schachtanlage 1/2/8 sowie die benachbarte Kokerei Zollverein. Das Weltkulturerbe Zollverein
ist außerdem Empfangsort und Drehscheibe für
die Besucher des Kulturhauptstadtjahres 2010
im Ruhrgebiet.

Hüttenwerk im Landschaftspark Duisburg-Nord.
Lichtdesign von Jonathan Park   Smelting works in
the Landschaftspark Duisburg-Nord. Lighting design
by Jonathan Park

Die zur Multifunktionshalle umgebaute Kraftzentrale im Landschaftspark Duisburg-Nord. Festbankett zum Weltsportgipfel   The former power station of the Landschaftspark Duisburg-Nord, now a multi-purpose hall. Celebratory banquet to mark the occasion of the world sports congress

persmühle converted by Herzog & de Meuron, Basel). Next door, apartments of diverse types and outstanding architectonic quality were built (including by Auer + Weber and Otto Steidle from Munich, and Ingenhoven and Overdiek from Düsseldorf); and a little further on, in a very unusual "Park of Memories" designed by sculptor Dani Karavan to playfully incorporate remains of the industrial past, there is a new Jewish community centre and synagogue designed by Zvi Hecker from Berlin.

New and Rediscovered Spatial Marvels

Of course, the desire to advance structural change through new types of employment is expressed in several imposing buildings. The first one to cause a stir was the "Science Park Rheinelbe" in Gelsenkirchen, an imposing structure by the Munich architect Uwe Kiessler. The chief attraction of the building – three hundred metres long with nine office wings docked onto the rear entrance façade – is a sloping glass arcade ten metres in width; it extends along the full length of the building like a monumental conservatory and is reflected in a pond (functioning as a rainwater basin) that is set in a small park. Another attraction is on top of the building; the biggest solar-energy roof power plant in the world at the time, capable of meeting the electricity requirements of 125 apartments. The only trouble with this building is its remote location.

In Herne-Sodingen, on the site of Mont Cenis mine, Françoise-Hélène Jourda and Gilles Perraudin from Lyon built a small "city under glass" for the state academy of further education in North Rhine-Westphalia: a glazed hall 176 metres long, 72 metres wide and 15 metres high, which transforms sunlight into electric current by photovoltaic means. Inside, arranged along an avenue and cross streets, they built the two- and three-storey buildings of the "Forum for Business and Administration", which also functions as a district community centre. Some spatial marvels in the old industrial

areas of the Emscher region had only to be discovered, others often had to be defended passionately against demolition: many buildings whose architectural-historical status went unrecognised for decades, even among those responsible for the protection of monuments, and monstrous, cumbersome industrial plants, in which local inhabitants thought they could see no more than worthless scrap, evolved into admired jewels of industrial culture. Many of these buildings were carefully restored, converted for lasting use, and generally reused in most surprising ways. They include the mighty machine shops and compressor halls in Duisburg and Bochum, and also the gasometer in Oberhausen, which – at a height of 130 metres – is the highest in Europe and has long since acquired a reputation as the most unusual exhibition hall on the continent. One ought to mention the wonderful complex of the mine Zollverein Schacht XII in Essen, a collection of angular buildings with a baroque austerity designed by architects Fritz Schupp and Martin Kremmer in the late 1920s. Besides a design centre (integrated into the boiler-house by Sir Norman Foster), many other cultural and business institutions, not least a good restaurant, have moved there. All this has been congenially transported into the present day by Essen architects Heinrich Böll and Hans Krabel. Once having arrived there, the landscape of industrial culture Zollverein was declared a UNESCO World Heritage site in December 2001. There is now a preservation order on Schacht XII, the pit complex 1/2/8 and the neighbouring Zollverein coking plant. The world heritage site Zollverein will also be the reception centre and a hub of activity for visitors to the Ruhr Area's cultural capital year in 2010.

New Types of Landscape Parks and Landmarks

Attention should also be drawn to the exciting new types of landscape parks – first and foremost, the landscape park Duisburg-Nord created by Peter Latz from Munich, which is

Neuartige Landschaftsparks und Landmarken

Zu erwähnen sind noch die aufregend neuartigen Landschaftsparks – allen voran der von Peter Latz aus München geschaffene Landschaftspark Duisburg-Nord am ehemaligen Hüttenwerk Duisburg-Meiderich – und die Zufallswälder, in denen sich teils subtil, teils bärbeißig die industrielle Vergangenheit zu erkennen gibt. Und schließlich die Kunst, die – nicht anders als der sorgfältige Umgang mit alten Bauwerken und erstklassiger neuer Architektur und das Thema Ökologie – bei vielen IBA-Projekten prinzipiell mitbedacht worden ist. Ob Kunst die erkalteten Hochöfen von Duisburg-Nord oder den Wissenschaftspark Rheinelbe in grelle Farben taucht oder der „Restfläche" hinter Schacht XII der Zeche Zollverein ein eindrucksvolles räumliches Gepräge gibt (durch die grandiosen Steinplastiken von Ulrich Rückriem); ob Kunstwerke Halden krönen und sie weithin als „Landmarken" nützlich machen oder Plätzen ein Gepräge geben – die Kunst wurde zum integrierten, zum selbstverständlichen Bestandteil vieler erneuerter alter Orte. Denn immer hatte die Frage geheißen, wie man aus einer ramponierten, hässlich gewordenen Hinterlassenschaft etwas nicht nur Nützliches, sondern auch Anregendes, etwas Schönes machen könne.

Manches ambitionierte Projekt scheiterte indes an menschlichen Gewohnheiten, an gelangweiltem Desinteresse. Eines der Beispiele trug sich in Bergkamen zu. Dort hatten sich die Architekten und die künftigen Mieter eines neuen Wohnprojektes in vielen Sitzungen gegenseitig konsultiert; man hatte Rat gegeben, zugehört, Ideen ausgebreitet – und tatsächlich sind viele Vorschläge beherzigt worden, zum Beispiel bei der Anordnung und Gliederung der Wohnungen und der Art ihrer Zugänglichkeit. Doch schon sechs, sieben Jahre danach war alles perdu: Vier Fünftel der Mieter hatten gewechselt, die neuen kannten die Intentionen des Entwurfs und seine Vorteile nicht. Der gemeinsame Partyraum und die Gästewohnung, die die 26 Mieter gleichsam anteilig als 27. Wohnung mit

gemietet haben, werden heute nur noch selten genutzt. Auch in Recklinghausen-Süd steht das zauberhafte Gemeinschaftshaus am Rand des Gemeinschaftsgartens hinter den Miethäusern seit Jahren leer. Es gibt kein Bedürfnis mehr für gemeinsame Unternehmungen – alle sind sich selbst genug. Die Mieter haben es nicht einmal geschafft, das Haus den Kindern als Spielparadies zu bereiten.

Kleine Elektroschocks ohne nachhaltige Wirkung

Die IBA hattte 1989 mit 68 Projekten begonnen, zehn Jahre später waren 118 vollendet, an einigen wurde noch gearbeitet. Zehn Jahre lang hatte die IBA die bessere Architektur zur Voraussetzung gemacht, „wenn sie mit am Tisch saß". Kaum war sie zu Ende, fielen alle wieder in den alten Trott. Viele haben (oft gern) mitgemacht – und alles vergessen. Das Ingenium der IBA war, dass sie immer das Ganze im Auge gehabt hatte, die Emscher-Region, und dass sie es vermochte, den 17 Städten in Gestalt ihrer mehr als 100 Projekte „Impulse zu geben", kleine Elektroschocks gewissermaßen. Aber alles, hatte der damalige Landesminister Christoph Zöpel versichert, alles dies „hätte man ja mit unserem Planungsrecht schon immer machen können. Keine Region des Ruhrgebietes war daran gehindert, dergleichen Anstrengungen zu machen. Und keine Stadtverwaltung ist dazu verdammt, alles langsam zu erledigen oder teilnahmslos oder gar nicht." Der Reiz der IBA war, wie Zöpel sagt, etwas anderes: Die IBA sei wie ein Herdenhund immer hinter den Städten hergelaufen und habe angeregt, aufgewiegelt, nachgefragt, gemahnt, stimuliert, erinnert und eben auch mal laut gebellt und die Zähne gefletscht. Deshalb sei so vieles so gut geglückt, vieles so beispielhaft geworden, „ohne dass man mit dem Geld um sich geworfen hätte".

Dennoch! Es wäre frevelhaft, nicht trotzdem zu versuchen, etwas von diesem Geist, von den Praktiken zu bewahren und dringend weiterzuempfehlen.

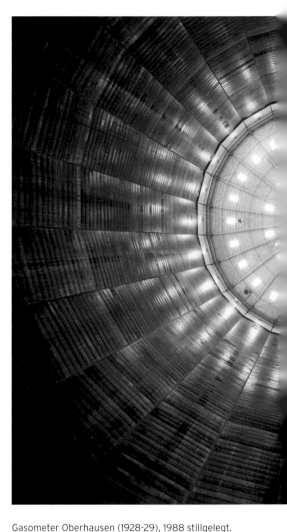

Gasometer Oberhausen (1928-29), 1988 stillgelegt. Blick zum Dach in 116 Metern Höhe   Oberhausen gasometer (1928-29), closed down in 1988. View of the roof, 116 m high

located on the site of the former steelworks in Duisburg-Meiderich – and the contingent forests, in which the industrial past reveals itself in a sometimes subtle, sometimes savage way. And finally there is the art, which – like careful handling of old structures, top-class new architecture and the subject of ecology – was taken into consideration as a matter of principle in many IBA projects. Whether art immerses the now cold blast furnaces of Duisburg-Nord or the Science Park Rheinelbe in garish colours or gives the "residual area" behind Schacht XII of the Zollverein mine an impressive three-dimensional character (through marvellous stone sculptures by Ulrich Rückriem); whether artworks crown the slag heaps, giving them a function as long-distance "landmarks", or lend character to specific locations – art has become an integrated, matter-of-fact component of many renewed historic sites. For the question was always: how could something not only useful, but also stimulating or even beautiful be made from a damaged legacy that had grown so ugly?

Nevertheless, many an ambitious project failed due to people's habits or a jaded lack of interest. One such example came about in Bergkamen. The architects and future tenants of a new housing project there had gathered and consulted one another at numerous meetings; advice had been given, people listened to, ideas disseminated – and indeed, many suggestions were taken to heart, including the arrangement and division of the apartments and the means of access to them. But all was lost only six or seven years later: four fifths of the tenants had changed, and the new ones were unaware of the design's intentions and advantages. The party room and guest apartment, a 27th apartment for which the 26 tenants shared the rent, are very rarely used today. In Recklinghausen-Süd, the charming community house on the edge of a shared garden behind the apartment houses has been empty for years, as well. There is no further need for joint projects – every man is sufficient unto himself. The tenants have not even managed to adapt the house so that the children can use it as a play-centre.

Minor Electric Shocks with no Lasting Effect

The IBA had started with 68 projects in 1989; ten years later, 118 projects were completed, while some were still under construction. For ten years, as long as it "had a place at the table", the IBA had made better-quality architecture into a prerequisite. But it was scarcely over before everyone fell back into the old routine. Many participated (often with great pleasure) – but then forgot all about it. The genius of the IBA was that it kept an eye on the whole, the entire Emscher Region, and in the shape of its more than 100 projects it was capable of "giving impulses" to the 17 cities; minor electric shocks, as it were. But all this, the state minister Christoph Zöpel had assured us – all this "could always have been done with our planning laws. No region of the Ruhr Area was prevented from making efforts of this kind. And no city council is condemned to deal with everything slowly, or apathetically, or not at all." The appeal of the IBA, as Zöpel says, was something different: the IBA was always chasing after the cities like a sheep dog; motivating, instigating, questioning, warning, stimulating and reminding – and sometimes it even barked loudly and bared its teeth. That was why so much succeeded so well, and so much has become quite exemplary, "without needing to throw money around".

But still! It would be outrageous not to attempt, nonetheless, to retain something of this spirit, of these practices, and to recommend them strongly to others.

BRIGITTE SCHOLZ

Bewegtes Land

Internationale Bauausstellung Fürst-Pückler-Land 2000–2010 in der Niederlausitz

Die Niederlausitz, ein Landstrich im Südosten Brandenburgs: märkischer Sand, ruhige Kiefernwälder, weite Heideflächen – und riesige Tagebaulöcher. Seit Mitte des 19. Jahrhunderts prägt der Braunkohlebergbau die Lausitz, ihre Landschaft, ihre Siedlungs- und Infrastruktur, ihre Kultur und ihre Menschen. Die Landschaft wird bewegt, überbaggert und neu aufgeschichtet – und gegenwärtig erneut umgebaut: Zehn Jahre lang, von 2000 bis 2010, ist die Niederlausitz die größte Landschaftsbaustelle Europas. Das Braunkohlerevier wird im Rahmen einer Internationalen Bauausstellung zum „Fürst-Pückler-Land" umgestaltet.

Vor rund 150 Jahren begann in der Lausitz der Abbau von Braunkohle, zunächst unter Tage, dann in riesigen Tagebauen. Es folgten Brikettfabriken, Kraftwerke, Kokereien und weitere Industriezweige. Aus der einst ländlichen Region im mitteldeutschen Raum wurde der Kohle- und Energiebezirk der Deutschen Demokratischen Republik. Insgesamt waren dort 1989 siebzehn Tagebaue in Betrieb, die pro Jahr rund 2000 Hektar Land in Anspruch nahmen. Infolge der politischen Wende 1989/1990 wurde ein Großteil der Tagebaue und Industrieanlagen schlagartig stillgelegt. Heute betreibt die Vattenfall Europe Mining AG noch fünf Tagebaue und drei Kraftwerke in der Region.

Für die Sanierung der stillgelegten Tagebaue und Anlagen wurde eine staatliche Gesellschaft eingesetzt: die Lausitzer und Mitteldeutsche Bergbauverwaltungsgesellschaft mbH (LMBV).

Parallel dazu hat die Niederlausitz eine Internationale Bauausstellung ins Leben gerufen, um den Sanierungsprozess – auch der aktiven Tagebaue – mit besonderen Ideen und Projekten zu begleiten. Von 2000 bis 2010 arbeitet die IBA Fürst-Pückler-Land als „Werkstatt für neue Landschaften" an rund zwei Dutzend Projekten. Mit Bezug auf ihren Namenspatron Fürst Pückler knüpft sie an dessen weltberühmte Gartenkunstwerke in Bad Muskau und Cottbus-Branitz an – sowie an Pücklers gestalterische Innovationen und neue Ideen.

Werkstatt für neue Landschaften

Seit 1990 hat die LMBV fast 100.000 Hektar Land saniert – eine Fläche größer als das Land Berlin. Zu jeweils etwa einem Viertel sind neue nutzbare Wasser-, Landwirtschafts-, Forstwirtschafts- und Naturschutzflächen entstanden. Die Leitbilder der Rekultivierung sprechen von der Wiederherstellung einer Lausitz-typischen Landschaft, die den vorbergbaulichen Zuständen ähneln soll. Die IBA erweitert diesen Ansatz und strebt an, mit dem Bergbau neue, ihn nicht verleugnende Landschaften zu schaffen. In den Projekten wird versucht, die Künstlichkeit der Landschaft nicht zu kaschieren, sondern sie zu einem neuen Markenzeichen der Region zu machen.

Grundlage ist das Konzept von sogenannten „Landschaftsinseln", die vom Bergbau geprägt wurden und entsprechend ihrer Struktur und Potentiale einen jeweils eigenen Charakter haben – angefangen von der Industriekultur

Luftbild Lausitzer Seenland Aerial view of the Lusatian Lakeland

BRIGITTE SCHOLZ

Moving Land

International Building Exhibition Fürst-Pückler-Land 2000–2010 in Lower Lusatia

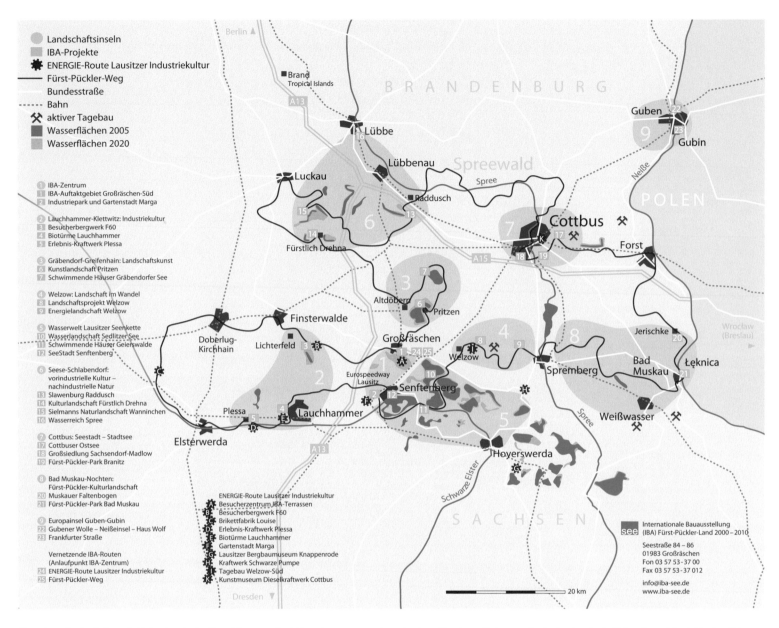

über Landschaftskunst, Naturlandschaften bis hin zur Wasserwelt. Auffallend sind vor allem die neuen, rund 14.000 Hektar großen Wasserflächen, die durch die Flutung der Tagebaurestlöcher entstehen. Eine Sonderstellung nehmen die deutsch-polnischen Projekte ein, die grenzüberschreitende Verbindungen und Brückenschläge schaffen.

In den Landschaftsinseln arbeiten unterschiedliche Gremien, um die Projekte untereinander abzustimmen und eine koordinierte Entwicklung zu gewährleisten. Die IBA Fürst-Pückler-Land GmbH, getragen von den vier Landkreisen Dahme-Spreewald, Elbe-Elster, Oberspreewald-Lausitz und Spree-Neiße sowie der Stadt Cottbus, ist verantwortlich für die Entwicklung von Ideen und Visionen, aber auch für die Akquise von Fördermitteln, die Erstellung tragfähiger Betreiberkonzepte und die qualitätvolle Umsetzung der Projekte. Die Projektträger sind Kommunen, Vereine oder Privatpersonen, die von Anfang an gewährleisten, dass die Projekte auf eigenen Füßen stehen und dem Strukturwandel in der Region dauerhaft Impulse geben.

Karte der Landschaftsinseln und Projekte der IBA Fürst-Pückler-Land   Map of the landscape islands and projects of the IBA Fürst-Pückler-Land

Lower Lusatia is a stretch of land in the South East of Brandenburg: sand of the Mark, quiet pine forests, wide expanses of moor - and huge gashes made by open-cast mining. Since the middle of the 19th century, lignite excavation has shaped Lusatia; its landscape, its settlement and infrastructure, its culture and its people. The landscape is constantly moving, bulldozed and piled up again - and is currently being altered yet again: for ten years, from 2000 to 2010, Lower Lusatia is the biggest landscape construction site in Europe. In the context of an international building exhibition, the lignite mining area is being redeveloped into "Fürst-Pückler-Land".

The excavation of lignite began in Lusatia around 150 years ago. Initially, mining was below ground, but later by means of huge open cast-mines. It was followed by briquette factories, power stations, coking plants and other branches of industry. The once rural region in central Germany was turned into the coal and energy district of the German Democratic Republic. A total of seventeen open-cast mines were in operation there in 1989, making use of around 2000 hectares of land per year. Subsequent to radical political change in 1989/1990, the majority of the open-cast mining and industrial plants was shut down abruptly. Today, Vattenfall Europe Mining AG still operates five open-cast mines and three power stations in the region.

A state company - the Lausitzer und Mitteldeutsche Bergbauverwaltungsgesellschaft mbH (LMBV) - was appointed to decontaminate the redundant open-cast mines and plants. Parallel to this, Lusatia initiated an international building exhibition in order to accompany the process of decontamination and restoration - of the active mines as well - with memorable ideas and projects. From 2000 to 2010, the IBA Fürst-Pückler-Land is working on around two dozen projects as a "Workshop for new landscapes". Referring to its name patron Prince Pückler, the workshop takes up his world-famous works of landscape gardening in Bad Muskau and Cottbus-Branitz - as well as Pückler's creative innovations and new ideas.

Workshop for New Landscapes

Since 1990, the LMBV has decontaminated almost 100,000 hectares of land - an area larger than the state of Berlin. This has emerged as one quarter each of reusable water, agricultural, forestry and conservation areas. The re-cultivation models strive for a reconstruction of the landscape typical of Lusatia, resembling the conditions prior to mining. The IBA expands on this starting point and aims to create new landscapes with mining; landscapes that do not represent a denial of mining. These projects do not attempt to conceal the artificiality of the landscape, but to make it into a new hallmark of the region. Change is founded on the concept of so-called "landscape islands", which were shaped by mining and - in accordance with their structure and potentials - each has a distinct character of their own, from industrial culture to landscape art, to natural landscapes and the water world. Especially striking are the new areas of water, totalling around 14,000 hectares, which are being created by flooding the residual open-cast pits. Here, a special place is given to the German-Polish projects, which create bonds across the border and build bridges.

In the landscape islands, different committees work to attune the projects and to guarantee that developments are coordinated. The IBA Fürst-Pückler-Land GmbH is upheld by the four rural districts Dahme-Spreewald, Elbe-Elster, Oberspreewald-Lausitz and Spree-Neiße, as well as the town of Cottbus, and is responsible for the development of ideas and visions, but also for the acquisition of funding, the production of viable operating concepts, and quality realisation of the projects. The bodies responsible for the projects are communities, associations or private individuals, guaranteeing from the outset that they can stand alone and provide enduring impulses for structural change in the region.

Wasserwelt Lausitzer Seenland

Nach dem Tagebau kommt das Wasser – auf jeden Fall dort, wo nach der Entnahme der Kohle ein „Restloch" verbleibt, das sich durch den Wiederanstieg des Grundwassers über mehrere Jahre zum See wandelt. Das Herzstück des neuen Lausitzer Seenlandes bildet eine über 35 Kilometer lange, mit schiffbaren Kanälen verbundene Seenkette. Der Schwerpunkt dieser sukzessive entstehenden Wasserlandschaft liegt auf aktiver und sportlicher Erholung – von Segeln und Surfen über Radfahren, Skaten bis hin zu Reiten und Golfen. Daneben bleiben aber auch große Bereiche der ruhigen, naturverbundenen Entwicklung vorbehalten.

Neben der großartigen Naturkulisse sollen schwimmende Häuser zum Markenzeichen des Lausitzer Seenlandes werden – nicht am, sondern „auf dem Wasser wohnen" ist die Devise. Damit können die Ufer von Bebauung freigehalten und die Seen bereits während der Flutung genutzt werden, da die Häuser mit aufschwimmen können. Die ersten beiden Projekte schwimmender Häuser konnten 2006 realisiert werden, weitere Projekte sind in Planung. In Zukunft gilt es vor allem, genehmigungsrechtliche Voraussetzungen für neue Wohnformen zu schaffen und nach Haustypen zu suchen, die dem Gesicht der Lausitz eine eigene Note geben. Dazu ist 2008 ein internationaler Ideenwettbewerb geplant.

Das Lausitzer Seenland ist eine künstlich geformte Landschaft, die in Dimension und Maßstab einzigartig ist. Unterstrichen wird diese Einzigartigkeit durch das Besucherzentrum der IBA am Rande des ehemaligen Tagebaus Meuro, dem künftigen Ilse-See. Auf 270 Meter Länge graben sich die „IBA-Terrassen" als Uferpromenade in die Böschung und markieren die Schnittstelle zwischen unversehrtem und überbaggertem Land. In verschiedenen Häusern finden die Besucher Informationen und Ausstellungen zu aktuellen Themen der IBA und können von diesem „Landschaftsbalkon" die Flutung des Tagebaurestlochs verfolgen, die im März 2007 begann.

Industriekultur erleben

Eine Brücke zwischen Vergangenheit und Zukunft der Region bilden die Monumente der Industriekultur – allen voran eine ehemalige Förderbrücke in Lichterfeld bei Finsterwalde, die zum Besucherbergwerk F60 umgewidmet wurde. Ursprünglich dazu konstruiert, den Abraum über der Kohle abzutransportieren, wurde dieses größte bewegliche Werkzeug der Welt mit der Stilllegung des Tagebaus nach nur dreizehn Monaten Einsatz arbeitslos. Heute besuchen jährlich mehrere Tausend Menschen den Stahlkoloss, der über 500 Meter lang und 80 Meter hoch ist. Eine Licht-Klang-Installation des Klangkünstlers und Komponisten Hans Peter Kuhn verwandelt die begehbare Brücke nachts in ein Kunstwerk und schafft mit verfremdeten Geräuschen aus dem Tagebau eine doppelte Transformation des Industrie-Dinosauriers.

Einem ähnlichen Wandlungsprozess unterliegt das in den 1920er Jahren erbaute Kraftwerk Plessa. In vielen Bereichen original erhalten, konnte die Außenhülle des denkmalgeschützten Ensembles saniert werden. Im Innern wurden die Maschinen- und Kesselanlagen teilweise entfernt, um Raum für neue gewerbliche Nutzungen zu schaffen. Denn nicht nur Touristen sollen das Kraftwerk besuchen, vielmehr sollen unter der Marke „Erlebnis-Kraftwerk Plessa" auch neue Produktionen in den alten Hallen Einzug halten. Im Rahmen einer neu geschaffenen „ENERGIE-Route der Lausitzer Industriekultur" werden zudem weitere Industriemonumente touristisch vermarktet: etwa die „Biotürme Lauchhammer", die ursprünglich zur biologischen Reinigung von Abwässern einer Großkokerei dienten, ehemalige Brikettfabriken, umgenutzte Kraftwerke, aber auch neue Braunkohlekraftwerke sowie „aktive" Tagebaue, die zum Teil noch mehrere Jahrzehnte lang in Betrieb sein werden. Mit dem Erhalt und der Umnutzung zahlreicher Geschichtszeugnisse wird ein wichtiger Teil der Identität der Region bewahrt und für die Zukunft gesichert. Auf dieser Basis können Eigenarten erhalten, Traditionslinien fortgeführt, aber auch neue Entwicklungen initiiert werden.

Schwimmendes Haus auf dem Partwitzer See (Architekt: Joachim Stein für Aqua Terra Lausitz GbR, Wittichenau)   Floating house on Partwitzer Lake (architect: Joachim Stein for Aqua Terra Lausitz GbR, Wittichenau)

Tauchschule auf dem Gräbendorfer See (Architekten: Kuhn & Uhlich, Hassfurth) Diving School on Gräbendorfer Lake (Architects: Kuhn & Uhlich, Hassfurth)

Water-World Lusatian Lakeland

After open-cast mining there is always water – certainly in those places where a "residual pit" is left after the excavation of the coal, which is transformed into a lake by rising groundwater over a number of years. The heart of the new Lusatian Lakeland is a chain of lakes over 35 kilometres long, linked by navigable canals. The emphasis of this successively emerging water landscape is on active and sporting recreation – from sailing and surfing to cycling, skating, riding and even golfing. Besides this, however, large areas are also reserved for quiet development in tune with nature.

Apart from the magnificent natural setting, floating houses are to become a hallmark of the Lusatian Lakeland – the motto is "living on the water" and not beside it. In this way, the shores can be kept free of building and the

lakes can already be used during the flooding, since the houses will be buoyed up by the rising water. The first two projects for floating houses were realised successfully in 2006, and further projects are planned. In future, the prime aim is to create conditions of regulatory approval for new forms of housing and to search for house types that lend a striking aspect to the face of Lusatia. In this context, an international competition for ideas is planned in 2008.

The Lusatian Lakeland is an artificially formed landscape, unique in its dimensions and scale. This uniqueness is underlined by the IBA Visitors' Centre on the edge of the former open-cast mine Meuro, the future Ilse Lake. Along a stretch of 270 metres, the "IBA-Terraces" have been built on the shore, as a lakeside promenade marking the interface between undamaged and bulldozed land. Visitors find information and exhibitions on current IBA themes in

Landschaft im Wandel

Mit dem Bergbau entstehen wüsten- und canyon-artige Zwischenlandschaften, die eine bizarre Schönheit ausstrahlen. In Tagebauerkundungen macht die IBA in Zusammenarbeit mit dem Bergbautourismusverein Welzow diese Landschaften erlebbar und ermöglicht es, in der durch den Tagebau veränderten Landschaft neue Schönheiten zu entdecken. In „Sielmanns Naturlandschaft Wannichen" wird ein Teil dieser Landschaft sogar als neues Naturreservat geschützt und behutsam touristisch entwickelt.

In der „Kunstlandschaft Pritzen", einer Halbinsel inmitten eines zukünftigen Sees, fanden bereits in den 1990er Jahren internationale Kunstausstellungen statt, die sich mit der Landschaft des Tagebaus auseinandersetzten und zum Nachdenken anregten. Seitdem markiert beispielsweise die „Yellow Ramp" von Herman Prigann als selbstbewusstes Erdbauwerk die neue Uferkante des entstehenden Sees. Schraffurbilder auf dem Grund des Sees oder Installationen in den Böschungskanten sind teilweise bereits wieder mit der Natur verwachsen, ihre Erinnerung aber lebt in den Köpfen der Menschen fort. Für das der Halbinsel gegenüberliegende Ufer entwickelt

der Künstler Charles Jencks in Zusammenarbeit mit Kipar Landschaftsarchitekten erste Ideen für ein neues LandArt-Projekt.

Im Sinne einer künstlerischen Auseinandersetzung mit der Landschaft kann man auch das „Landschaftsprojekt Welzow" verstehen. Ausgangspunkt ist ein Tagebau, der voraussichtlich als letzter Tagebau der Lausitz bis 2030 (und gegebenenfalls noch darüber hinaus) ausgekohlt wird. Die Weite der Landschaft, bizarre Geländeformen, Einsamkeit und Trockenheit im Bereich des Tagebaus erinnern an den Mythos Wüste. Diese Bilder wurden in dem Konzept „Wüste/Oase Welzow" der Landschaftsarchitekten bgmr und archiscape für eine Neugestaltung der Landschaft aufgegriffen: Ein rund 700 Hektar großes Schüttrelief mit unterschiedlich hohen Rippen, Kegeln und offenen Flächen sollte sich schrittweise mit dem Tagebau entwickeln und nach und nach begrünt werden. Den Gegenpol zu der kargen Landschaft sollte eine „Oase" für unterschiedliche Nutzungen bilden.

Dieser Ansatz, die Spuren des industriellen Abbauprozesses in eine neue Landschaftsästhetik zu überführen, erwies sich trotz mehrmaliger Überarbeitungen und Anpassungen als nicht umsetzbar. Bedenken und Ablehnung in der

IBA-Terrassen, Großräschen (Architekt: Ferdinand Heide, Frankfurt/Main und Berlin)   IBA Terraces, Großräschen (Architect: Ferdinand Heide, Frankfurt/Main and Berlin)

Licht-Klang-Kunstwerk am Besucherbergwerk F60 in Lichterfeld von Hans Peter Kuhn, Berlin   Light and sound art installation by Hans Peter Kuhn, Berlin, at the visitors' mine F60 in Lichterfeld

Biotürme, Lauchhammer   Bio Towers, Lauchhammer

various buildings, and from this "landscape balcony", they can follow the flooding of the open-cast mine that began in March 2007.

Experiencing Industrial Culture

Monuments of industrial culture represent a bridge between the region's past and future – and one pre-eminent example is a former conveyor bridge in Lichterfeld near Finsterwalde, which has now been rededicated as the visitors' mine F60. Originally constructed to remove the excavated earth above the lignite, this – the biggest movable tool in the world – became redundant after only thirteen months of operation when the mine closed down. Today, several thousand people each year visit the steel giant, which is over 500 metres long and 80 metres high. At night, a light and sound installation by sound artist and composer Hans Peter Kuhn turns the accessible bridge into a work of art and creates a further transformation of the industrial dinosaur using alienated sounds from open-cast mining.

The power station Plessa, built during the 1920s, is undergoing a similar process of change. Still in its original condition in many parts, the outer hull of the listed ensemble could be restored. However, some of the machinery and boiler systems have been removed from the interior to make space for new commercial usage. For the intention is not only for tourists to visit the power station; new production will also enter the old halls under the trademark "Event Power Plant Plessa".

In the context of the newly-created "ENERGY Heritage Route of Lusatian Industrial Culture", many other industrial monuments are also to be marketed for tourism: e.g., the "Lauchhammer Bio-Towers", which were used originally for the biological purification of sewage from a large-scale coking plant, former briquette factories, reused power stations, but also new lignite power stations and still "active" open-cast mines, some of which will continue to operate for several decades. The preservation and reuse of so many testimonies to the past mean that an important aspect of the region's identity will be maintained and secured for the future. Working on this foundation, it will be possible to preserve unique qualities and continue lines of tradition while simultaneously initiating new developments.

Bevölkerung gegen dieses ungewohnte Landschaftsbild sowie technische Schwierigkeiten führten im März 2007 zur Einstellung des Projekts. Die Gedanken und Ideen zur Gestaltung der Bergbaufolgelandschaft werden aber im Sinne der „Werkstatt für neue Landschaften" weiter diskutiert und fortgeführt.

Energielandschaften

Die Energiegewinnung ist seit rund 150 Jahren Ausgangspunkt für neue Landschaften in der Lausitz und sie ist auch eine der Säulen für die zukünftige Entwicklung der Region. Die weiträumige, dünnbesiedelte Region bietet beste Voraussetzungen für die Stromgewinnung aus regenerativen Energieträgern wie Wind, Sonne und Biomasse. Im Rahmen der IBA werden in Zusammenarbeit mit Hochschulen und wissenschaftlichen Einrichtungen Konzepte für Energielandschaften untersucht, die verschiedene Energieträger im Sinne einer vielfältig nutzbaren und ökologisch nachhaltigen neuen Kulturlandschaft kombinieren. Im Projekt „Energielandschaft Welzow" beispielsweise erprobt die Brandenburgische Technische Universität Cottbus in Zusammenarbeit mit Vattenfall und LMBV unterschiedliche Agro-Forst-Systeme im Wechsel mit Energieholzplantagen.

Die IBA wird diese unterschiedlichen Gestaltungsansätze für Landschaften nach dem Bergbau im Jahr 2009 im Rahmen einer internationalen Konferenz präsentieren und diskutieren. Im Jahr davor wird der IBA-Schwerpunkt auf dem neuen Lausitzer Seenland mit der schwimmenden Architektur liegen. Und im Abschlussjahr 2010 werden die Besucher in der gesamten Region den Wandlungsprozess der letzten zehn Jahre erleben können. Ein Ergebnis der IBA Fürst-Pückler-Land wird dann ein Diskussionsbeitrag zu Landschaften nach dem Bergbau sein, dessen Weichenstellungen weit über den Zeitraum der IBA hinausreichen und Impulse für andere Bergbauregionen bieten.

Konzept Energielandschaft: Collage „Die neue Landschaft" (ARGE hochC Landschaftsarchitektur / Horst Schumacher / Lenné3D, Berlin und Erfurt) Concept Energy Landscape: Collage "The New Landscape" (ARGE hochC Landschaftsarchitektur / Horst Schumacher / Lenné3D, Berlin and Erfurt)

Konzept Wüste/Oase Welzow (Entwurf: bgmr/archiscape, Berlin) Concept Desert/Oasis Welzow (design: bgmr/archiscape, Berlin)

Changing Landscape

Mining causes desert- and canyon-like interim landscapes, which radiate a bizarre beauty. On open-cast mining tours, the IBA makes it possible to experience these landscapes in cooperation with the Bergbautourismusverein Welzow, enabling visitors to discover new beauties in a landscape fundamentally changed by open-cast mining. Part of this landscape is even being protected as a nature reserve and cautiously developed for tourism in "Sielmann's Natural Landscape Wanninchen".
International art exhibitions investigating the landscape of open-cast mining and stimulating thought already took place in the "Pritzen Art Landscape", a peninsula at the centre of a future lake, during the 1990s. Since then, for example, the "Yellow Ramp" – a bold earthen construction by Herman Prigann – has marked the new shore of the emerging lake. Hatched images on the bottom of the lake or installations by the waterside have been partially re-assimilated into nature in the meantime, but the memory of them remains. In cooperation with Kipar landscape architects, the artist Charles Jencks has also developed first ideas for a new Land Art project on the shore opposite the peninsula.
It is also possible to see the "Landscape Project Welzow" as an artistic debate with the landscape. It starts out from what will probably be the last open-cast mine in Lusatia to be emptied of lignite (by 2030, and possibly beyond that date). The wide expanse of the landscape, its bizarre landforms, isolation and aridity in the area of the open-cast mining evoke the myth of the desert. These images were adopted in the concept to redesign the landscape "Desert/Oasis Welzow" by the landscape architects bgmr and archiscape: the aim was for a relief of debris with ridges, cones and open areas of differing heights, covering around 700 hectares, to emerge step by step alongside the open-cast mining and to be planted with vegetation. The counterpart to this barren landscape was a projected "oasis" with a range of uses.

Despite repeated revision and adaptations, it proved impossible to realise this proposal to convert the traces of the industrial excavation process into new landscape aesthetics. Misgiving and rejection of the unusual landscape concept among the population, as well as technical difficulties, led to the project's abandonment in March 2007. However, thoughts and ideas concerning the design of post-mining landscapes will continue to be discussed and developed in the spirit of the "Workshop for new landscapes".

Energy Landscapes

The production of energy has been the background to new landscapes in Lusatia for around 150 years now, and it is also one of the pillars on which the region's future development will rest. The extensive, sparsely-populated region provides ideal preconditions for electricity production from regenerative energy sources like wind, sun and biomass. In the context of the IBA, concepts for energy landscapes are being examined in collaboration with universities and scientific institutions. These combine different energy sources in terms of a new, variably usable and ecologically enduring cultural landscape. In the project "Energy Landscape Welzow", for example, the Brandenburg Technical University Cottbus – in cooperation with Vattenfall and LMBV – is investigating different agriculture and forestry systems in rotation with plantations of wood for energy.
The IBA will present and discuss these different proposals for post-mining landscape design at an international conference in 2009. The IBA emphasis in 2008 will be on the new Lusatian Lakeland with its floating architecture. And in the concluding year, 2010, visitors to the entire region will be able to experience the process of change seen over the last ten years. One outcome of the IBA Fürst-Pückler-Land, therefore, will be a contribution to discourse on post-mining landscapes; setting a course to pursue well after the IBA and providing stimulus for other mining regions.

Zwischenlandschaft Interim landscape

ELKE MITTMANN

Neue Perspektiven für Städte im demografischen Umbruch

Internationale Bauausstellung Stadtumbau Sachsen-Anhalt 2010

Die Problematik schrumpfender Städte ist zentrales Thema der Internationalen Bauausstellung Stadtumbau Sachsen-Anhalt 2010, die im Jahr 2002 vom Land Sachsen-Anhalt ins Leben gerufen wurde. Die Stiftung Bauhaus Dessau sowie die sachsen-anhaltinische Landesentwicklungsgesellschaft SALEG arbeiten im Auftrag der Landesregierung an ihrer konzeptionellen Vorbereitung und Realisierung. Als erste Internationale Bauausstellung in Deutschland befasst sie sich mit der urbanen Entwicklung in einem ganzen Bundesland. 17 Städte in Sachsen-Anhalt sind mit ihren spezifischen Themen an der IBA beteiligt.

Ziel dieser IBA ist es, auf staatlicher und kommunaler Ebene in Sachsen-Anhalt eine besondere Expertise für die Praxis des Umbaus zu erstellen und dabei modellhafte Projekte der Stadtentwicklung unter den Bedingungen des demografischen Wandels und wirtschaftlicher Transformation zu erarbeiten. Die IBA Stadtumbau 2010 versteht sich als „Labor", in dem verschiedene „Werkzeuge" des Stadtumbaus exemplarisch zur Erprobung und Anwendung kommen.

Die beteiligten Kommunen sind deshalb aufgefordert, neue Strategien im Stadtumbau zu entwickeln. Angestrebt werden dauerhaft leistungsfähige Strukturen, die auch bei knappen finanziellen Ressourcen bezahlbar sind. Im Abschlussjahr 2010 sollen in den IBA-Städten exemplarische Lösungen für den Stadtumbau zu besichtigen sein, die auch auf andere Städte und Regionen übertragbar sind.

Instrumente und Methoden der IBA Stadtumbau 2010

Im Zentrum der Arbeit stehen inhaltliche Unterstützung und Beratung der beteiligten Städte bei der Weiterentwicklung und Umsetzung ihrer Ideen. Zu den zentralen Instrumenten und Methoden der IBA gehören u. a. besondere Formate der Beteiligung von Öffentlichkeit und Interessengruppen zur Aktivierung und Stärkung der lokalen Zivilgesellschaft sowie unterschiedlichste künstlerische, architektonische und landschaftsgestalterische Interventionen im Stadtraum. Es werden neue, auf die jeweiligen Gegebenheiten abgestimmte Instrumente der Finanzierung, des Flächenmanagements, der Raumplanung und der Planungskultur entwickelt. Im bisherigen Prozess der IBA Stadtumbau 2010 haben sich vor allem informelle Instrumente und Arbeitsweisen bewährt, da die Situation des Umbruchs oftmals undogmatische und spezifisch angepasste Strategien und Handlungskonzepte erfordert. Zu einer wichtigen Plattform für den Erfahrungsaustausch haben sich das IBA-Städtenetz und der IBA STADT MONITOR entwickelt.

Weniger ist mehr

Die IBA Stadtumbau geht davon aus, dass auch Klein- und Mittelstädte ihre Entwicklung unter den Bedingungen des demografischen und ökonomischen Strukturwandels aktiv gestalten

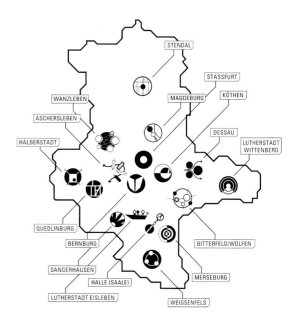

Sachsen-Anhalt-Karte mit den 17 IBA-Städten
Map of Saxony-Anhalt with the 17 IBA cities

ELKE MITTMANN

New Perspectives for Cities in Demographic Upheaval

International Building Exhibition Urban Redevelopment Saxony-Anhalt 2010

The problems faced by shrinking cities constitute the key theme of the International Building Exhibition Urban Redevelopment Saxony-Anhalt 2010, which was initiated by the state of Saxony-Anhalt in 2002. The Bauhaus Dessau Foundation and Saxony-Anhalt's state development company SALEG are working on its conceptual preparation and realisation on behalf of the state government. It is the first international building exhibition in Germany to address urban development in an entire state. Seventeen cities in Saxony-Anhalt, each with its own specific theme, are participating in the IBA.

It is the aim of this IBA to develop a special expertise in the practice of redevelopment on both state and municipal levels in Saxony-Anhalt and, in doing so, to work out exemplary projects of urban development under conditions of demographic change and economic transformation. The IBA Urban Redevelopment 2010 sees itself as a "laboratory", in which various "tools" of urban redevelopment are appraised and employed in an exemplary way. The participating municipalities are so called upon to develop new strategies in urban redevelopment. They are striving for enduringly effective structures that are also affordable in times of tight financial resources. In the concluding year 2010, it should be possible to view exemplary solutions for urban redevelopment in the IBA cities; solutions that can be conceivably transferred to other cities and regions.

Instruments and methods of the IBA Urban Redevelopment 2010

The key task is to offer concrete support and advice to the participating cities concerning the further development and realisation of their ideas. The main instruments and methods of the IBA include special forms of involvement for the general public and various interest groups to motivate and consolidate local civic society, and a wide range of interventions into architecture and landscape design in the urban area. New instruments of financing, land management, spatial planning and planning culture are being developed and tuned to specific urban conditions. In the course of the IBA Urban Redevelopment 2010 so far, informal instruments and working methods have proved most effective, for the situation of upheaval often calls for non-dogmatic, individually adapted strategies and concepts of action. The IBA-City Network and the IBA CITY MONITOR have developed into important platforms for an exchange of experience.

Less is more

The IBA Urban Redevelopment starts out from the assumption that small and middle-sized cities will also be able to shape their own development under conditions of demographic and cultural structural change if they pursue a

können, wenn sie für die länger währende Phase des Rückgangs an Bevölkerung, Steuer- und Kaufkraft einen kohärenten, ressortübergreifenden Weg der Optimierung ihrer Ressourcen verfolgen. Dazu gehören ein inhaltliches Entwicklungsprofil, ein baulich-räumliches Zukunftsmodell und Strategien arbeitsteiliger Kooperation. Die „Chance der Schrumpfung" besteht in der Konzentration auf spezifische städtische Potenziale.

Planung durch Profilierung

Die wachsende weltweite ökonomische Integration mit zunehmendem Wettbewerb sowie der demografische Wandel stellen viele Städte und Regionen vor neue Herausforderungen. Mehr und mehr Städte versuchen ein unverwechselbares Profil zu entwickeln und konzentrieren sich auf ihre besonderen Kompetenzen. Die IBA Stadtumbau 2010 entwickelt vor diesem Hintergrund Projekte und Strategien, mit deren Hilfe insbesondere Klein- und Mittelstädte eine Stärkung und Anreicherung ihrer wirtschaftlichen, sozialen und kulturellen Basis erreichen können. Auf der Grundlage regionaler und lokaler Ressourcen und „Talente" werden eigenständige Profile entwickelt und ein qualitatives Wachstum im Bereich zukunftsfähiger Branchen und Projekte angestrebt.

Potenziale bündeln

Ein komplexes Gefüge von Wachstums- und Schrumpfungsprozessen kennzeichnet zunehmend die regionale Realität in Europa. Die zunehmende Polarität zwischen Metropolregionen und den Peripherien erfordert neue und angepasste Kooperationsformen, um Potentiale insbesondere in strukturschwachen Regionen zu erschließen und zu profilieren. Die IBA Stadtumbau 2010 befasst sich vor diesem Hintergrund mit den aktuellen Modellen der europäischen und nationalen Raumordnung und den hieraus entstehenden Perspektiven für Klein- und Mittelstädte Sachsen-Anhalts.

Komplex gestalten

17 Städte mit 17 Themen wirken an der IBA Stadtumbau 2010 mit. Dabei sind Handlungsansätze und Interventionsebenen vielfältig. Stadtumbau beschränkt sich hier nicht nur auf bauliche oder planerische Aspekte, sondern versteht die Stadt insgesamt mit ihren komplexen wirtschaftlichen, kulturellen und sozialen Schichten als Gestaltungsraum. Die Arbeit in den Städten lässt sich deshalb vier strategischen Handlungsfeldern zuordnen:
- Raum, Planung, Architektur
- Gesellschaft, soziale Strukturen und Kultur
- Infrastruktur/Netzwerke
- Wirtschaft und Wissenschaft

Drei Projekte sollen exemplarisch die große Bandbreite der IBA Stadtumbau 2010 verdeutlichen.

Aschersleben: Von außen nach innen – Konzentration auf den Kern

Mit der Konzentration auf die Mitte, den sanierten historischen Stadtkern, arbeitet Aschersleben am neuen baulich-räumlichen Profil. An den Rändern wird abgerissen, während man die Innenstadt stärkt. Das geschieht insbesondere durch Verlagerung von wichtigen Einrichtungen wie Schulen und Behörden vom Stadtrand ins Zentrum, durch die Schaffung attraktiven Wohnraums in der Altstadt und durch die Stärkung des Einzelhandels. Entscheidende Schnittstelle zwischen außen und innen ist der Innenstadtring, eine bis dato durch Lärm und Schmutz belastete Verkehrsschneise ohne Aufenthaltsqualität und folglich mit hohem Leerstand. Hier setzt die Stadt Aschersleben im Rahmen der IBA an. Der gesamte Innenstadtring wird zu einer nahezu die ganze Altstadt umfassenden „DRIVE THRU Gallery" mit wechselnden Ausstellungen umgestaltet. Durch künstlerische Installationen und temporäre Interventionen werden Baulücken geschlossen sowie leer stehende Häuser als mediale Informationsträger umgenutzt und damit für eine Übergangzeit gesichert und aufgewertet.

Recyclingwand, Konzept und Realisierung: Prof. Ralf Niebergall, Niebergall+Schaller Architekten, Magdeburg Recycling wall, Concept and implementation: Prof. Ralf Niebergall, Niebergall+Schaller Architekten, Magdeburg

DRIVE THRU GALLERY, Ausstellung „Hitzefrei"
von Christopher Winter, Konzept und Realisierung
Medienwände: Detlef Weitz, chezweitz, Berlin   DRIVE
THRU GALLERY, Aschersleben. Exhibition „Hitzefrei"
by Christopher Winter, Concept and implementation of
the media walls: Detlef Weitz, chezweitz, Berlin

coherent, interdisciplinary approach, optimising
their resources to deal with a phase – and in all
likelihood a long one – of declining population,
tax income and buying power. This involves
a concrete development profile, a structural-
spatial model for the future, and strategies of
cooperation and shared labour. The "opportunity offered by shrinking" consists in a concentration on specific urban potentials.

Planning through profiling

Growing world-wide economic integration with
its increasing competition and demographic
change means that many cities and regions
face new challenges. More and more cities are
attempting to develop an unmistakable profile
and concentrating on their special competences. Before this background, the IBA Urban

Dessau: Landschaftskonzept „claims"
Dessau: "claims" landscape concept

Es entsteht ein ungewöhnlicher urbaner Raum, der zur Auseinandersetzung mit alltäglichen Seh- und Lebensgewohnheiten anregt. Der Innenstadtring wird zur attraktiven Visitenkarte für die Stadt umgestaltet.

Dessau: Stadtinseln – urbane Kerne und landschaftliche Zonen

Aufgrund einer radikalen städtischen Transformation der letzten 100 Jahre durch Industrialisierung, Kriegszerstörung, sozialistischen Wiederaufbau und schrumpfungsbedingten Leerstand, erprobt die Stadt im Rahmen der IBA einen kompletten Umbau der Stadtstruktur. Diesem liegt ein konsequent neues baulich-räumliches Modell der Stadt zugrunde.

Dessau fasst die notwendigen, durch Leerstand bedingten Abrisse so zusammen, dass Schritt für Schritt ein großflächiger Landschaftszug entsteht, in dem durch minimale Eingriffe und innovative Formen von unterschiedlichen Trägerschaften eine neue urbane Landschaft entsteht. So werden zum Beispiel 400 Quadratmeter große Grünareale, sogenannte „claims", an Paten zur individuellen Nutzung übergeben. Im Gegenzug zur Strategie der neuen Stadtfolgelandschaft werden verbleibende urbane Kerne oder Stadtinseln durch punktuelle bauliche Ergänzungen verdichtet und soziale Netze in den Stadtquartieren gestärkt oder weiter qualifiziert. Die Dessauer Planungswerkstatt ist dabei eine Plattform, die Institutionen und

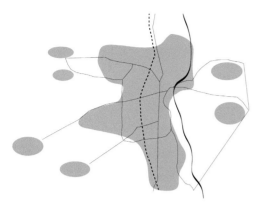

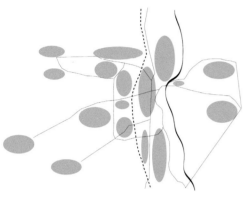

Schrumpfungsmodelle Dessau
Shrinkage models Dessau

Redevelopment 2010 is developing projects and strategies that can be employed to help small and middle-sized cities in particular consolidate and enhance their economic, social and cultural foundation. Independent profiles are developed on the basis of regional and local resources and "talents", and the aim is for qualitative growth in fields and projects that hold promise for the future.

Concentrating potentials

More and more, a complex array of growth and shrinking processes characterises the reality of Europe's regions. The increasing polarity between metropolitan regions and the peripheries calls for new, adapted forms of cooperation in order to access and highlight potentials, especially in structurally weak regions. Before this background, the IBA Urban Redevelopment 2010 is concerned with the current models of European and national land-use planning and the perspectives that emerge for small and middle-sized towns in Saxony-Anhalt.

Complex development

17 cities with 17 themes are involved in the IBA Urban Redevelopment 2010. The starting points for action and the levels of intervention are extremely diverse. Urban redevelopment here is not only restricted to building or planning aspects; it also views the city as a whole and its complex economic, cultural and social layers as the field of redevelopment. Work in the participating cities can thus be attributed to four strategic fields of action:
 • Space, planning, architecture
 • Society, social structures and culture
 • Infrastructure/networks
 • Business and science

The following three projects are intended as an exemplary indication of the wide spectrum of the IBA Urban Redevelopment 2010.

Aschersleben: From the Outside to the Inside – Concentration on the Centre

By concentrating on the restored historical city centre, Aschersleben is working on a new structural-planning profile. Buildings are demolished on the periphery, while the inner city is being consolidated. In particular, this is brought about by moving important institutions like schools and public offices from the edge of the city to the centre, by creating attractive housing in the old city, and by strengthening trade and retail there. A decisive interface between outside and inside is the inner-city ring, a stretch of road previously polluted by noise and dirt. Housing quality here is poor and it is hit by high vacancy rates as a result. In the context of the IBA, this represents the starting point for the city of Aschersleben. The entire inner-city ring – around almost the entire inner city – is being remodelled as a "DRIVE THRU Gallery" with changing exhibitions. Gaps in building are closed by artistic installations and temporary interventions, and empty houses are being reused for the mediation of information, meaning that they are secured and valorised, at least for an interim period. An unusual urban space is emerging, stimulating debate with everyday visual and living habits. The inner-city ring is being redesigned as an attractive calling card for the city.

Dessau: City Islands – Urban Core Areas and Landscape Zones

As a result of the radical changes in the city over the last 100 years – in the course of industrialisation, war damage, socialist reconstruction and high vacancy rates due to shrinking – Dessau is attempting a complete redevelopment of its urban structure in the context of the IBA. This is based on a consistent new model of urban developmental-planning.

The demolition necessitated by vacant buildings will be concentrated so that a large stretch of green emerges step by step; here, a new urban landscape is evolving through the minimal interventions and innovative ideas of various sponsors: green areas of 400 square

ressortübergreifend Strategien und Projekte des Stadtumbaus in Dessau entwickelt. Diese Umbauplanung folgt nicht mehr der linearen Logik von „Großem Plan" und „Leuchtturmprojekten", sondern vollzieht sich in vielen Parallelaktionen eher kleiner, aber strategischer Impulsprojekte.

Lutherstadt Eisleben: K3 – kleiner, klüger, kooperativ

Das IBA-Thema der Lutherstadt Eisleben ist ein Beispiel dafür, dass private Eigentümer das Rückgrat des Umbauprozesses bilden können. Die Interessen der privaten Grundeigentümer und Investoren werden mit den öffentlichen Belangen des Denkmalschutzes und des Tourismus sowie den Anforderungen aus dem Welterbestatus in Einklang gebracht und für die städtebauliche und wirtschaftliche Entwicklung mobilisiert. Mithilfe einer „kontrollierten, kleinteiligen Perforation" kann im Stadtkern durch „Entdichtung" zeitgemäßer, hochwertiger Wohnraum eingefügt werden. Ein weiteres Projekt widmet sich dem Geburtshaus Martin Luthers, dem für die touristische Profilierung der Stadt eine zentrale Bedeutung zukommt. Durch das 2007 eröffnete Besucherzentrum im „Luthergeburtshausensemble" wird die städtebauliche Situation aufgewertet. Das Ensemble ist gleichzeitig Ausgangspunkt für den Lutherweg, der durch architektonische und künstlerische Interventionen den Reformationstourismus in der Stadt neu profilieren wird. Ein sensibler Umgang mit den Anforderungen des Denkmalschutzes ist Teil einer Planungskultur, mit der die lokalen Akteure nach verträglichen Wegen suchen, die alte Stadt und das UNESCO-Welterbe qualitätvoll „weiter zu bauen".

Die IBA Stadtumbau Sachsen-Anhalt 2010 dokumentiert ihre theoretische und konzeptionelle Arbeit sowie den Fortgang der Projektrealisierungen in der Reihe „Die anderen Städte – IBA Stadtumbau 2010". Sie erscheint mit zwei Veröffentlichungen im Jahr in der Edition Bauhaus.

Luthergeburtshausensemble, Eisleben. Sanierung und Umbau von Altbauten und Ergänzung durch zwei Neubauten von Springer Architekten, Berlin   Ensemble "Luther's Birthplace". Redevelopment and conversion of old buildings and extension by two new buildings, by Springer Architekten, Berlin

Lutherweg in Eisleben. Konzept: IBA-Büro GbR mit Stiftung Luthergedenkstätten in Sachsen-Anhalt und Lutherstadt Eisleben (Entwurf: „Ohrenweide - der flüsternde Garten Eisleben", Veronique Faucheur, Marc Pouzol, Berlin 2007)   Luther Trail in Eisleben. Concept: IBA-Büro GbR with the Stiftung Luthergedenkstätten in Saxony-Anhalt and Lutherstadt Eisleben (Design: „Ohrenweide - der flüsternde Garten Eisleben", Veronique Faucheur, Marc Pouzol, Berlin 2007)

metres, so-called "claims", are being handed over to sponsors for their individual use. As a counter-measure to this strategy of post-urban landscape, new architecture will be built to concentrate the remaining urban core areas or city islands, and social networks in the city districts will be consolidated or further qualified. In this context, Dessau's planning workshop is a platform for the development of strategies and urban redevelopment projects crossing institutional and disciplinary boundaries. Such planning for urban redevelopment no longer follows the linear logic of the "grand plan" and "lighthouse projects", but takes place in many parallel actions consisting of smaller projects that set strategic impulses.

Lutherstadt Eisleben: C3 – Compacter, Cleverer, Cooperative

The IBA theme in Lutherstadt Eisleben represents an ideal example of the way that private owners may be the foundation of the redevelopment process. The interests of private property owners and investors are made to accord with public concerns such as the protection of monuments and tourism, as well as the demands of World Heritage status, and are then mobilised to the benefit of urban planning

and economic development. With the aid of "controlled, small-scale perforation", a process of "deconcentration" makes it possible to augment the city centre with up-to-date, high-quality housing. A further project is devoted to Martin Luther's house of birth; the reformer is extremely important to the city's developing tourism profile. The urban developmental situation as a whole has been improved by the visitors' centre in the ensemble „Luther's Birthplace", opened in 2007. At the same time, the ensemble is the starting point for the Luther Trail, the architectonic and artistic interventions of which will lend a new profile to Reformation tourism in the city. Sensitive handling of the demands made by the protection of monuments is part of a planning culture with which local protagonists are looking for compatible ways to "continue to build" the old city and its UNESCO World Heritage in a quality manner.

The IBA Urban Redevelopment Saxony-Anhalt 2010 documents its theoretical and conceptual work and the progress of its projects in the series "The other cities – IBA Urban Redevelopment 2010". Two publications each year appear in the Edition Bauhaus.

Besucherzentrum im Luthergeburtshausensemble, Eisleben (Springer Architekten, Berlin) Visitors' Centre in the ensemble "Luthers' Birthplace", Eisleben (Springer Architekten, Berlin)

WOLFGANG ROTERS

Zukünfte von Stadt- und Bauausstellungen

Internationale Bauausstellungen – beginnend mit der Darmstädter Mathildenhöhe im Jahr 1901 – blicken auf eine mehr als 100-jährige Geschichte zurück. Es ist eine wechselvolle, keineswegs gradlinige Geschichte, aber eine, die unübersehbare Spuren hinterlassen hat. Vor allem bau- und planungskulturelle Innovationen sind wie an einer Perlenkette aufgereiht: Mathildenhöhe, Weißenhofsiedlung, Interbau, IBA Berlin „neu" und „alt", IBA Emscher Park, die „lebenden" Bauausstellungen IBA Fürst-Pückler-Land in Brandenburg, IBA Stadtumbau in Sachsen-Anhalt und IBA Hamburg.

Stadt- und Bauausstellungen im Übergang

Bauausstellungen waren und sind realer baulicher und städtebaulicher Experimentierraum auf Zeit. Theorie und Praxis, Vision und konkrete Gestaltung führt sie zusammen – eine der erstaunlichsten evolutionären Entwicklungsstufen der Baukultur. Lässt sich die Evolution weiterführen, verstetigen, gar verstärken? Was werden die Perlen sein im gerade begonnenen Jahrhundert? Wird die Kette, die sie zu einem zusammenhängenden Ganzen der Bau- und Planungskultur im nachindustriellen, globalen Zeitalter wird verbinden können, die gleiche sein wie in der Vergangenheit? Wo werden die baulichen und städtebaulichen Innovationen stattfinden? In einer Serie weiterer Internationaler Bauausstellungen? Nach welchen Qualitätskriterien? Gar nach zertifizierten Vergabeverfahren? Vielleicht Bauausstellungen

neuen Typs? Vielleicht in einem veränderten Verantwortungsgefüge von Staat, Wirtschaft, Kultur und Wissenschaft? Oder als „Stadt"-Ausstellungen mit Nachhaltigkeitsanspruch? Im lokalen und zugleich im globalen Maßstab? Vielleicht als etwas völlig Neues?
Oder haben sich „Ausstellungen" als Laboratorien einer innovativen Stadt- und Landschaftsentwicklung überhaupt erschöpft, zerrieben zwischen einer eindimensionalen und kurzfristig orientierten Bauinvestitionspolitik einerseits – experimentierunwillig und visionenblind – und andererseits einer grassierenden Festivalisierungspraxis mit der Stadt als Event, als folgenloses Erlebnis?

Internationale Bauausstellungen – Rückgrat nationaler Baukultur

Bauausstellungen sind ein exklusiv deutsches Instrument. Keine andere europäische Nation hat es genutzt, wenngleich die internationale Rezeption der deutschen Bauausstellungen beträchtlich war. Das spezifische und unverwechselbare Format ist das der Gleichzeitigkeit von realer Raumproduktion und deren öffentlicher Präsentation in Gestalt von Ausstellungen. Dieses deutsche Alleinstellungsmerkmal bildete das Rückgrat nationaler Baukultur des 20. Jahrhunderts.
Bei aller Unterschiedlichkeit von Zielen, Dimensionen und Komplexitäten war es doch die Kette von tatsächlich Räume dauerhaft verändernden „Ausstellungen", die der deutschen Baukultur über mehr als 100 Jahre immer wieder nach-

Informations- und Besucherzentrum Schloss Raesfeld (Architekten: Farwick + Grote, Ahaus; REGIONALE 2004)
Information and Visitors' Centre Raesfeld Castle (architects: Farwick + Grote, Ahaus; REGIONALE 2004)

WOLFGANG ROTERS

The Future of Urban and Building Exhibitions

haltige Impulse verliehen, ja mehr als das: ihr Orientierung, Halt und Struktur boten. Ohne Bauausstellungen ist deutsche Baukultur nicht denkbar. Ambitionierter Adel – etwa Großherzog Ernst Ludwig – und die Lebensreformbewegung; engagierte Kräfte der Zivilgesellschaft wie der Werkbund von Künstlern und Industriellen; die Frontstellung des „Kalten Krieges" in Berlin mit ihrem Wettstreit der Systeme und dem Willen, „die Stadt von morgen" zu präsentieren; die Gleichzeitigkeit von notwendiger Stadtreparatur Berlins einerseits und von „unten" eingeforderter behutsamer, sozialpolitisch motivierter Stadterneuerung andererseits; der Strukturwandel der industriewirtschaftlich geprägten Gesellschaft des ausgehenden 20. Jahrhunderts und die Notwendigkeit, Urbanität unter den Bedingungen der Schrumpfung zu definieren – sie alle haben Bauausstellungen evoziert und initiiert; sie haben damit nationale Baukultur produziert.

Faktische Intendanten der Baukultur des hinter uns liegenden Jahrhunderts waren sie, die Bauausstellungen: Impulsgeber, Taktgeber, Stimmungsmacher, Avantgarde. Schon bereitet die Großregion Basel eine Internationale Bauausstellung – die erste trinationaler Art – für das Jahr 2020 vor. Die Nachfrage nach dem Instrument Bauausstellung scheint virulenter als je zuvor. Städte und Stadtregionen, selbst Unternehmen der Privatwirtschaft wollen Internationale Bauausstellungen durchführen oder bereiten Entscheidungen dafür vor – zuweilen auch in streitiger Diskussion. Also: kein Mangel an Interesse. Fast kann von einer Renaissance der Bauausstellungen die Rede sein, während zugleich dieses Instrument als nationaler Schatz der Baukultur unter Modernisierungsdruck gerät.

Paradigmenwechsel zur Jahrhundertwende

Jetzt, zu Beginn des 21. Jahrhunderts, ist die bislang so fraglose baukulturelle Intendanz der Bauausstellungen brüchig geworden. Wer auf der Suche nach neuen Antworten der Baukultur

ist, klopft nicht mehr zuerst und selbstverständlich bei Internationalen Bauausstellungen an; und nicht jeder, der anklopft, hat Baukultur im Sinn. Die Welt des Bauens hat sich verändert, und bei Bauausstellungen geht es längst nicht mehr nur um das Bauen, sondern um Qualifikation, Bildung, Klimaschutz oder Integration. Die Welt des Ausstellens hat sich gründlich verändert, und ganz gewiss gewandelt hat sich die Welt des Internationalen und Globalen. International heißt nicht mehr Import von Kompetenz für Planen und Bauen, sondern Export, Verfügbarmachen von Wissen und Erfahrungen aus einem nationalen Projekt für alle. Fremdheit und Vertrautsein sind nicht mehr nur geografisch getrennte Sphären.

Wenn das Wort vom Paradigmenwechsel irgendwo angebracht ist, dann bei „Internationalen – Bau – Ausstellungen": Kein Wortbestandteil trägt seinen überkommenen Bedeutungsgehalt in die Zukunft. IBA selbst als Ganzes, als unverwechselbares Markenzeichen deutscher Baukultur, ist in hohem Maße transformationsbedürftig, ist neu zu erfinden oder jedenfalls neu zu entdecken.

Die Zukunft von Bauausstellungen erweist sich damit als ungewiss, als offen. Eine reine Verlängerung der 100-jährigen Kette von Bauausstellungen in das neue Jahrhundert hinein erscheint ausgeschlossen. Zuviel hat sich verändert und zuviel ändert sich gegenwärtig. Internationale Bauausstellungen waren Ausnahmeräume, entwicklungsgeschichtlich höchst unwahrscheinliche dazu, synergetische Kontraktionen von Energie, Geld und Aufmerksamkeit mit dem Ziel, Außergewöhnliches zu ermöglichen. Die synergetische Kraft entfaltete sich auf zwei Ebenen: Sie verband zum einen das Bauen im weitesten Sinne mit dem Ausstellen, verband also Real- und Präsentationsprozesse. Dass Städte sich mit Architektur präsentieren und repräsentieren, ist nichts Ungewöhnliches. Dass sie aber die Prozesse von Stadt- und Landschaftsentwicklung transparent und offen gestalten und sie gleichsam zur internationalen Werkstatt werden lassen, ist eine Kulturleistung von besonderer Bedeutung. Die andere Ebene

Südliche Innenstadt, Solingen
Downtown Solingen, southern part

International building exhibitions can look back on a history of over 100 years, beginning with Darmstadt's "Mathildenhöhe" in 1901. It is a changing and by no means straightforward history, but one which has left a highly visible mark. Innovations in building and planning culture are strung together like pearls on a thread: Mathildenhöhe, the Weißenhofsiedlung, the Interbau, the IBA Berlin, "new" and "old", the IBA Emscher Park and the "living" building exhibitions, the IBA Fürst-Pückler-Land in Brandenburg, IBA Urban Redevelopment in Saxony-Anhalt, and the IBA Hamburg.

Urban and building exhibitions in transition

Building exhibitions were and are real, if temporary, spaces for constructional and urban planning experiments. United by theory and practice, visions and concrete design – they are one of the most remarkable evolutionary developments of building culture. Can this evolution be continued, stabilised, or even strengthened? What will be "the pearls" of the century just begun? Will the thread binding them into the connected whole of building and planning culture in the post-industrial, global era be the same as in the past? Where will constructional and urban development innovations take place? In a series of further international building exhibitions? According to which quality criteria? In accordance with certified award procedures? In building exhibitions of a new type perhaps? Or maybe in a modified arrangement of the responsibilities of the state, business, culture and science? Or as "urban" exhibitions with a claim to sustainability? On a local and at the same time on a global scale? Or perhaps as something completely new?

Or are "exhibitions" as laboratories of innovative urban and landscape development generally exhausted, ground down between a one-dimensional and short-term oriented building investment policy on the one hand – unwilling to experiment and blind to all vision – and on the other hand a rife "practice of festivalising"

with the city as event, as an inconsequential experience?

International exhibitions – the backbone of national building culture

Building exhibitions are an exclusively German instrument. No other European nation has used them, although the international reception of German building exhibitions has been considerable. Their specific and distinctive format synchronises the real production of space with their public presentation in the form of exhibitions. Germany's unique strategy formed the backbone of national building culture in the 20th century.

With all the differences of goals, dimensions and complexities, it was the thread of the "exhibitions" that actually permanently changed space, repeatedly giving German building culture sustainable momentum over more than 100 years, and more orientation, foundation and structure. German building culture would be inconceivable without building exhibitions. Ambitious nobility, such as the Grand Duke Ernest Louis, the "Lebensreformbewegung" (Life Reform Movement), the committed forces of civil society such as the "German Werkbund" of artists and industrialists, the various fronts of the Cold War in Berlin, with their competing systems and desire to present "the city of tomorrow", the concurrence of the necessary repair of Berlin on the one hand, and cautious, social-policy motivated urban renewal demanded "from below" on the other hand, the structural changes in the industrial economy society at the end of the 20th century and the necessity of defining urbanity under conditions of shrinkage – these have all evoked and initiated building exhibitions, producing national building culture.

The building exhibitions were the directors of the past century's building culture: the impetus, the driving force, the propagandists and advocates, and the avant-garde. The Greater Basel region is already preparing for an international

Konzertgalerie Landschaftspark Bagno. Foyergebäude und mobiler Verbindungsgang (Architekten: Wolters & Partner, Coesfeld; REGIONALE 2004)   Concert gallery landscape park Bagno. Foyer building and mobile connecting corridor (architects: Wolters & Partner, Coesfeld; REGIONALE 2004)

war die Klammer von Wissenschaft, Politik, Wirtschaft und Kunst. Das war die zweite große Kulturleistung. Als große ganzheitliche Entwürfe waren die Bauausstellungen angelegt, und als ganzheitliche Entwürfe haben sie Innovationen produziert. Die Klammern waren von Ausstellung zu Ausstellung unterschiedlich fest und unterschiedlich konstruiert. Immer aber unternahmen städtebauliche Visionen, wissenschaftliche Forschungen, unternehmerischer und politischer Gestaltungswille sowie künstlerische Kräfte den Versuch symbiotischer Verbindungen.

Kann es heute überhaupt noch gelingen, die so unterschiedlichen Systeme von Politik, Wirtschaft, Wissenschaft und Kultur jedenfalls temporär auf einen gemeinsamen überzeugenden großen Entwicklungsgedanken für einen Raum zu konzentrieren und dafür einen innovationsfreundlichen realen Experimentierraum abzustecken? Wer produziert die Bedingungen für die Möglichkeit Großer Projekte und entsprechender großer Interessenkoalitionen mit breiter Akzeptanz in der Bevölkerung? Wie groß ist die Wahrscheinlichkeit, dass es gelingen könnte, erwünschte oder notwendige Strategien für die räumliche Entwicklung einer Stadt, einer Stadtlandschaft, einer Landschaft oder einer Region mit den auf Festivals und Events getrimmten Aktionen des Stadtmarketings zu verbinden, sodass sich ein Raum in seiner realen Entwicklung auf eine internationale Bühne stellt, sich als Experimentierraum beobachten lässt und dadurch, nicht durch eine folgenlose Erlebnisinszenierung von Stadt, überlokale, ja internationale Aufmerksamkeit verspricht? Haben Politik, Unternehmen, Wissenschaft oder Kunst den langen Atem, langfristige Strategieziele nicht nur zu formulieren, sondern sie einer Sonderorganisation in Gestalt einer Entwicklungsgesellschaft anzuvertrauen, deren Zeithorizont denjenigen von Legislaturperioden, Bilanzzeiträumen, wissenschaftlichen Projektdauern und Kunstaktionen zum Teil bei Weitem überschreitet?

Fast muten diese Fragen rhetorisch an; fast beantworten sie sich selbst: negativ.

Die folgenden Überlegungen versuchen eine positive Antwort: Bauausstellungen haben Zukunft, besser: Zukünfte, die sie nur gewinnen, wenn sie sich transformieren.

Transformation von Bauausstellungen

Transformation gelingt nur dem, der Übersicht behält. Die ist nicht leicht, weil Bauausstellungen sich in einem Umfeld bewegen, das selbst in Bewegung ist. Kaum etwas mutiert gegenwärtig so stark wie die Selbstdarstellung von Städten und Regionen im nationalen und globalen Konkurrenzkampf. Und die Instrumente dieses Wettbewerbs um Aufmerksamkeit wandeln sich ihrerseits. Die künftige Rolle von Bauausstellungen ist also in einer relationalen Betrachtung mit verwandten Präsentationsformen zu definieren.

Die großen Kunstausstellungen, mit denen sich eine Stadt – etwa Münster mit seiner Skulpturenausstellung, anders als die documenta in Kassel oder die Architekturbiennalen in Venedig, Rotterdam und São Paulo – real verändert, die regelmäßig stattfindenden regionalen, nationalen und internationalen Gartenbauausstellungen und die Europäischen Kulturhauptstädte – sie alle lösen sich tendenziell von ihren historischen Funktionen als reine Kunstausstellung, als reine Präsentation der Gartenbaukunst oder als bloße Projektionsfläche für Kulturereignisse; ihnen allen geht es zunehmend um nachhaltige Effekte und um solche, die nicht mehr eindimensional, sondern vielschichtig, integrativ sind. Aus temporär angelegten Shows, Messen, Kulturereignissen und Leistungsschauen von Professionen, Zünften und Szenen werden im Übergang zu unserem Jahrhundert mehr und mehr dauerhaft verstandene reale Transformationsprozesse für die Stadt insgesamt – was die Städtebauausstellungen immer schon waren. Ob Kunst-, Kultur-, Städtebau-, Landschaftsbau-, Gartenbau-, Technologie- oder Wirtschaftsausstellungen: keine will mehr ausschließlich einen Sektor bedienen; alle suchen Mehrdimensionalität.

Brückenpark Müngsten (REGIONALE 2006)
Bridge park Müngsten (REGIONALE 2006)

building exhibition – the first tri-national event of its kind – for 2020. Demand for the building exhibition as an instrument seems to be more virulent than ever. Cities and urban regions, even private sector enterprises, want to hold international building exhibitions or are preparing to make decisions about them – at times also involving heated discussions. There is therefore no lack of interest. This could almost be described as the renaissance of the building exhibition, while at the same time this instrument as a national treasure of building culture is under pressure to modernise.

A paradigm shift at the turn of the century

Now, at the beginning of the 21st century, the building exhibitions' hitherto undoubted leadership of building culture has become fragile. Those looking for new answers to building culture issues no longer knock first at the door of international building exhibitions as a matter of course, and not all of those knocking have building culture in mind. The world of building has changed and building exhibitions have for some time no longer been only about building, but are also now about qualification, education, climate protection and integration. The world of exhibitions has changed fundamentally and the international and global world has also certainly changed. "International" no longer means importing skills for planning and building, but exporting, providing knowledge and experience from a national project for everyone. Strangeness and familiarity are no longer just geographically separate spheres.

If the expression "paradigm shift" is fitting anywhere, then it is most fitting in connection with the "International – Building – Exhibitions". No single constituent of these words can carry their former informational content into the future. The IBA itself as a whole, as the distinctive hallmark of German building culture, is to a great extent in need of transformation and must be reinvented or at least rediscovered. The future of building exhibitions is thus shown to be uncertain, open. The possibility of simply stretching the 100-year thread of building exhibitions into the new century would seem to be excluded. Too much has changed and too much is still changing.

International building exhibitions were exceptional spaces and in terms of the history of their development also highly improbable; they were synergetic contractions of energy, money and concentration with the goal of making the extraordinary possible. The synergetic forces evolved on two levels: they linked building in the broadest sense with the exhibition on the one hand, also linking both real and presentation processes. That cities present and represent themselves through their architecture is not unusual. That they transparently and openly design the processes of city and landscape development, while at the same time turning them into international workshops, is a cultural achievement of particular significance. On another level there were the "clamps" of science, politics, business and art. This was the second great cultural achievement. The building exhibitions were designed as large holistic projects and as holistic projects they produced innovations. The "clamps" were fastened with varying degrees of tightness and were differently constructed from exhibition to exhibition. Urban planning visions, scientific research, the commercial and political will to organise, and artistic forces have always combined in an attempt to create symbiotic connections. Concentrating such different systems of politics, business, science and culture on collective, large and convincing development ideas for space and on defining an innovation-friendly, real space for experiment – can this attempt succeed even temporarily today? Who creates the conditions for large projects to be realised and the correspondingly large coalitions of interests that are widely accepted among the general public? How likely is it that desirable or necessary strategies for the spatial development of a city, an urban landscape, a landscape, or a region could be successfully linked with the actions of city marketing authorities

Zu Beginn des 21. Jahrhunderts drängen nun also diese aus unterschiedlichen Zusammenhängen und Interessen heraus im vorigen Jahrhundert entstandenen Ausstellungstypen in neue Entwicklungs- und Präsentationsformate. Sie alle wollen mehr und anderes sein als kurzfristige Events. Sie alle wollen Stadtlandschaften dauerhaft verändern. Sie wollen – natürlich – sämtlich auffallen, international wahrgenommen werden. Und sie verbinden sich miteinander: Gartenbau- und Städtebauausstellungen suchen zunehmend den gemeinsamen Schulterschluss, wie aktuell die Internationale Bauausstellung Hamburg und die Internationale Gartenschau Hamburg 2013. Deren gemeinsames Thema ist die Entwicklung – und auch der Schutz – einer Stadtlandschaft. Längst vorbei sind die Zeiten, in denen sich die Städtebauausstellung um das Bauen und die Gartenbauschau um Garten und Landschaft kümmerten. Zwei Formate suchen erkennbar einander. Eine Bundesgartenschau – der Nordsternpark in Gelsenkirchen – war bereits in den 90er Jahren Baustein einer Bauausstellung, der IBA Emscher Park.

Forum Produktdesign, Solingen (Umbau des ehemaligen Hauptbahnhofes; Architekt: Meinrad Ladleif, Kassel; REGIONALE 2006)   Forum Produktdesign, Solingen (conversion of the former main station; architect: Meinrad Ladleif, Kassel; REGIONALE 2006)

which normally focus on festivals and events? It is important that the city not be "staged" as an inconsequential event and that the real development of a space be put on an international "stage", allowing it to be regarded as experimental and thus attracting local and even international attention. Do politics, enterprise, science or the arts have the staying power to not only formulate long-term strategic goals, but to entrust them to a special organisation in the form of a development company, whose time horizon would in part far exceed those of legislative and balance periods, scientific projects and artistic actions?

These questions seem almost rhetorical, they practically answer themselves: in the negative. The following considerations attempt to provide a positive answer. Building exhibitions have a future, or rather, a future that they can only win if they transform themselves.

The transformation of building exhibitions

Transformation can only occur if you manage to keep an eye on the situation as a whole. This is not easy, because building exhibitions move in an environment that is itself in motion. Few things are currently mutating as strongly as cities' and regions' profiling of themselves in national and global competition. The instruments of this competition for attention are also being transformed. The future role of building exhibitions must therefore be defined in a relational examination with related forms of presentation. The big art exhibitions that really change a city – such as Munster with its sculpture exhibition, in contrast to the documenta in Kassel or the Architecture Biennales in Venedig, Rotterdam und Sâo Paulo – the regular regional, national and international horticultural shows and the European Capitals of Culture – all tend to become detached from their historical functions as pure exhibitions of art, as pure presentations of horticulture, or as a mere backdrops for cultural events. They are all increasingly about sustainable effects, effects; that are no longer

one-dimensional, but are multi-layered and integrative. More and more real transformation processes regarded as permanent for the city as a whole – which urban development exhibitions have always been – have developed in the transition to our century out of the shows, trade fairs, cultural events and industrial exhibitions of professions, trades and groups designed to be temporary. Whether in art, culture, urban planning, landscaping, horticulture, technology or business exhibitions, nobody wants to cater to just one sector any more; everyone is looking for multi-dimensionality.

At the beginning of the 21st century, these exhibition types, arising from a range of various contexts and interests in the previous century, pressed forward in new developmental and presentation formats. They all want to be more and anything other than short-term events. They all want to permanently change urban landscapes. They all want of course, to stand out, to be noticed internationally, and they are linked to each other.

Garden shows and urban development exhibitions are increasingly looking for ways to join forces, as the Internationale Bauausstellung Hamburg and the Internationale Gartenschau Hamburg 2013 are currently doing. Their joint topic is the development and protection of an urban landscape. The time when an urban development exhibition was only about building and a horticultural show was just about the garden and landscape is long since over. Two formats are evidently moving towards each other. The Bundesgartenschau (German Federal Garden Show) at Nordsternpark in Gelsenkirchen already formed the basic building block of a building exhibition in the '90s, the IBA Emscher Park.

The European Capital of Culture Ruhr 2010 would be inconceivable without the preparatory IBA Emscher Park. The IBA laid the foundations for Ruhr 2010. The extent to which they are growing together in terms of their concept is highlighted by the fact that as this "building" exhibition neared its end, shortly before the turn of the century, it dedicated itself increas-

Die Europäische Kulturhauptstadt Ruhrgebiet 2010 ist ohne die vorlaufende IBA Emscher Park nicht denkbar. Die IBA legte das Fundament für Ruhr 2010. Wie stark beide konzeptionell zusammenwachsen, wird darin deutlich, dass sich die „Bau"-Ausstellung gegen Ende ihrer Laufzeit kurz vor der Jahrhundertwende immer stärker der Frage widmete, wie sich der Strukturwandel sinnlich erfahrbar „ausstellen" ließe, während sich Ruhr 2010 mit dem Titel „Wandel durch Kultur – Kultur durch Wandel" umgekehrt in der Verantwortung sieht, dauerhafte Spuren auch baulicher und infrastruktureller Art zu legen: Weg vom Einmal-Event, weg von Sparten- und Sektorenpolitik und weg vom reinen Ausstellen der Ruhr-Stadt.

Stadt-Ausstellungen gleich welcher Art und welcher Ursprungs-Zielsetzung konvergieren also in Strategien und Verfahren. Damit werden die unterschiedlichen Instrumente und Formate zwar nicht austauschbar oder gar beliebig. Aber offenkundig wird, dass das angefangene Jahrhundert mit einer Form neuer Planungskultur schwanger geht, die die Entwicklung und Präsentation großer Projekte im Verhältnis unterschiedlicher Formate zueinander auf der Höhe der Zeit neu zu definieren hat.

Um ihrer Zukunft willen müssen sich Bauausstellungen also neu entdecken, vielleicht gar neu erfinden. Sie werden gebraucht, aber sie werden in einer Zeit und für eine Zeit gebraucht, die eine andere ist als die von Großherzogen, Kalten Kriegen, Wachstumsvorstellungen, nationalen Souveränitäten, industriegesellschaftlichen Parametern und kulturellen Identitäten. Sie werden gebraucht als gesellschaftlich gewollte und verantwortete Experimentierräume im Übergang aus einer nicht mehr industriell geprägten Gesellschaft in wirtschaftlich, sozial und kulturell komplexere, transnationale und ökologisch labile Verhältnisse. Bauausstellungen haben Zukünfte, lokale und globale – gerade in deren Beziehung zueinander: Auf ihnen beobachtet die europäische Gesellschaft sich selbst anhand konkreter, beispielhafter Projekte wie auf einer Bühne – sie lernt.

Die „Europäische Stadtausstellung"

Wer den legitimen internationalen Präsentationsdrang von Städten und Regionen systematisch für nachhaltige Innovationen in Stadtentwicklung nutzen will, wer solche Innovationen nicht nur in Büchern und Vorlesungen sucht, sondern reales Anschauungsmaterial braucht und wer dazu Experimentierräume in Städten und Regionen benötigt, der darf nicht zuallererst an Zertifizierungen, Reglementierungen und Standardisierungen denken; eine IBA-Bürokratie wäre das Schrecklichste, das man sich vorstellen kann. Er muss vielmehr Luft schaffen für Neues in einem verlässlichen Entfaltungsrahmen. Dieser Rahmen kann nur ein europäischer sein.

Europa ist der Kontinent der Städte. Vielleicht die größte Kulturleistung Europas ist die Stadt. Die europäische Stadt ist eines der größten Pfunde, mit dem Europa international wuchern kann. Global gesehen aber ist angesichts der immensen Herausforderungen von Klima, Bildung, Energie, Migration und Gesundheit die europäische Stadt als Modell nur überlebensfähig, wenn sie sich nicht als großes, altes Museum, sondern als permanenter Transformationsraum mit dem Angebot exemplarischer Lösungen für alle wichtigen Themen der Stadtentwicklung versteht. Die innovative europäische Stadt – dies wäre der Gegenstand, für den die Europäische Union einen Rahmen zu schaffen hätte, streng nach dem Prinzip der Subsidiarität. Innovationen entstehen nämlich auf zweierlei Weise: von „unten", aus den Städten und Regionen heraus, wenn lokaler Handlungsdruck entsteht und sich treibende Kräfte finden; aber auch von „oben", nicht durch Anordnung, sondern durch Wettbewerb. Wer wissen will, welche Innovationen europäische Wettbewerbe auslösen können, sollte sich die Prozesse ansehen, die zur Auswahl der Europäischen Kulturhauptstädte führen. Beide Wege zu einer „Europäischen Stadtausstellung" sollten durch die Europäische Union gestärkt werden, der von unten und der von oben.

Um ihrer Zukunft willen müssen sich Bauausstellungen also neu entdecken, vielleicht gar neu erfinden. Sie werden gebraucht, (...) als gesellschaftlich gewollte und verantwortete Experimentierräume im Übergang aus einer nicht mehr industriell geprägten Gesellschaft in wirtschaftlich, sozial und kulturell komplexere, transnationale und ökologisch labile Verhältnisse.

Thus, building exhibitions must rediscover themselves, perhaps even reinvent themselves, for the sake of their future. They are needed as socially desired and answerable experimental spaces in the transition from a society that is no longer predominantly industrial to more complex, trans-national, and ecologically unstable economical, social and cultural conditions.

ingly to the question of how the structural transformation could be made into an "exhibition" to be experienced through the senses. Ruhr 2010, with its motto "Transformation through culture – culture through transformation", conversely regards itself as responsible for leaving permanent constructional and infrastructural traces: moving away from the one-off event, away from divisional and sectoral politics, and away from being a simple "exhibition" of the Ruhr.

Urban exhibitions, regardless of their type and original goals, converge in their strategies and procedures. The different instruments and formats are not, however. interchangeable or arbitrary. It is apparent that with the new century, a new form of planning culture is emerging that must redefine the development and presentation of big projects in relation to the different up-to-date formats.

Thus, building exhibitions must rediscover themselves, perhaps even reinvent themselves, for the sake of their future. They are needed, but they are needed in a time and for a time, which is different from those of Grand Dukes, Cold Wars, ideas of growth, national sovereignties, socio-industrial parameters and cultural identities. They are needed as socially desired and answerable experimental spaces in the transition from a society that is no longer predominantly industrial to more complex, trans-national, and ecologically unstable economical, social and cultural conditions. Building exhibitions have a future, local and global – precisely in their relationship with each other. At building exhibitions European society examines itself using concrete, exemplary projects presented as if on stage – it is learning.

The "European urban exhibition"

Whoever wants to systematically use cities' and regions' legitimate drive to present themselves internationally to achieve sustainable innovations in urban development, whoever seeks such innovation not only in books and lectures, but needs real illustrative material, whoever needs experimental spaces in cities and regions

to achieve all this, should not first and foremost think in terms of certification, regimentation and standardisation. An IBA bureaucracy would be the worst outcome imaginable. Instead, space must be created for the new within a reliable development framework. This framework can only be a European one.

Europe is the continent of cities. Europe's greatest cultural achievement may well be the city. The European city is one of the greatest resources that Europe can exploit internationally. From a global point of view however, and in view of the immense challenges of climate, education, energy, migration and health, the European city as model can only survive if it sees itself not as a big, old museum, but as a permanent space for transformation, offering exemplary solutions for all the important urban development issues. The innovative European city is the object for which the European Union must create a framework in strict accordance with the principle of subsidiarity.

Innovations develop in two ways: from "below", from cities and regions where local pressure to act develops and driving forces converge; but also from "above", not by decree, but through competition. Those who want to know what innovation could be generated by European competition should examine the processes leading up to the selection of the European Capital of Culture. Both journeys towards a "European urban exhibition", "from below" and "from above", should be strengthened by the European Union.

Towards a European urban exhibition "from below"

A city, a region, that links a real development process with an international need to present itself and wants to make the promise to create an exemplary space for experimentation, whether it is called "IBA", "IGS", "European Capital of Culture", "REGIONALE", "Wissenschaftsstadt" or something else, should be promoted, but should at the same time be subject to a canon of mandatory quality and process criteria.

Der Weg von unten zur Europäischen Stadtausstellung

Eine Stadt, eine Region, die einen realen Entwicklungsprozess mit einem internationalen Präsentationsanspruch verbinden und mit dem Versprechen versehen will, einen exemplarischen Experimentierraum zu schaffen, gleich, ob das Kind nun IBA, IGA, Europäische Kulturhauptstadt, REGIONALE, Wissenschaftsstadt oder sonstwie heißt, sollte gefördert werden, sich aber zugleich einem Kanon verbindlicher Qualitäts- und Verfahrenskriterien unterwerfen. Solche Kriterien wären beispielsweise:

- kein reines Event, sondern Nachhaltigkeit
- Experimentierfreude
- internationale Transparenz
- Organisation von internationalem Wissenstransfer
- Offenlegung von öffentlicher und privatwirtschaftlicher Verantwortung
- Ermöglichung von exemplarischen Innovationen
- Evaluierung nach einheitlichen Maßstäben

Stadtausstellungen von europäischem Format sind danach also nicht:

- Stadtfeste, Festivals
- strukturpolitische Normalität
- thematische Normalität
- normale Kooperationsformen und Netzwerke
- Architekturbiennalen ohne reale dauerhafte Investitionen
- Kulturhauptstädte als reine Veranstaltungsplattformen
- Weltausstellungen ohne nachhaltige Effekte

Die Größe einer „Ausstellung" oder das Investitionsvolumen sollten nie entscheidend sein. Ebenso sollte unbedeutend sein, ob öffentliche oder private Finanzmittel eingesetzt werden. Ob das Bauen im Vordergrund steht oder eine eher periphere Rolle bei Entwicklungsmaßnahmen spielt, auch dies sollte nicht ausschlaggebend sein.

Der Weg von oben zur Europäischen Stadtausstellung

Die großen Themen drängen: Klima, Energie, Bildung, Integration und Identität. Alle Themen sind städtische Themen. In den Städten entscheidet sich die Zukunft der europäischen Gesellschaft. Die Europäische Union sollte daher – etwa in analoger Nutzung des Verfahrens zur Bestimmung einer Europäischen Kulturhauptstadt – Wettbewerbe ausschreiben: thematische, etwa für Energieeffizienz, den Umgang mit Wasser, für Gesundheit, für Bildung, für Ausbildung und Qualifikation, für Migration und Integration, oder räumliche, etwa für Grenzlandschaften, um den gemeinsamen Umgang mit unterschiedlichem Recht und unterschiedlichen Managementkulturen einzuüben. Nordrhein-Westfalen hat seit dem Jahr 2000 in bisher vier regionalen Ausstellungen – genannt „REGIONALE" – erste tastende Versuche in diese Richtungen unternommen. Alle REGIONALEN wurden in einem aufwändigen Wettbewerbsverfahren ermittelt. Alle haben sich als offene Laboratorien mit einem Export von Erfahrungen und Wissen in andere Regionen hinein organisiert. Und alle unterwarfen sich einer gründlichen Evaluierung.

Die erste REGIONALE 2000 in Ostwestfalen hat bemerkenswerte nachhaltige Effizienzeffekte bei Verwaltungsentscheidungen ermöglicht. Die EUROGA 2002plus in Düsseldorf/Mittlerer Niederrhein hat ein neues System von Landschafts- und Gartenräumen hinterlassen. Mit der REGIONALE 2004 im Münsterland wurde eine Kulturlandschaft wieder in Wert gesetzt. Und die REGIONALE 2006 im Bergischen Land hat dauerhafte Kooperationsformen von Region und mittelständischer Wirtschaft ermöglicht. Im Jahre 2008 wird sich die grenzüberschreitende EuREGIONALE Aachen/Lüttich/Maastricht präsentieren, die REGIONALE 2010 in der Region Köln/Bonn wird sich dem Themenkomplex „Stadt – Land – Rhein" widmen. Schon heute ist die nordrhein-westfälische REGIONALE ein praxiserprobtes und allseits geschätztes Instrument einer modernen nachhaltigen Stadtausstellung.

Die großen Themen drängen: Klima, Energie, Bildung, Integration und Identität. Alle Themen sind städtische Themen. In den Städten entscheidet sich die Zukunft der europäischen Gesellschaft.

Such criteria would be for example:
- it is not just an event, but is sustainable
- it is willing to experiment
- it entails international transparency
- it organises international knowledge transfer
- it discloses public and private enterprise responsibilities
- it makes exemplary innovation possible
- it is evaluated according to consistent standards

European format urban exhibitions are therefore not:
- urban festivals
- structural policy normality
- thematic normality
- normal forms of cooperation and networks
- Architecture biennales, without real, long-term investment
- Capitals of culture as pure event platforms
- World fairs without sustainable effects

The size of an "exhibition" and investment volumes should not be decisive and it should also be unimportant whether public or private financing is used. Whether the focus is on building or whether it plays a more peripheral role in development measures should also not be a crucial aspect.

Towards a European urban exhibition "from above"

The big issues are many and urgent: climate, energy, education, integration and identity. All of these are urban issues. The future of European society is being decided in cities. The European Union should therefore – using a procedure analogous to that of deciding on a European Capital of Culture – set up thematic competitions, for energy efficiency, water use, health, education, training and qualification, migration and integration; or spatial competitions dealing with border landscapes, to practise collective interaction with various legal systems and different management cultures. So far, North Rhine-Westphalia has made initial tentative attempts in this direction, holding four regional exhibitions called "REGIONALE" since 2000. All of them were allocated to several regions in an elaborate competition process, all were organised as open laboratories involving the export of experience and knowledge into other regions, and all underwent thorough evaluation.

The first REGIONALE in 2000 in East Westphalia made remarkable and sustainable efficiency effects in administrative decision-making possible. Two years later, the Düsseldorf/Central Lower Rhine REGIONALE EUROGA 2002plus resulted in a new system of landscape and park spaces. With the REGIONALE 2004 in Münsterland – "rechts und links der Ems" (on the right and left banks of the Ems) – a specific cultural landscape was restored to its former value. The 2006 REGIONALE in Bergisches Land gave rise to permanent forms of cooperation between the region and medium-sized businesses. The trans-national Aachen/Lüttich/Maastricht EuREGIONALE will be in 2008. The REGIONALE 2010 in the Cologne/Bonn region will be dedicated to the range of issues around "City – Country – Rhine".

The North Rhine-Westphalian REGIONALE is already a tried and tested and much-appreciated instrument of a modern, sustainable urban exhibition. There is much to be learned from the REGIONALE, even in Europe as a whole.

The big issues are many and urgent: climate, energy, education, integration and identity. All of these are urban issues. The future of European society is being decided in cities.

BRITTA PETERS
Kulturwissenschaftlerin und Kuratorin

Noch während ihres Studiums an der Universität Lüneburg zog Britta Peters 1995 mit ihrer Familie von St. Pauli nach Wilhelmsburg. Die günstige Miete für eine 200 Quadratmeter große Wohnetage im Turm einer ehemaligen Industrieanlage mit Rundumblick und Sonne zu allen Tageszeiten gab neben den guten Verkehrsverbindungen und den Reizen des Stadtteils den Ausschlag. Mittlerweile ist die Familie, um eine Person erweitert, ins Zentrum Wilhelmsburgs gezogen. Britta Peters hat im Jahr 2007 eine Ausstellung mit Kunst im öffentlichen Raum kuratiert, die von der Kulturbehörde Hamburg und der IBA Hamburg unterstützt wurde.

Was bedeutet es für Sie, hier in Wilhelmsburg Kunst zu präsentieren?
Es gab hier bisher wenig Kunst im öffentlichen Raum. Ich wollte deshalb eine ganze Bandbreite an Möglichkeiten dafür aufzeigen. Wir haben jetzt sechs verschiedene Positionen für die künstlerische Auseinandersetzung mit dem öffentlichen Raum für den „Wilhelmsburger Freitag" bestimmt. Jedes Kunstwerk funktioniert auf mehreren Ebenen. Da ist zunächst die Ebene des unmittelbaren Zugangs. Es gibt aber auch jeweils eine Mehrfachkodierung für ein kunstinternes Publikum. Ich finde es gut, wenn Leute aus dem Zentrum der Stadt kommen und damit die Qualität der Arbeiten würdigen, aber die erste Zielgruppe sind die Anwohner hier.

Die „Kirche des guten Willens" von Thorsten Passfeld hebt mit ihrem unbehandelten Holz ja auf eine sehr raue Ästhetik ab. Wird das unter den Anwohnern akzeptiert?
Die „Kirche" wird von den Nachbarn wirklich geliebt, von ein paar Lärmbeschwerden einmal abgesehen. Thorsten Passfeld hat fast zwei Monate 12 bis 14 Stunden am Tag bei Wind und Wetter daran gebaut. Das hat ihm sehr viel Respekt unter den Anwohnern eingebracht. Die „Kirche" hat einen sehr hohen kommunikativen Wert. Es kommen viele Leute und es wird über Vieles gesprochen: über das Viertel, über Kunst, darüber dass das Gebäude, nach all der Mühe, die es gekostet hat, es zu bauen, wieder verschwindet. Viele werden sie vermissen. Das war allerdings auch beabsichtigt. Die „Kirche" hinterlässt ein Vakuum, und die Leute merken, dass sie solche Orte der Kommunikation brauchen. Ein anderes Projekt der Gruppe „Oda Projesi" aus Istanbul und Nadin Reschke Kindlimann aus Berlin thematisiert Mauern, reale Mauern, aber auch solche in unseren Köpfen. Das ist ein klassisches partizipatorisches Projekt. Die Künstlerinnen haben die 15 mal 75 Meter große Fläche der Brandwand eines Parkhauses am Berta-Kröger-Platz zum Anlass genommen, um mit der Bevölkerung über Mauern zu sprechen. Die Wand ist so etwas wie ein blinder Fleck. Sie ist enorm groß, wird aber meist übersehen. Darüber haben sie mit den Leuten gesprochen und auch über Mauern im übertragenen Sinne. Bei „Oda Projesi" kommt das aus einer grundsätzlichen Beschäftigung mit dem Thema Raum in allen Dimensionen, von der architektonischen über die soziale bis zur kommunikativen. Dabei spielt die Mauer als Räume begrenzendes Element eine große Rolle. Mit einem VW-Bus sind sie durch verschiedene Viertel gefahren und haben mit den Einwohnern gemeinsam kleinere Arbeiten angefertigt. Eine der Künstlerinnen von „Oda Projesi" musste in Istanbul bleiben, weil sie ein Kind bekam. Sie hat alles über das Internet in einem Blog begleitet, so dass es auch einen Blick von außen auf das Geschehen in Wilhelmsburg gab.

Gab es auch den umgekehrten Blick nach Istanbul?
Ja, unter anderem deshalb habe ich „Oda Projesi" ausgewählt. Zum einen war es nahe liegend, gerade für ein partizipatorisches Projekt, Künstlerinnen einzuladen, die auch türkisch sprechen. Zum anderen und wichtiger noch war jedoch die Tatsache, dass „Oda Projesi" sich in ihrer Arbeit intensiv mit Prozessen der Gentrifizierung auseinandergesetzt haben. Sie waren selbst davon betroffen. Sie konnten ihren Projektraum in Galata wegen stark steigender Mieten nicht mehr halten.

Welche Erkentnisse leiten Sie aus den Projekten Ihrer Ausstellung für die Entwicklung von Wilhelmsburg ab?
Zunächst einmal möchte ich meine Arbeit nicht als eine Art Marketing für Wilhelmsburg interpretiert wissen. Man kann diesen Eindruck haben, weil wir sehr in den IBA Kunst & Kultursommer eingebunden waren, der ja wohl zur Bewerbung von Wilhelmsburg beitragen sollte. Mir ging es jedoch vor allem darum, gute Kunst zu zeigen und eine Ausstellung zu konzipieren, die die Bewohner hier anspricht. Sehr konkret ging diese Wirkung von Mandla Reuters Installation „Pictures" im dreizehnten Stock eines Wohnhauses in Kirchdorf-Süd aus. Sie bringt die Produkte der populär ausgerichteten Kulturindustrie in die Privatheit einer 50 Quadratmeter großen Wohnung. Die Kids aus der Umgebung haben sich bis zu sechs Mal den Simpsons-Film angesehen, der zur gleichen Zeit in allen großen Kinos lief. Ein Junge, den wir gebeten hatten, etwas aufzupassen, bot mir dann an, seinen DVD-Spieler und ein paar andere Filme aus der Videothek zu holen, um sie mit seinen Freunden gemeinsam anzuschauen. Das fand ich super. Das Projekt ist auf der kunstinternen Ebene sehr interessant und funktioniert auch ganz unmittelbar so, dass neue Ideen und Spaß an gemeinsamen Aktionen entstehen.

BRITTA PETERS
Cultural scientist and curator

In 1995, whilst still a student at the University of Lüneburg, Britta Peters and her family moved from St. Pauli to Wilhelmsburg. The low rent for a 200 m² apartment – one whole floor in the tower of a former industrial building with all-round views and all-day sunshine – were as appealing as the good traffic connections and the area's charms. Now the family, bigger by one, has moved to the centre of Wilhelmsburg. In 2007, Britta Peters was commissioned to curate an art exhibition in a public area, supported by Hamburg's Department of Culture and IBA Hamburg.

What does it mean to you to be presenting art here in Wilhelmsburg?
Before now, there was little in the way of art in the public area. So I wanted to show a whole bandwidth of possibilities for it. We have now chosen six different positions for artistic confrontation with the public area for the "Wilhelmsburg Friday". Every piece of art functions on a number of levels. The first is the level of the direct approach. But there is also a multiple coding for an art-internal audience. I think it's good if people come from the heart of the city to honour the quality of the work, but the primary target group is local residents.

There's a very coarse aesthetic to the untreated wood of the "Kirche des guten Willens" (Church of Good Will)" by Thorsten Passfeld. Do the local residents accept that?
The neighbours really do love the "Church"; with the exception of a few complaints about the noise. Thorsten Passfeld worked between 12 and 14 hours a day for two years and in all weathers on this piece. That earned him tremendous respect from the residents. The "Church" has a very high communicative value. Lots of people come to visit, and there is much discussion: about the quarter, about art, about the fact that the building, despite all the effort that went into it, is going to disappear again. A lot of people are going to miss it. But that actually was the idea. The "Church" will leave a vacuum, and people will realise that they need places of communication like it. Another project by the "Oda Projesi" group from Istanbul and Nadin Reschke Kindlimann from Berlin is about walls – real walls, but also the ones in our heads.
This is a classic participatory project. The artists used the 15 x 75 m area of the fire wall in a multi-storey car park on the Berta-Kröger-Platz to talk to the population about walls. The wall is something like a blind spot. Although it is vast, it is usually overlooked. They talked to people about that, and also about walls in a metaphorical sense. With "Oda Projesi", this derives from a fundamental occupation with the subject of space in all dimensions, from architectural and social to communicative. The wall plays a major part as a spatially limiting element. They drove through various quarters in a VW bus and created a number of small works with the residents. One of the "Oda Projesi" artists had to stay in Istanbul because she was about to give birth. But she wrote an Internet blog about the proceedings, so there was also an outside look at what was going on in Wilhelmsburg.

And was there also a reverse look towards Istanbul?
Yes, and that's one of the reasons why I chose "Oda Projesi". On the one hand it made sense, especially for a participatory project, to invite artists who also spoke Turkish. On the other - and more importantly - the work of "Oda Projesi" looked very closely at the processes of gentrification. They were affected by it themselves. They were unable to keep their project room in Galata because of escalating rents.

What have you learned from the projects in your exhibition that also applies to the development of Wilhelmsburg?
Well, first of all I don't want my work to be seen as a kind of marketing exercise for Wilhelmsburg. One could get this impression because we were closely linked to the IBA Summer of Art & Culture, which was intended to advertise Wilhelmsburg. But what I really wanted to do was show good art and create an exhibition that would appeal to the people who live here. This was very successful with Mandla Reuter's installation "Pictures" on the thirteenth floor of an apartment block in Kirchdorf-Süd. She placed products by the popularly aligned cultural industry in the privacy of a 50 m² apartment. Local kids watched The Simpsons movie, which was also being shown in all the major cinemas at the same time, up to six times. One lad, whom we had asked to keep an eye on things, then offered to get his DVD player and a few more films from the local video store so he could watch them with his friends. I thought that was great. The project is very interesting on an art-internal level, and directly leads to new ideas and pleasure in shared activities.

HARALD FALCKENBERG
Kunstsammler

Dr. Harald Falckenberg ist Geschäftsführer in einem mittelständischen Unternehmen, Vorsitzender des Hamburger Kunstvereins und leidenschaftlicher Sammler zeitgenössischer Kunst. Im Jahr 2001 mietete er für seine Sammlung stillgelegte Fabrikhallen der Phoenix-Werke im Zentrum Hamburg-Harburgs, die der Berliner Architekt Roger Bundschuh für die Lagerung und die Ausstellung der Kunstwerke umbaute. Mittlerweile hat Harald Falckenberg die Hallen und weitere Räume gekauft. Er lässt den Komplex aufstocken, sodass die Sammlung auch architektonisch im Stadtbild in Erscheinung treten wird. Eine „messianische Erwartung" verbindet er mit dem Sammeln aber nicht.

Herr Dr. Falckenberg, stört es Sie nicht, dass Harburg ein wenig abseits des Hamburger Zentrums liegt?

Eine Kunstsammlung muss nicht im Zentrum einer Stadt angesiedelt sein und meine Sammlung soll Menschen zugänglich werden, die sich darum bemühen. In Harburg, etwas abseits vom großen Getöse, geht es mir sehr gut. Wer dahin kommen will, muss sich etwas anstrengen und wer das nicht mag, muss ja nicht kommen. Mir gefiel das Umfeld, zumal der Standort aus Harburger Perspektive sehr nah und außerdem sehr gut angebunden ist. Zum Hauptbahnhof sind es nur fünf S-Bahn-Stationen.

Fühlen Sie sich als eine Art Pionier?

Nein, das ist mir völlig fremd. Ich mache meine Sache und fühle mich gut aufgehoben. Das ist alles. Ich habe ein Essay unter dem Titel „Kunstsammeln jenseits messianischer Erwartungen" geschrieben; mit einer Pionierstellung hat das wenig zu tun.

Meinen Sie nicht, dass Ihre Sammlung zu einem Anziehungspunkt in Harburg wird?

Nun gut, das denke ich schon. Man muss sich einer Führung anschließen, wenn man die Sammlung sehen will. Trotzdem haben wir immerhin um die 15.000 Besucher im Jahr. Ich bin auch sehr glücklich, dass meine Sammlung in einer alten Fabrik untergebracht ist, die ihre Ursprünglichkeit auch nach dem Umbau nicht verloren hat. Die meisten Künstler der Moderne haben ihre Kunst aus einer Auseinandersetzung mit sich und ihrer sozialen Umwelt heraus geschaffen, nicht aus einer Theorie oder einem schicken Lebensgefühl. Solche Zeugnisse habe ich schwerpunktmäßig gesammelt und die Fabrik bildet dafür einen idealen Rahmen.

Rücken Ihnen die IBA und die Aktivitäten im Zusammenhang des „Sprungs über die Elbe" nicht ein wenig zu sehr auf die Pelle?

Das würden sie vielleicht, wenn ich noch in gemieteten Räumen säße. Denn je mehr Begehrlichkeiten darauf gerichtet werden, umso mehr Angst hätte ich haben müssen, dass man mich dort hinauswirft. Aber nun habe ich das Gebäude gekauft und damit hat sich das Problem für mich erledigt. Ich habe damit 30 Prozent mehr Ausstellungsfläche, der Komplex wird derzeit umgebaut und um ein Geschoss aufgestockt. Bis April 2008 soll alles fertig sein und im Mai 2008 soll die Eröffnungsausstellung stattfinden. Dann sind es 6000 Quadratmeter Ausstellungsfläche und die Aufstockung leuchtet als farbiger Kubus über dem alten denkmalgeschützten Gebäude. Ich meine, dass der „Sprung über die Elbe" ein gutes Zeichen ist, weil man damit vor allem alte Grenzen überwindet, die in manchen Köpfen der Hamburger noch immer vorhanden sind. Hamburg und Harburg waren ja bis 1937 getrennte Städte.

Sie setzen architektonische Zeichen in Harburg. Wird die Kunst dort dann eine besondere Bedeutung bekommen?

Na, wir wollen mal sehen, was daraus wird, aber ich will es schon hoffen. Bedeutung entsteht ja nicht durch den Bau als solchen, sondern durch die Wertschätzung der Besucher. Der leuchtende Kubus mit einer Grundfläche von 20 mal 120 Metern kann schon zu einem der Wahrzeichen von Harburg werden. Meines Erachtens ist das attraktiv.

Meinen Sie auch Wilhelmsburg könnte Künstler reizen, sich dort anzusiedeln?

Künstler neigen dazu, dort hinzugehen, wo es wenig kostet und es trotzdem interessant ist. In Wilhelmsburg oder Harburg gibt es einige leer stehende Industriegebäude mit niedrigen Mieten. Das ist für viele interessant. Was noch fehlt, sind Attraktionen wie die Reeperbahn. Ich habe aber die Hoffnung, dass sich aus der multikulturellen Atmosphäre Harburgs so etwas wie eine Szene entwickelt. Dazu könnte auch die Phoenix-Stiftung beitragen.

Sind Künstler so etwas wie Raumpioniere?

Na ja, in New York ist das vielleicht so. In Hamburg hat das alles noch nicht stattgefunden, weil die Künstlerszene einfach nicht so ausgeprägt ist. Hier leben etwa 5000 Künstler, davon sind aber kaum hundert wirklich erfolgreich. Gute Kneipen machen Stadtteile schon populärer. Da muss sich Harburg noch ein wenig anstrengen, aber es gibt schon gute Ansätze wie bei mir in der Wilstorfer Straße. Man merkt, dass sich dort etwas tut und das zieht die Leute an. Harburg und Wilhelmsburg sind ein guter Motor für den Süden Hamburgs und Kunst ist da dann gut angesiedelt.

HARALD FALCKENBERG
Art collector

Dr. Harald Falckenberg is the managing director of a medium-sized company, chairman of the Hamburger Kunstverein (Hamburg Art Association), and a passionate collector of contemporary art. In 2001, he rented several disused factory halls belonging to the Phoenix-Werke in the heart of Hamburg-Harburg for his collection, which Berlin architect Roger Bundschuh then converted to house and exhibit his works of art. Harald Falckenberg has now bought the halls and a number of other rooms. He is having the complex extended so that the collection will also have an architectural presence in the overall appearance of the town. However, he does not associate collecting with any kind of "messianic expectation".

Dr. Falckenberg, does it bother you at all that Harburg is some distance away from the centre of Hamburg?
An art collection does not have to be based in the centre of a town, and my collection should be accessible to people who are prepared to make the effort to see it. I like it in Harburg, away from the main bustle and noise. Those who want to go there have to put a little thought into it – and those who can't be bothered don't have to. I like the setting, especially as the location, from the Harburg perspective, is actually very close and has excellent connections. There are only five S-Bahn stops to the main railway station.

Do you feel like something of a pioneer?
No, not at all. I do what I do, and I like where I am. That's all. I have written an essay entitled "Kunstsammeln jenseits messianischer Erwartungen" (collecting art without any messianic expectations), and that has little to do with a pioneering attitude.

Don't you think your collection is going to become a Harburg attraction?
Well, yes; I certainly think so. You have to join a guided tour if you want to see the collection. Yet we have about 15,000 visitors a year. I am also delighted that my collection is housed in an old factory that lost nothing of its originality after it had been converted. Most artists of the modernity create their art out of a confrontation with themselves and their social environment, and not from a theory or some chic attitude to life. I have focused on collecting such testimonies, and the factory is the perfect setting for them.

Do the IBA and the activities associated with the "leap across the Elbe" perhaps get a little close for comfort sometimes?
Well, they might if I were still in rented accommodations. The more desire and interest there were in the premises, the more I would have to worry about being thrown out. But now I have bought the building, so the problem is solved. It has increased the exhibition space by 30 percent, while the complex is currently being extended and a storey added. The work should be completed by April 2008, and the opening exhibition is due to take place in May 2008. There will be 6,000 m² of exhibition area, and the added storey will be a glowing cube that shines across the old listed building. I think that the "leap across the Elbe" is a good sign, especially because one then crosses the old boundaries that continue to exist in some Hamburg heads in particular. After all, Hamburg and Harburg were separate towns until 1937.

You are making an architectural mark in Harburg. Does this mean that art will then have a special meaning there?
Well, let's wait and see what happens, but I would certainly hope so. After all, importance is not created by a building as such, but by the appreciation of the visitors. The glowing cube, which measures 20 by 120 metres, could indeed become one of Harburg's landmarks. To me that is a good thing.

Do you think Wilhelmsburg could also appeal to artists and encourage them to settle there?
Artists tend to go where living is cheap and life is interesting. There are several empty industrial buildings with low rents in Wilhelmsburg and Harburg. Those will appeal to lots of people. What are now needed are attractions such as the Reeperbahn. But I have hopes that the multicultural ambience in Harburg will result in some kind of "scene". The Phoenix Trust could help in this.

Are artists a little like space pioneers?
Well, they might be in New York, but that hasn't happened yet in Hamburg because the art scene simply is not as established. There are about 5,000 artists here, but less than a hundred of them are truly successful. Good pubs make some parts of the city more popular than others. Harburg still has to put some effort into it, but there have been some good approaches, such as in my case and the Wilstorfer Strasse. It's obvious that things are happening there, and that attracts people. Harburg and Wilhelmsburg act as an engine for the south of Hamburg, and so they're good places for art to establish itself.

IBA at WORK

Vorschau auf die Projekte der Internationalen Bauausstellung Hamburg

Outlook on the Projects of the Internationale Bauausstellung Hamburg

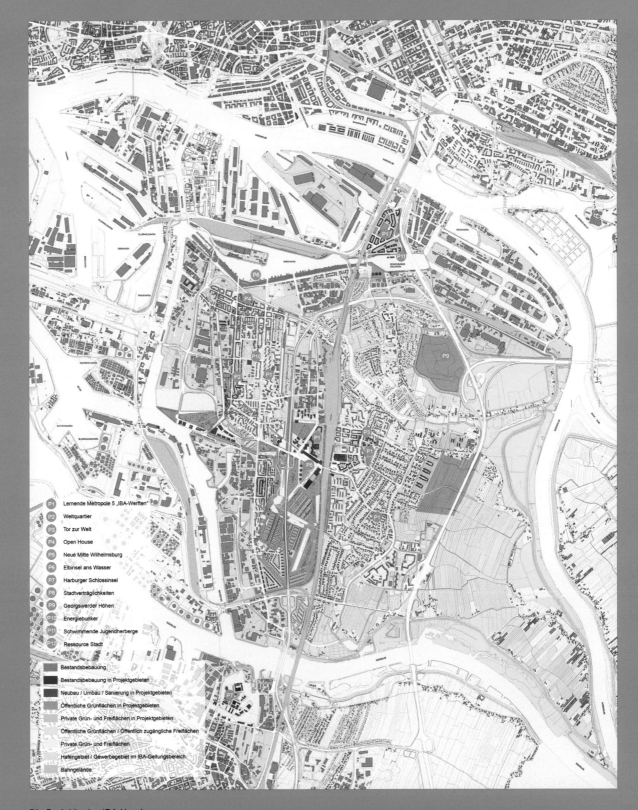

P1 Lernende Metropole 5 „IBA-Werften"

P2 Weltquartier

P3 Tor zur Welt

P4 Open House

P5 Neue Mitte Wilhelmsburg

P6 Elbinsel ans Wasser

P7 Harburger Schlossinsel

P8 Stadtverträglichkeiten

P9 Georgswerder Höhen

P10 Energiebunker

P11 Schwimmende Jugendherberge

P12 Ressource Stadt

Bestandsbebauung

Bestandsbebauung in Projektgebieten

Neubau / Umbau / Sanierung in Projektgebieten

Öffentliche Grünflächen in Projektgebieten

Private Grün- und Freiflächen in Projektgebieten

Öffentliche Grünflächen / Öffentlich zugängliche Freiflächen

Private Grün- und Freiflächen

Hafengebiet / Gewerbegebiet im IBA-Geltungsbereich

Bahngelände

Die Projekte der IBA Hamburg
Projects of the IBA Hamburg

Kosmopolis – Entwürfe für eine internationale Stadtgesellschaft

Cosmopolis – Concepts for an International Urban Society

Lernende Metropole – Eine Bildungsoffensive für die Elbinseln

Bildung ist ein Schlüssel für gesellschaftliche Integration und erfolgreiche Stadtteilentwicklung. Das Querschnittsprojekt will eine Brücke zwischen den sozialen Schichten und unterschiedlichen Kulturen der Metropole bauen. In fünf „IBA-Werften" werden regionale zukunftsweisende Bildungsprojekte entstehen. Die Sprachförderung soll ausgebaut, das Niveau der Schulabschlüsse soll angehoben und die Vielfalt der Bildungsangebote soll besser aufeinander abgestimmt werden. Zudem sind neue Angebote für Lebenslanges Lernen und für kulturelle Bildung geplant.

Learning metropolis – a campaign for better education for the Elbe Islands

Education is the key to social integration and successful urban development. THe cross-sectional project aims to build a bridge between the various social strata and cultures of the metropolis. Regional future-orientated education projects will be created in five "IBA shipyards". Language development is to be encouraged, the level of school leaving certificates improved, and the variety of education offers better matched. There are also plans for new life-long learning and cultural education offers.

Weltquartier – Modellprojekt für integratives Wohnen

Im Weltquartier leben 1500 Menschen aus 30 Nationen in den 820 Wohnungen der städtischen Wohnungsbaugesellschaft SAGA/GWG. Die sanierungsbedürftigen Wohnungen sollen unter Berücksichtigung von kulturspezifischen Wohnvorstellungen umgebaut und ergänzt werden. Die Anforderungen der Bewohner werden mit Hilfe von mehrsprachigen Heimatforschern ermittelt. Das neuartige Beteiligungsverfahren zeigt, wie eine Planungsbeteiligung bei einer stark internationalen Bewohnerschaft erfolgreich angewendet werden kann. Die Ergebnisse des Beteiligungsverfahrens werden in einem interdisziplinären Entwurfsworkshop weiter entwickelt und bis 2013 realisiert.

Global Quarter – model project for integrative living

Fifteen hundred people from 30 nations live in the 820 apartments belonging to the SAGA/GWG housing society in the Global Quarter. These apartments are all in need of refurbishment and extension, and this should involve the ideas and needs of the various cultures. Residents' requirements will be established by multilingual local historians. This innovative participation scheme demonstrates how to successfully include a highly international group of residents in the planning stage of such projects. The results of this participation will be developed further in an interdisciplinary design workshop and implemented by 2013.

Tor zur Welt – Bildung für das ganze Quartier

Ein Stadtteil, der auch für Familien attraktiv sein
möchte, braucht gute Bildungseinrichtungen.
Eine neue Art der Wissensvermittlung erfordert
auch eine neue Architektur. Im Wilhelmsburger
Bahnhofsviertel schließen sich Kindertagesstätten, Schulen und soziale Einrichtungen
zusammen. Nach Plänen, die in einem zweistufigen Wettbewerb zum Bau einer „Schule der
Zukunft" entwickelt werden, soll ein ganztägig
geöffnetes Bildungszentrum für die ganze Familie entstehen, ein „Tor zur Welt".

**Gateway to the world – education for the
whole quarter**

If an area is to appeal to families, it needs to
offer good educational facilities. New ways of
imparting knowledge need a new architecture.
Child day-care centres, schools and social facilities in the quarter surrounding the Wilhelmsburg station are cooperating. According to
plans that are being developed in a two-stage
competition to build a "school of the future", an
all-day centre of family learning is being established – a "Gateway to the world".

**Open House – Nachbarschaftliches Wohnen
im Reiherstiegviertel**

Gemeinsam die Nachbarschaft planen – das
ist das Programm des Projekts „Open House".
Die Baugemeinschaft Schipperort und die
Stadterneuerungsgesellschaft (Steg) bauen 50
bis 60 Wohnungen auf einer Brachfläche am
Ernst-August-Kanal. Flexible Wohnformen mit
Gemeinschaftsräumen sowie Lofts zum Wohnen
und Arbeiten sind Angebote, die den vielfältigen
Wohn- und Arbeitsbedürfnissen dieser neuen
Zielgruppe gerecht werden. Die IBA Hamburg
lobt ein konkurrierendes Gutachterverfahren
aus, dort sollen fünf Teams erste Entwürfe
zeigen.

**Open House – neighbourly living in the Rei-
herstieg quarter**

Planning the neighbourhood together is what
"Open House" is all about. The Schipperort
building association and urban development
company (Steg) are going to build 50 to 60
apartments on brownfields near the Ernst-
August canal. The offers include flexible living
spaces with communal areas as well as lofts for
living and working that will meet the diverse
living and working conditions of this new target
group. The IBA Hamburg is advertising a competitive tender in which experts are to judge the
initial designs of five teams.

Weitere Projektideen:
· **Cities4All**
· **Veringhöfe**

Further project ideas:
· **Cities4All**
· **Veringhöfe**

Metrozonen – Entwürfe für die Gestaltung der inneren Stadtränder

Metrozones – Concepts for the Development of the Inner Edges of the City

Stadtverträglichkeiten

Die Elbinsel bietet Raum für zusätzliche Einwohner. Vorhandene und zukünftige Wohnstandorte befinden sich teilweise in enger Nachbarschaft zu Autobahnen, Schnellstraßen, Eisenbahntrassen oder zum Hafen mit seiner rund um die Uhr geschäftigen Containerwirtschaft. Wie kann man hier trotz Verkehr und Lärm neue Wohn- und Freiräume schaffen? Das Querschnittsprojekt „Stadtverträglichkeiten" will intelligente städtebauliche und landschaftsplanerische Lösungen erproben, innovative Lärmschutzmaßnahmen entwickeln und neuartige Rechtsinstrumente überprüfen, um Antworten auf diese Frage zu finden. Das Ziel ist ein Miteinander von Hafen und Stadt - mitten in der Metropole.

City compatibilities

The Elbe Island measures more than 26 km², providing plenty of space for more residents. Some current and planned residential areas are close to motorways and dual carriageways and/ or major railway routes, as well as the harbour with its 24-hour container industry. So how can new living and leisure areas be created here despite the noise and traffic? The aim of the cross-sectional project "City compatibilities" is to test intelligent urban and landscaping solutions, develop innovative noise protection measures and check new legal instruments to find answers to this question. The aim is to achieve togetherness between harbour and city - in the heart of the metropolis.

Neue Mitte Wilhelmsburg

Das geografische Zentrum der Elbinsel tritt noch als „Niemandsland" zwischen Verkehrsschneisen in Erscheinung. Dieser „innere Stadtrand Wilhelmsburgs" soll neben einem wichtigen Behördenbau und einem schiffbaren Wasserweg einen im Rahmen der Internationalen Gartenschau Hamburg 2013 geplanten „Volkspark neuen Typs" erhalten und der Mitte Wilhelmsburgs ein neues Gesicht geben. Sport-, Wellness- und Freizeitangebote, Kleingärten und Wasserläufe bieten künftig jedem Anwohner einen Anreiz zur Adaption dieser künstlichen Landschaft.

New centre of Wilhelmsburg

The geographic centre of the Elbe Island is still something of a "no man's land" between traffic swaths. Along with the construction of a major new office building and a navigable waterway, this "inner edge of Wilhelmsburg" is to be given a proposed "new type of public park" as part of the planning process for the International Garden Exhibition Hamburg in 2013, and to give the centre of Wilhelmsburg a new look. In the future, there will be sports, wellness and leisure offers; allotments and watercourses to encourage residents to utilise this artificial landscape.

Elbinsel ans Wasser

Noch trennt der kilometerlange Zollzaun des Freihafens die BewohnerInnen und BesucherInnen Wilhelmsburgs vom Spreehafen. Die Internationale Bauausstellung Hamburg will das Hafenbecken mit der größten Hausbootcommunity Hamburgs zugänglich machen. Durch landschaftsgestalterische und städtebauliche Maßnahmen soll Wilhelmsburg insgesamt besser mit der umgebenden Hafenlandschaft verbunden werden.

Elbe Island near the water

As yet, the kilometre-long customs fence around the free harbour separates Wilhelmsburg's residents and visitors from the Spree harbour. The Internationale Bauausstellung Hamburg wants to open up the harbour basin with Hamburg's biggest houseboat community. A number of landscaping and urban development measures are to connect Wilhelmsburg more successfully with the surrounding harbour landscape.

Harburger Schlossinsel

Auf der Harburger Schlossinsel ist die Diskrepanz zwischen Historie und Gegenwart enorm: Das Areal der einst herrschaftlichen Residenz wird heute von Gewerbe- und Hafenbetrieben, von Lager- und Brachflächen geprägt. Künftig soll der historischen Struktur wieder mehr Beachtung geschenkt und eine neue Parkanlage geschaffen werden. Auch die Überreste der ehemaligen Schlossanlage sollen wieder stärker in den Mittelpunkt rücken. Ein innovatives Wohn- und Arbeitsquartier soll den aufstrebenden High-Tech-Standort des Harburger Binnenhafens zusätzlich beleben.

Harburg Castle Island

There is a tremendous discrepancy between the past and present of Harburg Castle Island: the area of this former imperial residence is today dominated by commercial and harbour operations, warehousing and brownlands. More attention is to be paid to the historic structure in the future, and a new park created. Once again, the focus will be on the remains of the former historic castle. An innovative living and working district will also add life to the burgeoning high-tech location of Harburg's inner harbour.

Weitere Projektideen:
· **Neue Hamburger Terrassen**
· **Reiherstiegpark**
· **Experimente auf der Insel**
· **Wilhelmsburger Hof**

Further project ideas:
· **New Hamburg Terraces**
· **Reiherstiegpark**
· **Experiments on the island**
· **Wilhelmsburger Hof**

Stadt im Klimawandel – Entwürfe für eine nachhaltige Metropole

City under Climate Change – Concepts for a Sustainable Metropolis

Ressource Stadt

Das Querschnittsprojekt setzt sich das Ziel der Klimaneutralität aller IBA-Maßnahmen und Projekte. Durch eine Kombination von Maßnahmen zur Erzeugung erneuerbarer Energie (Entwicklung und Nutzung der vor Ort verfügbaren „Wilhelmsburger Energiequellen"), zur Reduzierung des Energieverbrauchs und zur Steigerung der Energieeffizienz soll das Ziel einer klimaneutralen IBA und der klimaverträglich wachsenden Stadt erreicht werden – hin zu einer klimaverträglichen Metropole, die wächst, ohne die Umwelt zusätzlich zu belasten.

Resource city

The aim of the cross-sectional project is to achieve climate neutrality of all IBA measures and projects. A combination of measures for the production of renewable energy (development and use of the locally available "Wilhelmsburg energy sources"), for the reduction of energy consumption and to increase energy efficiency are intended to render the IBA climate-neutral and help the city to grow without harming the climate resulting; in a climate-friendly metropolis that will grow without additionally burdening the environment.

Georgswerder Höhen

Der sanierte und begrünte, 40 Meter hohe Müllberg birgt ein großes und vielfältiges Potential zur Erzeugung erneuerbarer Energien: Windenergie (Repowering), Sonnenenergie (10.000 Quadratmeter Photovoltaikanlage), Deponiegas (thermische Nutzung des entstehenden Deponiegases), Geothermie (zur Erzeugung von Raumwärme), Biogas (Nutzung der Biomasse des Wiesenschnittes). Allein mit der Realisierung der geplanten Projekte zur Stromerzeugung aus Wind- und Sonnenenergie können mindestens 2000 private Haushalte mit Strom versorgt werden. Für die Umsetzung des Konzeptes der „Wilhelmsburger Energiequellen" hat das Projekt beispielhaften Charakter.

Georgswerder Höhen

The refurbished and landscaped 40-m-high landfill mound offers significant and diverse potential for the production of renewable energies: wind energy (repowering), solar energy (10,000 m² photovoltaic system), landfill gas (thermal utilisation of landfill gas), geothermal energy (for the production of room heating), biogas (utilisation of the biomass from grass cuttings). Just the realisation of the planned projects to produce electricity from wind and solar energy alone could provide the electricity for at least 2000 private households. The project is exemplary of the implementation of the concept of the "Wilhelmsburg energy sources".

Energiebunker

Der 40 Meter hohe Wilhelmsburger Flakbunker, eine Landmarke der Elbinsel, soll als „Energiebunker" zum ökologisch-technischen Referenzobjekt umgebaut werden. 2000 Quadratmeter Sonnenkollektorfläche und ein Gas- und Holzhackschnitzelkessel könnten das nahe „Weltquartier" mit Energie versorgen. Nach der bautechnischen Sanierung des Bunkers steht ein 48.000 Kubikmeter großer Innenraum für Veranstaltungen zur Verfügung.

Energy bunker

The 40-m-high Wilhelmsburg Flakbunker, a landmark of the Elbe Island, is to be converted into an "energy bunker" and turned into an ecological-technical reference object. A solar collector area of 2000 m² and a gas and wood chip boiler could supply the energy for the nearby "Global quarter". The structural refurbishment of the bunker will produce a 48,000 m³ interior room for events and functions.

Schwimmende Jugendherberge

Im Müggendorfer Zollhafen, nahe dem Auswanderermuseum „Ballinstadt", soll Deutschlands erstes schwimmendes Jugendherbergsgebäude vor Anker gehen. Schwimmende Gebäude sind eine mögliche Antwort auf höhere Sturmfluten, die als Folge des Klimawandels befürchtet werden müssen. Das Gebäude wird außerdem zum Exponat innovativer Bau- und Energiespartechnologien: Ein besonders effizientes Heizungssystem und eine moderne Lüftungsanlage reduzieren durch Wärmerückgewinnung den Energieverbrauch.

Floating youth hostel

Germany's first floating youth hostel is to be anchored in Müggendorf's custom harbour, close to the "Ballinstadt" museum of emigrants. Floating buildings are one possible solution to the higher storm tides that could be expected with global warming. The building will also exhibit innovative construction and energy-saving technologies: a highly efficient heating system and a modern ventilation system reduce energy consumption by heat recovery.

Weitere Projektideen:
· **Klimahäuser Haulander Weg**
· **Kirchdorfer Wiesen**

Further project ideas:
· **Climate-friendly houses on Haulander Weg**
· **Kirchdorf meadows**

Aktuelle Informationen Current information: www.iba-hamburg.de

Autoren Authors

Olaf Bartels
* 1959, Dipl.-Ing. Architektur (Studium an der Hochschule für bildende Künste Hamburg). Architekturhis-
toriker und -kritiker. Buch- und Zeitschriftenpublika-
tionen sowie Forschung zur Architektur-, Stadt- und
Stadtbaugeschichte. Lebt in Hamburg und Berlin.
* 1959, Dipl.-Ing. Architektur (architecture graduate)
– studied at the Hochschule für bildende Künste (College of Fine Art) in Hamburg. Architectural historian
and critic. Book and magazine publications and
research into architecture, town planning and history.
Resides in Hamburg and Berlin.
olafbartels@gmx.de

Cornelius van Geisten
* 1943, Dipl.-Ing. Architekt. 1980-91 Koordinator für
Berlin-Kreuzberg SO 36 in der IBA Berlin 1984/87,
später S.T.E.R.N. GmbH. 1991-97 Aufbau und Geschäftsführung des städtischen „Sanierungsträgers
Potsdam". Seit 1997 Geschäftsführer der S.T.E.R.N.
Gesellschaft der behutsamen Stadterneuerung mbH,
Berlin, seit 2002 geschäftsführender Gesellschafter
der S.T.E.R.N. Holding GmbH und Übernahme der
S.T.E.R.N. GmbH im Rahmen eines MBO-Modells. Lebt
in Berlin.
* 1943, Dipl.-Ing. Architekt (architecture graduate).
1980-91 co-ordinator for Berlin-Kreuzberg SO 36 at
the IBA Berlin 1984/87, later S.T.E.R.N. GmbH. 1991-97
organisation and management of the municipal „Sanierungsträger Potsdam". Since 1997 managing director
of S.T.E.R.N. Gesellschaft der behutsamen Stadterneuerung mbH, Berlin, since 2002 managing partner
of S.T.E.R.N. Holding GmbH and takeover of S.T.E.R.N.
GmbH as part of an MBO model. Resides in Berlin.
vangeisten@stern-berlin.de

Oliver G. Hamm
* 1963, Dipl.-Ing. (FH) Architektur (Studium an der
FH Darmstadt). 1989-92 Redakteur der *db – deutsche
bauzeitung*, Stuttgart, 1992-1998 Redakteur der *Bauwelt*, Berlin, 1998 Chefredakteur *VfA Profil*, Köln, 1999
Chefredakteur *polis*, Wuppertal, 2000-2007 Chefredakteur *Deutsches Architektenblatt*, Berlin. Seit April
2007 freier Autor, Redakteur und Kurator (u.a. „NEU
BAU LAND. Architektur und Stadtumbau in den neuen
Bundesländern", Deutsches Architekturmuseum,
Frankfurt/Main 2007). Lebt in Berlin.
* 1963, Dipl.-Ing. (FH) Architektur (architecture
graduate) – studied at the University of Applied Sciences Darmstadt. 1989–92 editor of *db – deutsche
bauzeitung*, Stuttgart, 1992-1998 editor *Bauwelt*,
Berlin, 1998 editor-in-chief *VfA Profil*, Cologne, 1999
editor-in-chief *polis*, Wuppertal, 2000–2007 editor-in-
chief *Deutsches Architektenblatt*, Berlin. Since April
2007 freelance writer, editor and curator (incl. „NEU
BAU LAND. Architektur und Stadtumbau in den neuen
Bundesländern", German Museum of Architecture,
Frankfurt/Main 2007). Resides in Berlin.
oliverghamm@web.de

Uli Hellweg
* 1948, Architektur- und Städtebaustudium an der
RWTH Aachen. 1980 freiberuflicher Stadtplaner in
Berlin. 1982 Koordinator bei der IBA Berlin GmbH
1984/87 für Pilotprojekte. 1986 Planungskoordinator
der S.T.E.R.N. GmbH für das Stadterneuerungsgebiet
Moabit in Berlin. 1992 Dezernent für Planen und Bauen
der Stadt Kassel. 1996 Geschäftsführer der Wasserstadt GmbH, Berlin. 2002 Geschäftsführer der agora
s.a.r.l., Luxemburg. Seit 2006 Geschäftsführer der IBA
Hamburg GmbH.
* 1948, studied architecture and urban development
at the RWTH Aachen. 1980 freelance urban planner
in Berlin. 1982 co-ordinator at the IBA Berlin GmbH
1984/87 for pilot projects. 1986 planning co-ordinator
of S.T.E.R.N. GmbH for the urban refurbishment area
of Moabit in Berlin. 1992 head of the planning and
building department at the municipal council of Kassel.
1996 managing director of Wasserstadt GmbH, Berlin.
2002 managing director of agora s.a.r.l., Luxemburg.
Since 2006 managing director of IBA Hamburg GmbH.
uli.hellweg@iba-hamburg.de

Prof. Dr. Dieter Läpple
* 1941. Studium der Wirtschafts- und Sozialwissenschaften (TU und FU Berlin). Lehr- und Forschungstä-
tigkeiten u.a. in Berlin, Amsterdam, Paris, Aix-en-Pro-
vence/Marseille und Leiden. Seit 1986 Professor für
Stadt- und Regionalökonomie und seit 1993 Leiter des
Instituts Stadt- und Regionalökonomie und -soziologie
an der HCU Hamburg. Seit 2006 Vizepräsident des
internationalen Netzwerkes „SCUPAD – Salzburg Congress on Urban Planning and Development". „Urban
Expert" und Mitglied des „Advisory Board" des „Urban
Age Programme".
* 1941. Studied business and social sciences (TU and
FU Berlin). Teaching and research activities in cities
including Berlin, Amsterdam, Paris, Aix-en-Provence/
Marseille and Leiden. Since 1986 professor of urban
and regional economics, and since 1993 director of the
Institute of Urban and Regional Economics and Sociology at the HCU Hamburg. Since 2006 vice-president
of the international network „SCUPAD – Salzburg Congress on Urban Planning and Development". "Urban
Expert" and member of the "Advisory Board" of the
"Urban Age Programme".
dieter.laepple@hcu-hamburg.de

Prof. Dr. phil. Martina Löw
* 1965. Studium der Erziehungswissenschaften (Marburg und Frankfurt), Promotion in Philosophie (Frankfurt, 1993), Habilitation in Soziologie (Halle, 2000).
1993-2002 Wissenschaftliche Assistentin an der Mar-
tin-Luther-Universität Halle/Saale. Seit 2002 Professorin für Soziologie an der TU Darmstadt. Sprecherin
des Profilschwerpunktes Stadtforschung an der TU
Darmstadt. Vorstand der Deutschen Gesellschaft für
Soziologie. Wissenschaftlicher Beirat des Instituts für
Regionalentwicklung und Strukturplanung.
* 1965. Studied educational sciences (Marburg and
Frankfurt), doctorate in philosophy (Frankfurt, 1993),
postdoctoral lecture qualification in sociology (Halle,
2000). 1993–2002 scientific associate at the Martin
Luther University Halle/Saale. Since 2002 professor
of sociology at the TU Darmstadt. Spokesperson of
the urban research area of specialisation at the TU
Darmstadt. Member of the Board of the German Socio-
logical Association. Scientific council of the Institute of
Regional Development and Structural Planning.
loew@ifs.tu-darmstadt.de

Dirk Meyhöfer
* 1950, Dipl.-Ing. Architektur und Stadtplanung (Studium an der TU Hannover). 1977-87 Redakteur / Chef
vom Dienst bei den Zeitschriften *Zuhause Wohnen*
und *Architektur und Wohnen* in Hamburg. Seitdem
freier Autor, Architekturkritiker, Ausstellungsmacher,
Hochschullehrer. Herausgeber und Redakteur des
Hamburger Architekturjahrbuches (seit 1989). Lebt in
Hamburg.
* 1950, Dipl.-Ing. Architektur und Stadtplanung (architecture and urban planning graduate), studied at
the TU Hanover. 1977–87 chief-subeditor of *Zuhause
Wohnen* and *Architektur und Wohnen* magazines in
Hamburg. Since then freelance writer, architecture
critic, exhibition designer, lecturer. Publisher and editor
of the Hamburg Architecture Year Book (since 1989).
Resides in Hamburg.
dirk.meyhoefer@t-online.de

Dr. phil. Elke Mittmann
* 1968, Studium der Kunstgeschichte, Archäologie,
Literatur- und Musikwissenschaften an den Universitäten Paris X Nanterre und Paris IV Sorbonne, Dissertation 2004 an der Universität Leipzig. 1996-2004 freie
wissenschaftliche Mitarbeit und Kuratorin, u.a. Stiftung
Bauhaus Dessau, Expo 2000 Sachsen-Anhalt, Expo
2000 Leipzig, Arc en Rêve – Centre d'Architecture Bordeaux. 2000-2001 Stipendiatin am Deutschen Forum
für Kunstgeschichte, Paris. 2001-2003 Zeitgeschichtli-
ches Forum Leipzig/Stiftung Haus der Geschichte der
Bundesrepublik Deutschland. Seit 2005 Öffentlichkeitsarbeit IBA Stadtumbau Sachsen-Anhalt 2010.
* 1968, studied art history, archaeology, literature and
music sciences at the universities Paris X Nanterre and
Paris IV Sorbonne, dissertation 2004 at the University
of Leipzig. 1996–2004 freelance scientific associate
and curator, including Bauhaus Dessau Foundation,
Expo 2000 Saxony-Anhalt, Expo 2000 Leipzig, Arc en
Rêve – Centre d'Architecture Bordeaux. 2000–2001
scholar at the German Forum for Art History, Paris.
2001–2003 Forum of Contemporary History Leipzig/
Foundation Haus der Geschichte der Bundesrepublik
Deutschland. Since 2005 PR IBA Urban Redevelopment Saxony-Anhalt 2010.
mittmann@iba-stadtumbau.de

Erhart Pfotenhauer
* 1941, Dipl.-Ing. Architekt Stadtplaner SRL (Architek-
turstudium an der TU Berlin und an der TH Karlsruhe).
1971-76 Geschäftsführung Studiengruppe Wohnungs-
und Stadtplanung, Frankfurt/Main. 1977-83 Profes-

sur Stadtplanung, Universität Oldenburg. 1984-85 freiberufliche Tätigkeit in Berlin. 1986-93 S.T.E.R.N. Gesellschaft der behutsamen Stadterneuerung mbH, Berlin. 1994-2003 Mitglied der Geschäftsführung der S.T.E.R.N. GmbH, Berlin. Seit 2004 Geschäftsführung planungsgruppe proUrban (ppU), Berlin.
* 1941, Dipl.-Ing. Architekt Stadtplaner SRL (graduated architect and urban planner SRL) – studied architecture at the TU Berlin and TH Karlsruhe. 1971-76 management of the study group Wohnungs- und Stadtplanung, Frankfurt/Main. 1977-83 professorship in town planning, University of Oldenburg. 1984-85 freelance activities in Berlin. 1986-93 S.T.E.R.N. Gesellschaft der behutsamen Stadterneuerung mbH, Berlin. 1994-2003 member of the management board of S.T.E.R.N. GmbH, Berlin. Since 2004 management planning group proUrban (ppU), Berlin.
pfotenhauer@proUrban.com

Dr. Wolfgang Roters
* 1947, Studium der Rechswissenschaften, Verwaltungswissenschaften und Soziologie in Münster und Bielefeld, Promotion zum Dr. jur. 1989-2001 Abteilungsleiter Stadtentwicklung im Städtebauministerium NRW. Ab 1995 Vorsitzender des Vorstandes der Stiftung Industriedenkmalpflege und Geschichtskultur. 2002-2004 Geschäftsführer der Entwicklungsgesellschaft Zollverein. Ab 2003 Vorsitzender der Deutschen Akademie für Städtebau und Landesplanung NW. Seit 2005 Geschäftsführer und Generalkurator des Museums für Architektur und Ingenieurkunst NRW. Ministerialdirigent a. D.
* 1947, studied law, administrative sciences and sociology at Münster and Bielefeld, Dr. jur. Doctorate. 1989-2001 department head of urban development at the Ministry of Urban Development NRW. From 1995 chairman of the board of the Stiftung Industriedenkmalpflege und Geschichtskultur. 2002-2004 managing director of the Zollverein development company. From 2003 chairman of the German Academy for Urban and Regional Spatial Planning NW. Since 2005 managing director and general curator of the Museum of Architecture and Engineering NRW. Former head of ministerial department.
w.roters@mai.nrw.de

Dr. phil. Manfred Sack
* 1928. Studium der Musikwissenschaft und Kunstgeschichte (FU Berlin). 1959-1994 Redakteur, danach bis 1997 Autor der Wochenzeitung DIE ZEIT. Zahlreiche Veröffentlichungen, Bücher (u.a. *Siebzig Kilometer Hoffnung. Die IBA Emscher Park – Erneuerung eines Industriegebiets*. Stuttgart 1999) und Musiksendungen. Mitglied der Freien Akademie der Künste in Hamburg und der Europäischen Akademie der Wissenschaft und Künste in Salzburg. Lebt in Hamburg.
* 1928. Studied musicology and the history of art (FU Berlin). 1959-1994 editor of, then until 1997 writer for the weekly publication DIE ZEIT. Numerous publications, books (incl. *Siebzig Kilometer Hoffnung. Die IBA Emscher Park – Erneuerung eines Industriegebiets*.

Stuttgart 1999) and music programmes. Member of the Free Academy of Arts in Hamburg and the European Academy of Science and Arts in Salzburg. Resides in Hamburg.

Prof. Dr. Saskia Sassen
* 1949. Studium der Philosophie und Politikwissenschaften in Poitiers, Rom und Buenos Aires, Studium der Soziologie und Ökonomie an der University of Notre Dame, Indiana. Forschungen und Veröffentlichungen zur „Globalen Stadt". Zehnjährige Tätigkeit als Professorin für Soziologie an der University of Chicago und der London School of Economics. Gegenwärtig Lynd Professor of Sociology und Mitglied des Committee on Global Thought an der Columbia University, New York.
* 1949. Studied philosophy and political sciences in Poitiers, Rome and Buenos Aires, studied sociology and economics at the University of Notre Dame, Indiana. Research and publications on the „Global city". Ten years as professor of sociology at the University of Chicago and the London School of Economics. Currently Lynd Professor of Sociology and member of the Committee on Global Thought at Columbia University, New York.
sjs2@columbia.edu

Prof. Rudolf Scheuvens
* 1963, Stadtplaner. Studium der Raumplanung (Universität Dortmund). 1991-95 Mitarbeit im Büro für Stadtplanung und Stadtforschung Zlonicky, Wachten, Ebert in Dortmund. 1995 Gründung des Büros Faltin-Scheuvens-Wachten, seit 2003 Büro scheuvens + wachten in Dortmund. Ab 2001 Professor für Städtebau und Baugeschichte an der FH Hannover, seit 2007 Professor für Städtebau an der FH Oldenburg.
* 1963, Dipl.-Ing. Stadtplaner (urban planning graduate). Studied spatial planning (University of Dortmund). 1991-95 worked in the office for urban planning and urban research of Zlonicky, Wachten, Ebert, Dortmund. 1995 founded the office of Faltin-Scheuvens-Wachten, since 2003 scheuvens + wachten in Dortmund. From 2001 professor of urban development and the history of building at the FH Hanover, since 2007 professor of urban development at the FH Oldenburg.
scheuvens@scheuvens-wachten.de

Brigitte Scholz
* 1968, Dipl.-Ing. Landschafts- und Freiraumplanung (Studium an der Universität Hannover). 1996-99 Forschungsprojekt am Institut für Freiraumentwicklung der Universität Hannover (Strategien der projektorientierten Planung). 1999-2000 Senatsverwaltung für Stadtentwicklung in Berlin. Seit 2000 IBA Fürst-Pückler-Land GmbH, Leiterin Bereich Projekte. Lehrbeauftragte der BTU Cottbus. Arbeitsschwerpunkte: Landschaft nach dem Tagebau, Umnutzung von Industriedenkmalen, Projekt- und prozessorientierte Planung. Lebt in Cottbus.
* 1968, graduate in landscape and open space plan-

ning (studied at the University of Hanover). 1996-99 research project at the Institute of Open Space Development at the University of Hanover (strategies of project-orientated planning). 1999-2000 senate office of urban development in Berlin. Since 2000 IBA Fürst-Pückler-Land GmbH, director projects division. Visiting lecturer at the BTU Cottbus. Main areas of interest: post-mining landscapes, conversion of industrial memorials, project and process-orientated planning. Resides in Cottbus.
scholz@iba-see.de

Prof. Thomas Sieverts
* 1934. Studium der Architektur und des Städtebaus in Stuttgart, Liverpool und Berlin. 1965 Gründung der Freien Planungsgruppe Berlin. 1967-70 Professor für Städtebau an der HdK Berlin. Ab 1971 Professor für Städtebau und Siedlungswesen an der TU Darmstadt. Seit 1978 eigenes Planungsbüro (SIAT) in Bonn. 1989-94 Wissenschaftlicher Direktor der IBA Emscher Park, Gelsenkirchen. Planungsberater für Städtebau für das Programm „Stadtumbau Ost" beim Bundesministerium für Verkehr, Bauwesen und Städtebau. Lebt in Bonn.
* 1934. Studied architecture and urban planning in Stuttgart, Liverpool and Berlin. 1965 founded the Freie Planungsgruppe Berlin. 1967-70 professor of urban planning at the University of Visual Arts in Berlin. Since 1971 professor of urban planning at the Technical University of Darmstadt. Established his own planning office (SIAT) in Bonn in 1978. 1989-94 scientific director of IBA Emscher Park, Gelsenkirchen. Planning consultant in urban planning for the programme „Stadtumbau Ost" at the Federal Ministry of Transport, Building and Urban Affairs. Resides in Bonn.
ts@umbaukultur.eu

Dr. Mark Terkessidis
* 1966, Diplom-Psychologe (Studium in Köln). Promotion in Pädagogik (Mainz 2004). 1992-1994 Redakteur der Zeitschrift "Spex". 2001 mit Tom Holert Gründung des „Institute for Studies in Visual Culture" in Köln. Freier Journalist und Autor, lebt in Köln und Berlin. Letzte Buchveröffentlichungen: *Die Banalität des Rassismus. Migranten zweiter Generation entwickeln eine neue Perspektive*. Bielefeld 2004; mit Tom Holert: *Fliehkraft. Gesellschaft in Bewegung. Von Migranten und Touristen*. Köln 2006.
* 1966, Diplom-Psychologe (graduate psychologist) – studied in Cologne. Doctorate in education (Mainz 2004). 1992-94 editor of „Spex" magazine. 2001 co-founder with Tom Holert of the „Institute for Studies in Visual Culture" in Cologne. Freelance journalist and writer, resides in Cologne and Berlin. Most recent publications: *Die Banalität des Rassismus. Migranten zweiter Generation entwickeln eine neue Perspektive*. Bielefeld 2004; with Tom Holert: *Fliehkraft. Gesellschaft in Bewegung. Von Migranten und Touristen*. Cologne 2006.
terkessidis@isvc.org

Dr. rer. soc. Dietrich Thränhardt

* 1941, Studium der Geschichte, Germanistik, Politikwissenschaft und Philosophie (Promotion in Konstanz 1971, Habilitation in Münster 1975). Professor für Politikwissenschaft an der Universität Münster. Schwerpunkte: Vergleichende Politikforschung und Migrationsforschung. Herausgeber der *Studien zu Migration und Minderheiten* und des *Jahrbuchs Migration.*

* 1941, studied history, German studies, political sciences and philosophy (doctorate in Constance in 1971, postdoctoral lecture qualification in Münster 1975). Professor of political sciences at the University of Münster. Areas of interest: comparative political research and migration research. Publisher of *Studien zu Migration und Minderheiten* and the *Jahrbuch Migration.*
thranha@uni-muenster.de

Prof. Kunibert Wachten

* 1952, Architekt und Stadtplaner (Studium der Architektur an der RWTH Aachen). 1979-2001 Büro für Stadtplanung und Stadtforschung Zlonicky Wachten Ebert in Dortmund. Seit 2003 Büro scheuvens + wachten in Dortmund. 1994-99 Professor für Städtebau und Raumplanung an der TU Wien, seit 1999 Professor für Städtebau und Landesplanung an der RWTH Aachen. Seit 2006 Mitglied des Kuratoriums der IBA Hamburg.

* 1952, architect and urban planner (studied architecture at RWTH Aachen). 1979–2001 urban planning office Zlonicky Wachten Ebert, Dortmund. Since 2003 scheuvens + wachten in Dortmund. 1994-99 professor of urban and spatial planning at the Technical University of Vienna, since 1999 holder of the chair and institute of urban and regional planning at the RWTH Aachen. Since 2006 member of the board of the IBA Hamburg.
wachten@scheuvens-wachten.de

Prof. Jörn Walter

* 1957. Studium der Raumplanung an der Universität Dortmund. 1982-84 Städtebaureferendar in Düsseldorf. 1985-91 Leiter des Amtes für Stadtentwicklung und Umwelt der Stadt Maintal. 1991-99 Leiter des Stadtplanungsamtes der Landeshauptstadt Dresden (1996 Ernennung zum Leitenden Baudirektor). 1997 Gastprofessur TU Wien, 1998 Lehrauftrag TU Dresden. Seit 1999 Oberbaudirektor der Freien und Hansestadt Hamburg. Seit 2001 Professor an der Hochschule für Bildende Künste Hamburg.

* 1957. Studied spatial planning at the University of Dortmund. 1982–84 urban development administration trainee in Düsseldorf. 1985–91 director of the office of urban development and the environment in Maintal. 1991–99 director of the urban planning office in the regional capital of Dresden (appointed director of construction in 1996). 1997 visiting professor at the TU Vienna, 1998 university teaching position at the TU Dresden. Since 1999 senior director of construction of the Free and Hanseatic City of Hamburg. Since 2001 professor at the College of Fine Arts in Hamburg.
Joern.Walter@bsu.hamburg.de

Bildnachweis Picture Credits

178/179: Manfred Vollmer
182: Werner Hannappel
193: estate Dirk Reinartz
199: Peter Liedtke
204, 205: Darmstadt 1901-1976. Ein Dokument deutscher Kunst. Band 5. Darmstadt 1976
206/207: Die Weißenhofsiedlung. Stuttgart 1977, S. 72
206: Die Weißenhofsiedlung. Werkbund-Ausstellung „Die Wohnung" – Stuttgart 1927. Stuttgart 1987, S. 89
208: Leibniz-Institut für Regionalentwicklung und Strukturplanung
209: oben: Landesarchiv Berlin, unten: Manfred Kraft
211: Friedhelm Krische/Innenhafen Duisburg Entwicklungsgesellschaft mbH
212/213: Archiv IBA Fürst-Pückler-Land
214: Adrian Lehmann/IBA Stadtumbau, IBA-Büro GbR
215: „Supernatural" (2005), „Sight Seeing" (2006), Christpher Winter, Courtesy Neuhoff Edelman Gallery, Foto: Doreen Ritzau/IBA Stadtumbau, IBA-Büro GbR
216: Monika Nadrowska
220: Arch+ no. 66
221: Archiv IBA Berlin
222: oben: Cornelius van Geisten
222: unten: Archiv IBA Berlin
223: Archiv IBA Berlin
224: Uwe Rau
225: oben: Cornelius van Geisten, unten: Archiv IBA Berlin
226: Archiv IBA Berlin
227: oben: Uwe Rau, unten: Uwe Rau
228,229: Reinhard Görner/artur
230/231: Werner Hannappel
232: Peter Liedtke
233: Werner Hannappel
234/235: oben: Michael Scholz, Köln/Für die Architektur: die Architekten, unten: estate Dirk Reinartz
236: Peter Liedtke
237: Joachim Schumacher
238: Werner Hannappel
239: Peter Liedtke
240/241: Werner Hannappel
243: Peter Radtke/LMBV
244, 246: Archiv IBA Fürst-Pückler-Land
247: Detlef Hecht/Archiv IBA Fürst-Pückler-Land
248: Archiv IBA Fürst-Pückler-Land
249: oben: Gerhardkassner.de, unten: Christina Glanz
250: oben: ARGE hochC Landschaftsarchitektur/Horst Schumacher/Lenné3D
250: unten: bgmr/archiscape
251: Petra Petrick
252: Kerstin Faber/IBA Stadtumbau, IBA-Büro GbR
254: Anja Schlamann
255: Doreen Ritzau
256: Doreen Ritzau
257: Kerstin Faber/IBA Stadtumbau, IBA-Büro GbR
258: oben: Doreen Ritzau, unten: Kerstin Faber/IBA Stadtumbau, IBA-Büro GbR
259: Doreen Ritzau
261, 262, 263: Günter Lintl
264: Klaus Bossemeyer
265: Günter Lintl

266: Klaus Bossemeyer
273: IBA Hamburg GmbH/Jost Vitt
275: Jan Windszus - www.janwindszus.com
277: IBA Hamburg GmbH/ Jörg Schmiedekind, Berlin/ Freie und Hansestadt Hamburg, Landesbetrieb Geoinformation und Vermessung, Hamburg. Vervielfältigt mit Genehmigung LGV41-07-173
278: links: IBA Hamburg GmbH/Tim Hoppe
rechts: IBA Hamburg GmbH/Bert Brüggemann
279: links: IBA Hamburg GmbH/Martin Kunze
rechts: ONIX, Groningen
280: links: IBA Hamburg GmbH/Martin Kunze
rechts: IBA Hamburg GmbH/Martin Kunze
281: links: IBA Hamburg GmbH/Oliver Heissner
rechts: Falcon Crest Air
282: links: IBA Hamburg GmbH/Martin Kunze
rechts: Falcon Crest Air
283: links: IBA Hamburg GmbH/Theda von Kalben
rechts: Slawik Architekten, Hannover

© 2007 by jovis Verlag GmbH und IBA Hamburg GmbH
Das Copyright für die Texte liegt bei den Autoren.
Das Copyright für die Abbildungen liegt bei den Foto-
grafen/Inhabern der Bildrechte.
Texts by kind permission of the authors.
Pictures by kind permission of the photographers/
holders of the picture rights.

Alle Rechte vorbehalten.
All rights reserved.

Herausgeber der Schriftenreihe METROPOLE
Editor of the series METROPOLIS:
Internationale Bauausstellung IBA Hamburg GmbH
Uli Hellweg, Geschäftsführer Managing director
Am Veringhof 9
21107 Hamburg

www.iba-hamburg.de

Redaktion Band 1 Editor Vol. 1:
Oliver G. Hamm, Berlin
Mitarbeit Bildrecherche Assistant picture research:
Annina Götz, Göttingen
Gesamtkoordination der Schriftenreihe IBA Hamburg
GmbH, Coordination of the series IBA Hamburg GmbH:
Gerti Theis, René Reckschwardt
Übersetzung Translation:
Ursula Haberl; Rachel Hill; Keiki Communication, Ber-
lin, www.keiki-communication.com; Lucinda Rennison;
SAW Communications, Redaktionsbüro Dr. Sabine
A. Werner (Mo Croasdale, Cosima Talhouni)
Gestaltung und Satz Design and Setting:
Tom Unverzagt, Leipzig
Lithografie Lithography:
Bild1Druck GmbH, Berlin
Druck und Bindung Printing and Binding:
GCC Grafisches Centrum Cuno, Calbe

Bibliografische Information der Deutschen Bibliothek
Die Deutsche Bibliothek verzeichnet diese Publikation
in der Deutschen Nationalbibliografie; detaillierte
bibliografische Daten sind im Internet über http://dnb.
ddb.de abrufbar.
Bibliographic information published by Die Deutsche
Bibliothek
Die Deutsche Bibliothek lists this publication in the
Deutsche Nationalbibliografie; detailed bibliographic
data are available in the Internet at http://dnb.ddb.de

jovis Verlag
Kurfürstenstraße 15/16
10785 Berlin

www.jovis.de

ISBN 978-3-939633-90-7